Russisch

in der Praxis

Die Methode für jeden Tag

Russisch
in der Praxis

von

Victoria MELNIKOVA-SUCHET

Deutsche Übersetzung und Bearbeitung von

Daniel KRASA & Susanne GAGNEUR

mit fachkundiger Beratung und Unterstützung von

Zinaida AUDZEI

Zeichnungen von

J.-L. GOUSSÉ

Körnerstraße 12
50823 Köln
Deutschland

ISBN 978-3-89625-039-1

Der Assimil-Verlag bietet folgende Sprachkurse an:

Grundkurse Niveau A1–B2 / Reihe "ohne Mühe"

Amerikanisch • Arabisch • Brasilianisch
Bulgarisch • Chinesisch • Chinesische Schrift
Dänisch • Deutsch (als Fremdsprache) • Englisch
Finnisch • Französisch • Griechisch • Hindi
Indonesisch • Italienisch • Japanisch • Kanji-Schrift
Koreanisch • Kroatisch • Latein • Luxemburgisch
Niederländisch • Norwegisch • Persisch • Polnisch
Portugiesisch • Rumänisch • Russisch • Schwedisch
Spanisch • Suaheli • Thai • Tschechisch
Türkisch • Ungarisch • Vietnamesisch

Vertiefungskurse Niveau B2–C1 / Reihe "in der Praxis"

Englisch • Französisch • Italienisch • Russisch • Spanisch

Weitere Sprachkurse in Vorbereitung

... Aktuelles und weitere Infos unter **www.AssimilWelt.com**

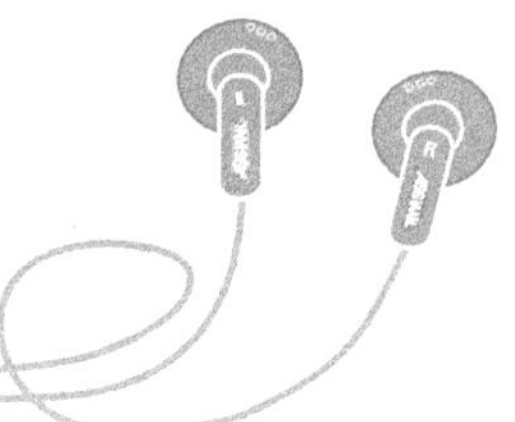

Die Tonaufnahmen
mit den fremdsprachigen Texten aller Lektionen und Verständnisübungen aus diesem Kurs – insgesamt 220 Min. Spieldauer – können Sie direkt über unsere Homepage oder bei Ihrem Buchhändler bestellen:

Усовершенствование русского языка
4 Audio-CDs ISBN 978-3-89625-189-3
MP3-Audiodateien ISBN 978-3-89625-126-8

RUSSISCH IN DER PRAXIS MIT ASSIMIL

Das vorliegende Lehrbuch richtet sich an Lerner, die bereits fundierte Russischkenntnisse besitzen und diese gerne festigen und vertiefen möchten oder die das Gefühl haben, noch nicht ganz mit den Feinheiten der russischen Umgangssprache, sei es auf dem Gebiet des Wortschatzes oder auf dem der Grammatik, vertraut zu sein.

Unabhängig davon, ob Sie sich Ihre Russischkenntnisse zu Schulzeiten, durch Russischkurse an Sprachinstituten oder auch mithilfe des Assimil-Grundkurses "Russisch ohne Mühe heute" angeeignet haben – "Russisch in der Praxis" vermittelt Ihnen Russisch als internationale Sprache für die praktische Anwendung in allen Lebensbereichen: praxisnah, modern und lebendig.

Das 70 Lektionen umfassende Lehrwerk präsentiert Ihnen in abwechslungsreicher Weise, kurzweilig und mit der für die Assimil-Kurse typischen Prise Augenzwinkern und Humor die Besonderheiten des Russischen und viel Wissenswertes aus der Landeskunde mittels eines breiten Themenspektrums und in einer Vielzahl von Facetten, von der gehobenen Alltagssprache bis zur Sprache der Literatur, der Medien, der Kunst und der Kultur. Geschichtliche Aspekte Russlands werden ebenso angesprochen wie moderne und aktuelle Entwicklungen.

Was die Grammatik betrifft, so geht die Reise quer durch alle Themenschwerpunkte, die Sie auch bei Ihren bisherigen Russischstudien kennengelernt haben und die in diesem Band umfassend wiederholt, erweitert und vertieft werden: Verbaspekte, Partizipien, Adjektivarten, Deklinationen, Präpositionen, Präfixe und Suffixe bei Verben und Substantiven, Zeichensetzung, Besonderheiten bei der Aussprache und der Schreibung u. v. m. Alle behandelten Grammatikthemen werden im grammatikalischen Anhang systematisch rekapituliert, so dass Sie dort jederzeit gezielt Informationen nachschlagen können.

RUSSISCH IN DER PRAXIS MIT ASSIMIL

INHALT

EINIGE WORTE ZU KURSAUFBAU UND ARBEITSWEISE

Wie bei allen Assimil-Kursen empfehlen wir Ihnen, sich täglich ca. 20–25 Minuten lang mit dem Lernstoff und den Tonaufnahmen zu beschäftigen. Bleiben Sie dabei realistisch und überschätzen Sie sich nicht: Wenn Sie es einmal nicht schaffen, genug Lernzeit aufzubringen, so lesen Sie zumindest einige Sätze der Lektion oder einige Absätze aus den Anmerkungen oder hören Sie sich ein paar Minuten lang die Tonaufnahmen Ihrer aktuellen Lektion oder bereits durchgearbeiteter Lektionen an. Vertrauen Sie auf Ihre natürliche Assimilierungsfähigkeit, und versuchen Sie nicht, zu viel auf einmal aufnehmen zu wollen. Gehen Sie auf jeden Fall erst dann zu einer neuen Lektion über, wenn Sie den bisherigen Lernstoff vollständig verstanden und "assimiliert" haben.

A. Lektionstext

Beginnen Sie damit, dass Sie den russischen Lektionstext zunächst einige Male komplett lesen und ihn parallel dazu auf den Tonaufnahmen anhören. Beschäftigen Sie sich anschließend mit den einzelnen Sätzen, indem Sie diese erneut lesen und anhören und mit der deutschen Übersetzung auf der rechten Buchseite vergleichen. Sprechen Sie jeden Lektionssatz laut und in einem für Sie angemessenen Tempo nach. Orientieren Sie sich bei der Aussprache an den Vorgaben der Sprecher auf den Tonaufnahmen.

Da dies ein Kurs für Fortgeschrittene ist, haben wir bei der deutschen Übersetzung der Lektionssätze mit wenigen Ausnahmen auf eine Wort-zu-Wort-Übersetzung verzichtet und stattdessen im Deutschen immer die sinngemäße und auch stilistisch schönere Variante gewählt. Wörtliche Übersetzungen bei Textpassagen, in denen sich die Struktur des Russischen erheblich von der des Deutschen unterscheidet oder bei denen es aus anderen Gründen Verständnisprobleme geben könnte, bieten Ihnen eine wertvolle Hilfestellung.

Zwar können Sie diesen Kurs als reine Lektüre verwenden. Wenn Sie jedoch wirklich im Sinne der Assimil-Philosophie arbeiten und das Lernen sinnvoll und gewinnbringend gestalten möchten, sollten Sie gleichzeitig versuchen, auch Ihre Sprechfähigkeit und Ihre Ausdrucksweise auf Russisch zu schulen, indem Sie die russischen Lektions- und Übungstexte verdecken und versuchen, die deutschen Texte auf Russisch zu formulieren. Hierdurch aktivieren Sie auf sehr effiziente Weise Ihre inzwischen passiv erworbenen Kenntnisse.

Bei dieser Vorgehensweise können Sie sicher sein, dass Sie beständig Fortschritte machen werden. Wir werden dabei immer an Ihrer Seite sein: mit der Übersetzung der Lektionstexte, Erläuterungen zur Grammatik und weiteren hilfreichen Hinweisen. Während sich Ihr Kenntnisstand verbessert, wird der Kurs Sie immer mehr fordern. So werden Sie mit der Zeit ein Niveau erreichen, auf dem Ihr Sprachgefühl und Ihre persönliche Ausdrucksfähigkeit ständig angeregt und optimiert werden.

B. Lautschrift

Angesichts des Niveaus, auf dem Sie sich befinden, dürften Sie mit der Aussprache des Russischen gut vertraut sein und nur noch in besonderen Fällen, d. h. bei Wörtern, die auf den ersten Blick schwierig oder nicht eindeutig auszusprechen sind oder deren Aussprache sich nicht an der Standardaussprache orientiert, Hilfestellung benötigen. Daher finden Sie die vereinfachte Assimil-Lautschrift sowie Erläuterungen zu Aussprachebesonderheiten nur noch in Ausnahmefällen. Die Lautschrift orientiert sich an der im Kurs "Russisch ohne Mühe heute" verwendeten. Sie ist immer in eckige Klammern eingeschlossen und kursiv gedruckt; betonte Silben sind fett markiert. Lerner, die nicht mit "Russisch ohne Mühe heute" gelernt haben und denen diese Lautschrift nicht vertraut ist, finden sowohl hier in der Einleitung als auch am Ende des Buches die Tabelle der russischen Laute mit ihrer Transkription und Aussprachehinweisen.

C. Anmerkungen

Im russischen Lektionstext finden Sie eingekreiste Zahlen. Sie verweisen auf die Anmerkungen, die Erläuterungen und Beispiele zum jeweiligen sprachspezifischen, grammatikalischen oder landeskundlichen Thema des entsprechenden Satzes enthalten. Lesen Sie diese Anmerkungen parallel beim Durcharbeiten der Lektionen.

D. Verständnisübung

Arbeiten Sie anschließend die Übungen durch. Die erste Übung ist eine Verständnisübung, mit der Sie feststellen können, ob Sie den kennengelernten Wortschatz und die Strukturen – eingebettet in einen anderen Satz oder Kontext – verstanden haben. Zur Kontrolle finden Sie auf der rechten Buchseite die deutsche Übersetzung, an die Sie sich jedoch nicht sklavisch zu halten brauchen.

E. Lückentextübung

Die zweite Übung ist eine Lückentextübung, in der auf der Grundlage des vorgegebenen deutschen Satzes fehlende Wörter in den entsprechenden russischen Satz einzufügen sind, wobei jeder Punkt für einen Buchstaben steht. Auch hier finden Sie die Lösung, also die Wörter, die Sie hätten einsetzen sollen, auf der gegenüberliegenden Buchseite bzw. am Ende der Lektion.

F. Wiederholungslektionen

Jede siebte Lektion ist eine Wiederholungslektion, in der der Stoff der vergangenen sechs Lektionen vertieft und ergänzt und anhand von Beispielen verdeutlicht wird. Jede Wiederholungslektion endet mit einer Verständnisübung, wie Sie sie aus den "klassischen" Lektionen kennen.

G. Tonaufnahmen

Begleitend zum Buch gibt es Tonaufnahmen der russischsprachigen Lektions- und Verständnisübungstexte. Hierfür haben professionelle Muttersprachler/-innen ihre Stimmen geliehen, und die Sprechgeschwindigkeit ist – da es sich hier um einen Fortgeschrittenenkurs handelt – relativ hoch. Wenn Sie Verständnisprobleme haben, teilen Sie sich die Sätze in kürzere Einheiten ein, indem Sie die Wiedergabe unterbrechen, und hören Sie sich die einzelnen Teilstücke so oft hintereinander an, bis Sie sie gut verstehen.

Noch ein letzter Tipp: Legen Sie sich ein einsprachiges russisches Wörterbuch zu, denn manche Begriffe oder Wendungen lassen sich nicht ohne Weiteres ins Deutsche übersetzen, ohne dass wichtige Nuancen in der Bedeutung verloren gehen. Das Lesen der Definitionen zu nachgeschlagenen Wörtern ist außerdem eine gute Zusatzübung.

Lauttabelle

Auf den nächsten beiden Seiten finden Sie die Tabelle der russischen Laute mit vereinfachter Lautschrift und Aussprachebeschreibungen aus dem Assimil-Kurs "Russisch ohne Mühe heute". Dieselbe Tabelle finden Sie noch einmal auf den letzten beiden Buchseiten.

Wörterverzeichnis Russisch-Deutsch als PDF

Über den QR-Code auf Seite 586 können Sie auf das zum Kurs gehörige Wörterverzeichnis auf **www.assimilwelt.com** zugreifen.

TABELLE DER LAUTE DES RUSSISCHEN

Groß-/Klein-buchstabe		Laut-schrift	Aussprachebeschreibung
А / а	А а	[*A*]	Wie *a* in „Apfel"
Б / б	Б б	[*B*]	Wie *b* in „Ball"
В / в	В в	[*W*]/[*F*]	Vor Vokal und **d** bzw. **g** wie *w* in „Wasser", vor Konsonant wie *f* in „Fell"
Г / г	Г г	[*G*]/[*W*]/[*K*]	Am Wortanfang wie *g* in „gut", in grammatischen Endungen wie *w* in „was", am Wortende wie *k* in „Kirche"
Д / д	Д д	[*D*]/[*T*]	Wie *d* in „Durst", am Wortende wie *t*
Е / е	Е е	[*JE*]/[*E*]/[*I/e*]	Wie *je* in „jetzt", betont *e*; unbetont ein Laut zwischen *i* und *e*
Ё / ё	Ё ё	[*JO*]	Wie *jo*, immer betont wie in „jodeln"
Ж / ж	Ж ж	[*J*]/[*SCH*]	Am Wortanfang und in der Wortmitte wie stimmhaftes *sch* in „Etage", am Wortende wie stimmloses *sch* in „Schule"
З / з	З з	[*S*]	Wie stimmhaftes *s* in „Rose"
И / и	И и	[*I*]	Wie *ie* in „sie"
Й / й	Й й	[*J*]	Wie *j* in „Jan"
К / к	К к	[*K*]	Wie *k* in „kalt", jedoch nicht behaucht
Л / л	Л л	[*L*]	Wie *l* in „Lampe"
М / м	М м	[*M*]	Wie *m* in „Mann"
Н / н	Н н	[*N*]	Wie *n* in „nach"
О / о	О о	[*O*]/[*A*]	In betonten Silben wie *o* in „oder", unbetont ein Laut zwischen *a* und *o*

П / п	П п	[*P*]	Wie *p* in „Papa“, jedoch nicht behaucht
Р / р	Р р	[*Rr*]	Ein mit der Zungenspitze gerolltes *r* (*) wie in ital. „Roma“
С / с	С с	[*ß*]	Wie *ß* in „Maß“
Т / т	Т т	[*T*]	Wie *t* in „Tante“, jedoch nicht behaucht
У / у	У у	[*U*]	Wie *u* in „Hut“
Ф / ф	Ф ф	[*F*]	Wie *f* in „Ferse“
Х / х	Х х	[*CH*]	Wie *ch* (ach-Laut) in „Kachel, noch“ (*)
Ц / ц	Ц ц	[*Tß*]	Wie *tß* in „Katze“
Ч / ч	Ч ч	[*TSCH*]	Wie *tsch* in „Peitsche“
Ш / ш	Ш ш	[*SCH*]	Wie *sch* in „schon“
Щ / щ	Щ щ	[*SCHTSCH*]	Wie ein weiches *sch* mit weichem kurzem *tsch* (*)
Ъ	ъ		„hartes“ Zeichen, wird nicht gesprochen (*)
Ы	ы	[*I*]	Ein Laut zwischen *ü* und *i*, der weit hinten im Rachen gesprochen wird, etwa wie in „Wirt“ oder „irgendeiner“ (*)
Ь	ь	[*j*]	„weiches“ Zeichen (*)
Э / э	Э э	[*Ä*]	Wie *ä* in „säen“ bzw. offenes *e* in „Welt“
Ю / ю	Ю ю	[*JU*]	Wie *ju* in „Juli“
Я / я	Я я	[*JA*]/[*JE*]/[*J/e*]	In betonten Silben wie *ja* in „jagen, unbetont *je* wie in „jedoch“ oder Laut zwischen *i* und *e*

Danksagung
An dieser Stelle möchten wir uns herzlich bei Zinaida Audzei bedanken, die uns überaus kompetent und mit großem Engagement, zahlreichen wertvollen Hinweisen und unermüdlicher Ausdauer begleitet und maßgeblich bei der Entstehung dieses Russischkurses mitgewirkt hat.

А теперь – вперёд!

Auf der linken Seite steht der russische Lektionstext. Die Zahlen am Ende der Zeile kennzeichnen Anmerkungen. ▼

1 Первый урок

Точный расчёт ①

1 – Всё, решен**о**: **е**ду в Росс**и**ю! ②

2 Я уж**е** упаков**а**л в**е**щи, заказ**а**л бил**е**ты и заброн**и**ровал гост**и**ницу. ③

3 – С**у**пер! Когд**а** **е**дешь?

4 – На сл**е**дующей нед**е**ле. ④

5 Я всё рассчит**а**л, всё прод**у**мал, одн**и**м сл**о**вом – доскон**а**льно подгот**о**вился. ⑤ ⑥

6 – Зн**а**ешь, а мой муж в пр**о**шлом год**у** **е**здил в Москв**у** в командир**о**вку. ⑦

ANMERKUNGEN

① Die Konsonantenkombination **сч** spricht sich wie der Buchstabe **щ** [*SCHTSCH*]: **расчёт** [*RrASCHTSCHJ****O****T*].

② Mit einem Verb der Bewegung steht der Akkusativ, mit einem statischen Verb der Lokativ (auch Präpositiv genannt). Dem vollendeten Verb **ехать в** folgt also der Akkusativ: **Сначала мы едем в гостиницу, а потом сразу в аэропорт** "Zuerst fahren wir ins Hotel und dann direkt zum Flughafen".

③ In der Vergangenheit richtet sich die Verbform in Geschlecht (Genus) und Zahl (Numerus) nach dem Subjekt, behält jedoch stets das Suffix **л**: **он упаковал** "er hat eingepackt"; **она заказала** "sie hat bestellt"; **мы забронировали** "wir haben reserviert".

④ Bei einer Zeitangabe mit **неделя** "Woche" verwendet man die Präposition **на** und den Präpositiv.

⑤ Für **рассчитáл** gibt es zwei mögliche Ausspracheformen: [*RrASCHTSCHİT****A****L*] oder [*RrAßSCHTSCHİT****A****L*].

Auf der rechten Seite sehen Sie die entsprechende deutsche Übersetzung, in Klammern die Wort-für-Wort-Übersetzung. ▼

Erste Lektion

Genaue Berechnung

1 – Das war's, es ist entschieden: Ich fahre nach Russland!

2 Ich habe bereits gepackt (ich schon gepackt Sachen), die Tickets gebucht (bestellt) und ein Hotel reserviert.

3 – Super! Wann fliegst du (fährst)?

4 – Nächste Woche.

5 Ich habe alles berechnet [und] alles durchdacht, kurzum: Ich habe mich gründlich vorbereitet.

6 – Weißt du, mein Mann ist letztes Jahr auf Geschäftsreise nach Moskau gefahren.

⑥ **подготовился**: Vergangenheit (3. Person Maskulinum Singular) des vollendeten, reflexiven Verbs **подготовиться** "sich vorbereiten". In der Vergangenheit passt sich das Verb in Geschlecht und Zahl an das Subjekt an: **Вика подготовилась к экзамену** "Vika hat sich auf die Prüfung vorbereitet"; **Сергей тоже подготовился** "Sergej hat sich ebenfalls vorbereitet"; **Они оба хорошо подготовились** "Sie haben sich beide gut vorbereitet".

⑦ Um auf die Frage **когда?** "wann?" mit einem bestimmten Jahr zu antworten, verwendet man **в** und den Präpositiv.

Vergessen Sie nicht, zunächst die Einleitung durchzulesen. Sie enthält wichtige Informationen zu Kursaufbau und Arbeitsweise.

7 **Е**сли х**о**чешь, м**о**жешь с ним посов**е**товаться. ⑧ ⑨ ⑩

8 – Т**о**лько мне и не хват**а**ло ког**о**-нибудь со сво**и**ми сов**е**тами…

9 Я сам зн**а**ю, что мне н**у**жно! Д**а**же с р**у**сским пробл**е**м не б**у**дет:

10 у мен**я** ост**а**лось в**о**семь дней, чт**о**бы в**ы**учить с**а**мые н**у**жные слов**а** и фр**а**зы,

11 а пот**о**м – хоть куд**а**, нигд**е** не пропад**у**! ⑪

12 – Так ты од**и**н **е**дешь?

13 – Кон**е**чно! Мне никт**о** не н**у**жен. ⑫

14 – Одном**у** скучнов**а**то … ⑬

15 – Л**у**чше быть одном**у**, чем в плох**о**й комп**а**нии!

16 – Ну, смотр**и** сам. А почем**у** у теб**я** так**о**й больш**о**й чемод**а**н?

ANMERKUNGEN

⑧ **хочешь** ist die 2. Person Singular des unregelmäßigen Verbs **хотеть** "wollen", **можешь** die 2. Person Singular des ebenfalls unregelmäßigen Verbs **мочь** "können".

⑨ **с ним**: Das Personalpronomen **он** "er" wird im Instrumental zu **им**. Stehen die Personalpronomen jedoch nach einer Präposition, setzt man in der 3. Person bekanntlich ein **н** voran: **с ним**. Beispiel: **Я видел их вчера** "Ich habe sie gestern gesehen" (Personalpronomen ohne Präposition); **Был у родителей, взял у них книг** "Ich war bei [meinen] Eltern und habe von ihnen Bücher ausgeliehen" (Personalpronomen mit Präposition).

⑩ **я** wird, wenn es Teil der Infinitivendung **-ться** [*TßA*] ist, [*A*] gesprochen: **посове́товаться** [*PÅßÅWJ**E**TÅWATßA*].

7 Wenn du willst, kannst du dich mit ihm beraten.

8 – Genau das hat mir gefehlt: jemand, der mir Ratschläge gibt … (nur mir und nicht reichte jemand mit seinen Ratschlägen …)

9 Ich weiß selbst, was ich brauche! Nicht einmal das Russische wird ein Problem sein:

10 Mir bleiben acht Tage, um die nötigsten Wörter und Sätze zu lernen,

11 und dann werde ich überall sehr gut zurechtkommen (nirgends nicht ich-werde-verschwinden)!

12 – Du fährst also alleine?

13 – Natürlich! Ich brauche niemanden.

14 – [Aber] alleine [ist es doch] ein bisschen langweilig …

15 – Lieber allein sein als in schlechter Gesellschaft!

16 – Nun, du wirst es ja [selbst] sehen. Warum hast du so einen großen Koffer?

⑪ Das umgangssprachliche **хоть куда** hat auch in etwa die Bedeutung "sehr gut, hervorragend". Beispiele: **гостиница хоть куда** "ein hervorragendes Hotel"; **вино хоть куда** "ein exzellenter Wein"; **парень хоть куда** "ein toller Kerl, ein Prachtbursche".

⑫ Achten Sie auf die Aussprache von **ч** in **конечно**: [*KANJ***E***SCHNA*].

⑬ **скучновато** kann auf zwei Arten ausgesprochen werden: [*ßKUTSCHNÅV***A***TÅ*] oder [*ßKUSCHNÅV***A***TÅ*]. **скучновато** "ein bisschen langweilig" leitet sich vom Adverb **скучно** "langweilig" ab. Der Einschub von **-оват-** schwächt die Bedeutung ab und verleiht **скучно** eine umgangssprachliche Nuance. Ebenso: **плохо** "schlecht" – **плоховато** "nicht besonders"; **длинно** "lang" – **длинновато** "relativ lang". Die Betonung liegt bei diesen Formen stets auf der vorletzten Silbe.

17 – Так я полож**и**л в нег**о** ш**у**бу и сапог**и** на мех**у**. ⑭

18 Я ведь серьёзно подготовился!

19 – Ш**у**бу, говор**и**шь? **Ию**ль на двор**е**!

20 И… так, к св**е**дению: в новост**я**х пок**а**зывали,

21 что в России сейч**а**с стр**а**шные з**а**сухи и 35 гр**а**дусов … в тен**и**! ⑮ ⑯

Die **Verständnisübung** enthält bekannte Wörter, teilweise in einem neuen Kontext. Auf den Tonaufnahmen hören Sie zu Beginn **Первое задание: Вы понимаете зти предложения?** "Erste Übung: Verstehen Sie diese Sätze!". Überprüfen Sie, ob Sie alle Wörter erkennen und neu zusammengestellte Sätze verstehen. ▼

1. Übung: Verstehen Sie diese Sätze?

① Я надеюсь, ты всё просчитала. – Конечно! ② К сведению: на следующей неделе я буду в Москве. ③ Вчера моего соседа показывали в новостях. ④ Он парень – хоть куда, нигде не пропадёт. ⑤ Мне никто не нужен, я всё сделаю сам.

17 – Also, ich habe (gelegt) einen Pelzmantel und Pelzstiefel (Stiefel auf Pelz) in den Koffer gepackt.

18 Ich (doch) habe mich ernsthaft vorbereitet!

19 – Ein Pelzmantel, sagst du? Es ist Juli (Juli im Hof)!

20 Und ... nur zur Info (zu Kenntnis): In den Nachrichten haben sie gezeigt,

21 dass in Russland jetzt eine schreckliche Dürre [herrscht] und es 35 Grad [heiß ist] ... im Schatten!

ANMERKUNGEN

⑭ **него**, **шубу** und **сапоги** stehen alle im Akkusativ. Das erste Wort verdeutlicht die Bewegung in den Koffer hinein, die anderen beiden sind Akkusativobjekte. Vergleichen Sie: **Он взял со стола паспорт и очки** "Er hat den Reisepass und die Brille vom Tisch genommen".

⑮ Bei **России** handelt es sich um den Präpositiv von **Россия** "Russland". Vergleichen Sie dazu Satz 1: **в Россию** "nach Russland" (mit Bewegung) – **в России** "in Russland" (statisch).

⑯ **35 градусов** "35 Grad": **градус** "Grad" steht hier im Genitiv.

Die **Lösungen** zu den Übungen, d. h. die korrekte Übersetzung bzw. die fehlenden Wörter, stehen direkt gegenüber bzw. am Übungsende. So verlieren Sie keine Zeit mit Suchen und können Ihren Lernerfolg schneller kontrollieren. ▼

Lösung der 1. Übung: Haben Sie richtig verstanden?

❶ Ich hoffe, du hast alles berechnet. – Natürlich [habe ich das]! ❷ Nur zur Info: Ich werde nächste Woche in Moskau sein. ❸ Gestern haben sie meinen Nachbarn in den Nachrichten gezeigt. ❹ Er ist ein toller Kerl, er kommt überall zurecht. ❺ Ich brauche niemanden, ich werde alles selbst machen.

Die zweite Übung ist ein **Lückentext**. Jedes Feld steht für einen Buchstaben des fehlenden Wortes bzw. einen Bindestrich darin. Diese Übung ist nicht vertont. ▼

2. Übung: Setzen Sie die fehlenden Wörter ein!

❶ Bist du noch im Urlaub? – Ja, mir bleiben noch fünf Tage.

Ты ещё ____ ____? – Да, ____ меня ____ пять ____.

❷ Letztes Jahr gab es in diesem Land eine schreckliche Dürre.

В ____ ____ в этой ____ была ____ ____.

❸ Zur Info: Wir wissen selbst gut, was wir brauchen.

____ ____: мы ____ хорошо ____, что ____ нужно.

2 Второй урок

Виза

1 – Пос**о**льство Росс**и**йской Федер**а**ции. Д**о**брый день!

2 – Здр**а**вствуйте! Скаж**и**те, пож**а**луйста, нужн**а** ли в**и**за для по**е**здки в Росс**и**ю? ①

ПРИМЕЧАНИЕ – ANMERKUNGEN

① Der Genitiv für weibliche Substantive im Singular endet bekanntlich auf **ы** für harte und **и** für weiche Substantivendungen. Vergleichen Sie: **мама** "Mama" → **для мамы** "für Mama" (weibl. hart); **квитанция** "Quittung" → **без квитанции** "ohne Quittung" (weibl. weich auf -**ия**); **тётя** "Tante" → **у тёти** "bei

❹ Du fährst allein ans Meer? – Nein, mit [meinem] Mann und sicherlich den Kindern.

Ты ______ на море ______ ? – Нет, _ ______ и наверно с ______ .

❺ Sie haben schon das Hotel reserviert und die Tickets gebucht, ihnen bleibt nur noch das Kofferpacken.

Они уже ______ ______ и ______ билеты, ___ осталось только ______ ______ .

Lösung der 2. Übung: Die fehlenden Wörter.

❶ – в отпуске – у – осталось – дней ❷ – прошлом году – стране – страшная засуха ❸ К сведению – сами – знаем – нам – ❹ – едешь – одна – с мужем – детьми ❺ – забронировали гостиницу – заказали – им – упаковать вещи

Zweite Lektion

Das Visum

1 – Botschaft der Russischen Föderation. Guten Tag!

2 – Guten Tag! Könnten Sie mir bitte sagen, ob man ein Visum braucht, um nach Russland zu reisen?

einer/der Tante" (weibl. auf **-я**). Eine Regel besagt, dass die Endung **ы** nicht auf **к** folgen darf; hier lautet aus phonetisch-orthografischen Gründen die Endung **и**: **поездка** "Reise" → **для поездки** "für eine/die Reise"; **рубашка** "Hemd" → **без рубашки** "ohne Hemd"; **девочка** "Mädchen" → **у девочки** "bei dem/einem Mädchen".

3 – Смотр**я** ком**у**. Как**о**е у вас гражд**а**нство?

4 – Ой, вы зн**а**ете, у нас тут ц**е**лая гр**у**ппа: ②

5 есть и франц**у**зы, и н**е**мцы, и америк**а**нцы, и англич**а**не ③.

6 Мы – студ**е**нты, **у**чимся вм**е**сте.

7 – Пон**я**тно. Всем в в**а**шей гр**у**ппе нужн**а** в**и**за. ④

8 – Вы не подск**а**жете, как**и**е докум**е**нты необход**и**мы для в**и**зы? ⑤ ⑥

9 – Сп**и**сок всех н**у**жных для в**и**зы докум**е**нтов вы найд**ё**те на н**а**шем интерн**е**т-с**а**йте. ⑦

10 Там подр**о**бно оп**и**сана процед**у**ра оформл**е**ния краткоср**о**чной турист**и**ческой в**и**зы ⑧.

11 – Спас**и**бо. А то мне всё говор**и**ли, что для путеш**е**ствия в К**и**ев в**и**зы не н**а**до … ⑨ ⑩

ПРИМЕЧАНИЕ – ANMERKUNGEN

② **Ой** drückt Schmerz oder Überraschung aus: **Ой! Что ты делаешь? Мне больно…** "Au! Was machst du (da)? [Das] tut mir weh …"; **Ой, это ты? Я не знала, что ты уже приехал** "Oh, du bist es? Ich wusste nicht, dass du schon angekommen bist".

③ Nationalitätsbezeichnungen werden kleingeschrieben.

④ **вашей** ist der Präpositiv des Possessivpronomens **ваша** (Femininum von **ваш**) "eure, Ihre".

⑤ Höfliche Fragen werden oft negativ formuliert: **Не подскажете, где туалет?** "Könnten Sie mir sagen (wörtl. "nicht Sie-sagen"), wo die Toilette ist?"; **Не знаешь, как у него дела?** "Weißt du (wörtl. "nicht du-weißt") wie es ihm geht?"

⑥ Das Interrogativadjektiv **какой** ist zwar hart, hat jedoch im Plural die Endung -**ие** anstelle von -**ые**, da **ы** nicht hinter **к** stehen darf.

3 – Das kommt darauf an, wer [reist]. Welche Staatsangehörigkeit haben Sie?

4 – Oh, wissen Sie, wir haben eine ganze Gruppe hier (bei uns hier ganze Gruppe):

5 Es gibt Franzosen und Deutsche, (und) Amerikaner und Engländer.

6 Wir sind Studenten (und) lernen zusammen.

7 – Ich verstehe. Jeder in Ihrer Gruppe braucht ein Visum.

8 – Können Sie mir sagen, welche Dokumente für ein Visum benötigt werden?

9 – Eine Liste aller für ein Visum erforderlichen Dokumente finden Sie auf unserer Website.

10 Dort ist das Verfahren zur Beantragung eines Touristenvisums für einen Kurzaufenthalt detailliert beschrieben.

11 – Danke! Man hat mir gesagt (Andernfalls mir alles gesagthaben), dass man kein Visum braucht, um nach Kiew zu reisen …

⑦ **нашем**: Präpositiv des Possessivpronomens **наш** "unser". Vergleichen Sie diese Form mit dem Präpositiv in Anmerkung 4: Possessivpronomen gleichen sich in Geschlecht, Zahl und grammatischem Fall an das Bezugswort an.

⑧ Bei **оформления краткосрочной туристической визы** stehen alle Wörter im Genitiv. Im Nominativ lauten die vier Wörter **оформление** (Neutrum), **краткосрочная**, **туристическая** (beide Femininum, hart) und **виза** (Femininum, hart).

⑨ Die 3. Person Plural (ohne Subjekt) entspricht unserem "man": **Говорят, не повезёт, если чёрный кот перейдёт вам дорогу** "Man sagt, es bringt Unglück, wenn eine schwarze Katze deinen Weg kreuzt". Siehe dazu auch Sätze 14 und 20.

⑩ **не надо визы**: Für die Verneinung benötigt man in der Regel den Genitiv. Weitere Beispiele: **У них нет друзей** "Sie haben keine Freunde"; **Её не было** "Sie war nicht da"; **Кажется, дождя завтра не будет** "Es scheint, dass es morgen keinen Regen geben wird".

12 – В К**и**ев?... В так**о**м сл**у**чае, вам н**а**до обрат**и**ться в пос**о**льство Укра**и**ны! ⑪

13 К**и**ев уж**е** **о**чень давн**о** явл**я**ется стол**и**цей Укра**и**ны, а не Росс**и**и. ⑫

14 – Ничег**о** не поним**а**ю: ведь во вс**е**х уч**е**бниках ист**о**рии говор**я**т о К**и**евской Рус**и**... ⑬

15 Ну вот, ст**о**ит н**е**сколько дней н**о**вости не посмотр**е**ть

16 и уж**е** не в к**у**рсе так**и**х глоб**а**льных измен**е**ний!

17 Когд**а** **э**то случ**и**лось?

18 – Д**у**маю, ст**о**ит перечит**а**ть ваш уч**е**бник.

19 Случ**и**лось **э**то в нач**а**ле 13 в**е**ка, **е**сли не ошиб**а**юсь.

20 – Стр**а**нно, а в новост**я**х всё ещ**ё** не перед**а**ли!

21 А вы говор**и**те, своб**о**да сл**о**ва...

ПРИМЕЧАНИЕ – ANMERKUNGEN

⑪ Das vollendete Verb **обратиться** "sich wenden an, kontaktieren" kann mit der Präposition **в** und dem Akkusativ oder mit **к** und dem Dativ stehen: **Мы уже обратились в отделение милиции, но нам сказали, что они ничем не могут помочь** "Wir haben uns schon an die Polizeiwache gewandt, aber sie haben uns gesagt, dass sie nicht helfen können"; **Можно в этом случае обратиться к вам?** "Darf ich mich in diesem Fall an Sie wenden?"

⑫ Das unvollendete Verb **являться** "sein, werden" wird auf der offiziellen Sprachebene anstelle von **быть** verwendet. Anders als **быть** wird es auch im Präsens gebraucht, während **быть** im Präsens immer impliziert ist. **являться** steht mit dem Instrumental: **Он является главным юристом в их офисе** "Er ist der leitende Jurist in ihrem Büro".

12 – Nach Kiew? ... In diesem Fall müssen Sie sich an die ukrainische Botschaft wenden!

13 Kiew ist seit sehr langer Zeit die Hauptstadt der Ukraine, nicht Russlands.

14 – Ich verstehe gar nichts [mehr]: In allen Geschichtslehrbüchern spricht man [doch] von der Kiewer Rus ...

15 Nun, es reicht [schon] (es lohnt sich), ein paar Tage keine Nachrichten zu sehen,

16 und schon ist man nicht mehr auf dem Laufenden über derartige globale Veränderungen!

17 Wann ist das passiert?

18 – Ich denke, Sie sollten Ihr Lehrbuch noch einmal lesen.

19 Es geschah zu Beginn des 13. Jahrhunderts, wenn ich mich nicht irre.

20 – [Das ist] seltsam, es kam immer noch nicht in den Nachrichten (und in Nachrichten alle noch nicht übertragen)!

21 Und das nennt sich (Und Sie sagen) Meinungsfreiheit ...

⑬ Die Konjunktion **ведь** leitet die Ursache oder den Grund für das zuvor Gesagte ein und kann mit "denn, doch, nämlich" übersetzt werden.

Первое задание: Вы понимаете эти предложения?
1. Übung: Verstehen Sie diese Sätze?

❶ Как! Вы не в курсе таких глобальных изменений? ❷ Этот депутат всегда был за свободу слова. ❸ Правильно вам говорили: нельзя столько есть перед сном. ❹ Ты куда? – В посольство: оказалось, что мне нужна виза. ❺ Вы не подскажете, где я могу найти список гостей?

Второе задание: Вставьте пропущенные слова!
2. Übung: Setzen Sie die fehlenden Wörter ein!

❶ Es stimmt, was man euch gesagt hat: Ihr braucht alle Hilfe.

… вам …, вам всем … … .

❷ Wenn ich mich nicht irre, kennen wir ihn sehr gut: Wir haben zusammen studiert.

Если не …, мы … … очень хорошо: мы вместе … .

❸ In ihrer Gruppe gibt es Franzosen, Russen, Deutsche, Amerikaner und Engländer.

В … … есть …, …, немцы, американцы и … .

❹ Moskau ist die Hauptstadt eines riesigen Landes namens Russland.

Москва … … огромной …, … … Россия.

Решение первого задания: Вы поняли?
Lösung der 1. Übung: Haben Sie richtig verstanden?

❶ Wie! Sind Sie nicht über derartige globale Veränderungen auf dem Laufenden? ❷ Dieser Abgeordnete war immer für die Meinungsfreiheit. ❸ Es stimmt, was man Ihnen sagte: Man soll vor dem Schlafengehen nicht so viel essen. ❹ Wohin [gehst] du? – Zur Botschaft. Es hat sich herausgestellt, dass ich ein Visum brauche. ❺ Können Sie mir sagen, wo ich die Gästeliste finden kann?

❺ Aber bist du (denn) noch nicht auf dem Laufenden? Dies geschah letzte Woche.

А ты ___ не в _____? Это _________ __ прошлой ______.

Решение второго задания: Пропущенные слова.
Lösung der 2. Übung: Die fehlenden Wörter.

❶ Правильно – говорили – нужна помощь ❷ – ошибаюсь – его знаем – учились ❸ – их группе – французы, русские – англичане ❹ – является столицей – страны, которая называется – ❺ – ещё – курсе – случилось на – неделе

Lesen Sie jede Lektion zuerst einmal im Ganzen durch, und hören Sie sie parallel an. Anschließend beschäftigen Sie sich ausführlich mit den einzelnen Sätzen.

3 Третий урок

Виды транспорта

1 В городском транспорте всегда что-нибудь происходит. ①

2 Может быть, именно потому, что в автобусах, троллейбусах и трамваях

3 всегда много самых разных людей, это целый маленький мир. ②

4 Во всяком случае, мне часто приходится быть свидетелем забавных ситуаций. ③ ④

5 Едет мужчина в автобусе и ругается: ⑤

6 – Что за молодёжь пошла! Наглые, невоспитанные! ⑥

7 Сами сидя едут, места уступить не могут! ⑦

ПРИМЕЧАНИЕ

① Bei **происходит** handelt es sich um die 3. Person Singular des Verbs **происходить** "sich abspielen, stattfinden". So sagt man auch **Что с тобой происходит?** "Was ist mir dir los?"

② Auf Mengenangaben folgt stets der Genitiv. Im Falle von **много** steht das entsprechende Bezugswort im Genitiv Singular, wenn es etwas Abstraktes bezeichnet. Es steht im Genitiv Plural, wenn von etwas Konkretem die Rede ist: **много счастья** "viel Glück"; **много машин** "viele Autos".

③ Bei **мне приходится** "ich erlebe" – aber auch im Sinne von "ich muss" – handelt es sich um eine neutrale Form in der 3. Person, die zusammen mit einem Personalpronomen oder einem Nomen im Dativ oder alleine steht: **Раньше мне приходилось часто летать в Россию** "Ich musste früher oft nach Russland fliegen". Vergleichen Sie die Anwendung auch in einem Dialog: **Ты рыбу ешь?** "Isst du Fisch?" – **Приходится... жена больше ничего не умеет готовить** "Ich muss ... meine Frau kann nichts anderes kochen".

Dritte Lektion

Die Verkehrsmittel (Typen Transport)

1 In den öffentlichen (städtischen) Verkehrsmitteln spielt sich immer einiges (etwas) ab.

2 Vielleicht liegt es daran (genau deshalb), dass [es] in Bussen, Trolleybussen und Straßenbahnen

3 immer sehr unterschiedliche (alle Arten) Menschen gibt; eine eigene (ganz) kleine Welt.

4 Auf jeden Fall erlebe ich oft lustige Situationen.

5 Ein Mann fährt mit dem Bus und flucht:

6 – Was für eine Jugend (Jugend gegangen) ist das [heutzutage]! Unverschämt [und] unhöflich!

7 Sie fahren selbst sitzend (Selbst sitzend), und überlassen [niemandem] ihre Sitzplätze (überlassen nicht-können)!

④ Bezieht sich das Verb **быть** "sein" auf einen Beruf oder eine Tätigkeit, wird das Substantiv, das darauf (im Perfekt, Futur oder Infinitiv) folgt, in den Instrumental gesetzt: **Он всегда был учителем** "Er ist immer Lehrer gewesen".

⑤ Achten Sie bei **мужчина** [*MUSCHSCHÍNA*] auf die veränderte Aussprache von **ч**.

⑥ **молодёжь** "Jugend" ist im grammatikalischen Sinne weiblich (f.). Bei Wörtern, die auf **ь** enden, muss man sich das Geschlecht merken: **боль** (f.) "Schmerz", aber **гель** (m.) "Gel".

⑦ Bei **сидя** handelt es sich um ein Gerundium im Präsens, das dem deutschen "sitzend" bzw. "dabei sein zu sitzen" entspricht. Auf die Bildung gehen wir zu einem späteren Zeitpunkt ein.

Haben Sie an einem Tag einmal wenig Zeit, so reicht es aus, wenn Sie sich Ihre aktuelle Lektion einfach einige Male auf den Tonaufnahmen anhören.

8 Пассаж**и**р, сто**я**щий р**я**дом, замеч**а**ет: ⑧

9 – Что вы возмущ**а**етесь? Вы же сид**и**те... ⑨

10 – А жен**а**-то мо**я** сто**и**т! ⑩ ⑪

11 – Скаж**и**те, на как**о**й останов**о**вке мне н**а**до в**ы**йти, чт**о**бы поп**а**сть на пл**о**щадь Л**е**нина? ⑫ ⑬

12 – След**и**те за мной и выход**и**те на одн**у** остан**о**вку р**а**ньше!

13 Ну, а есть ист**о**рии, о кот**о**рых мы т**о**лько понаслышке... ⑭

14 Да и тем л**у**чше! ⑮

15 Стю**а**рдесса:

16 – Ну, что вы раскрич**а**лись, что разн**е**рвничались!

17 Под**у**маешь, тряхн**у**ло три р**а**за. ⑯

18 Обыкнов**е**нная возд**у**шная **я**ма, турбул**е**нтная з**о**на.

ПРИМЕЧАНИЕ

⑧ **стоящий** "stehend" ist ein Beispiel für ein Partizip Präsens, das prinzipiell wie ein Adjektiv verwendet wird und sich in Geschlecht, Zahl und Fall dem Bezugswort angleicht. Hier sind einige Beispiele: **стоящий мальчик** "ein stehender Junge"; **стоящая дама** "eine stehende Dame"; **стоящее рядом кресло** "ein danebenstehender Sessel"; **стоящие в комнате столы** "im Zimmer stehende Tische".

⑨ Die Partikel **же** entspricht dem umgangssprachlichen "einmal" bzw. "doch": **Мы же были там вместе!** "Wir waren doch zusammen dort!" Beachten Sie, dass **же** niemals am Satzbeginn steht.

⑩ **то** und **нибудь** (Satz 1) geht ein Bindestrich voran und sie werden mit einem Pronomen verbunden. **кто-то**, **кто-нибудь** "jemand"; **что-то**, **что-нибудь** "etwas".

⑪ Mit der Betonung ändert sich häufig die Bedeutung eines Wortes. Vergleichen Sie: **он стоит** [*ßTÁIT*] "er steht", aber **он стоит** [*ßTOIT*] "er kostet".

8 Ein in der Nähe stehender Fahrgast bemerkt:

9 – Warum empören Sie sich? Sie sitzen doch …

10 – [Ja,] aber meine Frau steht!

11 – Sagen Sie [mir], an welcher Haltestelle muss ich aussteigen, um zum Leninplatz zu kommen?

12 – Achten Sie auf mich (Verfolgen-Sie hinter mir) und steigen Sie eine Station früher aus!

13 Nun, es gibt [auch] Geschichten, die wir nur vom Hörensagen kennen …

14 Umso besser!

15 [Eine] Stewardess:

16 – Nun, warum (was) schreien Sie [denn], warum regen Sie sich so auf (was nervös-geworden)?

17 Was soll's (du-wirst-denken), es hat dreimal gewackelt.

18 Es ist nur ein Luftloch, ein Gebiet mit Turbulenzen (turbulente Zone).

⑫ Das **и** klingt nach **ж** hart, also eher wie [*Ï*]: **пассажир** [*PAßßAJ̃ÏRr*], **скажите** [*ßKaJ̃ÏTJE*]. Dies gilt auch für das unbetonte **е** nach **ж**: **жена** [*J̃ÏNA*].

⑬ **площадь** [*PLOSCHTSCHATj*] findet man auch in der Aussprachevariante [*PLOSCHTSCHİTj*].

⑭ Das Relativpronomen **который**, **-ая**, **-ое**, **-ые** hat dieselben Endungen wie ein hartes Adjektiv. Im Lokativ (auch Präpositiv genannt) ist die Endung der harten Adjektive im Maskulinum Plural **-ых**.

⑮ Der Komparativ wird mithilfe eines Suffixes gebildet, doch gibt es für viele Adjektive und Adverbien Ausnahmen bzw. Unregelmäßigkeiten: **большой** "groß" → **больше** "größer"; **маленький** "klein" → **меньше** "kleiner"; **хороший** "gut" (Adjektiv) → **хорошо** "gut" (Adverb) → **лучше** "besser".

⑯ **тряхнуло** [*TRrICHNULÅ*]: Steht **я** direkt vor einer betonten Silbe, spricht man es [*I*].

19 С кем не бывает. Ну, всё, всё, успокаиваемся.

20 Всё хорошо? Ну, и ладненько ... ⑰

21 Пойду теперь пассажиров успокою.

Первое задание: Вы понимаете эти предложения?

① Он очень подозрительный тип. Следите за ним! ② Скажите, как попасть в театр оперы? – Выходите на этой остановке. ③ Ну, успокаиваемся. Теперь всё будет хорошо. ④ Есть вещи, о которых мы никогда не слышали. ⑤ Что за люди пошли! Никто места уступить не может.

Второе задание: Вставьте пропущенные слова!

❶ In Bussen, Trolleybussen und Straßenbahnen ist der Preis des Fahrscheins derselbe (Fahrschein kostet gleich).

В ______, троллейбусах и ______ билет ______ ______.

❷ Ich werde [meinen] Bruder beruhigen: [Unseren] Eltern geht es ganz ausgezeichnet.

______ ______ брата: у ______ всё отлично.

❸ Mann, was empören Sie sich? – Nun, ich will dies nicht miterleben!

______, что вы ______? – А я не ______ быть ______ этого!

❹ Auf jeden Fallwar er vor dir da, also empöre dich nicht!

______ всяком ______, он пришёл ______ ______, так что не ______!

❺ [Mein] Freund, ich habe geheiratet! – Das kann jedem passieren ... Ich mache [nur] Witze! Ich gratuliere!

Друг, я ______! – С ______ не ______ ... Шучу! ______!

19 Das passiert schon mal (Zu jemandem nicht ist). Schon gut, schon gut, beruhigen Sie sich.

20 Alles in Ordnung? Na, also dann okay …

21 Ich gehe jetzt und beruhige die Passagiere!

ПРИМЕЧАНИЕ

⑰ Das Adverb **ладно** "okay, in Ordnung" kennt auch die umgangssprachliche Form **ладненько**. Gebildet wird es mit dem Infix für das Diminutiv **-еньк-**. Man findet diese Formen sehr häufig.

Решение первого задания: Вы поняли?

❶ Das ist ein sehr verdächtiger Typ. Achten Sie auf ihn (Verfolgen-Sie hinter ihm)! ❷ Sagen Sie [mir]: Wie komme ich zum Opernhaus? – Steigen Sie an dieser Haltestelle aus. ❸ Nun, beruhigen Sie sich. Jetzt wird alles wieder gut. ❹ Es gibt Dinge, von denen (über welche) wir noch nie gehört haben. ❺ Was sind das nur für Menschen! Niemand überlässt [anderen] seinen Platz (aufgeben nicht kann).

Решение второго задания: Пропущенные слова.

❶ – автобусах – трамваях – стоит одинаково ❷ Пойду успокою – родителей – ❸ Мужчина – возмущаетесь – хочу – свидетелем – ❹ Во – случае – до тебя – возмущайся ❺ – женился – кем – бывает – Поздравляю

4 Четвёртый урок

В аэропорту

1 – Нас кт**о**-нибудь встр**е**тит?

2 – Нет, к сожал**е**нию, мне никог**о** не удал**о**сь предупред**и**ть о н**а**шем прил**ё**те. ①

3 – Я так и зн**а**ла, что ты заб**у**дешь…

4 – Я не заб**ы**л, пр**о**сто ни с к**е**м не усп**е**л договор**и**ться.

5 – Ну что, бер**ё**м такс**и**? ②

6 – Да ну, перест**а**нь: мы по**е**дем на авт**о**бусе.

7 – На авт**о**бусе мы б**у**дем добир**а**ться до г**о**рода два час**а**. ③ ④

8 Дав**а**й, м**о**жет, хот**я** бы на маршр**у**тке?

9 – Ну л**а**дно, **е**сли теб**е** так х**о**чется, дав**а**й на маршр**у**тке. ⑤

10 Так… а где же остан**о**вка?

ПРИМЕЧАНИЕ

① Beachten Sie die Konstruktion **предупредить кого-то** (Akkusativ) **о чём-то** (Lokativ) "jemanden vor etwas warnen/von etwas in Kenntnis setzen". **никого** "niemanden" ist der Lokativ von **никто** "niemand".

② **берём** ist die 1. Person Plural des unregelmäßigen Verbs **брать** "(mit)nehmen". Es handelt sich dabei um die unvollendete Form von **взять**. **Почему ты никогда не берёшь меня с собой?** "Warum nimmst du mich nie mit dir mit?" – **Не правда! Я беру тебя с собой каждый раз, когда могу** "Das ist nicht wahr! Ich nehme dich jedes Mal mit, wenn ich kann".

Auf dem Flughafen

1 – Holt uns jemand ab (Uns jemand wird-treffen)?

2 – Nein leider, ich habe niemanden über unsere Ankunft informieren (warnen) können.

3 – Ich wusste (Ich so und wusste), dass du es vergessen würdest ...

4 – Ich habe es nicht vergessen, ich bin einfach nicht dazu gekommen, mit jemandem etwas zu vereinbaren (verhandeln).

5 – Na dann, nehmen wir ein Taxi?

6 – Oh, komm schon (hör-auf). Lass uns den Bus nehmen.

7 – Mit dem Bus brauchen wir (erreichen) zwei Stunden, um in die Stadt zu kommen.

8 Lass (Gib) uns vielleicht (kann) wenigstens mit dem Minibus fahren?

9 – Na gut, wenn du es so sehr willst (wenn dir so will), lass uns den Minibus nehmen.

10 So ... aber wo ist denn die Haltestelle?

③ **добираться** und auch **поехать** (Satz 6) stehen mit der Präposition **на** und dem Bezugswort im Lokativ. Damit wird das Mittel ausgedrückt, mit dem man sich fortbewegt: **ехать на машине** "mit dem Auto fahren"; **поехать на поезде** "mit dem Zug fahren"; **лететь на самолёте** "mit dem Flugzeug fliegen"; **добираться на маршрутке** "mit dem Minibus fahren", usw.

④ **часа** [*TSCHIßA*]: Vor einer betonten Silbe klingt **a** oft wie [*I*].

⑤ Hier sehen Sie noch ein Beispiel für eine unpersönliche Satzkonstruktion mit **хотеться** "(sich) wollen, Lust haben". Das Subjekt steht im Dativ: **тебе так хочется** "du willst es so (sehr), du hast solche Lust".

11 – Спрос**и** у ког**о**-нибудь, чтоб не тер**я**ть вр**е**мя на п**о**иски. ⑥

12 – У ког**о** бы спрос**и**ть?

13 О, смотр**и**, вот у **э**того челов**е**ка. ⑦

14 Ср**а**зу в**и**дно, что он зд**е**шний, да и вид у нег**о** **о**чень м**и**лый. ⑧

15 Прост**и**те, вы не подск**а**жете, где остан**а**вливается маршр**у**тка н**о**мер 30?

16 – Отк**у**да я зн**а**ю? У мен**я** что, на лбу нап**и**сано «спр**а**вочное бюр**о**»?

17 – Нет, у вас на лбу нап**и**сано «груби**я**н»... ⑨

18 – Мне к**а**жется, уж**е** п**о**здно, и маршр**у**тки б**о**льше не х**о**дят. ⑩ ⑪

19 Ну н**а**до же! За разгов**о**рами мы посл**е**днюю маршр**у**тку прозев**а**ли! ⑫ ⑬

20 – У меня гениальная идея: давай возьмём такси!... ⑭

ПРИМЕЧАНИЕ

⑥ **кого-нибудь** ist der Genitiv des unbestimmten Pronomens **кто-нибудь**, "(irgend)wer, (irgend)jemand". Es wird mithilfe der Nachsilbe -**нибудь** gebildet, die man in etwa mit "irgend-" übersetzen kann. Vergleichen Sie auch: **когда** "wann"; **когда-нибудь** "irgendwann"; **где** "wo" → **где-нибудь** "irgendwo"; **куда** "wohin" → **куда-нибудь** "irgendwohin"; **кто** "wer" → **кто-нибудь** "irgendwer, irgendjemand"; **что** "was" → **что-нибудь** "irgendetwas", etc.

⑦ **этого** ist die Genitivform des Demonstrativadjektivs **этот** "dieser (hier)", die hier nach der Präposition **у** "bei" steht.

⑧ **Здешний** "hiesig" leitet sich von **здесь** "hier" ab. Ebenso: **тамошний** "dortig" und **там** "dort".

⑨ Bestimmt kommt Ihnen das Wort **грубиян** aus dem Deutschen bekannt vor. Es bezeichnet einen rüpelhaften, unhöflichen Menschen, dem es an guten Umgangsformen mangelt.

11 – Frag irgendjemanden, damit [wir] keine Zeit mit Suchen verlieren.

12 – Wen [soll] ich fragen?

13 Oh, schau mal, dieser Mann da.

14 Man sieht sofort (Sofort sichtbar), dass er von hier (hiesiger) ist, und er sieht sehr sympathisch aus.

15 Entschuldigung, können Sie mir sagen (Sie nicht werden-vorsagen), wo der Minibus Nummer 30 hält?

16 – Woher [soll] ich das wissen? Steht auf meiner Stirn (Bei mir was) "Auskunftsbüro" geschrieben?

17 – Nein, auf Ihrer Stirn steht "unhöfliche Person" geschrieben ...

18 – Ich glaube (Mir scheint), es ist schon spät und es gibt keine Minibusse mehr (Minibusse mehr nicht gehen).

19 Ach du meine Güte! Wir haben den letzten Minibus verpasst, während wir uns unterhalten (Gespräche) haben!

20 – Ich habe eine geniale Idee: Lass uns ein Taxi nehmen!

...

⑩ Verwechseln Sie nicht **уже** [*UĴE*] "schon" und **уже** [*UĴie*] "enger". Wie so oft macht die Betonung den Unterschied.

⑪ In **поздно** [*POSNA*] wird das **д** nicht gesprochen.

⑫ Der Ausruf **Ну надо же!** gehört zur gesprochenen Sprache und kann je nach Kontext Erstaunen, Verwunderung und sogar Verärgerung ausdrücken: "Ach, du meine Güte!", "Echt?", "Wow!" oder auch "Mist!"

⑬ Die Präposition **за**, gefolgt von einem Bezugswort im Instrumental, kann die Bedeutung "während" oder "bei" haben: **за чаем** "während des Tee(trinken)s, beim Tee(trinken)"; **за обедом** "während des Mittagessens, beim Mittagessen".

⑭ Wie viele andere Internationalismen ist auch **такси** (n.) unveränderlich: **Он приехал на такси** "Er ist mit dem Taxi angekommen"; **Ты пришла пешком? – Нет, я взяла такси** "Bist du zu Fuß gekommen? – Nein, ich habe ein Taxi genommen" (Akkusativ).

Первое задание: Вы понимаете эти предложения?

① Спроси у кого-нибудь, куда нам идти. ② Смотри, по-моему, это справочное бюро. ③ Ну надо же, он всё-таки сдал экзамен. ④ Да ну, перестань, она не обиделась. ⑤ О, смотри, у этого человека есть спички.

Второе задание: Вставьте пропущенные слова!

❶ Woher soll ich das wissen? Ich bin nicht von hier (hiesiger). – Nun (So), frag irgendjemanden!

Откуда я ___ ? Я не ___ . –
Так ___ у кого-___ !

❷ Wenn du es so sehr willst, nehmen wir den Minibus in die (bis) Stadt.

Если тебе так ___ ,
давай добираться ___ города на
___ .

❸ Wir müssen (man-muss) fragen, wo sich die Straßenbahnhaltestelle befindet. – Oh, komm schon, wir finden sie allein (selbst).

Надо ___ , где находится
___ трамвая. – Да ну,
___ , сами ___ !

❹ Na dann, nehmen wir ein Taxi oder fahren wir mit dem Auto? – Lass uns mit dem Auto [fahren].

Ну что, ___ такси или едем
___ ___ ? – ___ на машине.

❺ Lass uns fragen, ich will nicht Zeit mit Suchen verlieren. – Leider ist hier niemand ...

Давай ___ : не ___
терять ___ на ___ . – ___
___ , здесь никого нет…

Решение первого задания: Вы поняли?

① Frage irgendjemanden nach dem Weg (wohin uns gehen). ② Schau, ich glaube, das ist das Auskunftsbüro. ③ Wow, er hat trotz allem die Prüfung bestanden! ④ Oh, komm schon, sie ist nicht beleidigt. ⑤ Oh, schau, dieser Mann hat Streichhölzer.

Решение второго задания: Пропущенные слова.

❶ – знаю – здешний – спроси – нибудь ❷ – хочется – до – маршрутке ❸ – спросить – остановка – перестань – найдём ❹ – берём – на машине – Давай – ❺ – спросим – хочу – время – поиски – К сожалению –

маршрутка

In **маршрутка** steckt das deutsche "Marschroute". Es handelt sich um Sammeltaxis oder Minibus-Shuttles, die auch als "Feststreckentaxis" bezeichnet werden, getreu der Übersetzung des russischen **маршрутное такси**. Diese Kleinbusse können bis zu 12 Personen befördern. Mitunter sind es auch größere Busse, die privaten Unternehmen gehören. Sie haben feste Routen und folgen oft den Linien des öffentlichen Nahverkehrs, führen dabei aber häufig bis in entlegene Orte, die schlecht an das öffentliche Netz angebunden sind. Manchmal halten sie auf Wunsch der Fahrgäste auch auf freier Strecke zwischen den eigentlichen Haltestellen. Man kann sie an jedem beliebigen Ort entlang der Strecke durch ein Handzeichen anhalten. Der Preis für Marschrutkas ist in der Regel etwas höher als der für die öffentlichen Transportmittel. Er variiert von Stadt zu Stadt und hängt von der Größe des Fahrzeugs ab. Außerdem ist der Tagespreis oft anders als der Abendpreis nach 22 Uhr.

5 Пятый урок

Вылазка

1 – Саш, я видела в прихожей твой походный рюкзак.

2 Ты куда-то собираешься?

3 – Вот решили с ребятами на вылазку рвануть. ①

4 – Правильно, что дома в такую жару сидеть!

5 Лучше на природу, в лес или на речку.

6 – Ну, мы, Кать, собственно, так и подумали. ②

7 Берём взаймы палатку у Таниного деда. ③

8 Кстати, палатка у него добротная: он ведь профессиональный геолог. ④

9 Ему в палатке ночевать – не привыкать, поэтому она у него – то, что надо. ⑤

In dieser Lektion finden Sie keine Hinweise zur Aussprache. Alle wichtigen Punkte wurden bereits in den vorherigen Lektionen behandelt. Machen Sie sich auch weiterhin beim Lesen und beim Anhören der Tonaufnahmen stets die wichtigsten Ausspracheregeln des Russischen bewusst. Achten Sie speziell auf die Betonung und den Unterschied zwischen harten und weichen Lauten!

ПРИМЕЧАНИЕ

① **ребёнок** "Kind" bildet den Plural unregelmäßig: **дети** oder **ребята**. Als **ребята** bezeichnet man dabei auch die "Jungen", doch umgangssprachlich wird es v. a. im Sinne von "Jungs" oder "Leute" verwendet: **Как жизнь, ребята?** "Wie geht's, Jungs/Leute?"

② **Саша** und **Катя** (Satz 6) sind die Kurzformen der Vornamen **Александр (Александра)** und **Екатерина**. Man verwendet diese sehr häufig. Spricht man jemanden direkt an, wird oft der letzte Buchstabe "verschluckt": **Мам (мама), это ты?** "Mama, bist du es?"; **Саш (Саша), подожди меня!** "Sascha,

Fünfte Lektion

Ein Ausflug

1 – Sascha, ich habe deinen Wanderrucksack im Flur gesehen.

2 Beabsichtigst du, irgendwohin zu fahren (irgendwohin beabsichtigst)?

3 – Ach (hier ist), wir haben beschlossen, mit den Jungs einen Ausflug zu machen (Ausflug ziehen).

4 – [Da] habt ihr recht, anstatt bei dieser Hitze zu Hause zu bleiben (was zu-Hause in so-einer Hitze sitzen),

5 ist es besser, in die Natur [zu gehen], in den Wald oder an den Fluss.

6 – Nun, das dachten wir uns eigentlich auch, Katja (so uns gedacht).

7 Wir leihen uns ein Zelt von Tanjas Großvater aus.

8 Sein Zelt ist übrigens von guter Qualität: Er ist ein professioneller Geologe.

9 Er ist es gewohnt, im Zelt zu schlafen (übernachten – nicht gewöhnen), deshalb hat er ein gutes Zelt (was notwendig).

warte auf mich!" Ist der letzte Buchstabe **я**, hängt man **ь** an: **Кать (Катя), дай, пожалуйста, воды** "Katja gib [mir] bitte Wasser".

③ Die Form **Танин** wird gebildet, indem man an **Таня** das Infix **-ин-** anhängt. Es entspricht dem deutschen "Tanjas" und stellt ein sog. Possessivadjektiv dar, das sich wie ein normales Adjektiv verhält. Hier finden wir es im Genitiv: **Таниного**.

④ Das Adjektiv **добротный** bedeutet gleichermaßen "haltbar, hochwertig" und "stabil, solide" oder wie hier "von guter Qualität".

⑤ Werden das Subjekt und sein Prädikat durch einen Infinitiv ausgedrückt, muss zwischen die beiden ein Bindestrich gesetzt werden. Dieser entspricht unserem "(das) ist, (das) bedeutet": **Быть матерью – всё время переживать за своих детей** "Mutter zu sein bedeutet, sich die ganze Zeit um seine Kinder zu sorgen".

10 Олегов отец обещал дать удочки и резиновую лодку. ⑥

11 – Прихватите и мой надувной матрас! Глядишь – пригодится.

12 Да не забудьте термос и спички. ⑦

13 По-моему, в походе это самое важное. ⑧

14 – Да-да… всё это я уже взял…

15 – А что ты ищешь? ⑨

16 – Да вот никак не могу найти ключи от машины.

17 – Я бы одолжила тебе свой велосипед, но на нём вы с ребятами далеко не уедете … ⑩

ПРИМЕЧАНИЕ

⑥ Wie **-ин-** wird auch das Infix **-ов-** zur Bildung eines Possessivadjektivs verwendet, hier: **Олег + ов → Олегов** "Olegs". Wann Sie **-ин-** bzw. **-ов-** verwenden, wird in der Wiederholungslektion erläutert.

⑦ Bei **спички** handelt es sich um die Pluralform von **спичка** "Streichholz", die hier im Akkusativ steht, wobei dieser identisch mit dem Nominativ ist.

⑧ Die Präposition **по-** wird verwendet, um Adverbien zu bilden, die einen Wunsch oder die Meinung einer Person ausdrücken: **По-моему, здесь жарко** "Meiner Meinung nach ist es heiß hier"; **А как по-вашему?** "Und was ist Ihre Meinung?"; **Он всё делает по-своему** "Er macht alles auf seine Weise".

⑨ **ищешь**: 2. Person Singular des unvollendeten Verbs **искать** "suchen". Der Lautwandel von **ск** zu **щ** ist nicht selten. Wir werden noch weitere Beispiele dazu kennenlernen.

Первое задание: Вы понимаете эти предложения?

❶ Дай мне, пожалуйста, взаймы денег. ❷ Что вы ищете? – Ключи от квартиры. ❸ На этой машине он далеко не уедет. ❹ Мы едем на вылазку. Купили рюкзак, удочки и резиновую лодку. ❺ Я одолжила термос брату. – Я так и подумал: никак не могу его найти.

10 Olegs Vater hat versprochen, [uns] (geben) Angelruten und ein Gummischlauchboot auszuleihen.

11 – Nehmt auch meine Luftmatratze (aufblasbare Matratze)! Du [wirst] sehen, sie wird sich als nützlich erweisen (brauchbar-ist).

12 Ja, [und] vergesst nicht die Thermosflasche und die Streichhölzer.

13 Meiner Meinung nach ist das bei einem Ausflug das Wichtigste.

14 – Ja, ja … das habe ich schon alles eingepackt (genommen) …

15 – Und was suchst du [dann]?

16 – Na ja, ich kann meine Autoschlüssel partout nicht finden.

17 – Ich würde dir mein Fahrrad leihen, aber du und die Jungs kommt damit (auf ihm) nicht weit …

⑩ **уедете** ist die 2. Person Plural des Verbs **уехать** "abreisen, abfahren, verreisen". Denken Sie daran, dass die Verben der Bewegung eine besondere Gruppe darstellen. Sie können bestimmt oder unbestimmt sein und es gibt 14 Paare. Jedes Paar bezeichnet eine bestimmte Art der Fortbewegung (zu Fuß gehen, fahren, fliegen usw.). Das Verb **уехать** ist bestimmt, weil es mit einer präzisen Richtungsangabe verbunden ist: **Ты знаешь, куда она уехала? – По-моему, в Москву** "Weißt du, wohin sie verreist ist? – Meiner Meinung nach nach Moskau".

Решение первого задания: Вы поняли?

❶ Leih (Gib) mir bitte etwas Geld (leihweise Geld). ❷ Wonach suchen Sie? – Nach den Wohnungsschlüsseln. ❸ Mit diesem Auto kommt er nicht weit. ❹ Wir machen (fahren auf) einen Ausflug. Wir haben einen Rucksack, Angelruten und ein Gummischlauchboot gekauft. ❺ Ich habe meinem Bruder eine Thermosflasche geliehen. – Das habe ich auch gedacht: Ich kann sie partout nicht finden.

Второе задание: Вставьте пропущенные слова!

1. (Wie) man hat [wirklich] keine Lust, bei dieser Hitze zu Hause zu sein (sitzen)!

   Как не ______ в такую ______ ______ дома!

2. Ihr habt versprochen, mir eine Thermosflasche und ein Zelt zu geben. – Ja, natürlich, wir haben [es] nicht vergessen.

   Вы ______ дать мне ______ и ______. – Да, ______, мы не ______.

3. Wir haben [zusammen] mit den Jungs beschlossen, in die Natur zu fahren.

   Мы с ______ ______ поехать ______ ______.

4. Beabsichtigst du, irgendwohin zu fahren? – Ja, ich habe in einer Stunde eine Verabredung.

   Ты ______ собираешься? – Да, у меня ______ ______ час.

5. Papa, hast du (nicht) meinen Wanderrucksack gesehen? – Ja, ich habe [ihn] gesehen, er ist im Flur.

   Папа, ты не ______ мой ______ ______? – Да, видел, он в ______.

6 Шестой урок

Обед

1 – Д**о**брый день! Вы зак**а**зывали ст**о**лик?

2 – Нет, понад**е**ялся на уд**а**чу. У вас ещ**ё** есть мест**а**?

Решение второго задания: Пропущенные слова.

❶ – хочется – жару сидеть – ❷ – обещали – термос – палатку – конечно – забыли ❸ – ребятами решили – на природу ❹ – куда-то – встреча через – ❺ – видел – походный рюкзак – прихожей

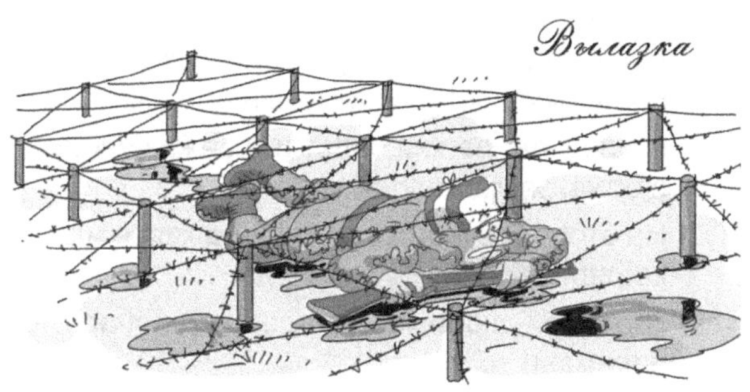

Sie haben sicherlich festgestellt, dass wir für viele Satzteile nicht immer eine streng wörtliche Übersetzung angeben, sondern eher die sinngemäße Bedeutung. Da Sie bereits fortgeschritten sind, kommen Sie damit bestimmt gut zurecht.

Sechste Lektion

Mittagessen

1 – Guten Tag! Haben Sie einen Tisch (Tischchen) reserviert?

2 – Nein, ich habe nur gehofft, dass ich Glück habe (gehofft auf Glück). Haben Sie noch einen Platz (Plätze) [frei]?

3 – Вы од**и**н? ①

4 Тогд**а** сл**е**дуйте за мн**о**й, вот сюд**а**, к ок**о**шку. ②

5 – У вас есть б**и**знес-ланч?

6 – Сег**о**дня мы предлаг**а**ем вам великол**е**пный к**о**мплексный об**е**д, ③

7 состав**л**енный по сов**е**там врач**е**й-диет**о**логов. ④

8 – Впечатл**я**ет! Что ж, с удов**о**льствием попр**о**бую ваш к**о**мплексный об**е**д. ⑤

9 – На п**е**рвое: лёгкий сал**а**т из св**е**жих овощ**е**й с ол**и**вковым м**а**слом.

10 На втор**о**е: окр**о**шка мясн**а**я на кв**а**се или кеф**и**ре.

11 Гор**я**чее – люб**и**мое бл**ю**до шеф-п**о**вара: пельм**е**ни со смет**а**ной. ⑥

12 Д**у**маю, не ст**о**ит уточн**я**ть, что пельм**е**ни у нас ручн**о**й раб**о**ты.

13 На гор**я**чее м**о**жет быть предл**о**жено т**а**кже вегетари**а**нское бл**ю**до: ⑦

ПРИМЕЧАНИЕ

① Die Kardinalzahl **один** "eins" bedeutet auch "alleine" und kennt die folgenden Formen: **один** (m.); **одна** (f.); **одно** (n.) sowie die Pluralform für alle Geschlechter: **одни**.

② **сюда** "hierher" beinhaltet eine Bewegung, während **здесь** "hier" das statische Gegenstück ist: **Ты где?** "Wo bist du?"; **Я здесь. И ты иди сюда!** "Ich bin hier. Komm du auch hierher!"

③ **предлагаем**: 1. Person Plural von **предлагать** "anbieten", dessen Objekt im Akkusativ steht. Für unbelebte männliche Substantive ist der Akkusativ identisch mit dem Nominativ: **великолепный обед** "ein herrliches Mittagsessen"; **Мне предлагают великолепный обед** "Man bietet mir ein herrliches Mittagessen an".

3 – Sind Sie allein?

4 Dann folgen Sie mir hierher zum Fenster (Fensterchen).

5 – Haben Sie ein Mittagsmenü (Business-Lunch)?

6 – Heute bieten wir Ihnen ein ausgezeichnetes mehrgängiges Mittagsmenü an (komplexes Mittagessen),

7 zusammengestellt gemäß den Empfehlungen von Ernährungswissenschaftlern (auf Ratschläge Ärzte-Diätologen).

8 – Beeindruckend (Beeindruckt)! Also, ich würde gerne Ihr mehrgängiges Mittagsmenü probieren.

9 – Als Vorspeise (Auf erstes): ein leichter Salat mit frischem Gemüse und Olivenöl.

10 Als zweiter Gang: Fleisch-Okroschka mit Brottrunk (Kwas) oder Kefir.

11 Das warme [Gericht] ist die Lieblingsspeise des Chefkochs: Pelmeni mit saurer Sahne.

12 Ich denke, es ist nicht nötig zu präzisieren, dass die Teigtaschen bei uns handgemacht sind.

13 Als warme Speise können wir [Ihnen] (kann sein) auch ein vegetarisches Gericht anbieten:

④ **составленный** "zusammengestellt" ist ein Partizip Perfekt. Es wird prinzipiell wie ein Adjektiv verwendet und verändert sich abhängig von seinem Bezugswort: **великолепный обед, составленный врачами** "ein herrliches Mittagessen, zusammengestellt von Ärzten". Das dazugehörige Normen lautet **составление** "Zusammenstellung".

⑤ Achten Sie auf die richtige Aussprache von **с удовóльствием**: [*ßUDÅWOLßTWİJEM*].

⑥ **со сметаной**: Hier wird an die Präposition **с** "mit" ein **о** angehängt, um die Aussprache des nachfolgenden Wortes zu erleichtern, wenn dieses mit **см** beginnt.

⑦ Neutrale unbelebte Substantive haben im Akkusativ dieselben Formen wie im Nominativ: **Вегетарианское блюдо было вкусным** "Das vegetarische Gericht war köstlich" (Nominativ); **Ты уже попробовал это вегетарианское блюдо?** "Hast du dieses vegetarische Gericht schon probiert?" (Akkusativ).

14 гр**е**чка с л**у**ком, гриб**а**ми и кедр**о**выми ор**е**шками.

15 На дес**е**рт: бл**и**нчики с нач**и**нкой, на ваш в**ы**бор. ⑧

16 Нап**и**тки: морс, квас или сок.

17 – Смотр**ю** я в мен**ю** на в**а**ши п**о**рции… ⑨

18 В**и**дно, что без врач**е**й-диет**о**логов здесь не обошл**о**сь.

19 А зн**а**ете что… Д**а**йте-ка мне два б**и**знес-л**а**нча! ⑩

20 – Я д**у**мала, вы од**и**н. Так вы ког**о**-то жд**ё**те?

21 – Нет-нет, я од**и**н.

22 Пр**о**сто, поним**а**ете, я не на ди**е**те и одн**и**м в**а**шим б**и**знес-л**а**нчем **я**вно не на**е**мся!

ПРИМЕЧАНИЕ

⑧ Nach der Präposition **с** "mit" steht der Instrumental: **начинка** "Füllung" → **с начинкой** "mit Füllung".

Первое задание: Вы понимаете эти предложения?

❶ Думаю, не стоит уточнять, что после 11 часов маршрутки не ходят. ❷ Следуйте за мной: мне надо проверить ваши документы. ❸ Впечатляет! Ты всё сама приготовила? ❹ Простите, мест нет. – Но я заказывал столик! ❺ Сегодня мы предлагаем великолепные вегетарианские блюда.

14 Buchweizen mit Zwiebeln, Pilzen und Pinienkernen.

15 Zum Nachtisch: Blini-Pfannkuchen mit einer Füllung Ihrer Wahl (nach Ihrer Auswahl).

16 Als Getränke: Waldbeerensaft, Brottrunk oder Saft.

17 – Ich sehe mir auf der Speisekarte Ihre Gerichte (Portionen) an …

18 [Es ist] offensichtlich, dass hier Ernährungswissenschaftler beteiligt sind (ohne Ärzte-Diätologen hier nicht gegangen).

19 Wissen Sie was? Geben Sie mir doch zwei Mittagsmenüs!

20 – Ich dachte, Sie wären allein. Sie erwarten also [noch] jemanden?

21 – Nein, nein, ich bin allein.

22 Es ist nur, wissen Sie, ich bin nicht auf Diät, und ich kann mich mit einem Ihrer Mittagsmenüs sicher nicht satt essen (klar nicht bin-satt)!

⑨ Das Verb **смотреть** "(an)schauen, (an)sehen" kann ohne Präposition, aber auch mit **в** oder **на** stehen. Beachten Sie den Unterschied: **он смотрит книгу** "er schaut sich ein/das Buch an"; **он смотрит в книгу** "er schaut in ein/das Buch"; **он смотрит на книгу** "er schaut auf ein/das Buch".

⑩ Die Partikel **-ка** wird an einen Imperativ angehängt, um diesen abzuschwächen. Man kann sie folglich mit "doch" oder "einmal" übersetzen: **Давайте-ка мы пойдём туда вместе** "Lass uns doch zusammen dorthin gehen"; **Сделай-ка сначала то, о чём я тебя попросила** "Mach zuerst einmal, worum ich dich gebeten habe".

Решение первого задания: Вы поняли?

❶ Ich denke, es ist nicht nötig zu präzisieren, dass nach 11 Uhr keine Minibusse mehr fahren. ❷ Folgen Sie mir: Ich muss Ihre Dokumente prüfen. ❸ Beeindruckend! Hast du alles selbst zubereitet? ❹ Entschuldigung, wir haben keinen Platz [mehr]. – Aber ich habe einen Tisch reserviert! ❺ Heute bieten wir ausgezeichnete vegetarische Gerichte an.

Второе задание: Вставьте пропущенные слова!

1. Ich empfehle, einen leichten Salat aus frischem Gemüse zu bestellen und danach ein warmes Gericht.

   Предлагаю ____ лёгкий ____ из свежих ____, а потом ____ ____.

2. Mischa hat die Prüfung nicht bestanden: Wie üblich hat er nichts gelernt und sich auf sein Glück verlassen.

   Миша не ____ экзамен: как ____ ничего не ____ и ____ на ____.

3. Mit was für einer Füllung sind Ihre Pfannkuchen? – Mit Zwiebeln und Pilzen.

   С ____ ____ у вас блинчики? – С ____ и ____?

4. Warten Sie auf jemanden? Können wir uns nach dem Mittagessen treffen?

   Вы ____ ____? ____, ____ встретиться после ____?

5. Sind Ihre Pelmeni frisch? – Was [ist das für eine] Frage? Natürlich [sind sie das]!

   ____ у вас ____? – Что ____ ____? – Конечно!

7 Седьмой урок

Повторение – Wiederholung

Dies ist Ihre erste Wiederholungslektion. Hier werden schwerpunktmäßig einige Themen aus den vergangenen Lektionen ausführlicher erklärt und vertieft. Da Sie bereits fortgeschritten sind und über gute Grundkenntnisse des Russischen verfügen, erläutern wir die Grundlagen der russischen Grammatik in den Wiederholungslektionen nur in einem sehr eingeschränkten Umfang.

Решение второго задания: Пропущенные слова.

❶ – заказать – салат – овощей – горячее блюдо ❷ – сдал – всегда – учил – понадеялся – удачу ❸ – какой начинкой – луком – грибами ❹ – кого-то ждёте – Может, нам – обеда ❺ Пельмени – свежие – за вопрос –

Die nächste Lektion lädt zu einer ersten Wiederholung ein. In jeder siebten Lektion wird der kennengelernte Stoff systematisch vertieft. Dies wird dafür sorgen, dass sich Ihre Kenntnisse ein wenig ordnen und festigen.

Russische Küche

Die russische Küche besteht nicht nur aus Kaviar, Wodka, Blini-Pfannkuchen und Piroschki (gefüllte Teigtaschen, auch unter dem Namen Piroggen bekannt), sondern kennt viele weitere Spezialitäten. Dazu gehören Suppen wie **щи**, **рассольник**, **уха** ..., die kalte **окрошка** – auf Basis von **квас** (ein Getränk aus fermentiertem Getreide) oder **холодник** (Kefir) – und natürlich **борщ**, dessen Urheberschaft Russland und die Ukraine beide für sich beanspruchen. Außerdem essen die Russen Fleisch und Fisch, die mit allen möglichen Soßen zubereitet werden. **Пельмени** sind leckere Teigtaschen, die mit Fleisch gefüllt werden. Es ist außerdem unmöglich, sich einen Tisch ohne Brot, verschiedenen **закуски** (kalten Vorspeisen) oder eingelegten Produkten wie Kohl, Gurken, Tomaten, Pilzen, Heringen oder Salaten wie **Винегрет**, **Селёдка под шубой** (wörtlich: "Hering unter dem Pelzmantel") oder **Оливье** (nach dem Koch Lucien Olivier) vorzustellen.

Siebte Lektion

1. Aussprache

Wir wollen noch einmal auf die wichtigsten Regeln der russischen Aussprache eingehen:

• Stimmhafte Konsonanten am Wortende oder innerhalb eines Wortes vor einem stimmlosen Konsonanten werden ebenfalls stimmlos. Dies kann Probleme bei der Schreibung eines unbekannten Wortes bereiten. Um herauszufinden, welchen Buchstaben man schreiben muss, sollte man versuchen, ein anderes

Wort mit demselben Wortstamm zu finden, in dem der betreffende Buchstabe nicht final ist oder ihm kein stimmloser Buchstabe folgt:

площадь [*PLOSCHTSCHİTj*] "Ort",
aber **площади** [*PLOSCHTSCHİDİ*] "Orte";

чтоб [*SCHTOP*] "um zu", aber **чтобы** [*SCHTOBÏ*] "um zu";

всё [*FßJO*] "alles" (n.), aber **весь** [*WJEßj*] "alles" (m.).

• Um zu wissen, wie man unbetonte Vokale ausspricht, muss man ein anderes Wort mit demselben Wortstamm finden, in dem der betreffende Vokal in betonter Stellung stehen würde:

два часа [*DWA TSCHİßA*] "zwei Stunden",
aber **час** [*TSCHAß*] "(eine) Stunde";

тряхнуть [*TRrİCHNUTj*] "wackeln, schütteln",
aber **тряс** [*TRrJAß*] "er wackelte/schüttelte".

Leider gibt es viele Wörter, die sich nicht auf diese Weise überprüfen lassen und die man einfach lernen oder in einem Wörterbuch nachsehen muss.

• Vergessen Sie nicht, dass man nach den harten Konsonanten **ж** und **ш** nie **ы** schreibt:

пассажир [*PAßßAJ̃ÏR*] "Passagier";

скажите [*ßKAJ̃ÏTJE*] "sagen Sie!"; **машина** [*MASCHÏNA*] "Auto";

ошибаться [*ÅSCHÏBATßA*] "sich irren" …

Schulkinder in Russland lernen: **жи и ши пиши с буквой и!**
"Schreib **жи** und **ши** mit dem Buchstaben **и**!"

• Die Konsonantenverbindung **чн** spricht sich [*SCHN*] oder [*TSCHN*]:

скучно [*ßKUSCHNÅ*] oder [*ßKUTSCHNÅ*] "langweilig".

Doch in manchen Wörtern ist [*SCHN*] die üblichere Variante:

конечно [*KANJESCHNÅ*] "natürlich".

2. Substantive

Wie Sie wissen, hat das russische Substantiv drei Geschlechter: Maskulinum, Femininum und Neutrum. Es weist außerdem sechs Fälle auf. Sehen wir uns zunächst noch einmal den Nominativ an:

Mask.	Endet auf: einen Konsonanten: **термос** "Thermosflasche"; **транспорт** "Transport"; **обед** "Mittagessen"; -**й** (weicher Typ): **трамвай** "Straßenbahn"; einen Vokal (bei natürlichen Maskulina): **папа** "Papa"; **дедушка** "Großvater"; **дядя** "Onkel".
Fem.	Endet auf: -**а**: **палатка** "Zelt"; **шуба** "Pelz"; -**я** oder -**ия**: **неделя** "Woche"; **федерация** "Föderation".
Neut.	Endet auf: -**о**: **слово** "Wort"; -**е** oder -**ие**: **море** "Meer"; **изменение** "Veränderung, Wechsel".

Substantive, die auf **ь** enden, können entweder männlich oder weiblich sein. Leider kann man nicht auf ihr Geschlecht schließen und muss dieses entsprechend auswendig lernen:

новость (f.) "Neuigkeit, Nachricht"; **вещь** (f.) "Sache";
день (m.) "Tag"; **свидетель** (m.) "Zeuge".

3. Adjektive

Auch auf die Adjektive möchten hier noch einmal kurz eingehen:

3.1 Adjektive, die eine Qualität ausdrücken

Adjektive können männlich (m.), weiblich (f.) oder sächlich (n.) sein. Sie werden dekliniert und passen sich in Geschlecht (Genus) und Zahl (Numerus) an das Bezugswort an:

Невоспитанная девочка (Nominativ, f.)
"(ein) ungezogenes Mädchen";

Я вижу невоспитанную девочку (Akkusativ, f.)
"Ich sehe ein ungezogenes Mädchen";

Она идёт к своей лучшей подруге (Dativ, f.)
"Sie geht zu ihrer besten Freundin";

Вот лучшие сапоги в этом магазине (Nominativ, Pl.)
"Dies sind die besten Stiefel in diesem Geschäft".

Adjektive haben eine lange und eine kurze Form:

готовый суп "(eine) fertige Suppe" /
суп готов "(die) Suppe ist fertig";

милая девочка "(ein) liebes Mädchen" /
Как она мила! "Wie lieb sie ist!"

3.2 Possessivadjektive

Sie drücken Besitz oder Zugehörigkeit aus und antworten auf die Interrogativpronomen **чей? (чья? чьё? чьи?)** "wessen?". Soll die Zugehörigkeit zu einer Person oder einem Namen angegeben werden, werden Possessivadjektive durch die Infixe -**ин**- (wenn der Name auf einen Vokal endet) bzw. **-ов-** (wenn der Name auf einen Konsonanten endet) gebildet. Diese Infixe werden an den Wort- bzw. Namensstamm ohne die entsprechende Vokalendung angehängt. Auch das Possessivadjektiv gleicht sich in Geschlecht und Zahl an das Bezugswort an:

Саша "Sascha" → **Сашин стол** (**чей?**)
"Saschas Tisch" ("wessen?", m.);
Сашина мама (**чья?**) "Saschas Mama";
Сашино дело (**чьё?**) "Saschas Angelegenheit";
Сашины дети (**чьи?**) "Saschas Kinder";

Отец "Vater" → **отцов телевизор** (**чей?**) "Vaters Fernseher",
отцова семья (**чья?**) "Vaters Familie",
отцово слово (**чьё?**) "Vaters Wort",
отцовы друзья (**чьи?**) "Vaters Freunde".

Possessivadjektive bilden weder Kurzformen noch Adverbien. Sie haben eine gemischte Deklination, auf die wir später noch eingehen.

4. Relativpronomen который, -ая, -ое, -ые

Es hat dieselben Endungen wie die harten Adjektive. Achten Sie auf die Endung des Lokativs (bzw. Präpositivs) nach der Präposition **о**:

о котором (m.), **о которой** (f.), **о котором** (n.), **о которых** (Pl.).

5. Demonstrativpronomen

Wie angekündigt geben wir hier einen kleinen Überblick über die Deklination des Demonstrativpronomens **этот** "dieser" und seine verschiedenen Formen. Beachten Sie, dass die Betonung immer auf der ersten Silbe liegt.

Bezieht sich das Demonstrativpronomen (m., n. und Pl.) auf ein belebtes Substantiv, entspricht der Akkusativ dem Genitiv, bei einem unbelebten Substantiv hingegen ist der Akkusativ identisch mit dem Nominativ.

	Mask., Neut.	Fem.	Plural
Nom.	**этот**, **это**	**эта**	**эти**
Gen.	**этого**	**этой**	**этих**
Dat.	**этому**	**этой**	**этим**
Akk.	N oder G	**эту**	N oder G
Instr.	**этим**	**этой**	**этими**
Lok.	**этом**	**этой**	**этих**

6. Verben

Das Bezugswort, das auf die Verben **являться** "sein, bilden" und **быть** "sein" in der Vergangenheit, Zukunft oder im Infinitiv folgt, steht im Instrumental, wenn es eine Tätigkeit, einen Beruf oder eine Eigenschaft beschreibt:

Он всегда был продавцом "Er ist immer Verkäufer gewesen";

Если ты будешь хорошим мальчиком, я подарю тебе велосипед "Wenn du ein guter Junge bist, schenke ich dir ein Fahrrad".

Anders als **быть** kann das formelle **являться** auch im Präsens stehen:

Этот день является главным праздником в их стране "Dieser Tag ist der wichtigste Feiertag in ihrem Land".

7. Präpositionen

• Haben die Präpositionen **в** und **на** die Bedeutung "nach, zu", antworten sie also auf die Frage **куда?** "wohin?", steht das Be-

zugswort im Akkusativ. Antworten sie hingegen auf **где?** "wo?" und haben folglich die Bedeutung "in", steht das Bezugswort im Präpositiv (Lokativ):
Дети идут в школу "Die Kinder gehen in die Schule"
(**Куда идут дети?** "Wohin gehen die Kinder?");

Дети уже в школе "Die Kinder sind schon in der Schule"
(**Где дети?** "Wo sind die Kinder?").

Es gibt jedoch Ausnahmen:
в аэропорту "auf dem Flughafen".

• Nach der Präposition **для** "für" steht der Genitiv:
Для тебя я могу сделать всё "Für dich kann ich alles machen".

• Um eine Frage mit **когда?** "wann?" zu beantworten, können mehrere Präpositionen verwendet werden, je nachdem, wie das Bezugswort für das jeweilige Ereignis lautet. Das Wort **неделя** "Woche" erfordert z. B. **на** + Präpositiv:
на прошлой / следующей неделе "in der letzten/nächsten Woche".

Um hingegen ein bestimmtes Jahr anzugeben, wird **в** + Präpositiv verwendet:
в прошлом году "letztes Jahr".

• Die Präposition **без** "ohne" erfordert den Genitiv:
Я ничего не понимаю без словаря "Ich verstehe nichts ohne Wörterbuch".

• Nach **за** steht der Instrumental, wenn man es im Sinne von "während" verwendet:
за нашим разговором "während unseres Gesprächs";
за ужином "während des Abendessens".

• Auch **до** "bis" steht mit dem Genitiv:
до города "bis in die/zur Stadt";
до нас "bis zu uns";
до школы "bis zur Schule".

• Ist von Fortbewegungsmitteln die Rede, verwendet man **на**, gefolgt vom Präpositiv:
на такси "mit dem Taxi";
на велосипеде "mit dem Fahrrad";
на автобусе "mit dem Bus".

• Nach **с** "mit" steht der Instrumental:
С кем ты идёшь в цирк? – С родителями "Mit wem gehst du in den Zirkus? – Mit [meinen] Eltern".

Aus phonetischen Gründen stellt man **с** ein **о** nach, z. B. wenn das nachfolgende Wort mit **см** beginnt:
со сметаной "mit saurer Sahne".

• **По-** wird verwendet, um Adverbien zu bilden, die einen Wunsch oder die Meinung einer Person ausdrücken. Bei dieser Verwendung wird ein Bindestrich zwischen der Präposition und dem darauffolgenden Wort gesetzt:
По-моему, здесь жарко "Meiner Meinung ist es heiß hier";
А как по-вашему? "Und was ist Ihre Meinung?";
Он всё делает по-своему "Er macht alles auf seine Weise".

Заключительный диалог – Wiederholungsdialog

1 – Ничего не понимаю: уже давно всё решено,
2 а ты ещё не заказал билеты...
3 Опять понадеялся на удачу?
4 – Я еду только на следующей неделе.
5 У меня осталось целых 8 дней, чтобы купить билеты на поезд.
6 Если не куплю, поеду на велосипеде!
7 – Всё шутишь! Так ты далеко не уедешь.
8 У меня гениальная идея: давай возьмём такси!
9 – Думаю, не стоит уточнять, что у меня нет денег?
10 – Ну перестань! Если тебе так хочется, поедем на автобусе,
11 но будем добираться шесть часов.
12 Слушай, а почему ты не хочешь ехать на машине?
13 – Я никак не могу найти ключи.
14 – Да... с тобой всегда что-нибудь происходит!
15 Думаю, стоит ещё поискать ключи от твоей машины.

Übersetzung

1 – Ich verstehe nichts: Alles ist schon lange entschieden, **2** und du hast die Fahrkarten noch nicht reserviert ... **3** Du hofftest einfach, dass du wieder Glück hast, oder? **4** – Ich fahre erst nächste Woche. **5** Ich habe noch acht Tage Zeit, um Zugtickets zu kaufen. **6** Wenn ich [sie] nicht kaufe, werde ich mit dem Fahrrad fahren! **7** – Du machst Witze! Auf diese Weise kommst du nicht weit. **8** Ich habe eine geniale Idee: Lass uns ein Taxi nehmen! **9** – Ich denke, ich brauche nicht zu sagen (präzisieren), dass ich kein Geld habe? **10** – Komm schon! Wenn du Lust hast, nehmen wir den Bus, **11** aber wir brauchen sechs Stunden, um dorthin zu gelangen. **12** Hör [mal], warum willst du nicht mit dem

8 Восьмой урок

Лень

1 – Мы уж**е** ц**е**лую нед**е**лю в кру**и**зе, расслабл**я**емся, загор**а**ем, ничег**о** не д**е**лаем, ①

2 а у теб**я** так**о**й вид, б**у**дто ты ч**е**м-то недов**о**лен.

3 – В т**о**м-то и д**е**ло, что на **э**том корабл**е** соверш**е**нно н**е**чем зан**я**ться.

4 – Как **э**то н**е**чем?

5 Х**о**чешь – ид**и** в с**а**уну, а вот на в**е**рхней п**а**лубе джак**у**зи…

6 – Что за ид**е**я, в так**у**ю пог**о**ду в с**а**уну. Ск**а**жешь т**о**же! ②

ПРИМЕЧАНИЕ

① Erinnern Sie sich, dass das Russische die doppelte Verneinung kennt? Beispiel: **ничего не делаем** "wir tun/machen nichts".

Auto fahren? **13** – Ich kann meine Schlüssel absolut nicht finden. **14** – Ja ... irgendetwas ist [doch] immer mit dir los! **15** Ich denke, wir sollten auch nach deinen Autoschlüsseln suchen.

Nun, wie fanden Sie die ersten Lektionen Ihres Russisch-Fortgeschrittenenkurses? Vieles ist Ihnen womöglich bekannt vorgekommen. Nutzen Sie die Gelegenheit, vorhandene Kenntnisse zu festigen und die Grammatikthemen zu wiederholen, die Ihnen vielleicht in der Vergangenheit Probleme bereitet haben. Überstürzen Sie aber nichts. Verlassen Sie eine Lektion erst dann, wenn Sie die fremdsprachigen Texte und die Erläuterungen gut verstehen.

Achte Lektion

Faulheit

1 – Wir sind schon die ganze Woche auf einer Kreuzfahrt, wir entspannen, sonnen uns, tun [gar] nichts,

2 und du siehst aus, als ob du mit etwas unzufrieden bist (als-ob du irgendetwas unzufrieden).

3 – Darum geht es ja gerade (In diesem-das und Angelegenheit), es gibt absolut nichts zu tun auf diesem Schiff.

4 – Was soll das heißen, es gibt nichts zu tun (Wie dies nichts)?

5 [Wenn] du willst, geh in die Sauna, und auf dem Oberdeck gibt es einen Whirlpool ...

6 – Was für eine Idee, bei diesem Wetter in die Sauna [zu gehen]. Toller Ratschlag (Sagst nur)!

② Mit **что за** bzw. **что это за** wird das umgangssprachliche "was für ein/-e ..." ausgedrückt: **Что это за книга такая важная?** "Was für ein Buch ist so wichtig?"; **Спроси, что там за фильм сегодня.** "Frag [mal], was für ein Film heute [läuft]". Man findet die Konstruktion auch in Ausrufen: **Что за глупости?** "Was sind denn das für Dummheiten?", im Sinne von: "Das ist ja lächerlich!"

7 – Не х**о**чешь в с**а**уну, ид**и** в басс**е**йн, там свеж**о**. ③

8 – Там всегд**а** так мн**о**го нар**о**да. ④

9 – Теб**е** не угод**и**шь!

10 А м**о**жет, теб**е** сход**и**ть в спортз**а**л? ⑤

11 Я заход**и**ла туд**а**, у них прекр**а**сные тренаж**ё**ры, тр**е**нер всегд**а** к тво**и**м усл**у**гам, ⑥

12 да и мн**о**го группов**ы**х зан**я**тий: й**о**га, степ, аэр**о**бика, стр**е**тчинг, ф**и**тнес…

13 – Да, сейч**а**с всё бр**о**шу и пойд**у** кач**а**ться!

14 Я у теб**я** прош**у** развлеч**е**ний, а ты х**о**чешь, чт**о**бы я труд**и**лся в п**о**те лиц**а**! ⑦ ⑧

ПРИМЕЧАНИЕ

③ **бассéйн**: Sowohl [*BAßßJEÏN*] als auch [*BAßßEÏN*] ist möglich, wobei man die erste Variante häufiger hört.

④ Eigentlich bedeutet **народ** "Volk", wie z. B. in **в мире много народов** "auf der Welt gibt es viele Völker". Es wird aber auch im Sinne von "Leute" verwendet: **здесь много народа** "hier sind viele Leute" bzw. "hier ist es voll". Wie immer steht das Bezugswort nach **много** "viel" im Genitiv.

⑤ **спортзал** "Fitnessstudio" (wörtl. "Sportsaal") ist die Kurzform von **спортивный зал**, wobei **зал** "Saal" als französisches Lehnwort ins Russische eingegangen ist.

7 – [Wenn] du nicht in die Sauna gehen willst, geh [doch] in den Pool, der ist erfrischend (frisch).

8 – Dort sind immer so viele Leute (so viel Volk).

9 – Dir kann man es aber auch nicht recht machen (Dir nicht gefällig-bist)!

10 Warum gehst du nicht (dir fortgehen) ins Fitnessstudio?

11 Ich habe dort [einmal] reingeschaut (hineingegangen dorthin), sie haben tolle Geräte, [und] ein Trainer ist immer für dich da (zu deinem Service),

12 [ja,] und [es gibt] eine Menge Gruppenkurse: Yoga, Step, Aerobic, Stretching, Fitness ...

13 – Ja, ich werde alles stehen und liegen lassen (jetzt alles hinwerfen) und gehe trainieren (schaukeln)!

14 Ich bitte dich um [Ideen], wie ich mich ablenken kann, und du willst, dass ich ins Schwitzen gerate (mich-abmühe in Schweiß Gesichts)!

⑥ **заходить** "hineingehen, bei (jmdm.) vorbeischauen" (uv.) steht hier im Perfekt und ist Femininum Singular: **заходила**. Die Vorsilbe **за-** impliziert, dass man etwas spontan getan hat, z. B. weil es auf dem Weg lag: **Я заходила к тебе вчера, но тебя не было** "Ich habe gestern [einmal] bei dir vorbeigeschaut, aber du warst nicht da"; **По дороге домой они зашли в бар** "Auf dem Nachhauseweg haben sie in der Bar vorbeigeschaut".

⑦ Zahlreiche Verben erfahren einen Konsonantenwechsel in der Wortwurzel, so z. B. **просить** "bitten" (uv.), wo das **с** des Stammes zu **ш** wird, jedoch nur in der 1. Person Singular Präsens: **я прошу** "ich bitte". Die anderen Formen bleiben hingegen unverändert: **ты просишь, он просит, мы просим, вы просите, они просят.** Beachten Sie dies, wenn Sie ein unbekanntes Verb im Wörterbuch suchen.

⑧ Normalerweise ist der Lokativ von **пот** "Schweiß" **поту**, doch gilt dies nicht für den feststehenden Ausdruck **трудиться в поте лица** "ins Schwitzen kommen" bzw. "sich im Schweiße seines Angesichts abmühen".

15 Нет уж, я лучше ещё спокойненько посижу в баре и почитаю свежую прессу. ⑨ ⑩

16 Полезная интеллектуальная разминка, так сказать,

17 да и коктейли у них, надо признать, неплохие! ⑪ ⑫

ПРИМЕЧАНИЕ

⑨ **спокойненько** "(ganz) ruhig" steht hier mit dem bereits bekannten umgangssprachlichen Adverbsuffix **-еньк-** (vgl. auch Lektion 3, Anmerkung 17). Hier noch ein weiteres Beispiel: **Не волнуйтесь, мы сейчас всё быстренько (быстро) сделаем** "Machen Sie sich keine Sorgen, wir machen das alles sofort [und] ganz schnell".

Lerntipp: Legen Sie sich Karteikarten an. Diese können Sie unterwegs überall dabei haben. Vokabeln oder Wendungen, die Sie schon "gespeichert" haben, können Sie ablegen und später wieder anschauen. Sie können Ihre Kärtchen jederzeit neu ordnen, umsortieren und systematisieren. Als Gedankenstütze könnten Sie z. B. auch passende Bilder zu den Wörtern zeichnen oder sich Eselsbrücken dazu notieren. Und Ihr Erfolg wird sichtbar! Wenn Sie einen großen Stapel vor sich hinlegen können, haben Sie schon eine ganze Menge geschafft.

Первое задание: Вы понимаете эти предложения?

❶ Я хожу в спортзал рядом с домом, там прекрасные тренажёры. ❷ Она трудится в поте лица, а он никогда ничего не делает. ❸ Надо признать, всё здесь хорошо, но детям совершенно нечем заняться. ❹ Он сидит в баре, пьёт коктейли, расслабляется, так сказать. ❺ Они всей семьёй уехали в круиз по Чёрному морю.

15 Nein, [da] bleibe ich lieber ganz ruhig an der Bar sitzen und lese die Tagespresse (frische Presse).

16 [Eine] nützliche intellektuelle Aufwärmübung, sozusagen,

17 und ihre Cocktails – das muss man zugeben – sie sind nicht schlecht!

⑩ Ähnlich wie bei **просить** (Anm. 7) ändert sich auch bei **посидеть** "bleiben, sitzen bleiben" der Verbstamm, indem in der 1. Person Singular **д** zu **ж** wird: **я посижу, ты посидишь, они посидят**.

⑪ Einschübe wie **надо признать** "das muss (ich/man) zugeben" oder **к сожалению** "leider" sind sehr häufig und werden durch Kommata von der Hauptaussage des Satzes getrennt.

⑫ Während **не** "nicht" immer getrennt vom Verb geschrieben wird, schreibt man es mit Adjektiven häufig zusammen. Dabei gilt, dass es dann eine Verbindung mit dem Adjektiv eingeht, wenn man dieses durch ein anderes Adjektiv ersetzen könnte: **неплохой** "nicht schlecht" – **хороший** "gut".

Решение первого задания: Вы поняли?

❶ Ich gehe in das Fitnessstudio in der Nähe meines Hauses, [die haben] dort tolle Geräte. ❷ Sie müht sich ab (in Schweiß Gesichts) und er macht nie etwas. ❸ Ich muss zugeben, hier ist alles gut, aber die Kinder haben absolut nichts zu tun (sichbeschäftigen). ❹ Er sitzt an der Bar, trinkt Cocktails [und] entspannt sozusagen. ❺ Sie sind mit der ganzen Familie zu einer Kreuzfahrt auf dem Schwarzen Meer aufgebrochen.

Второе задание: Вставьте пропущенные слова!

❶ Ich weiß nicht, wohin ich gehen [soll]: in die Sauna oder in den Pool. – Geh natürlich in den Pool, dort ist [es] erfrischend.

Не знаю, … … : в … или в … . – Конечно иди в … , … … .

❷ Heute hat sich der Trainer für unseren Kurs verspätet, deswegen haben wir uns ohne ihn aufgewärmt (gemacht Aufwärmung).

Сегодня … … на наше … , поэтому … мы делали … … .

❸ Dir kann man es aber auch nicht recht machen! Was auch immer ich (nicht) mache, du bist immer unzufrieden.

… не … ! Что … я не … , ты всегда … … .

9 Девятый урок

Авария

1 Ж**е**нщина, совс**е**м нед**а**вно сд**а**вшая на прав**а**, прибег**а**ет дом**о**й в слез**а**х. ① ②

2 – Что с тоб**о**й, дорог**а**я? – трев**о**жится муж.

ПРИМЕЧАНИЕ

① **сда́вшая** [*SDAFSCHAJA*]: Vor **д** wird **с** stimmhaft ausgesprochen, also wie [*S*] in "Rose" und nicht wie [*ß*]. **сдавшая** ist das Partizip Perfekt Passiv des Verbs **сдать** "abgeben, übergeben" bzw. hier "bestehen" (v.). Die Endungen der Langform entsprechen denen von Adjektiven.

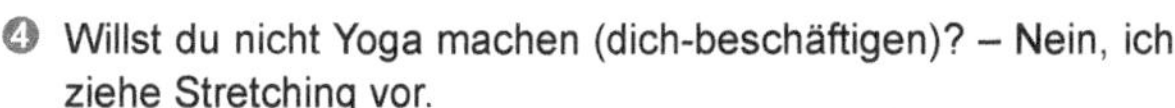

❹ Willst du nicht Yoga machen (dich-beschäftigen)? – Nein, ich ziehe Stretching vor.

Не хочешь ________ ______?
– Нет, я __________
________.

❺ Um diese Zeit sind im Fitnessstudio viele Leute, besonders beim Fitness und Aerobic.

В это время в ________ так
_____ ______, особенно на
_______ и ________.

Решение второго задания: Пропущенные слова.

❶ – куда сходить – сауну – бассейн – бассейн, там свежо ❷ – тренер опоздал – занятие – разминку – без него ❸ Тебе – угодишь – бы – сделал – чем-то недоволен ❹ – заняться йогой – предпочитаю стретчинг ❺ – спортзале – много народа – фитнесе – аэробике

Neunte Lektion

[Ein] Unfall (Havarie)

1 Eine Frau, die vor Kurzem ihre Führerscheinprüfung bestanden (bestanden auf Recht) hat, rennt weinend (in Tränen) nach Hause.

2 – Was ist los, Schatz? – [fragt] ihr besorgter Mann (macht-sich-Sorgen Ehemann).

② **прибегать** (in etwa "rennend (an)kommen") besteht aus dem Verb **бегать** "rennen, laufen" und der Vorsilbe **при-**, die die Ankunft an einem Ort ausdrückt. Man verwendet mit diesem Verb die Präpositionen **в** und **на** (mit Akkusativ) oder **к** (mit Dativ): **дети прибегают в школу** "die Kinder kommen rennend in die Schule"; **мальчик прибегает на урок** "der Junge kommt rennend in den Unterricht".

3 – Люб**и**мый! Мне так жаль…

4 На тво**ю** н**о**венькую маш**и**ну, кот**о**рую ты мне одолж**и**л, на**е**хал огр**о**мный грузов**и**к. ③ ④ ⑤

5 У не**ё** весь кап**о**т пом**я**т, кр**ы**ша гарм**о**шкой и все ст**ё**кла в**ы**биты… ⑥

6 – Ну, гл**а**вное, что с тоб**о**й всё в пор**я**дке, что ты ост**а**лась жив**а**! ⑦

7 Вы **о**ба **е**хали на больш**о**й ск**о**рости?

8 – К сч**а**стью, нет. Я **е**хала всег**о** лишь со ск**о**ростью 60 килом**е**тров в час. ⑧

9 – Ув**е**рен, что **э**тот прокл**я**тый шофер**ю**га был пьян! ⑨

ПРИМЕЧАНИЕ

③ Adjektive können mit dem Diminutivsuffix **-еньк** in ihrer Aussage verstärkt werden, weshalb wir **новенькую** – von **новый**, **-ая**, **-ое**, "neu" – hier mit "nagelneu" übersetzen.

④ Das Relativpronomen **который** "der, welcher" wird wie ein Adjektiv gebeugt und stimmt stets in Geschlecht, Zahl und grammatischem Fall mit dem Bezugswort – hier **машину** – überein.

⑤ Lassen Sie sich durch die Struktur dieses Satzes nicht verunsichern. Man könnte natürlich genauso gut sagen: **огромный грузовик наехал на твою машину** "ein riesiger LKW hat dein Auto angefahren". Das Verb **наехать** "anfahren, (in etw.) hineinfahren, überfahren" (v.) steht dabei in der Regel mit der Präposition **на** "auf": **наехать на велосипед** "(ein) Fahrrad anfahren, in ein Fahrrad hineinfahren".

⑥ **стекло** ist immer endbetont und bezeichnet sowohl das "Glas" als Material als auch die "Fenster-/Windschutzscheibe". Der Plural ist leicht unregelmäßig: **стёкла**. Für das "Fenster" eines Gebäudes verwendet man anstelle von **стекло** immer **окно**.

3 – Liebling! Es tut mir so leid (mir so schade) …

4 In dein nagelneues Auto, das du mir geliehen hast, ist ein riesiger LKW hineingefahren.

5 Es hat eine verbeulte Motorhaube, das Dach ist zusammengefaltet [wie] eine Ziehharmonika, und alle Scheiben sind geborsten ...

6 – Das Wichtigste ist, dass es dir gut geht (mit dir alles in Ordnung), dass du noch am Leben bist (bliebst lebend)!

7 Wart ihr beide sehr schnell (auf große Geschwindigkeit) unterwegs?

8 – Zum Glück nicht. Ich bin nur mit (Geschwindigkeit) 60 km/h gefahren.

9 – [Ich bin mir] sicher, dass der verdammte Verkehrsrowdy betrunken war!

Hören Sie sich die Tonaufnahmen Ihrer aktuellen Lektion möglichst täglich an, auch ohne ins Buch zu sehen.

⑦ Bei **жива** handelt es sich um die weibliche Kurzform des Adjektivs **живой** "lebend, lebendig". Die entsprechenden Formen lauten: **жив** (m.), **жива** (f.), **живо** (n.), **живы** (Pl.). Vielleicht erinnern Sie sich, dass durch die Kurzform die Eigenschaft in einem bestimmten Zeitraum unterstrichen wird: **она больна** "sie ist [im Moment] krank".

⑧ **60 километров в час** wird meist durch die Abkürzung **60 км/ч** wiedergegeben. In Russland ist dies die Höchstgeschwindigkeit innerhalb geschlossener Ortschaften.

⑨ Das Suffix **-юга** gehört zur Umgangssprache und drückt Verachtung oder Missbilligung aus. In vielen Fällen verstärkt es die Bedeutung eines neutralen Ausgangswortes, indem es ihm eine negative Konnotation verleiht: **шофёр** "Fahrer, Chauffeur" → **шоферюга** "Verkehrsrowdy"; **вор** "Dieb" → **ворюга** "verfluchter Dieb".

10 – Гм... д**а**же не зн**а**ю...

11 – Как **э**то не зн**а**ешь?

12 Вы что, не в**ы**звали мил**и**цию и не сост**а**вили проток**о**л?

13 – В**и**дишь ли, в грузовик**е** никог**о** н**е** было... ⑩

14 Но он так неуд**а**чно был припарк**о**ван!

Obwohl Sie fortgeschritten sind, sollten Sie sich zunächst nur auf das Verstehen des Textes beim Lesen und Hören konzentrieren, bevor Sie sich mit den Anmerkungen und den Übungen beschäftigen. Insgesamt reichen 15–20 Minuten Lernzeit pro Tag.

Первое задание: Вы понимаете эти предложения?

❶ Проклятый шоферюга! Своим огромным грузовиком он наехал на мою маленькую машину. ❷ Когда мы увидели аварию, мы сразу вызвали милицию и составили протокол. ❸ Твоя машина так неудачно припаркована. – Это не моя машина! ❹ Не тревожься, я буду ехать на маленькой скорости. – Хотелось бы верить. ❺ Я недавно сдал на права, но уже очень неплохо вожу машину.

10 – Ähm ... Ich weiß es nicht einmal ...

11 – Was soll das heißen (wie das), du weißt [es] nicht?

12 Habt ihr nicht die Polizei gerufen und ein Protokoll aufgesetzt?

13 – Weißt du (Siehst), es war niemand im LKW ...

14 Aber er war so ungünstig (unglücklich) geparkt!

ПРИМЕЧАНИЕ

⑩ Normalerweise ist **ли** eine Fragepartikel, die speziell in der indirekten Rede verwendet wird. Vergleichen Sie: **Видел ты Таню?** "Hast du Tania gesehen?", aber: **Они спросили у меня, видел ли я этот фильм** "Sie haben mich gefragt, ob ich diesen Film gesehen habe". Doch bei **видишь ли/видите ли** handelt es sich nicht um eine Frage, sondern um eine betonte Aussage: **Видите ли, у меня нет часов** "Wissen Sie, ich habe keine Uhr".

In den Anmerkungen und Wiederholungslektionen finden Sie immer wieder systematische Informationen zu den Deklinationstypen der Nomen. Diese vermitteln Ihnen eine nützliche Übersicht, die Sie bei Ihrem Russischstudium unterstützt. Wenn Sie Lust und Zeit haben, übertragen Sie diese auf Karteikarten, die Sie im Verlauf des Kurses immer weiter vervollständigen.

Решение первого задания: Вы поняли?

❶ Verdammter Verkehrsrowdy! Er ist mit seinem riesigen LKW in mein kleines Auto gefahren. ❷ Als wir den Unfall sahen, haben wir sofort die Polizei gerufen und ein Protokoll aufgesetzt. ❸ Dein Auto ist so ungünstig (unglücklich) geparkt. – Das ist nicht mein Auto! ❹ Keine Sorge, ich fahre langsam (auf kleine Geschwindigkeit). – Das würde ich gerne glauben. ❺ Ich habe vor Kurzem meine Führerscheinprüfung bestanden, aber ich bin schon ein ziemlich guter Autofahrer.

Второе задание: Вставьте пропущенные слова!

❶ Seine Schwester hat mir ihr nagelneues Auto geliehen. – Hast du [denn] schon deine Führerscheinprüfung bestanden?

Его ____ ____ мне ____ ____ машину. – А ты уже ____ на ____?

❷ Habt ihr die Polizei gerufen? – Ja, dieses schwarze Auto parkt (geparkt) schon seit einer Woche vor unserem Haus …

Милицию ____? – Да, ____ ____ машина ____ перед ____ ____ вот уже ____ …

❸ Was hast du? – In mein Fahrrad ist ein riesiger LKW reingefahren und jetzt ist es zusammengefaltet (als-Ziehharmonika).

Что с ____? – На мой велосипед ____ огромный ____, и ____ он весь ____.

10 Десятый урок

Особенности национального юмора

1 – Р**у**сские обож**а**ют **ю**мор.

2 Зачаст**у**ю он**и** сме**ю**тся над тем, что им небезразл**и**чно: ① ② ③

ПРИМЕЧАНИЕ

① Das Adverb **зачастую** "oft" wird aus dem Adjektiv **частый** "häufig" und dem Präfix **за-** gebildet und steht im Akkusativ Femininum. Man findet weitere Adverbien, die ähnlich gebildet werden, wobei die Präfixe unterschiedlich sein können: **ручная кладь** "Handgepäck", aber **делать вручную** "(etw.) manuell tun".

❹ Warum hat dein Auto eine verbeulte Motorhaube und zerborstene Scheiben? – Was sagst du da? Es ist nagelneu …

Почему у твоей машины ______ ______ и ______ ______? – Что ты говоришь? Она ______ новая…

❺ Wir sind mit 60 km/h gefahren, und der LKW, der hinter uns fuhr, [war] noch langsamer.

Мы ехали со ______ 60 ______ в ______, а ______, который ехал ______ нами, ещё ______.

Решение второго задания: Пропущенные слова.

❶ – сестра одолжила – свою новенькую – сдал – права ❷ – вызывали – эта чёрная – припаркована – нашим домом – неделю ❸ – тобой – наехал – грузовик – теперь – гармошкой ❹ – помят капот – выбиты стёкла – совсем – ❺ – скоростью – километров – час – грузовик – за – медленнее

Zehnte Lektion

Eigentümlichkeiten des landestypischen Humors

1 – Russen lieben (beten-an) Humor.

2 Oft lachen sie über Dinge, die ihnen am Herzen liegen (über das, was ihnen nicht-gleichgültig):

② **смеются** ist die 3. Person Plural von **смеяться** "lachen". In einigen Formen wird im Präsens in der Endung ein **-е** durch ein **-ё** in betonter Position ersetzt: **смеюсь**, **смеёшься**, **смеёмся**, usw.

③ Die Präposition **над** "über" verlangt den Instrumental (**тем** ist der Instrumental von **то**). Es wird ein **о** an diese Präposition angehängt, wenn ein Wort folgt, das mit **мн-** bzw. **вс-** beginnt.

3 существ**у**ет невер**о**ятное кол**и**чество ш**у**ток о них сам**и**х, ④

4 о люб**и**мых гер**о**ях ф**и**льмов **и**ли истор**и**ческих персон**а**жах.

5 В теч**е**ние д**о**лгих лет л**ю**ди лишь в ш**у**тках могл**и** в**ы**сказать сво**ё** мн**е**ние о п**а**ртии и социалист**и**ческом устр**о**йстве **о**бщества. ⑤

6 Отс**ю**да и вел**и**кое мн**о**жество ш**у**ток про госуд**а**рственное устр**о**йство и в**и**дных пол**и**тиков.

7 Р**у**сские ч**а**сто сме**ю**тся над соб**о**й, но об**ы**чно обиж**а**ются, **е**сли **э**то д**е**лает кт**о**-то друг**о**й.

8 Рассказ**а**ть вам анекд**о**т? – Да пож**а**луйста! ⑥

9 – Челов**е**ку на г**о**лову уп**а**л с кр**ы**ши кирп**и**ч. ⑦

10 Он потир**а**ет ш**и**шку на т**е**мени, а вокр**у**г нег**о** уж**е** собрал**а**сь толп**а**. ⑧

11 – Безобр**а**зие! До чег**о** стран**у** довел**и**: кирпич**и** с крыш п**а**дают. ⑨

ПРИМЕЧАНИЕ

④ Es gibt Wörter, bei denen im Verlauf der Deklination in den Endungen ein beweglicher Vokal auftritt. Er kommt v. a. in Wörtern vor, deren Wurzel auf zwei Konsonanten endet. Ein Beispiel ist **шутка** "Witz", das die Konsonantenkombination aus **т** und **к** in den allermeisten Formen nicht verändert: **шутка**, **шутки**, **шутке**, **шуткам**, **шутках** usw. Doch im Genitiv Plural wird der bewegliche Konsonant **о** eingeschoben, um die Aussprache zu vereinfachen: **шуток**.

⑤ **лишь** "nur" ist gleichbedeutend mit **только**, wird aber viel seltener verwendet. Man findet es v. a. in Sätzen, in denen "nur" die Bedeutungsnuance "und sonst nichts" hat: **Лишь ты можешь мне помочь!** "Nur du [und sonst niemand] kannst mir helfen!"; **У нас осталось лишь пять рублей** "Uns sind nur fünf Rubel geblieben [sonst sind wir total abgebrannt]"; **Лишь там он будет счастлив** "Nur dort [und sonst nirgends] wird er glücklich sein".

3 Es gibt eine unglaubliche Anzahl von Witzen über sie selbst,

4 über ihre Lieblingsfilmhelden oder historische Persönlichkeiten.

5 Viele Jahre lang (In Verlauf langer Jahre) konnten die Menschen ihre Meinung über die Partei und die sozialistische Gesellschaftsordnung (Struktur Gesellschaft) nur in Witzen äußern.

6 Daher (Von-hier) auch die vielen Witze über die Staatsordnung (staatliche Struktur) und prominente Politiker.

7 Russen lachen oft über sich selbst, sind aber gewöhnlich gekränkt, wenn jemand anderer dies tut.

8 Soll ich Ihnen einen Witz erzählen? – Bitte gerne! (Ja bitte)!

9 – Einem Mann fiel ein Ziegelstein vom Dach auf den Kopf.

10 Er reibt sich die Beule am Schädel, und schon hat sich eine Menschenmenge um ihn versammelt.

11 – [Ein] Skandal (Hässlichkeit)! Wie weit unser Land gefallen ist (Bis was Land hinführte): Die Ziegel fallen [schon] von den Dächern.

⑥ **Да пожалуйста!** kann neben seiner primären Bedeutung "Ja, bitte!" auch mit "Aber klar (doch)!", "Kein Problem!", "Also gut!" oder wie hier mit "Bitte gerne!" übersetzt werden.

⑦ In **с крыши** [*ßKRrÏSCHÏ*] spricht sich auch **и** wie **ы**, da es nach **ш** steht.

⑧ **темени** ist der Lokativ von **темя** "Scheitelbein" und bezeichnet die Oberseite des Schädels. Es ist sächlich und wird wie **время** "Zeit" dekliniert.

⑨ **Безобразие** "Hässlichkeit, Unverschämtheit" wird häufig in Ausrufen im Sinne von "Skandal" verwendet: **Что за безобразие!** oder **Какое безобразие!**, beide in etwa "Was für ein Skandal!" Wie **мнение** "Meinung" (Satz 5) gehört es zur Gruppe der sächlichen Nomen auf **-ие** (Genitiv Pl. auf **-ий**; Lokativ Sing. auf **-ии**): **Сколько людей, столько и мнений** "Jedem seine Meinung" (wörtl. "wie-viel Leute, so-viel auch Meinungen"); **О каком безобразии ты говоришь?** "Über welche Unverschämtheit sprichst du?"

12 Уж**е** л**ю**дям и по **у**лице стр**а**шно ход**и**ть!

13 Кт**о**-то, наклон**и**вшись над пострад**а**вшим, узна**ё**т ег**о**: ⑩

14 – О, так **э**то же депут**а**т областн**о**й Д**у**мы…

15 Все в од**и**н г**о**лос:

16 – Ну н**а**до же! Ск**о**лько депут**а**тов развел**о**сь! ⑪

17 Уж**е** и кирпич**у** из-за них н**е**где упасть… ⑫ ⑬

ПРИМЕЧАНИЕ

⑩ Einige Partizipien können sowohl im Sinne eines Adjektivs als auch mit einem Substantiv übersetzt werden, z. B. ist **пострадавший** "gelitten, geschädigt" das Partizip von **пострадать** "leiden", bedeutet aber – wie hier – auch "Opfer".

⑪ In **сколько депутатов развелось** steht das Verb in der 3. Person Singular Neutrum, obwohl **депутат** "Abgeordneter" im Plural (Genitiv) steht. Dies ist immer mit **сколько** "wie viel" der Fall, z. B. in **Сколько человек пришло к нам сегодня?** "Wie viele Leute sind heute zu uns gekommen?"

⑫ Die Präposition **из-за** "wegen" steht mit dem Genitiv und wird immer mit Bindestrich geschrieben: **Всё из-за тебя!** "Alles wegen dir/deinetwegen!"

⑬ Das Adverb **негде** "nirgends" besteht aus dem Präfix **не-** "nicht" und "wo" und wird mit Verben im Infinitiv verwendet, wobei das Subjekt im Dativ steht: **Детям негде полежать** "Die Kinder [können sich] nirgends hinlegen".

Первое задание: Вы понимаете эти предложения?

① Ты умеешь кататься на лыжах? – Вообще да, но я часто падаю… ② Откуда у тебя шишка на голове? – Ну надо же! Я даже не знаю. ③ Безобразие! Он ехал на огромной скорости совершенно пьяным. ④ Не смейтесь надо мной, мне это неприятно. – Да пожалуйста! ⑤ Мы переводили текст про видных политиков России и её государственное устройство.

12 Die Menschen müssen schon Angst haben, wenn sie auf die Straße gehen (Schon Leuten und auf Straße beängstigend gehen)!

13 Jemand, der sich über das Opfer beugt, erkennt ihn:

14 – Oh, das ist ja der Abgeordnete der regionalen Duma …

15 [Darauf] alle im Chor (in eine Stimme):

16 – Oh je! Wie viele Abgeordnete es jetzt gibt (sich-verbreitete)!

17 [Nicht einmal] ein Ziegelstein hat ihretwegen Platz, um herunterzufallen (Schon und Ziegelstein wegen ihnen nirgends fallen) …

Решение первого задания: Вы поняли?

① Kannst du Ski fahren? – Eigentlich ja, aber ich stürze oft … ② Woher hast du [denn] eine Beule am Kopf? – Oh je! Ich weiß es nicht einmal. ③ [Ein] Skandal! Er fuhr mit hoher Geschwindigkeit und war völlig betrunken. ④ Machen Sie sich nicht über mich lustig, ich mag das nicht. – Also gut! ⑤ Wir haben einen Text über prominente Politiker in Russland und die (seine) Staatsordnung übersetzt.

Второе задание: Вставьте пропущенные слова!

1. Ein Ziegelstein fiel auf den Kopf seiner Schwester. – Woher? – Vom Dach. – Ein Skandal!

   ______ сестре на ______ упал ______. – ______? – С ______. – ______!

2. Erzählen Sie uns bitte einen Witz! Sie kennen sehr viele (große Menge) Witze.

   ______, пожалуйста, ______! Вы ведь ______ великое ______ ______.

3. Wie viele Ratten es in dieser Stadt gibt! Man muss schon Angst haben, auf die Straße zu gehen.

   Сколько ______ ______ в этом ______! Уже и ______ улицам ______ ходить.

4. Zuerst dachte sie, dass sie diesen Mann nicht kennt, aber als sie sich über das Opfer beugte, erkannte sie ihren Nachbarn.

   ______ она думала, что не знает этого ______, но ______ над ______, она ______ своего ______.

5. Wir lieben Humor. – Das tun wir auch, aber normalerweise sind die Leute wegen eurer Witze gekränkt.

   Мы ______ ______. – Мы тоже, но ______ ______ ваших ______ люди ______.

Die wörtlichen Übersetzungen in runden Klammern verdeutlichen Ihnen die Struktur der russischen Sprache besonders gut. Als fortgeschrittener Lerner wissen Sie, dass der russische Satzbau sich erheblich vom deutschen unterscheidet.

Решение второго задания: Пропущенные слова.

❶ Его – голову – кирпич – Откуда – крыши – Безобразие ❷ Расскажите – анекдот – знаете – множество анекдотов ❸ – крыс развелось – городе – по – страшно – ❹ Сначала – человека – наклонившись – пострадавшим – узнала – соседа ❺ – обожаем юмор – обычно из-за – шуток – обижаются

Werfen Sie ruhig hin und wieder noch einmal einen Blick in vergangene Lektionen. Die Wiederholung kann nicht schaden!

Russische Föderation

Die Russische Föderation hat eine sehr komplexe Struktur, die verschiedene Verwaltungseinheiten umfasst: **республики** "Republiken", **края** "Regionen", **области** "Gebiete", zwei **города федерального значения** "Städte mit Subjektstatus" (**Москва и Санкт-Петербург**), **автономные округа** "Autonome Kreise" und ein **автономная область** "Autonomes Gebiet". Russisch ist im gesamten Land die Amtssprache, jedoch haben die Republiken das Recht, neben Russisch auch eine lokale Amtssprache einzuführen. Die **Федеральное собрание** "Bundesversammlung" bzw. das Parlament ist das repräsentative und legislative Organ. Es besteht aus zwei Kammern: dem **Совет Федерации** "Föderationsrat" und der **Государственная Дума** "Staatsduma". Der Föderationsrat umfasst aus jeder Verwaltungseinheit zwei Vertreter, während die Staatsduma aus 450 gewählten Abgeordneten besteht. Der Präsident der Russischen Föderation ist das Staatsoberhaupt; er ernennt den **Председатель Правительства** als den "Regierungspräsidenten" mit Zustimmung der Duma. Der Regierungspräsident wiederum schlägt seine Vizepräsidenten und Bundesminister vor. Die russische Regierung hat ihren Sitz im **Белый дом**, dem "Weißen Haus" in Moskau, der Präsident sitzt im **Кремль** "Kreml".

11 Одиннадцатый урок

Смекалка

1 Вм**е**сто тог**о**, чт**о**бы гот**о**виться к экз**а**мену по зоол**о**гии, студ**е**нты прогул**я**ли ц**е**лую нед**е**лю. ①

2 Из всех экзаменаци**о**нных бил**е**тов хорош**о** в**ы**учили т**о**лько од**и**н – про блох. ② ③

3 П**е**рвый студ**е**нт выт**я**гивает бил**е**т: сем**е**йство кош**а**чьих.

4 – Кош**а**чьи – ср**е**дние и кр**у**пные по величин**е** жив**о**тные,

5 представ**и**тели сем**е**йства млекопит**а**ющих, отр**я**да х**и**щных. ④

6 У них есть шерсть, а в ш**е**рсти у кош**а**чьих в**о**дятся бл**о**хи… ⑤ ⑥

ПРИМЕЧАНИЕ

① **прогулять** "spazieren" (v.) wird von **гулять** (uv.) mit identischer Bedeutung abgeleitet. Das Präfix **про-** bezeichnet dabei eine Handlung, die sich über einen bestimmten Zeitraum erstreckt. Im übertragenen Sinne heißt **прогулять** "blaumachen, (Schule) schwänzen": **прогулять целую неделю** "[die] ganze Woche die Schule schwänzen".

② Das Präfix **вы-** vor Verben drückt aus, dass eine Handlung zu Ende ausgeführt wurde: **они выучили урок** "sie haben die Lektion zu Ende gelernt"; **он выкурил сигарету** "er hat die Zigarette fertig geraucht".

③ Die Präposition **про** "über, von" wird nicht im räumlichen, sondern im übertragenen Sinne verwendet und steht mit dem Akkusativ: **Никому про меня не рассказывай!** "Erzähle niemandem von mir!"; **Про что эта книга?** "Wovon [handelt] (Über was) dieses Buch?"

[Mit] Köpfchen (Grips)

1 Anstatt sich auf die Zoologieprüfung vorzubereiten, haben die Studenten (spazierten) eine ganze Woche geschwänzt.

2 Von allen Prüfungsthemen (Prüfungskarten) haben sie nur für eins gut gelernt, nämlich das über Flöhe.

3 Der erste Student zieht ein Thema: die Familie der Katzen.

4 – Katzen sind mittelgroße bis große (auf Größe) Tiere,

5 [sie sind] Vertreter der Familie der Säugetiere, Untergruppe der Fleischfresser.

6 Sie haben ein Fell, und Katzen haben Flöhe in ihrem Fell (und in Fell bei Katzen sind-vorhanden Flöhe) ...

④ **представители** ist der Plural von **представитель** "Abgeordneter, Delegierter" (m.). Es kann neben seiner primären Bedeutung – z. B. **народные представители** "die Volksvertreter" – auch "Mitglieder" oder "Angehörige" einer bestimmten Gruppe bezeichnen.

⑤ Bei **шерсть** [*SCHERrßTj*] und **шерсти** [*SCHERrßTi*] spricht sich das **с** weich. Dies passiert häufig, wenn es vor **т** steht. **шерсть** (f.) bezeichnet neben dem "Fell" auch die "Wolle".

⑥ Zahlreiche Adjektive können wie Substantive verwendet werden. Dazu gehören z. B.: **животные** "Tiere" (Satz 4); **млекопитающие** "Säugetiere" (Satz 5); **хищные** "Fleischfresser, Raubtiere" (Satz 5), **кошачьи** "Katzen" (Sätze 3, 4 und 6). Sie alle sind auch Adjektive. In der Substantivfunktion beschreiben sie eine Gruppe von Tieren, die dieselben Charakteristiken haben. Vergleichen Sie: **животный инстинкт** "tierischer Instinkt" – **животное** "Tier". Speziell **хищный** wird auch in vielen Wortverbindungen verwendet: **хищные глаза** "Raubtieraugen".

7 И дав**а**й расск**а**зывать про блох, п**о**сле чег**о** получ**а**ет пят**ё**рку. ⑦ ⑧

8 Втор**о**му студ**е**нту доста**ё**тся вопр**о**с про **о**куня. ⑨

9 – **О**кунь – **э**то род рыб сем**е**йства **о**куневых, ⑩

10 жив**у**щий, как пр**а**вило, на небольш**о**й глубин**е**, в мест**а**х с т**и**хим теч**е**нием. ⑪

11 У **о**куня есть плавник**и**, ж**а**бры, хвост и чешу**я**…

12 А вот **е**сли бы вм**е**сто чешу**и** у нег**о** был**а** шерсть, ⑫

13 то в ней обяз**а**тельно завел**и**сь бы бл**о**хи,

14 а бл**о**хи – **э**то…

ПРИМЕЧАНИЕ

⑦ **чего** ist der Genitiv von **что** "was", denn dieser steht nach der Präposition **после** "nach". Hier ein weiteres Beispiel: **Чего тебе не хватает?** "Was fehlt dir?"

⑧ Anders als bei uns ist in Russland die Note 5 – **пятёрка** oder einfach **пять** genannt – die beste Note. Man verwendet die Noten mit dem Verb **получить** "bekommen".

7 Und so fährt er über die Flöhe fort (Und los erzählen) und bekommt ein "sehr gut" (nach was bekommt Fünfer).

8 Der zweite Student bekommt eine Frage zum [Thema] Barsch zugeordnet.

9 – Der Barsch ist eine Fischgattung aus der Familie der Barsche,

10 (lebend) [die] in der Regel im flachen (nicht-große Tiefe) Wasser leben, an Stellen (Orten) mit einer ruhigen Strömung.

11 Der Barsch hat Flossen, Kiemen, Schwanz und Schuppen …

12 Nun (Und hier-ist), wenn er aber Haare anstelle von Schuppen hätte,

13 dann (das in ihr) hätte er definitiv Flöhe darin,

14 und Flöhe sind …

⑨ **достаётся** ist die 3. Person Singular von **доставаться** "erhalten, zuteilwerden" bzw. "zugeordnet bekommen". Es kommt in zahlreichen anderen Zusammenhängen vor und kann auch mit "herausfischen" oder "(aus dem Stoß) ziehen" übersetzt werden. Es wird wie andere Verben auf **-ава** – z. B. **вставать**, **сдавать**, **продавать** – konjugiert.

⑩ **окунь** "Barsch" ist ein männliches Substantiv. Weitere Fischarten sind z. B. **форель** "Forelle" (f.), **карп** "Karpfen" (m.) und **судак** "Zander" (m.).

⑪ Von Verben können Präsens- und Perfekt-Partizipien gebildet werden, die wiederum im Aktiv oder Passiv stehen können. Hier ist **живущий** "lebend" ein Partizip Präsens Aktiv. Man bildet es ausgehend von der 3. Person Plural Präsens **живут** "sie leben" (von **жить** "leben"), gefolgt vom Suffix **-ущ-** und der entsprechenden Adjektivendung, wie hier die männliche Form **-ий**.

⑫ Die Adverbialpräposition **вместо** "anstelle (von)" steht mit einem Bezugswort im Genitiv. Hier einige Beispiele: **Анна пойдет вместо тебя** "Anna wird anstelle von dir gehen"; **Вместо яблок они купили винограда** "Anstelle von Äpfeln haben sie Weintrauben gekauft".

Первое задание: Вы понимаете эти предложения?

1 Ему достался вопрос про Партию и социалистическое устройство общества. 2 Какая красивая шерсть у твоей собаки! – Да, но у неё блохи… 3 Вместо того, чтобы помогать, ты нам мешаешь! – Понял, я ухожу. 4 Ты всё выучила? – Из всех билетов я хорошо знаю только один. 5 Народ, живущий в этой стране, страшно беден. – Да, но эти люди всё равно счастливы.

Второе задание: Вставьте пропущенные слова!

1 Du hast drei Stunden geschwänzt und jetzt machst du dir Sorgen wegen der Prüfung. Daran hättest du früher denken sollen!

Ты ___ три ___, а теперь переживаешь ___ ___. ___ надо было ___!

2 Wenn mein Vater statt meiner hier gewesen wäre, würden Sie diese Worte nie sagen!

Если бы ___ ___ здесь ___ мой ___, вы ___ не сказали бы ___ ___!

3 Fische haben Flossen, Kiemen, Schwanz und Schuppen, aber kein Fell und keine Flöhe.

У ___ есть ___, жабры, ___ и ___, но нет ___ и ___.

4 Welche Frage hast du bei der Prüfung gestellt bekommen? – Eine ganz einfache: über die Familie der Katzen.

Какой ___ тебе ___ на экзамене? – Очень ___: про ___ кошачьих.

Решение первого задания: Вы поняли?

❶ Er bekam eine Frage über die Partei und die sozialistische Gesellschaftsordnung. ❷ Was für ein schönes Fell dein Hund hat! – Ja, aber er hat Flöhe ... ❸ Anstatt zu helfen, störst du uns! – Verstanden, ich gehe. ❹ Hast du alles gelernt? – Von allen Themen (Karten) kenne ich nur eines gut. ❺ Die Menschen (Volk), die in diesem Land leben, sind furchtbar arm. – Ja, aber diese Menschen sind trotzdem glücklich.

❺ In diesem Gebiet, in Flüssen mit ruhiger Strömung und in flachem Wasser, gibt es kleine, aber sehr schmackhafte Fische.

В этом районе в _____ с тихим _________ и на небольшой _______ _______ маленькая, но очень _______ ____ .

> *Sie brauchen nicht pro Tag eine komplette Lektion durchzuarbeiten. Verteilen Sie Ihre Lektion ruhig auf mehrere Tage. Bevor Sie sie verlassen, sollten Sie alle Sätze mühelos verstehen, und auch die Erklärungen sollten Ihnen keine Schwierigkeiten mehr bereiten. Falls Ihnen etwas unklar geblieben ist, so versuchen Sie am nächsten Tag noch einmal, es nachzuvollziehen.*

Решение второго задания: Пропущенные слова.

❶ – прогулял – урока – из-за экзамена – Раньше – думать ❷ – вместо меня – был – отец – никогда – этих слов ❸ – рыб – плавники – хвост – чешуя – шерсти – блох ❹ – вопрос – достался – лёгкий – семейство – ❺ – реках – течением – глубине водится – вкусная рыба

12 Двенадцатый урок

Моль

1 От**е**ц сем**е**йства возвращ**а**ется с раб**о**ты, зах**о**дит в прих**о**жую, ① ②

2 разув**а**ется, раздев**а**ется, в**е**шает сво**ё** пальт**о** на в**е**шалку. ③

3 Он цел**у**ет жен**у**, гот**о**вящую **у**жин, д**о**чку, игр**а**ющую в д**е**тской, ④ ⑤ ⑥

4 обув**а**ет дом**а**шние т**а**почки и переодев**а**ется в трик**о** и футб**о**лку. ⑦

5 Зат**е**м он ус**а**живается в кр**е**сло, чт**о**бы полист**а**ть сег**о**дняшнюю газ**е**ту. ⑧

ПРИМЕЧАНИЕ

① In Lektion 10 (Anm. 4) haben wir den beweglichen Vokal kennengelernt, der hier und da eingesetzt wird. In **отец** sehen Sie dazu ein weiteres Beispiel (hier mit **e**), jedoch kommt dies nur im Nominativ vor und entfällt in den anderen Fällen wieder: **отец** "Vater", aber **отца**, **отцу**, **отцов**, **отцами**.

② Mit **прихожая** "Hausflur" sehen Sie wieder ein Nomen, das wie ein Adjektiv gebeugt wird. Viele Wörter dieser Gruppe bezeichnen bestimmte Orte, so z. B. auch **столовая** "Esszimmer, Kantine".

③ **вешалка** "Garderobe, Kleiderbügel, Kleiderhaken" steht hier im Akkusativ, da es sich um eine Bewegung handelt: **на вешалку** "an die Garderobe/an den Kleiderhaken". Wäre der Mantel bereits an der Garderobe, würde man den Präpositiv verwenden, also **на вешалке**, denn in diesem Fall läge keine Bewegung vor.

④ **целовать** "küssen" ist ein unvollendetes Verb mit dem Suffix **-ова**, das jedoch in den Präsensformen entfällt: **целую**, **целует**, **целуют**. Im Perfekt hingegen ist es wieder vorhanden: **он целовал** "er hat geküsst, er küsste".

Motten **(Motte)**

1 Der Familienvater kommt von der Arbeit zurück, geht in den Hausflur,

2 zieht seine Schuhe aus, legt [seinen Mantel] ab und hängt [ihn] an die Garderobe.

3 Er küsst seine Frau, (vorbereitend) die gerade das Abendessen vorbereitet, [und] seine Tochter, (spielend) die im Kinderzimmer spielt,

4 [er] zieht seine Hausschuhe an und wechselt in eine Jogginghose und ein T-Shirt.

5 Dann setzt er sich in [seinen] Sessel und blättert die heutige Zeitung durch.

⑤ **готовящий** "vorbereitend" und **играющий** "spielend" sind Präsens-Partizipien im Aktiv. Man bildet sie ausgehend von der 3. Person Plural: **готовят** "(sie) bereiten vor" bzw. **играют** "(sie) spielen" mit dem Suffix -**ящ**- (für die 2. Gruppe) bzw. -**ущ**- (für die 1. Gruppe) sowie der weiblichen Adjektivendung im jeweiligen Fall.

⑥ **ужин** [*UJÏN*]: **и** klingt wie **ы**, wenn es nach **ж** steht.

⑦ Zwar haben die Verben **обувать** "Schuhe anziehen" und **разуваться** "Schuhe ausziehen" (Satz 2) eine gegenteilige Bedeutung, dennoch ähneln sie sich. Sie existieren beide als einfache oder rückbezügliche Verben: **Я обуваю сына, а потом обуваюсь сама** "Ich ziehe meinem Sohn die Schuhe an, und dann ziehe ich mir meine Schuhe an"; **Разувайся! Или ты хочешь, чтобы я тебя разувал?** "Zieh die Schuhe aus! Oder willst du, dass ich dir die Schuhe ausziehe?"

⑧ Mit dem Suffix -**шн**- kann aus einem Adverb ein Adjektiv gebildet werden. In vielen Fällen beschreiben diese Adjektive einen Zeitabschnitt oder einen Ort: **сегодня** "heute" → **сегодняшний журнал** "(die) heutige Zeitschrift"; **дома** "zu Hause" → **домашняя еда** "Hausmannskost"; **завтра** "morgen" → **завтрашнее совещание** "(die) morgige Sitzung".

6 Вдруг м**и**мо с ж**у**тким душераздир**а**ющим в**о**плем прон**о**сится жен**а** и брос**а**ется к шк**а**фу. ⑨

7 Сл**е**дом за жен**о**й идёт их пятил**е**тняя дочь.

8 Ошар**а**шенный от**е**ц спр**а**шивает у раст**е**рянной д**о**чери: ⑩ ⑪

9 – Что случ**и**лось? Почем**у** м**а**ма в так**о**м сост**о**янии?

10 – Не зн**а**ю. Я показ**а**ла ей, как**у**ю замеч**а**тельную колл**е**кцию б**а**бочек я собрал**а**. ⑫

11 – Как**и**х б**а**бочек?

12 – Так**и**х м**а**леньких-м**а**леньких. М**а**ма спрос**и**ла, где я их взял**а**.

13 А я сказ**а**ла, что в шкаф**у**, куд**а** он**а** пов**е**сила ш**у**бу, их полн**ы**м-полн**о** … ⑬ ⑭

ПРИМЕЧАНИЕ

⑨ **проноситься** "vorbeistürmen, vorbeirauschen" (uv.) enthält die Vorsilbe **про-**, die hier nicht einen Zeitraum markiert (s. Lektion 11, Anm. 1), sondern mit **мимо** "vorbei" eine Einheit bildet. Man findet diese Kombination häufig: **пройду мимо него** "ich werde an ihm vorbeigehen"; **часто проносился мимо дома** "(er) rauschte oft am Haus vorbei".

⑩ **Ошарашенный** "verblüfft" und **растерянный** "ratlos, konfus" sind Perfekt-Partizipien im Passiv. Partizipien, die mithilfe des Suffixes **-енн-** gebildet werden, haben als Basis die 1. Person Singular Präsens, also: **ошарашить** "verblüffen" → **ошарашу** "(ich) verblüffe"; **ошараш** + **-енн-** + Adjektivendung → **ошарашенный**. Die anderen Perfekt-Partizipien im Passiv werden ausgehend vom Infinitiv gebildet: **растерять** "verlieren" → **растеря** + **-нн-** + Adjektivendung → **растерянный**.

⑪ Bei **дочери** handelt es sich um den Genitiv von **дочь** "Tocher", das dieselbe unregelmäßige Deklination wie **мать** "Mutter" hat. Beachten Sie auch, dass diese beiden Wörter die gleiche Betonung haben.

6 Plötzlich stürmt seine Frau mit einem furchtbaren, herzzerreißenden Schrei vorbei und eilt zum Schrank.

7 Der Ehefrau folgt (geht) die fünfjährige Tochter.

8 Der verblüffte Vater fragt [seine] ratlose Tochter:

9 – Was ist los? (Was passiert?) Warum ist Mama in so einem Zustand?

10 – Ich weiß [es] nicht. Ich habe ihr [nur] gezeigt, was für eine wunderbare Kollektion an Schmetterlingen ich gesammelt habe.

11 – Welche Art von Schmetterlingen?

12 – Diese ganz kleinen. Mama hat mich gefragt, wo ich sie gefunden habe (nahm).

13 Und ich habe gesagt, dass es im Schrank, in dem sie ihren Pelzmantel aufgehängt hat, nur so von ihnen wimmelt (ihnen voll-voll) ...

⑫ Als beweglicher Vokal (Lektion 10, Anm. 4) wird hinter den Zischlauten **ж**, **ч**, **ш** statt **o** ein **e** gebraucht. Vergleichen Sie z. B. diese Genitivformen: **ложка** "Löffel" → **ложек**; **девочка** "(kleines) Mädchen" → **девочек**; **бабушка** "Großmutter" → **бабушек**.

⑬ **вешать** (Satz 2) und **повесить** (Satz 13) bedeuten beide "(auf)hängen", sie unterscheiden sich nur im Aspekt. **вешать** ist unvollendet, **повесить** ist vollendet. Unvollendete Verben werden bekanntlich in drei Zeitformen verwendet: Präsens (**вешаю**), Perfekt (**вешал**) und Futur (**буду вешать**). Vollendete Verben hingegen kennen nur zwei Zeitformen: Perfekt (**повесил**) und Futur (**повешу**). Vorerst gilt, dass man sich am besten zu jedem Verb beide Formen einprägt, der Automatismus kommt später!

⑭ Zusammengesetzte Wörter dieser Art sind leicht zu bilden und werden sowohl in der geschriebenen als auch in der gesprochenen Sprache verwendet. Das Wort wird einfach wiederholt und zwischen beiden steht ein Bindestrich: **маленький-маленький** "klitzeklein"; **чуть-чуть** "ein ganz kleines bisschen". Durch diese Verdopplung wird die Aussage des entsprechenden Wortes verstärkt. Vergleichen Sie: **в шкафу полно рубашек** "im Schrank sind viele Hemden" (wörtl. "im Schrank voll Hemden") und **в шкафу полным-полно рубашек** "im Schrank wimmelt es nur so von Hemden".

Первое задание: Вы понимаете эти предложения?

① Почему твоя жена в таком состоянии? – Она не может найти свою шубу. ② Усаживайся в кресло, будем смотреть телевизор. – Я лучше полистаю какой-нибудь журнал. ③ У них пятилетний сын и дочь. – А дочери сколько лет? – Не могу точно сказать. ④ Заходи, раздевайся, будь, как дома. Пальто вешай вот сюда, в шкаф. ⑤ Какая замечательная коллекция! Где вы взяли таких красивых бабочек?

Второе задание: Вставьте пропущенные слова!

① Um wie viel Uhr kommst du von der Arbeit nach Hause? – Heute wahrscheinlich spät, ich habe sehr viel Arbeit.

Во сколько ты ___ с ___ ? – ___ скорее всего ___ у меня очень много ___ .

② Bitte folge mir nicht, du gehst mir auf die Nerven.

Пожалуйста, не ___ ___ мной ___ , ты ___ мне ___ ___ .

③ Bitte häng mein Sakko auf einen Kleiderbügel. – Wo [kann ich] einen Kleiderbügel finden (nehmen)? – Der Kleiderschrank ist voll davon.

___ , пожалуйста, мой ___ на ___ . – А ___ взять ___ ? – В ___ их полным-___ .

④ Sind das deine Hausschuhe? Wie entzückend sie sind ... – Nein, das sind die Hausschuhe meiner Tochter.

Это твои ___ ? ___ милые... – ___ , ___ ___ ___ ___ .

Решение первого задания: Вы поняли?

❶ Warum ist deine Frau in so einem Zustand? – Sie kann ihren Pelzmantel nicht finden. ❷ Setz dich in den Sessel, wir schauen fern. – Ich würde lieber eine Zeitschrift durchblättern. ❸ Sie haben einen fünfjährigen Sohn und eine Tochter. – Wie alt ist [ihre] Tochter? – Ich kann es nicht genau sagen. ❹ Komm rein, zieh dich aus, fühl dich wie zu Hause. Hänge deinen Mantel hier in den Schrank. ❺ Was für eine wunderbare Kollektion! Wo haben Sie (genommen) so schöne Schmetterlinge gefunden?

❺ Wer wird das Abendessen kochen? – Ich natürlich. Und du wirst in dieser Zeit das (in) Kinderzimmer aufräumen.

Кто будет _________ _____? – _ ________. А ты в это _____ ______ _________ в ________.

Решение второго задания: Пропущенные слова.

❶ – возвращаешься – работы – Сегодня – поздно – работы ❷ – ходи за – следом – действуешь – на нервы ❸ Повесь – пиджак – вешалку – где – вешалку – шкафу – полно ❹ – тапочки – Какие – Нет, это тапочки моей дочери ❺ – готовить ужин – Я конечно – время будешь убирать – детской

Garderobe

Angesichts der Witterungsverhältnisse zwischen **Смоленск** im Westen und **Владивосток** im Osten, **Мурманск** im Norden und **Сочи** im Süden, erstaunt es nicht, dass in Russland die Garderobe ein wichtiges Thema darstellt. Während im Frühling, Sommer und Herbst die Art, sich zu kleiden, mehr oder weniger der unseren gleicht – man spricht in der Zwischensaison z. B. vom **демисезонное пальто** "Übergangsmantel" – so unterscheidet sich die Wintergarderobe

13 Тринадцатый урок

Настоящий друг

1 Дв**о**е друз**е**й сид**я**т на берег**у** пруд**а** и рыб**а**чат. ① ②

2 Внез**а**пно появл**я**ется рыбинсп**е**ктор.

3 Од**и**н из сид**я**щих вск**а**кивает и брос**а**ется прочь. ③

4 Рыбинсп**е**ктор беж**и**т за убег**а**ющим челов**е**ком. ④ ⑤

ПРИМЕЧАНИЕ

① **Двое** "zwei" ist ein kollektives Zahlwort, das sich von der Kardinalzahl **два** dadurch unterscheidet, dass nach **двое** der Genitiv Plural steht, während man nach **два** den Nominativ Singular verwendet: **два мальчика** "zwei Jungen" – **двое мальчиков** "zwei Jungen". Wann man welche Form verwendet, erläutern wir in der Wiederholungslektion.

② Das Substantiv **берег** "Ufer" bildet eine Ausnahme, da es den Lokativ auf **-у** bildet: **на берегу** "am Ufer". Sie kennen bereits weitere Beispiele mit dieser Beugung: **в лесу** "im Wald"; **в саду** "im Garten"; **в шкафу** "im Schrank"; **в аэропорту** "auf dem Flughafen", aber auch **на мосту** "auf der Brücke"; **на**

erheblich! Mäntel und Jacken, gefüttert mit **мех** "Pelz" oder **искусственный мех** (wörtlich "unecht") "Pelzimitation", gehen oft Hand in Hand mit dicken Kapuzen oder Mützen, z. B. der bekannten **ушанка** "Pelzmütze". Natürlich sind auch Stiefel und sogar Stiefeletten mit Stiletto-Absätzen pelzgefüttert. Viele Frauen in Russland legen Wert auf Stil, und das selbst bei -30°C und gefrorenen Böden. Zu Hause angekommen, ziehen die Russen, unabhängig von der Jahreszeit, stets als erstes ihre Schuhe aus: Die Teppiche sollen nicht durch schmutzige Schuhe verunreinigt werden.

Dreizehnte Lektion

[Ein] wahrer Freund

1 Zwei Freunde sitzen am Ufer eines Teiches und angeln.

2 Plötzlich erscheint ein Fischereiaufseher (Fisch-Inspektor).

3 Einer von den beiden (von sitzenden) springt auf und läuft weg.

4 Der Fischereiaufseher rennt dem flüchtenden Mann hinterher.

носу "auf der Nase"; **на полу** "auf dem Boden". Aber Vorsicht: Mit anderen Präpositionen ist der Präpositiv regelmäßig auf **-е**: **мечтать о лесе** "vom Wald träumen".

③ Auf **один из** "einer, -e von" folgt ein Substantiv im Genitiv Plural. In diesem konkreten Fall wird das Partizip Präsens **сидящий** "sitzend" wie ein Adjektiv konjugiert, auch wenn es hier als Substantiv "(der) Sitzende" gebraucht wird.

④ Beachten Sie bei **рыбинспéктор** [*RrÏPÏNßPJ*E*KTÅRr*], dass das **б** hier hart als [*P*] ausgesprochen wird und dass **и** eher wie [*Ï*] klingt.

⑤ **бежать** "rennen" ändert in der 1. Person Singular und der 3. Person Plural das **ж** in **г**: **бегу**, **бежишь**, **бегут**.

5 Пог**о**ня продолж**а**ется б**о**лее получ**а**са. ⑥

6 Он**и** бег**у**т через лес, пересек**а**я луж**а**йки и овр**а**ги.

7 Након**е**ц представ**и**тель зак**о**на настиг**а**ет пресл**е**дуемого: ⑦

8 – Аг**а**! Поп**а**лся! А ну-ка предъяв**и**те в**а**шу лиц**е**нзию на р**ы**бную л**о**влю. ⑧ ⑨

9 Перевод**я** дух, мужч**и**на спок**о**йно прот**я**гивает ем**у** докум**е**нт. ⑩

10 Вним**а**тельно изуч**и**в бум**а**гу, рыбинсп**е**ктор в недоум**е**нии разв**о**дит рук**а**ми: ⑪

11 – Лиц**е**нзия в п**о**лном пор**я**дке…

12 Зач**е**м же вы от мен**я** убег**а**ли? ⑫

13 – Поним**а**ете, я рыб**а**чил с мо**и**м л**у**чшим др**у**гом,

14 так вот у нег**о** лиц**е**нзии как раз и нет…

ПРИМЕЧАНИЕ

⑥ **пол** wird mitunter zu **полу**, wenn das Wort, innerhalb dessen es erscheint, dekliniert wird. **Пол(у)** wird immer mit dem Bezugswort zusammengeschrieben. Vergleichen Sie: **Через полчаса приедет мой муж** "Mein Mann kommt in einer halben Stunde" und **Давно он ушёл? – Около получаса назад** "Ist er schon lange weg? – Etwa eine halbe Stunde (halbe-Stunde vor)."

⑦ **преследуемого** ist der Genitiv Singular von **преследуемый** "verfolgt". Es handelt sich dabei um ein Partizip Präsens Passiv, das über eine Adjektivendung verfügt, aber hier als Substantiv – "(der) Verfolgte" – verwendet wird. Wir haben dazu bereits ein paar Beispiele gesehen.

⑧ Die Partikel **-ка** – in etwa "einmal, doch" – wird ebenso wie **-то**, **-либо**, **-нибудь** und andere mithilfe eines Bindestrichs an das Bezugswort angehängt. Man könnte anstelle von **Ну-ка предъявите…** "Na, dann zeigen Sie mal …" auch **Предъявите-ка….** "Dann zeigen Sie mal …" sagen. Ebenso: **Давайте-ка мы пойдём туда вместе!** "Lasst uns [doch]

5 Die Verfolgungsjagd dauert mehr [als eine] halbe Stunde.

6 Sie rennen durch den Wald, überqueren (überquerend) Rasenflächen und Schluchten.

7 Endlich holt der Gesetzeshüter den Verfolgten ein:

8 – Aha! Erwischt! Na, dann zeigen Sie [mir] mal Ihren Angelschein.

9 Nachdem er zu Atem gekommen ist (verlagernd Atem), reicht ihm der Mann ruhig das Dokument.

10 Nachdem der Fischereiaufseher das Papier sorgfältig studiert hat (studiert-habend), ist er ganz verblüfft (breitet-aus Arme):

11 – Der Angelschein (Lizenz) ist in perfekter Ordnung ...

12 Warum sind Sie vor mir fortgelaufen?

13 – Sehen Sie (Verstehen), ich war mit meinem besten Freund angeln,

14 ja, und er hat keinen Angelschein (Lizenz wie Mal und nicht) ...

einmal gemeinsam dorthin gehen!"; **Сделай-ка сначала то, о чём я тебя попросила** "Mach [doch] zuerst einmal, worum ich dich gebeten habe".

⑨ Das Härtezeichen **ъ** kommt nur selten vor, aber mit **предъявите**, gesprochen [*PRrIDjleWITJE*], finden Sie ein Beispiel.

⑩ Bei **пересекая** "überquerend" (Satz 6) und **переводя** "verlagernd" handelt es sich um Formen des Adverbialpartizips unvollendeter Verben. Die Ereignisse, die sie beschreiben, spielen sich also parallel zu dem durch das Hauptverb ausgedrückten Ereignis ab.

⑪ **изучив** ist ein Adverbialpartizip eines vollendeten Verbs, das die Vorzeitigkeit der Handlung in Bezug auf das Hauptverb anzeigt.

⑫ **убегали**, **бежит** und **убегающим** (Satz 4) sowie **бегут** (Satz 6) enthalten alle dieselbe Wortwurzel, nämlich **бег** "Lauf". Das ist eine hilfreiche Erkenntnis! Da sich bestimmte Wörter auf den ersten Blick durch Deklinationen und Konjugationen stark unterscheiden können, macht es Sinn, die Wurzel zu identifizieren, denn sie gibt Ihnen einen Hinweis auf die ungefähre Bedeutung.

Первое задание: Вы понимаете эти предложения?

❶ У вас есть лицензия на рыбную ловлю? – Конечно, она в полном порядке. ❷ Пересекая лужайки и овраги, они бежали через лес к морю. ❸ Что ты разводишь руками? Не надо было убегать от милиционера. ❹ Ты вчера рыбачил? – Да, теперь всю неделю будем есть рыбу. ❺ Видишь этих людей на берегу реки? Один из сидящих – мой муж.

Второе задание: Вставьте пропущенные слова!

❶ Die Verfolgungsjagd dauerte fast zwei Stunden, und der Verfolgte begann langsamer zu rennen.

___ ___ почти ___ ___, и ___ начал ___ ___.

❷ Als wir Kinder waren, haben wir es geliebt, mit meinem Bruder am Meer zu angeln.

Когда мы были ___, мы любили ___ на берегу ___ с моим ___.

❸ Als ich mich über die sitzenden [Personen] beugte, erkannte ich in einem von ihnen den Bruder meiner Frau.

___ ___ сидящими, я ___ в ___ из них ___ моей ___.

❹ Aha! Erwischt! Warum bist du vor mir weggerannt? – Ich bin nicht vor Ihnen weggerannt, ich bin nur schnell gegangen …

Ага! ___! Зачем ты ___ ___ ___? – Я ___ ___ ___ ___, я просто быстро ___ …

Решение первого задания: Вы поняли?

1 Haben Sie einen Angelschein? – Natürlich, er ist in perfekter Ordnung. 2 Über Rasenflächen und Schluchten rannten sie durch den Wald zum Meer. 3 Warum bist du verblüfft? [Du] hättest nicht vor dem Polizisten weglaufen sollen. 4 Hast du gestern geangelt? – Ja, jetzt werden wir die ganze Woche Fisch essen. 5 Siehst du die Leute am Ufer des Flusses? Einer von den Sitzenden ist mein Mann.

5 Nachdem er sich das Papier sorgfältig angesehen hatte, erkannte er, dass die Lizenz, die der Mann ihm reichte, in Ordnung war.

____ ____ бумагу, он ____, что ____, ____ протягивал ему ____, ____ в ____.

Решение второго задания: Пропущенные слова.

1 Погоня продолжалась – два часа – преследуемый – бежать медленнее 2 – детьми – рыбачить – моря – братом 3 Наклонившись над – узнал – одном – брата – жены 4 – Попался – от меня убегал – от вас не убегал – шёл 5 Внимательно изучив – понял – лицензия, которую – мужчина, была – порядке

14 Четырнадцатый урок

Повторение – Wiederholung

Schauen wir uns nun wieder einige Dinge etwas ausführlicher an, die in den letzten Lektionen vorgekommen sind. Lesen Sie diese Lektion ruhig mehrmals durch. Vergessen Sie auch nicht, von Zeit zu Zeit einige Lektionen im Buch zurückzublättern und zu wiederholen.

1. Substantive

1.1 Bewegliche Vokale

Die sog. beweglichen Vokale tauchen im Verlauf mancher Deklinationen in den Endungen einiger Wörter auf und verschwinden wieder. Dort, wo eine Endung aus mindestens zwei Konsonanten oder aus **ь** bzw. **й** + Konsonant besteht, werden die Vokale **о**, **е** oder **и** eingeschoben, und zwar in den allermeisten Fällen im Nominativ Singular Maskulinum und im Genitiv Plural Femininum und Neutrum – in den anderen Fällen entfallen diese jedoch. Natürlich gibt es Ausnahmen. Schauen wir uns dieses Phänomen, bei dem drei Hauptfälle für bewegliche Vokale unterschieden werden, genauer an:

• Beweglicher Vokal im Genitiv Plural
Er tritt nur im Genitiv Plural auf. Hier das Beispiel **перчатка** "Handschuh":

Kasus	Singular	Plural
Nom.	**перчатка**	**перчатки**
Gen.	**перчатки**	**перчаток**
Dat.	**перчатке**	**перчаткам**
Akk.	**перчатку**	**перчатки**
Instr.	**перчаткой**	**перчатками**
Lok.	**перчатке**	**перчатках**

Dieser Vokal kann auch **е** sein, z. B.
друзья "Freunde" → **друзей** "[der] Freunde";
ведро "Eimer" → **вёдер** "[der] Eimer".

• Beweglicher Vokal im Nominativ Singular
Er tritt nur im Nominativ Singular auf: **отец** "Vater".

Kasus	Singular	Plural
Nom.	**отец**	**отцы**
Gen.	**отца**	**отцов**
Dat.	**отцу**	**отцам**
Akk.	**отца**	**отцов**
Instr.	**отцом**	**отцами**
Lok.	**отце**	**отцах**

Dies trifft für viele Substantive zu, die nur aus seiner Silbe bestehen, z. B. **день** "Tag".

• Sonderfälle
Bei diesen tritt der bewegliche Vokal weder im Nominativ Singular noch im Plural auf, aber im Genitiv Plural wird ein **и** eingeschoben. Sehen Sie dazu das Beispiel **яйцо** "Ei":

Kasus	Singulier	Pluriel
Nom.	**яйцо**	**я́йца**
Gen.	**яйца**	**яиц**
Dat.	**яйцу**	**я́йцам**
Akk.	**яйцо**	**яйца**
Instr.	**яйцом**	**яйцами**
Lok.	**яйце**	**яйцах**

1.2 Betonung sächlicher Substantive

In der 9. Lektion haben wir **стекло** "Glas, Scheibe" kennengelernt, das im Singular auf der letzten, im Plural jedoch auf der vorletzten Silbe betont wird.

Kasus	Singular	Plural
Nom.	**стекло́**	**стёкла**
Gen.	**стекла́**	**стёкол**
Dat.	**стеклу́**	**стёклам**
Akk.	**стекло́**	**стёкла**
Instr.	**стекло́м**	**стёклами**
Lok.	**стекле́**	**стёклах**

Beachten Sie, dass **окно** "Fenster"; **письмо** "Brief" und **число** "Zahl" auf dieselbe Weise dekliniert werden. Bei **ведро** "Eimer" und **колесо** "Rad" verhält es sich ähnlich, doch wird hier **е** im Plural zu **ё**.

2. Adjektive

2.1 Kollektive Numeraladjektive

Двое "zwei" ist ein sog. kollektives Numeraladjektiv. Es tritt auf …

– mit männlichen Substantiven:
Он разговаривал с двоими студентами
"Er hat mit zwei Studenten gesprochen".

– mit Substantiven, die Kinder oder Tierjunge bezeichnen:
У них двое детей "Sie haben zwei Kinder".

– Mit Substantiven, die eine Gruppe aus mehreren Personen beschreiben:
Двое людей сидели у стола "Zwei Personen saßen bei Tisch".

– mit Substantiven, die Paare bezeichnen:
Одни руки хорошо, а двое – лучше!
"Ein [Paar] Arme ist gut, aber zwei sind besser!"

– mit Personalpronomen:
Ты был один? – Нет, нас было двое
"Warst du allein (eins)? – Nein, wir waren zu zweit."

– mit Substantiven, die nur in der Pluralform existieren:
Она купила часы и брюки
"Sie hat eine Uhr und eine Hose gekauft",
aber: **Она купила двое часов и двое брюк**
"Sie hat zwei Uhren und zwei Hosen gekauft".

Beachten Sie, dass **двое** nicht in zusammengesetzten Zahlen benutzt werden kann. In Zahlwörtern wird **двое** durch eine Kardinalzahl ersetzt. Dies erfordert entweder ein Verbindungswort nach der Kardinalzahl oder die Anpassung des Wortes, auf das sich die Kardinalzahl bezieht: **Нас было двадцать два** человека (aber nicht **людей**) "Wir waren 22 Personen"; **В этом классе тридцать два** ребёнка (aber nicht **детей**) "In dieser Klasse sind 32 Kinder".

Beachten Sie auch: **Зачем тебе сорок две** пары **брюк?** "Wozu [brauchst] du 42 Paar Hosen?" Nach dem Numeraladjektiv steht der Genitiv Plural, während es nach der Kardinalzahl **два** der Nominativ Singular ist.

2.2 Kurzform der Adjektive

Um kurze Adjektive zu bilden, die auf der Basis der Langform der Adjektive konstruiert werden, gehen Sie wie folgt vor:

– Sie streichen die Adjektivendung (die letzten beiden Buchstaben).

– Dies entspricht der Form des Maskulinum Singular.

– Für die Form des Femininum Singular fügen Sie ein **а** (oder für die weichen Endungen ein **я**) hinzu.

– Für die Form des Neutrum Singular fügen Sie die Endung **о** (oder **е**) hinzu.

– Für den Plural aller Geschlechter fügen Sie **ы** (oder **и**) an die Wortbasis an:
любимый "geliebt, Lieblings-" → **любим**, **любима**, **любимо**, **любимы**.

Beachten Sie, dass in der männlichen Form oft ein beweglicher Vokal auftaucht, um die Aussprache des Wortes, das die Vokale seiner Endung verloren hat, zu erleichtern:
спокойн**ый** "ruhig" → **споко**е**н**, **споко**йн**а**, **споко**йн**о**, **споко**йн**ы**.

3. Relativpronomen который

Das Relativpronomen **который** "der, welcher" gleicht sich in Genus und Numerus an das Bezugswort an und richtet sich hinsichtlich des Kasus nach seiner Funktion in dem Relativsatz, den es einführt:

– **Вот велосипед, на котором ты ездил к папе** "Hier ist das Fahrrad, auf dem du zu Papa gefahren bist" (nach **ездить на** steht der Präpositiv (Lokativ), also **котором** als männliche Form, denn **велосипед** ist ein Maskulinum);

– **Машина, которую ты мне одолжил, припаркована во дворе** "Das Auto, das du mir geliehen hast, ist im Hof geparkt" (nach **одолжил** steht der Akkusativ, also **которую**, da es sich auf das weibliche Substantiv **машина** bezieht). Wie Sie erkennen, steht der Nebensatz mit dem Relativadjektiv in Kommata.

– Bestimmt **который** ein Nomen näher, das sich wiederum auf ein weiteres Nomen bezieht, steht es nach diesem:
машина, из окон которой видны воздушные шарики
"Das Auto, durch dessen Fenster man Luftballons sieht".

4. Interrogativpronomen кто und что

Auch manche Interrogativpronomen werden dekliniert. Hier ist die Deklination von **кто** "wer" und **что** "was":

Nom.	**кто**	**что**
Gen.	**кого**	**чего**
Dat.	**кому**	**чему**
Akk.	**кого**	**что**
Instr.	**кем**	**чем**
Lok.	**ком**	**чём**

Diese Interrogativpronomen verändern sich nicht hinsichtlich Genus oder Numerus. Das Verb, das sie einleiten, wird in der 3. Person Singular konjugiert, und zwar im Maskulinum für **кто** und im Neutrum für **что**:
Кто пришёл? "Wer ist gekommen?";
Что случилось? "Was ist passiert?"

5. Verben

5.1 Verben mit -ава oder -ова

• Verben, deren Stamm **-ава-** beinhaltet, wie
доставаться "erhalten, zuteilwerden";
вставать "aufstehen";
сдавать "(Prüfung) ablegen";

продавать "verkaufen";
узнавать "erfahren, erkennen" usw.
verlieren im Präsens -**ва**-:
достаюсь, **достаёшься**, **достаются**.

Im Perfekt jedoch behalten sie -**ва**-:
доставался, **доставалась**, **доставались**.

• Verben, deren Stamm -**ова**- beinhaltet, wie
целовать "küssen";
завидовать "beneiden";
паниковать "in Panik geraten";
пробовать "probieren, versuchen" usw.
verlieren ebenso -**ова**- im Präsens:
целую, **целует**, **целуют**.
Doch sie behalten es im Perfekt:
целовал, **целовала**, **целовали**.

5.2 Partizipien

Ein Partizip ist eine Verbform, die sowohl verbspezifische Merkmale (transitiv/intransitiv, vollendet/unvollendet, aktivisch/passivisch ...) als auch adjektivspezifische Merkmale aufweist (Genus, Numerus, Deklination usw.).

Partizipien können lang oder kurz sein. Derweil beschäftigen wir uns nur mit den langen Formen.

• Partizip Präsens Aktiv
Man bildet diese Form ausgehend von der 3. Person Plural unvollendeter Verben im Präsens, an die man die Suffixe -**ущ**-, -**ющ**- (für die 1. Konjugationsgruppe) bzw. -**ащ**-, -**ящ**- (für die 2. Konjugationsgruppe) sowie Adjektivendungen (die je nach Deklinationsmuster veränderlich sind) anhängt:
идти "gehen", **ид-ут** → **идущий**;
делать "machen, tun", **дела-ют** → **делающий**;
потреблять "verbrauchen, konsumieren",
потребля-ют → **потребляющий**;
давать "geben", **да-ют** → **дающий**;
жаловаться "sich beschweren",
жалу-ются → **жалующийся**;
говорить "sprechen", **говор-ят** → **говорящий**;
держать "halten", **держ-ат** → **держащий**.
Auf das Partizip Präsens Passiv gehen wir später ein.

- **Partizip Perfekt**

Die Partizipien der Vergangenheit kommen als Aktiv- und als Passiv-Formen vor. Die Passiv-Form wird ausgehend von vollendeten Verben gebildet, an die die Suffixe **-нн-**, **-т-** oder **-енн-** (**-ённ-**) angehängt werden, die wiederum durch Adjektivendungen ergänzt werden. Für **-нн-** und **-т-** nimmt man den Infinitiv des jeweiligen Verbs als Basis, für **-енн-** hingegen die 1. Person Singular Präsens:

растерять "verlieren": **растеря + -нн- → растерянный**;

прочитать "(zu Ende) lesen":
прочита + -нн- → прочитанный;

забыть "vergessen": **забы + -т- → забытый**;

ошарашить "verblüffen"
→ ошараш-у + -енн- → ошарашенный;

решить "entscheiden": **реш**у **+ -ённ- → решённый**.

Beachten Sie, dass Verben auf **-ава-** ihr Partizip Perfekt Passiv ausgehend von der 1. Person Singular des Verbs im Präsens bilden. Sie verlieren daher **-ава-**: **продавать** "verkaufen":

прода-ю + -нн- → проданный.

5.3 Adverbialpartizipien

Adverbialpartizipien haben eine unveränderliche Adverbialform und bestimmte Verbeigenschaften (unvollendet/vollendet, transitiv/intransitiv), doch die Zeit wird durch das Hauptverb ausgedrückt.

Das Adverbialpartizip beschreibt die Gleich- oder Vorzeitigkeit einer Handlung in Bezug auf die Haupthandlung. Sehen wir uns zunächst die unvollendeten Adverbialpartizipien an, die die Gleichzeitigkeit einer Handlung in Bezug auf das Hauptverb ausdrücken.

- **Bildung des Adverbialpartizips im Präsens**

Man bildet das Adverbialpartizip (unvollendeter Verben) im Präsens ausgehend von der 3. Person Plural des Verbs im Präsens, an das das Suffix **-я** (oder in speziellen orthografischen Fällen **-а**) bzw. für reflexive Verben **-ясь** (oder **-ась**) angehängt wird:

делать "machen, tun": **дела-ют → делая**;

кричать "schreien": **крич-ат → крича** (aus orthografischen Gründen darf hier **-я** nicht angehängt werden);

находиться "sich befinden": **наход-ятся → находясь**.

• Sonderformen des Adverbialpartizips im Präsens
Für **быть** "sein" (sein Adverbialpartizip lautet **будучи** "seiend") und Verben auf -**ава**- gibt es Sonderformen bei der Bildung des Adverbialpartizips. Diese Letzteren bilden es ausgehend vom Infinitiv und behalten somit das Suffix, wie dies auch im Perfekt der Fall ist:

продавать "verkaufen": **продава-ть → продавая**;

доставаться "erhalten, zuteilwerden":
достава-ться → доставаясь.

• Verben ohne Adverbialpartizip im Präsens
Einige Verben kennen kein Adverbialpartizip im Präsens (bzw. dieses wird nicht verwendet), z. B.:

– Verben auf -**чь** wie **мочь** "können" oder **беречь** "schonen, bewahren, beschützen";

– einsilbige Verben, deren Stamm keinen Vokal beinhaltet, wie **ждать** "warten"; **пить** "trinken"; **спать** "schlafen" u. a.;

– einige weitere Verben wie **петь** "singen" oder **писать** "schreiben". Die Bildung des Adverbialpartizips im Perfekt (ausgehend von den vollendeten Verbformen) erläutern wir später.

6. Präfixe

• **вы**- macht deutlich, dass eine Handlung abgeschlossen ist oder ein bestimmtes Ziel erreicht wurde:

Она выучила все стихи в этой книге "Sie hat alle Gedichte in diesem Buch gelernt (und kann sie jetzt auswendig)";

Дети выпросили у родителей денег "Die Kinder bettelten bei ihren Eltern um Geld (und haben es letztlich auch bekommen)";

Он выкурил все сигареты, которые у него были "Er hat alle Zigaretten zu Ende geraucht, die er bei sich hatte".

• **за**- drückt aus, dass man spontan beschließt, einen bestimmten Ort aufzusuchen:

Пойдём в кино, а по дороге зайдём на почту "Lass uns ins Kino gehen, und auf dem Weg [dorthin] gehen wir bei der Post vorbei";

Ты ехал ко мне с другого конца города? – Нет, я был рядом и решил зайти "Du bist den ganzen Weg vom anderen Ende der Stadt zu mir gefahren? – Nein, ich war in der Gegend und habe beschlossen, vorbeizukommen".

• **на**- zeigt eine Handlung an, die räumlich auf etwas Bestimmtes gerichtet ist. Diesem Verb folgt die Präposition **на** + Akkusativ, da die Idee der Bewegung mitschwingt:

наехать на стену "vor einen Baum fahren".

• **при**- zeigt die Ankunft an einem Ort an. Auf das so gebildete Verb folgen in der Regel die üblichen Bewegungspräpositionen **в** bzw. **на** (+ Akkusativ) oder **к** (+ Dativ):

Они прилетают в Москву через два часа "Sie kommen in zwei Stunden in Moskau an";

Наконец пришёл Саша "Sascha ist endlich angekommen";

Приходи ко мне завтра "Komm morgen zu mir".

• **про**- weist auf eine Handlung hin, die in ihrer Gesamtheit für einen bestimmten Zeitraum betrachtet wird:

проговорить целый час "eine ganze Stunde [lang] sprechen".

• **у**- deutet darauf hin, dass eine Person sich von einem Ort entfernt:

Ты уже уходишь? "Du gehst schon?";

Завтра мы улетаем в Казань "Morgen fliegen wir nach Kasan";

Почему вы убегаете от меня? "Warum laufen Sie vor mir weg?"

7. Negativpartikel не

7.1 Не und Verben

Die Negativpartikel **не** wird immer getrennt vom Verb geschrieben:

Завтра я не пойду в школу "Morgen gehe ich nicht in die Schule".

7.2 Не und Adjektive

• **Zusammenschreibung**

Mit **не** zusammengeschrieben werden:

– Wörter, die nicht ohne **не** vorkommen:
нечаянный "unbeabsichtigt, ungewollt".

– Wörter, die mit **не** beginnen und ein Synonym ohne **не** kennen:
неслабый "nicht schwach" / **сильный** "stark".

• Getrenntschreibung
Man schreibt **не** getrennt vom darauffolgenden Adjektiv:

– wenn ein Gegensatz herausgestellt wird:

Это задание не простое, а сложное "Dieser Auftrag ist nicht einfach, sondern kompliziert";

Не всякий человек сделал бы для тебя это "Nicht jeder (Mensch) würde das für dich tun."

– wenn **не** ein Merkmal des Adjektivs verneint (auch wenn das Gegenteil dabei nicht ausgedrückt wird):

Сегодня небо не синее "Heute ist der Himmel nicht blau (sondern hat eine andere Farbe)."

8. Präpositionen

Folgt ihnen ein Wort, das mit **мн**- oder **вс**- beginnt, wird an manche Präpositionen ein **о** angehängt.

Das ist der Fall bei **в** "in, nach, zu"; **из** "aus, von"; **к** "nach, zu, bei"; **над** "über"; **от** "aus, von"; **перед** "vor"; **под** "unter"; **с** "mit".

Beispiele:

во всех углах "in allen Ecken";

изо всего класса "aus der ganzen Klasse";

ко мне "zu mir";

надо мной "über mir";

ото многих "von vielen (Personen)";

передо всеми "vor allen (Personen)";

подо всеми "unter allen (Personen)";

со мной "mit mir".

Заключительный диалог – Wiederholungsdialog

1 – Обожаю отпуск!

2 Ничего не делаем, расслабляемся, ходим в сауну, а мужья наши ходят рыбачить.

3 – Да, правда, дома с работы возвращаешься поздно, потом ещё надо ужин готовить…

4 А мне бы хотелось вместо того, чтобы убирать в детской и стоять на кухне, полистать журнал,

5 посмотреть телевизор или спокойненько посидеть в баре.

6 – Ты слишком много работаешь: я даже и не в отпуске хожу в кино, в бары...

7 – Конечно, у тебя ещё нет детей, а у меня пятилетний сын и взрослая дочь.

8 И работать тебе надо меньше: тебе муж может одолжить свою новенькую машину, а у моего и своей нет.

9 – Это тоже правда, но мне муж потом постоянно говорит, что и как я должна делать:

10 «Ездить надо со скоростью 60 км/ч! Машина припаркована неудачно!»

11 А тебе никто не говорит, как надо жить.

12 – Гм... даже не знаю, что лучше.

13 Я давно сдала на права, машину сама купила, а муж всё равно смеётся над тем, как я вожу.

14 – Ну, по-моему, он только в шутках может высказать своё мнение...

15 – Надо же! ты за него!

16 – Перестань, я шучу, а ты, как всегда, обижаешься.

17 Давай-ка лучше пойдём на реку.

18 На небольшой глубине там можно увидеть рыб с восхитительной чешуёй, огромными хвостами и маленькими-маленькими плавниками.

Übersetzung

1 Ich liebe Urlaub! **2** Wir machen nichts, entspannen uns, gehen in die Sauna, und unsere Männer gehen angeln. **3** Ja, es stimmt, zu Hause kommt [man] spät von der Arbeit [heim], dann muss [man] noch das Abendessen kochen ... **4** Und anstatt das (in) Kinderzimmer aufzuräumen und in der Küche zu stehen, würde ich gerne in [einer] Zeitschrift blättern, **5** fernsehen oder ruhig in einer Bar sitzen. **6** Du arbeitest zu viel: Ich gehe sogar, wenn ich nicht im Urlaub bin, ins Kino, in Bars ... **7** Natürlich, du hast noch keine Kinder, und ich habe einen fünfjährigen Sohn und eine erwachsene Tochter. **8** Und du musst nicht so viel (weniger) arbeiten: Dein Mann kann dir sein nagelneues Auto leihen, während meiner nicht [einmal] ein eigenes hat. **9** Das stimmt auch, aber dann sagt mir mein Mann ständig, was [ich] und wie ich es zu tun habe: **10** "Man muss mit (Geschwindigkeit) 60 km/h fahren! Das Auto ist schlecht (misslungen) geparkt!" **11** Und niemand sagt dir, wie [du dein Leben] leben sollst. **12** Ähm ... Ich weiß nicht einmal, was besser ist. **13** Ich habe schon vor langer Zeit meine Führerscheinprüfung bestanden, [ich] habe mir selbst ein Auto gekauft, aber [mein] Mann lacht trotzdem darüber, wie ich fahre. **14** Nun, ich denke, er kann seine Meinung nur in Witzen ausdrücken ... **15** Da sieh mal an! Du bist [ja] auf seiner Seite (für ihn)! **16** Hör auf, ich mache nur Witze, und du bist (wie) immer [gleich] gekränkt. **17** Lass uns lieber (besser) zum Fluss gehen. **18** Im flachen Wasser (nicht-große Tiefe) kann man Fische mit herrlichen Schuppen, riesigen Schwanzflossen und klitzekleinen (klein-kleinen) Flossen sehen.

Sie begegnen immer wieder Verben, die Aspektpaare bilden, jedoch ist der Aspektunterschied im Deutschen meist nicht eindeutig wiederzugeben. Die vollendeten und unvollendeten Verben stellen womöglich eine der größten Schwierigkeiten des Russischen dar. Im nächsten Lektionsblock wollen wir uns diesem speziellen Thema widmen. Auch danach werden wir immer wieder auf dieses knifflige grammatikalische Phänomen zurückkommen, so dass Sie – ganz intuitiv und ohne es zu merken – diese Eigenheit des Russischen bald gut beherrschen.

15 Пятнадцатый урок

Российское очарование

1 Росс**и**йская Федер**а**ция – с**а**мое больш**о**е в м**и**ре госуд**а**рство, заним**а**ющее 1/9 (одн**у** дев**я**тую) с**у**ши. ①

2 Росс**и**я – госуд**а**рство со сл**о**жным администрат**и**вно-полит**и**ческим устр**о**йством.

3 По сравн**е**нию с констит**у**цией 1993 (т**ы**сяча девятьс**о**т девян**о**сто тр**е**тьего) г**о**да, согл**а**сно кот**о**рой в сост**а**в стран**ы** вход**и**ли 89 субъ**е**ктов федер**а**ции,

4 их кол**и**чество ум**е**ньшилось в связ**и** с тем, что н**е**которые из них объедин**и**лись.

5 Необъ**я**тная террит**о**рия росси**я**н нах**о**дится в 9 часов**ы**х пояс**а**х. ② ③

6 Росс**и**ю **о**чень сл**о**жно опис**а**ть и предст**а**вить, по**э**тому сов**е**туем вам пр**о**сто по**е**хать туд**а** и ув**и**деть всё сво**и**ми глаз**а**ми.

7 Как говор**и**тся, «л**у**чше од**и**н раз ув**и**деть, чем сто раз усл**ы**шать».

8 Вел**и**кий по**э**т Фёдор Т**ю**тчев пис**а**л:

ПРИМЕЧАНИЕ

① Partizipien, die auf -**ущий** (**ющий**) und -**ащий** (**ящий**) enden, behalten die Betonung ihrer Ausgangsform in der 3. Person Plural Präsens, z. B. **переживать** "sich beunruhigen", **переживают** → **переживающий**; **занимать** "beschäftigen", **занимают** → **занимающий**. Es gibt jedoch Ausnahmen: **ходить** "gehen", **ходят** → **ходящий**; **мочь** "können", **могут** → **могущий**.

15. Lektion

Russlands Charme

1 Die Russische Föderation ist der größte Staat der Welt und nimmt (einnehmend) 1/9 (ein Neuntel) der [gesamten] Landmasse ein.

2 Russland ist ein Staat mit einer komplexen administrativen [und] politischen (Verwaltungs-politisch) Struktur.

3 Verglichen (Gemäß Vergleich) mit der Verfassung von 1993, gemäß der (in Zusammensetzung) das Land aus 89 föderalen Einheiten (Subjekten) bestand,

4 hat sich ihre Anzahl verringert, da (in Verbindung mit dem, dass) einige von ihnen sich zusammengeschlossen haben.

5 Das riesige Territorium Russlands erstreckt sich über (befindet sich in) neun Zeitzonen (zeitliche Gürtel).

6 Russland ist sehr kompliziert zu beschreiben und sich vorzustellen, deshalb raten wir Ihnen, einfach hinzufahren und alles mit eigenen Augen zu sehen.

7 Wie das Sprichwort sagt (Wie sagt-sich): "Es ist besser, einmal zu sehen als hundertmal zu hören".

8 Der große Dichter Fjodor Tjuttschew schrieb:

② Das Härtezeichen wird zwar nicht oft verwendet, aber es dient speziell dazu, Silben zu trennen, damit jede Silbe deutlich ausgesprochen wird. Es trennt einen Konsonanten von einem weichen Vokal und lässt den entsprechenden Konsonanten somit hart bleiben: **субъектов** [*ßUBJEKTÅF*], **Необъятная** [*NIÅBJ***A***TNAJA*].

③ Männliche Substantive auf **-ин** verlieren dieses im Plural: **россиян**ин (Nom. Mask. Sg.), **россияне** (Nom. Mask. Pl.), **россиян** (Gen. Mask. Pl.). Die weibliche Form von **россиян**ин "Russe, Russländer" lautet **россиянка** "Russin, Russländerin", der Plural **россиянки** "Russen, Russländer". Über die "Russländer" erfahren Sie mehr in der Landeskunde.

9 «Ум**о**м Росс**и**ю не пон**я**ть,
10 Арш**и**ном **о**бщим не изм**е**рить: ④
11 У ней ос**о**бенная стать – ⑤ ⑥
12 В Росс**и**ю м**о**жно т**о**лько в**е**рить».

13 В **э**том четверост**и**шии заключ**а**ется смысл «загад**о**чной р**у**сской душ**и**». Непон**я**тно?

14 Говор**я**т, что иностр**а**нец, продел**а**вший больш**о**е турн**е** по Росс**и**и, в конц**е** своег**о** путеш**е**ствия расск**а**зывал друзь**я**м: ⑦

15 – Я побыв**а**л на Байк**а**ле… Б**о**же, **э**то так**а**я красот**и**ща! ⑧ ⑨

ПРИМЕЧАНИЕ

④ Das veraltete **аршин** (m.) bezeichnet eine Maßeinheit, die in Russland vor der Einführung des metrischen Systems verwendet wurde. Sie entsprach 0,711 Metern. Merken Sie sich dazu auch den Ausdruck **шагать аршинными шагами** "mit Riesenschritten vorankommen".

⑤ Bei **ней** handelt es sich um eine ältere Form von **неё**, die umgangssprachlich immer noch verwendet wird. Sie sollten jedoch eher **неё** gebrauchen.

⑥ Achten Sie bei Adjektiven mit den Suffixen -**енн**- und -**онн**- auf die beiden **н**: **особенный** "besonderer"; **конституционный** "Verfassungs-".

Hören Sie sich die Dialoge der Lektionen immer mehrmals an, und versuchen Sie, die Stimmen laut nachzuahmen. Gerade der ständige Wechsel von mehreren Sprechern mit ihren unterschiedlichen Sprechgewohnheiten schult besonders gut Ihr Ohr.

9 "Man kann Russland nicht mit dem Verstand begreifen, (Verstand-mit Russland nicht verstehen,)

10 Es kann nicht mit dem üblichen Maßstab gemessen werden (nicht messen):

11 Es hat einen besonderen Stil (Statur),

12 An Russland kann man nur glauben".

13 (In) diesem Vierzeiler ist die Bedeutung "der rätselhaften russischen Seele" enthalten. [Das ist] Unbegreiflich (nicht-klar)?

14 Es wird erzählt, dass ein Ausländer, (gemacht) der eine große Rundreise durch Russland gemacht hat, am Ende seiner Reise [seinen] Freunden erzählte:

15 – Ich war am Baikalsee ... [Mein] Gott, das ist so schön (Riesenschönheit)!

⑦ **проделавший** ist erneut ein Partizip Perfekt Aktiv, gebildet auf der Basis des Infinitivstamms, dem man **-вш-** sowie die Adjektivendungen **ий**, **ая**, **ее** hinzufügt: **проделать** "ausführen", **продела + вш + ий**, **ая**, **ее**.

⑧ **побывать** "herumreisen, sich umsehen" und **бывать** "sich befinden" (Satz 16) mögen zunächst ähnlich aussehen, haben aber eine unterschiedliche Bedeutung. **побывать** drückt eine einmalige Handlung aus, während **бывать** impliziert, dass die Handlung mehrmals stattgefunden hat: **Ты бывал на Кавказе? – Побывал там лишь один раз, но запомнил на всю жизнь.** "Warst du schon im Kaukasus (= hast du dich dort aufgehalten?) – Ich bin nur einmal dorthin gereist, erinnerte mich aber mein ganzes Leben daran".

⑨ **красотища** bildet man ausgehend von **красота** "Schönheit" und dem Suffix **ищ-**, das umgangssprachlich wie eine Steigerungsform – etwa wie "Riesen-" – gebraucht wird. Für männliche und neutrale Begriffe lautet das Wortende **-ище**: **дом** "Haus" → **домище** "Riesenhaus"; **письмо** "Brief" → **письмище** "besonders langer/schöner Brief". In manchen Fällen verändert das Suffix den Sinn des Wortes: **чудо** "Wunder" → **чудище** "Ungeheuer".

16 Бывал я в российской глубинке, видел шедевры деревянного зодчества рядом с ветхими домишками. ⑩ ⑪ ⑫ ⑬

17 Такого больше нигде не увидишь! Восхитительно! ⑭

18 Я посетил Петербург… Умопомрачительно: Зимний дворец, гранитные набережные Невы, Адмиралтейство!

19 – Скажите, ну а каково ваше общее впечатление от страны?

20 – Ужасающее…

ПРИМЕЧАНИЕ

⑩ **шедевр** (m.) kommt vom französischen *chef-d'œuvre* "Meisterwerk" oder "Meisterstück".

⑪ Fast alle von einem Substantiv abgeleiteten Adjektive werden mit den Suffixen **-ан** oder **-ян** – mit nur einem **н** – geschrieben: **серебряный** "silbern, aus Silber" (gebildet von **серебро** "Silber"). Es gibt jedoch drei Ausnahmen: **стеклянный** "gläsern, aus Glas" (von **стекло** "Glas"); **оловянный** "aus Zinn" (von **олово** "Zinn"); **деревянный** "hölzern, aus Holz" (von **дерево** "Holz").

⑫ In **зодчества** [*SOTSCHJEẞTWA*] ist das **д** praktisch nicht zu hören.

Первое задание: Вы понимаете эти предложения?

❶ Я не знала, что Россия – такая огромная страна! – Конечно, она занимает 1/9 суши. ❷ Никто не может сказать, в связи с чем уменьшилось количество хороших студентов в нашем университете. ❸ Честно говоря, мне сложно всё это представить. – Советую тебе поехать туда и увидеть всё своими глазами. ❹ Они побывали в российской глубинке, видели там шедевры деревянного зодчества рядом с ветхими домишками. ❺ По-моему, в этой фразе заключается смысл всей философии великого поэта.

16 Ich war in der russischen Provinz [und] habe Meisterwerke der Holzarchitektur neben baufälligen Häuschen gesehen.

17 So etwas (So mehr nirgends) wirst du sonst nirgendwo sehen! [Das ist] bewundernswert!

18 Ich besuchte St. Petersburg ... [Es ist] erstaunlich (Verblüffend): der Winterpalast, die Granitkais der Newa, die Admiralität!

19 – Sagen Sie [mir], wie ist Ihr Gesamteindruck von dem Land?

20 – Schrecklich ...

⑬ **домишко** "Häuschen" wird aus **дом** "Haus" und dem abwertenden Suffix **-ишк-** gebildet, das für männliche und neutrale Nomen verwendet wird: **бельё** "Wäsche" → **бельишко** "Wäsche in schlechtem Zustand". Für das Femininum lautet die Endung **-ёнк-**: **работа** "Arbeit" → **работёнка** "kleiner, mieser Job". Vorsicht, **ё** kann zu **о** werden: **книга** "Buch" → **книжонка** "schlechtes/uninteressantes Buch". Manchmal wird auch das Diminutivsuffix **-ичк-** verwendet, das in der Regel nichts Negatives impliziert: **вещь** "Sache" → **вещичка** "Sache ohne Bedeutung".

⑭ Eine Möglichkeit, Aspekte von Verben zu bilden, besteht darin, dem Verb ein Präfix voranzustellen. In diesem Fall ändert sich die Bedeutung des Verbs nicht. So gibt es z. B. nur eine Übersetzung für diese Verben: **видеть** (uv.) "sehen" → у**видеть** (v.) "sehen"; **делать** (uv.) "machen, tun" → с**делать** (v.) "machen, tun". Wie Sie erkennen, bleibt das Verb "intakt", lediglich das Präfix ändert sich.

Решение первого задания: Вы поняли?

❶ Ich wusste nicht, dass Russland so ein riesiges Land ist! – Natürlich, es nimmt 1/9 der Landmasse ein. ❷ Keiner kann sagen, warum (in Verbindung mit) die Zahl der guten Studenten an unserer Universität abgenommen hat. ❸ Ehrlich gesagt, es ist schwierig für mich, mir das alles vorzustellen. – Ich rate dir, dorthin zu fahren und dir alles mit eigenen Augen anzusehen. ❹ Sie besuchten die russische Provinz [und] sahen dort Meisterwerke der Holzarchitektur neben baufälligen Häuschen. ❺ Meiner Meinung nach ist in diesem Satz die Bedeutung der gesamten Philosophie des großen Dichters enthalten.

Второе задание: Вставьте пропущенные слова!

❶ Hallo, frohes neues Jahr! – Sascha, [aber] es ist [doch] noch [zu] früh ... – Hast du vergessen, wie viele Zeitzonen es in unserem Land gibt? Ich bin in Wladiwostok, bei uns hat das neue Jahr schon [angefangen]!

Алло, с ______ ______! – Саша, но ещё ______ ... – А ты ______, ______ в ______ стране ______ ______? Я __ Владивостоке, _ ___ ___ Новый ___!

❷ [Ich] muss sagen, ich habe einen schrecklichen Eindruck von ihrem Sohn ... – Oh! Und im Vergleich zu unserem ist er einfach ein ruhiges Kind!

Надо сказать, что ______________ от их _____ у меня __________ ... – О! А по __________ с ______, он – просто ______ ________!

❸ Gemäß den Regeln muss die Zusammensetzung ihrer Delegation vier Lehrer und sechs Schüler umfassen.

________ ________, в ______ __ делегации __________ ______ четверо ________ и шестеро ________.

Russländer

Vor allem im wissenschaftlichen Sprachgebrauch kommt neuerdings mit Rücksicht auf die Multiethnizität in Russland und aus Respekt vor dem Nationalgefühl der ethnischen Minderheiten der Unterscheidung zwischen "Russe" und "Russländer" eine wachsende Bedeutung zu: Während **русский** "russisch" sich auf die russische Ethnie bzw. die russische Sprache bezieht, bezeichnet man mit **россиянин/-ка** "Russländer/-in" alle Staatsbürger der **Российская Федерация** "Russischen Föderation" (kurz **Россия** "Russland"), die jedoch nicht zwingend ethnische Russen sein müssen.

❹ Erzähl [mir] bitte, wie es ist dort? – Du solltest besser selbst dorthin gehen: besser einmal sehen als hundertmal hören.

…, пожалуйста, как там? – Тебе лучше … туда … : … один раз …, чем … раз … .

❺ Wenn es dir nichts ausmacht (nicht kompliziert), beschreibe bitte die Provinz Russlands. – Ich weiß nicht einmal, wo ich anfangen soll.

Если тебе не …, …, пожалуйста, … … . – … не знаю, с … … .

Решение второго задания: Пропущенные слова.

❶ – Новым годом – рано – забыл, сколько – нашей – часовых поясов – во – у нас уже – год ❷ – впечатление – сына – ужасающее – сравнению – нашим – тихий ребёнок ❸ Согласно правилам – состав их – обязательно входят – учителей – учеников ❹ Расскажи – самому – сходить – лучше – увидеть – сто – услышать ❺ – сложно, опиши – российскую глубинку – Даже – чего начать

16 Шестнадцатый урок

Как ваше самочувствие?

1 – Сейчас мы измерим вам давление, а то вид у вас и вправду болезненный: ① ②

2 лоб испариной покрылся, подбородок трясётся, ладони потные и глаза воспалённо блестят… ③ ④

3 Дайте-ка ваше запястье, я пощупаю пульс… Так… немного учащённый. ⑤

4 Дышите, не дышите, дышите, не дышите. В лёгких хрипов нет. ⑥

ПРИМЕЧАНИЕ

① Hier sehen Sie das vollendete Verb **измерить** "messen" mit den Formen **измерю**, **измерит** usw. Unvollendet heißt es **измеряю**, **измеряет**, usw.

② Allgemein verwendet man für "krank" **больной**, doch alternativ gibt es das von **болезнь** "Krankheit" abgeleitete **болезненный** "kränkelnd, kränklich".

③ **трясётся** ist die 3. Person Präsens von **трястись** "zittern". Wie Sie erkennen können, wird hier ein **ё** eingeschoben. Beachten Sie auch die Vergangenheitsformen **трясся**, **тряслась**. Vorsicht: Dieses Verb ist im Russischen rückbezüglich.

④ **ладонь** "Handfläche" ist ein weibliches Substantiv. Wie alle Substantive auf **ь** lässt sich das Geschlecht nicht ohne Weiteres ableiten.

16. Lektion

Wie fühlen Sie sich (Wie Ihr Allgemeinzustand)?

1 – Wir werden jetzt Ihren Blutdruck messen, denn Sie sehen wirklich krank aus:

2 [Ihre] Stirn ist schweißnass (mit-Schweiß bedeckt), das Kinn zittert, die Handflächen sind schweißnass und die Augen sind entzündet (entzündet glänzen) ...

3 Geben Sie mir Ihr Handgelenk, ich fühle Ihren Puls ... Also ... [er ist] ein bisschen schnell (beschleunigt).

4 Atmen [Sie], atmen [Sie] nicht, atmen [Sie], atmen [Sie] nicht. Da ist kein Röcheln in der Lunge.

⑤ Hier nun weitere Information zu Partizipien des Perfekt Passiv. Vollendete Verben, die auf **-еть** und **-ить** enden, bilden die Partizip-Perfekt-Formen im Passiv mit dem Infinitivstamm, den Suffixen **-енн-** (bzw. **-ённ-**) und den Adjektivendungen. Die Vokale **е/и** sind dabei nicht Teil des Verbstamms und entfallen im Partizip Perfekt Passiv, während sich der Endkonsonant dabei verändert. Nehmen Sie dazu die 1. Person Singular Futur als Ausgangsbasis: **куп-ить** "kaufen", **куплю → купленный** "gekaufter, -e, -es"; **участить** "beschleunigen", **учащу → учащённый** "beschleunigter, -e, -es".

⑥ Die Konjugation der Verben wird durch den Grundvokal (**е** oder **и**) bestimmt, sofern dieser betont ist. Dies ist der Fall bei **развестись** (**разведётся**) "sich scheiden lassen" (1. Gruppe); **мычать** (**мычит**) "brüllen, muhen" (2. Gruppe). Ist die Endung hingegen unbetont, weiß man nicht, ob es sich bei dem Laut [/] um ein **и** oder ein abgeschwächtes **е** handelt. In diesem Fall bestimmt man die Konjugation des Verbs nach der Endung seines Infinitivs. So gehören die meisten Verben auf **-ить** zur 2. Gruppe (mit drei Ausnahmen, siehe Wiederholungslektion) sowie elf Ausnahmen auf **-еть** und **-ать** (alle anderen Verben mit diesen Endungen gehören zur 1. Gruppe). **Дыш**ать "atmen" ist eine dieser Ausnahmen und gehört zur 2. Gruppe: **дышу**, **дыш**ишь, **дыш**ат.

5 Откр**о**йте рот и скаж**и**те «а». Так… г**о**рло кр**а**сное, бол**и**т?

6 – Да, ос**о**бенно, когд**а** глот**а**ю.

7 – Пон**я**тно. В**ы**тяните р**у**ки пр**я**мо перед соб**о**й.

8 П**а**льцы немн**о**го дрож**а**т, да и н**о**гти как**о**го-то стр**а**нного цв**е**та. ⑦

9 – Д**о**ктор, а ещё у мен**я** в **и**крах боль и всё т**е**ло л**о**мит, все сост**а**вы бол**я**т.

10 – У вас озн**о**б, что соверш**е**нно норм**а**льно при анг**и**не.

11 П**а**льцы ног – ледян**ы**е, вы замёрзли? ⑧

12 – Да, мен**я** с**и**льно зноб**и**т.

13 – Держ**и**те гр**а**дусник, н**а**до изм**е**рить температ**у**ру. 39 и 3… непор**я**док.

14 Зн**а**чит так: посид**и**те на больн**и**чном до сред**ы**, температ**у**ру н**а**до сбить, но антиби**о**тики пок**а** проп**и**сывать не б**у**ду. ⑨ ⑩

15 Б**у**дете пить парацетам**о**л, есть мёд, полоск**а**ть г**о**рло и отдых**а**ть.

ПРИМЕЧАНИЕ

⑦ Beachten Sie die unregelmäßige Deklination von **ноготь** "Fingernagel": **ногти** (Nominativ Pl.), **ногтю** (Dativ Sg.), **ногтям** (Dativ Pl.), **ногтя** (Genitiv Sg.), **ногтей** (Genitiv Pl.), **ногтями** (Instrumental Pl.), **ногтях** (Präpositiv Pl.) usw. Umgangssprachlich wird das Wort jedoch häufig "falsch" betont.

⑧ In Lektion 15 sind wir auf die Schreibung mit einem **-н-** bei von Substantiven abgeleiteten Adjektiven eingegangen. Hier noch ein Beispiel dazu: **ледяной** "eisig, frostig" von **лёд** "Eis".

5 Öffnen Sie den Mund und sagen Sie "aaa". Also ... [Ihr] Hals ist rot, tut [er] weh?

6 – Ja, vor allem, wenn ich schlucke.

7 – Ich verstehe. (verständlich.) Strecken Sie die Arme gerade nach vorne aus.

8 Ihre Finger sind ein wenig zittrig, und Ihre Fingernägel haben eine seltsame Farbe.

9 – Herr Doktor, ich habe [auch] noch Schmerzen in den Waden und [mein] ganzer Körper tut weh, alle [meine] Gelenke tun weh.

10 – Sie haben Schüttelfrost, was bei Halsentzündung (Angina) völlig normal ist.

11 Sind [Ihre] Zehen (Finger Fuß) eisig, ist Ihnen kalt?

12 – Ja, ich bin sehr fröstelig.

13 – Halten Sie [das] Thermometer, wir müssen Ihre Temperatur messen. 39,3°... das ist nicht gut (Unordnung).

14 Sie sind also (Das-bedeutet so) bis Mittwoch krankgeschrieben, [wir] müssen das Fieber senken, aber ich werde noch keine Antibiotika verschreiben.

15 Sie werden [nur] Paracetamol einehmen (trinken), Honig essen, gurgeln (gurgeln Hals) und sich ausruhen.

⑨ Prägen Sie sich eine einfache, aber wichtige Regel ein: Es gibt kein Präfix bestehend aus dem Buchstaben **з**, dieses kann nur ein **с** sein! So z. B. bei **сделать** "machen, tun"; **сгореть** "brennen" usw. im Gegensatz zu **значить** "bedeuten"; **знать** "wissen". **З** ist also kein Präfix, sondern ein Teil des Stamms.

⑩ Das zusammengesetzte Futur aus **буду**, **будешь, будет** usw. und dem Infinitiv eines unvollendeten Verbs wird in der Umgangssprache häufig verwendet, auch im übertragenen Sinne: "möchten, wollen". Allerdings wird in Fragen das Hauptverb nicht wiederholt: **Будешь пить чай? – Да, буду**. "Willst du Tee? (Du-wirst trinken Tee?) – Ja, gerne (ich werde).": **Он будет играть с нами в футбол? – Конечно будет.** "Wird er mit uns Fußball spielen? – Natürlich wird [er das]."

16 **Е**сли не б**у**дет температ**у**ры, то м**о**жете опуск**а**ть н**о**ги в гор**я**чую в**о**ду по щ**и**колотку, добавл**я**я вот **э**тот лось**о**н. ⑪ ⑫

17 Он пригот**о**влен из трав, облад**а**ет расслабл**я**ющими и успоко**и**тельными эфф**е**ктами.

18 **О**чень непл**о**хо б**у**дет под**е**лать ингал**я**ции с **э**тими травян**ы**ми наст**о**ями.

19 А н**а**сморка у вас нет? Дав**а**йте пров**е**рим на вс**я**кий пож**а**рный сл**у**чай. ⑬

20 – Нет, дыш**у** я норм**а**льно, а вот голов**а** в виск**а**х пр**о**сто раск**а**лывается.

21 – Ну, не бед**а**, ск**о**ро начн**ё**т д**е**йствовать табл**е**тка, и вам полегч**а**ет.

Vielerorts kann man Zeitungen und Zeitschriften aus aller Herren Länder kaufen. Die meisten Tageszeitungen haben auch einen Internetauftritt. Zeitunglesen in einer fremden Sprache eignet sich als Lernhilfe vor allem für Personen, die auch in ihrer Muttersprache regelmäßig und gerne Zeitung lesen. Wenn Sie auch den Kontext nicht vollständig verstehen, so können Sie vielleicht die Passagen heraussuchen und anstreichen, die Sie bereits verstehen; das ist schon ein kleines Erfolgserlebnis!

16 Wenn [Sie] kein Fieber haben, können Sie [Ihre] Füße bis zu den Knöcheln in heißes Wasser mit dieser Lotion legen (ergänzend hier-ist dieser Lotion).

17 Sie (Er) ist aus Kräutern hergestellt und besitzt eine entspannende und beruhigende Wirkung.

18 Gut wäre (nicht-schlecht wird machen) die Inhalation mit diesen Kräutertinkturen.

19 Haben Sie nicht [auch] Schnupfen? Überprüfen wir das vorsichtshalber (auf jeden feurigen Fall).

20 – Nein, ich atme normal, aber es hämmert in meinen Schläfen (Kopf in Schläfen einfach zerbrechen).

21 – Nun, keine Sorge, die Tablette wird bald wirken und Sie werden sich besser fühlen (und Ihnen leichter-wird-sein).

ПРИМЕЧАНИЕ

⑪ Wie Sie sich vielleicht erinnern, steht nach **если** "wenn" immer das Futur. Beachten Sie auch, dass anstatt **У тебя есть температура?** "Hast du Fieber?" auch die gleichbedeutende Kurzform (ohne Verb) möglich ist: **У тебя температура?**

⑫ Beschäftigen wir uns mit der Betonung der Adverbialpartizipien. Die Adverbialpartizipien, die auf **а** oder **я** enden, haben dieselbe Betonung wie die 1. Person Singular Präsens: **добавлять** "ergänzen, hinzufügen", **добавляю** → **добавляя**; **мяукать** "miauen", **мяукаю** → **мяукая**. Bei den Verben, die auf **-вать** enden, behält das Adverbialpartizip die Betonung des Infinitivs: **давать** "geben", **даю** → **давая**. Doch einige Verben kennen unregelmäßige Formen; dazu gehören z. B. **лежать** "liegen" → **лёжа**; **сидеть** "sitzen" → **сидя** oder **стоять** "stehen" → **стоя**.

⑬ Der Ausdruck **на всякий пожарный случай** "vorsichtshalber" wird umgangssprachlich auch leicht verkürzt gebraucht: **на всякий пожарный**.

Первое задание: Вы понимаете эти предложения?

① Посидите недельку на больничном, будете отдыхать, пить лекарства и есть мёд. Скоро вам полегчает. ② Из чего приготовлен этот настой? – Из трав. Он обладает расслабляющими и успокоительными эффектами. ③ Давайте измерим давление и пощупаем пульс: у вас болезненный вид… ④ У меня горло болит, особенно, когда глотаю. – Ну-ка покажи… ну да, красное. У тебя наверное ангина. Тебе лучше сходить к врачу. ⑤ Пойдём домой. Я сильно замёрз, у меня пальцы ног ледяные, боль в икрах, и всё тело ломит.

Второе задание: Вставьте пропущенные слова!

① Hast du Fieber (Temperatur)? – Ja, fast 40. – Oh, wo ist das Thermometer? Ich werde vorsichtshalber auch [meine Temperatur] messen.

У тебя есть ____________? – Да, почти 40. – Ой, где ____________? Я тоже ________ на всякий ________.

② Sie sehen krank aus: entzündete, glänzende Augen (entzündet glänzen Augen), verschwitzte Handflächen. Geben Sie mir Ihr Handgelenk ... Na bitte: Ihr Puls ist beschleunigt.

У вас ____________ вид: воспалённо ________ глаза, потные ________. Дайте-ка ваше ________… Ну вот: ______ учащённый.

③ Was hat dir der Arzt verschrieben? Antibiotika? – Einige Tabletten, aber keine Antibiotika. Er hat auch noch gesagt, ich solle gurgeln (gurgeln Hals) und inhalieren (Inhalationen machen).

Что тебе __________ врач? Антибиотики? – Какие-то __________, но не антибиотики. А ещё он сказал, что мне надо __________ ______ и делать __________.

Решение первого задания: Вы поняли?

❶ Lassen Sie sich eine Woche krankschreiben, Sie werden sich ausruhen, Medizin nehmen (trinken) und Honig essen. Sie werden sich bald besser fühlen. ❷ Woraus ist diese Tinktur hergestellt? – Aus Kräutern. Sie hat eine entspannende und beruhigende Wirkung. ❸ Lassen Sie uns Ihren Blutdruck messen und Ihren Puls fühlen. Sie sehen krank aus ... ❹ Mein Hals tut weh, besonders beim Schlucken. – Na, zeig mal ... ja, [er ist] rot. Du hast eine Halsentzündung. Du solltest besser einen Arzt aufsuchen. ❺ Lass uns nach Hause gehen. Mir ist sehr kalt, meine Zehen sind eisig, meine Waden schmerzen, und mein ganzer Körper tut weh.

❹ Kein Röcheln in der Lunge, aber [Ihr] Fieber ist hoch. Hier ist (Sie-nehmen) Paracetamol, [Sie] werden es dreimal täglich einnehmen.

В ______ ______ нет, но температура ______. Держите ______, будете ______ три раза в день.

❺ Doktor, Ihre Tablette wirkt nicht. Mein Kopf tut immer noch weh (wehtat so und wehtut). Es ist zu (noch) [zu] früh. In 20 Minuten wird es Ihnen besser gehen (Ihnen leichter-wird-sein).

Доктор, ваша ______ не ______: у меня голова как ______, так и ______. – Ещё рано, минут через 20 вам ______.

Решение второго задания: Пропущенные слова.

❶ – температура – градусник – измерю – пожарный
❷ – болезненный – блестят – ладони – запястье – пульс –
❸ – прописал – таблетки – полоскать горло – ингаляции
❹ – лёгких хрипов – высокая – парацетамол – принимать –
❺ – таблетка – действует – болела – болит – полегчает

17 Семнадцатый урок

Добрый доктор Айболит ①

1 Доктора – профессия наиважнейшая. ②

2 Наши отношения с врачами могут быть очень разными: от слепой веры в их рецепты до усмешки по поводу их советов.

3 Вот несколько весёлых историй из жизни медиков, а также об их влиянии на нашу жизнь.

4 – Доктор, неужели моя болезнь так ужасно безнадёжна? ③ ④

5 – Напрасно вы так мрачно настроены!

6 Давайте скажем по-другому: если я вас вылечу, я стану всемирно известен! ⑤ ⑥

ПРИМЕЧАНИЕ

① **Доктор Айболит** "Doktor Aibolit" ist ein Kindergedicht von Kornei Tschukowski (1882-1969), in dem es um einen Arzt geht, der eine Tierklinik auf einer Insel eröffnet. Der Name **Айболит** ist dabei eine Lautmalerei, bestehend aus dem Ausruf **ай** "Au" und **болит** "(es) tut weh, (es) schmerzt", weshalb es auf Deutsch als "Auweh" übersetzt wird.

② **наиважнейшая** ist ein relativer Superlativ, bei dem durch das Präfix **наи-** der Sinn des absoluten Superlativs **важнейшая** erweitert wird. Abgeleitet ist dieser von **важный** "wichtig" → **важнейший** "sehr wichtig" → **наиважнейший** "wichtigster". Die Form lässt sich auch von unregelmäßigen Adjektivformen bilden: **хороший** "gut" → **лучший** "besser" → **наилучший** "bester".

③ **неужели** lässt sich mit "wirklich", "echt (wahr)" oder "ist es möglich" übersetzen und kommt speziell in Fragen oder als Interjektion vor: **Я наконец-то закончил убирать в комнате. – Неужели!** "Ich habe endlich [mein] Zimmer fertig aufgeräumt. – Ist das möglich? / Kaum zu glauben!"

17. Lektion

Guter Doktor Auweh

1 Ärzte [gehören zu einer der] wichtigsten Beruf[sgruppen].

2 Unsere Beziehung zu Ärzten kann sehr vielseitig sein: von blindem Vertrauen in ihre Verordnungen bis hin zu spöttischem Lächeln über ihre Ratschläge.

3 Hier sind einige lustige Geschichten aus dem Leben von Medizinern und (auch über) ihren Einfluss auf unser Leben.

4 – Herr Doktor, ist mein Fall (Krankheit) wirklich so furchtbar hoffnungslos?

5 – Sie müssen nicht so trübsinnig sein! (Unnötig Sie so düster Laune!)

6 Sagen wir es anders: Wenn ich Sie heile, werde ich weltberühmt!

④ Ein Adverb, wie hier **ужасно**, kann sich auch auf ein Adjektiv beziehen. Daneben kann es bekanntlich alleine stehen oder ein Verb näher bestimmen. Sehen Sie als Beispiel dazu diesen bekannten Satz, den russische Schulkinder lernen: **Как ужасно и опасно букву т писать напрасно!** "Wie furchtbar und gefährlich es ist, den Buchstaben **т** umsonst zu schreiben!"

⑤ Beachten Sie den Konsonantenwechel bei **сказать** "sagen" (v.). **з** wird in allen Formen des Futurs zu **ж**: **скажу**, **скажешь**, **скажет**, **скажем**, **скажете**, **скажут**.

⑥ **вылечить** "heilen" ist das vollendete Gegenstück zu **лечить** "heilen, behandeln". Das Präfix **вы-** drückt aus, dass die Handlung abgeschlossen ist: **Врач долго лечил его, но так и не вылечил** "Der Arzt hat ihn lange behandelt, aber er hat es nicht [geschafft], ihn zu heilen."

7 – Ну-с, как вы сл**ы**шите с н**о**вым слухов**ы**м аппар**а**том, как **у**ши? ⑦ ⑧

8 – Мн**о**го л**у**чше, д**о**ктор. Я уж**е** три р**а**за мен**я**л завещ**а**ние!

9 – Д**о**ктор, у мен**я** жив**о**т с**и**льно бол**и**т, пон**о**с и вообщ**е**, пл**о**хо мне…

10 – А что стрясл**о**сь?

11 – **Я**годок в лес**у** съел… ⑨

12 – Как**и**х **я**годок?

13 – Да как-то не разгляд**е**л…

14 – Ну, **э**то не ко мне, **э**то – к окул**и**сту.

15 – Н**е**рвное заболев**а**ние в**а**шей жен**ы** не представл**я**ет оп**а**сности.

16 С так**и**м невр**о**зом л**ю**ди жив**у**т **о**чень д**о**лго.

17 – А я, д**о**ктор, ск**о**лько протян**у** я?

18 – Как вы себ**я** ч**у**вствуете? – осм**а**тривает врач больн**о**го. ⑩

ПРИМЕЧАНИЕ

⑦ Die archaische Partikel **-с** wird sehr oft in einem ironischen Kontext verwendet oder manchmal, um Höflichkeit auszudrücken: **Ну-с, что расскажешь?** "Also, was erzählst du da?"; **Позвольте-с!** "Na erlauben Sie mal!" (wobei hier eine gewisse Unzufriedenheit oder Entrüstung zum Ausdruck kommt). Wir gehen darauf ein, damit Sie dieses Phänomen erkennen, Sie selbst sollten diese Ausdrücke jedoch nicht verwenden.

⑧ **ухо** "Ohr" (n.) bildet den Plural unregelmäßig mit dem Stamm **уш**: **уши** (Nominativ), **ушей** (Genitiv), usw.

7 – Nun, wie hören Sie mit Ihrem neuen Hörgerät, wie geht es [Ihren] Ohren?

8 – Viel besser, [Herr] Doktor. Ich habe schon dreimal mein Testament geändert!

9 – Herr Doktor, mein Bauch tut sehr weh, ich habe Durchfall und fühle mich allgemein nicht gut (und überhaupt, schlecht mir) …

10 – Was ist [denn mit Ihnen] los?

11 – Ich habe im Wald ein paar Beeren (Beerchen) gegessen …

12 – Was für (Welche) Beerchen?

13 – Nun, das habe ich nicht gut gesehen (erkannt) …

14 – Dann ist das kein Fall für mich, sondern für den Augenarzt (nicht zu mir, das-ist – zu Augenarzt).

15 – Das Nervenleiden Ihrer Frau ist nicht gefährlich (nicht stellt-dar Gefahr).

16 Mit einer solchen Neurose leben Menschen sehr lange.

17 – Und ich, Doktor, wie lange werde ich leben (wie-viel reiche ich)?

18 – Wie fühlen Sie sich? [fragt] der Arzt [und] mustert den Patienten (Kranken).

⑨ **ягодка** "Beerchen": Verkleinerungsform von **ягода** "Beere", die mithilfe des Suffixes **-ка** gebildet wird. In manchen Fällen verändert sich durch dieses Suffix der Stammendkonsonant: **книга** "Buch" → **книжка** "Büchlein". Im Russischen werden Verkleinerungsformen häufig benutzt, selbst wenn dabei nicht ausgedrückt werden soll, dass etwas besonders klein ist: **Дай, пожалуйста, сигаретку** "Gib mir bitte ein Zigarettchen."

⑩ Das erste **в** im Wort **чувствуете** wird nicht gesprochen: [*TSCHU***ß***TWUJETJE*].

19 – Гор**а**здо л**у**чше, д**о**ктор, д**у**маю, что мне помогл**о** лек**а**рство, кот**о**рое вы мне прописал**и**.

20 Я с**а**мым тщ**а**тельным **о**бразом сл**е**довал указ**а**ниям, нап**и**санным на пузырьк**е**. ⑪ ⑫

21 – А что там было нап**и**сано?

22 – «Держ**а**ть пл**о**тно закр**ы**тым». ⑬

Первое задание: Вы понимаете эти предложения?

❶ Чувствую себя гораздо лучше: помогло лекарство, которое мне прописал врач. ❷ Что это за усмешка? – По-моему, ты не совсем прав: с таким неврозом люди живут очень долго. ❸ Где же мои очки? Без них я не могу прочитать, что написано на пузырьке. ❹ У него проблемы с ушами, поэтому доктор посоветовал ему купить себе слуховой аппарат. ❺ Я к врачу: у меня болит желудок. – Чему ты удивляешься? Ты столько ешь! Тебе надо просто посидеть на диете.

Hier kommt zur Auflockerung ein kleiner Zungenbrecher, mit dem Sie die Laute **и** und **ы** trainieren können. Viel Spaß!

Мама мылом Милу мыла, Мила мыло не любила
Mama wusch Mila mit Seife, Mila mochte [die] Seife nicht.

19 – Viel besser, Herr Doktor, [ich] glaube, dass das von Ihnen verschriebene Medikament mir geholfen hat.

20 Ich habe (meiste sorgfältige Weise) die Anweisungen sorgfältig befolgt, die auf dem Fläschchen stehen.

21 – Und was stand dort?

22 – "Dicht verschlossen halten".

ПРИМЕЧАНИЕ

⑪ Sie sehen hier erneut ein Beispiel für ein Partizip Perfekt Passiv mit dem Infix **-нн-** (siehe auch Lektion 16, Anm. 5), ausgehend von **написать** "schreiben" → **написанный** "geschrieben".

⑫ Bei **пузырьке** handelt es sich um den Präpositiv (Lokativ) von **пузырёк** "Fläschchen"; der Vokal **ё** bleibt nur im Nominativ (und im Akkusativ, da es ein unbelebtes Substantiv ist) bestehen. In den anderen Formen entfällt er.

⑬ **держать** "halten" ist eine der elf Ausnahmen, von denen wir in Lektion 16 gesprochen haben. Die Endungen dieses Verbs werden im Präsens nicht betont. Somit ist es ein Sonderfall unter den Verben auf **-ать** und wird wie die Verben der sog. 2. Gruppe betont: **держу**, **держишь**, **держат**.

Решение первого задания: Вы поняли?

❶ Ich fühle mich viel besser: Das Medikament, das der Arzt mir verschrieben hat, hat mir geholfen. ❷ Was ist das für ein ironisches Lächeln? – Ich glaube, du hast nicht ganz recht: Menschen leben lange mit dieser Art von Neurose. ❸ Wo ist meine Brille? Ohne sie kann ich nicht lesen, was auf dem Fläschchen steht. ❹ Er hat Probleme mit seinen Ohren, deshalb riet ihm der Arzt, sich ein Hörgerät zu kaufen. ❺ Ich gehe zum Arzt: Mein Bauch tut weh. – Das wundert mich nicht (Warum du bist-überrascht)? Du isst so viel! Du musst einfach eine Diät machen.

Второе задание: Вставьте пропущенные слова!

❶ Herr Doktor, ist es wahr, dass meine Krankheit völlig hoffnungslos ist? – Wer hat Ihnen so einen Unsinn erzählt? Sie haben eine gewöhnliche Halsentzündung (Angina)!

Доктор, правда, что моя ________ совершенно ________ ? – Кто вам ________ такую ________ ? У вас обычная ________ !

❷ Diese Beeren sind nicht gefährlich (nicht stellen-dar Gefahr) und du hast von ihnen keinen Durchfall. Lass uns zu Dr. Iwanow gehen, er untersucht die Kranken äußerst gründlich, er wird dich schnell heilen!

Эти ________ не представляют ________ , а ________ у тебя не из-за них. Пойдём к доктору Иванову, он всегда осматривает ________ самым тщательным ________ , он тебя быстро ________ !

❸ Und das Wichtigste: Befolgen Sie die Anweisungen auf (geschrieben auf) dem Fläschchen!

А самое главное – ________ ________ , ________ на ________ !

18 Восемнадцатый урок

Яблоко от яблони недалеко падает

1 Первокл**а**ссник приш**ё**л дом**о**й из шк**о**лы гр**у**стный-гр**у**стный. ① ②

ПРИМЕЧАНИЕ

① **первоклассник** "Erstklässler" wird wie im Deutschen aus drei Elementen gebildet: **первый** "erster", **класс** "Klasse" und dem Suffix **-ник** "-ler, -ist". Die weibliche Form lautet **первоклассница**.

❹ Wie fühlst du dich? – Besser, aber jetzt habe ich starke Schmerzen in meinen Augen. Ich werde am Montag zum Augenarzt (auf Aufnahme zu Augenarzt) gehen.

Как ты себя ... ? – Лучше, но ... у меня сильная ... в ... . В понедельник пойду на ... к ... .

❺ Du bist [so] trübsinnig (düster Laune), mir scheint, du übertreibst. – Nein, ich bin Optimist, [das] weißt du [ja], ich habe das einfach alles satt (einfach mir alles das lästig)!

Ты так ... ... , мне кажется, ты преувеличиваешь. – Нет, я ... , ты же знаешь, просто мне всё это надоело!

Решение второго задания: Пропущенные слова.

❶ – болезнь – безнадёжна – сказал – ерунду – ангина ❷ – ягоды – опасности – понос – больных – образом – вылечит ❸ – следуйте указаниям, написанным – пузырьке ❹ – чувствуешь – теперь – боль – глазах – приём – окулисту ❺ – мрачно настроен – оптимист –

18. Lektion

Der Apfel fällt nicht weit vom Stamm
(Apfel von Apfelbaum nicht-weit fällt)

1 Ein Erstklässler kam ganz traurig von der Schule nach Hause (traurig-traurig).

② **грустный** [*GRrUßNÏ*]: Das **т** wird nicht gesprochen.

2 – Что, сын мой, опять двойку получил? ③

3 – Ага, скорее бы уже выйти на пенсию!

4 – Ну что ты говоришь, бери пример со своего старшего брата: ④ ⑤

5 он – труженик, всегда любил школу, хорошо учился, отлично себя вёл. ⑥

6 У него по всем предметам были только пятёрки. ⑦

7 За все эти годы ни один учитель на него не пожаловался. ⑧

8 На летних каникулах, он читал книжки, которые ему задали в школе, ⑨ ⑩

ПРИМЕЧАНИЕ

③ **двойка** "2" ist die schlechteste Note in russischen Schulen (die 1 wird so gut wie nie vergeben). Eine 3 entspricht zwar unserem "befriedigend", gilt aber trotzdem als eher schlechte Note.

④ **старшего** [*ßTARrSCHEWÅ*]: Erinnern Sie sich? Die Endung **-его** klingt immer wie [*-(J)EWÅ*].

⑤ **брать пример с** "(sich) ein Beispiel nehmen an" verlangt den Genitiv: **Не бери пример со своего брата, он сам ничего не умеет делать!** "Nimm dir kein Beispiel an deinem Bruder, er kann [ja] selbst nichts (tun)!"

⑥ Wir sind bereits auf das Suffix **-енн-** eingegangen, das in Adjektiven und Partizipien vorkommt. In Substantiven ist dies seltener der Fall. **труженик** "Arbeiter, Werktätiger" (m.) und **труженица** "Arbeiterin, Werktätige" (f.) haben z. B. nur ein **н**.

⑦ Die Präposition **по**, gefolgt vom Dativ Plural, hebt wiederkehrende Handlungen hervor. In diesem konkreten Fall geht es darum, dass immer wieder in allen Fächern die beste Note vergeben wurde.

2 – Was, mein Sohn, hast du wieder eine Vier (Zwei) bekommen?

3 – Ja, am besten gehe ich sofort in Rente (früher würde schon gehen auf Pension)!

4 – Was sagst du [da], nimm dir ein Beispiel an deinem großen Bruder:

5 Er ist ein fleißiger Mensch (Arbeitsmensch), [er] hat die Schule immer geliebt, er hat gut gelernt, er hat sich ausgezeichnet benommen ...

6 Er bekam in (auf) allen Fächern nur Einser (Fünfer).

7 In all diesen Jahren hat sich kein Lehrer (nicht ein Lehrer) über ihn beschwert.

8 In den Sommerferien las er die Bücher, die ihm in der Schule [zum Lesen] mitgegeben wurden,

⑧ Das vollendete Verb **не пожаловался** "(er) hat sich nicht beschwert" hätte auch durch die unvollendete Form **не жаловался** ersetzt werden können. Vom Sinn her würde dies jedoch einen kleinen Unterschied ausmachen: Im ersten Fall wird festgestellt, dass es bis zu einem bestimmten Zeitpunkt – den wir als Endpunkt betrachten – keine Beschwerde gab, weil die Person ihr Studium bereits beendet hat, d. h. der mögliche Zeitraum für eine Beschwerde ist somit vorbei. Im zweiten Fall ist zwar noch mit einer Beschwerde zu rechnen, es wird jedoch betont, dass diese bisher nicht erfolgt ist.

⑨ Bezeichnet die Präposition **на** die Zeitdauer, während der eine Handlung stattfindet, folgt der Präpositiv: **на прошлой неделе** "in der letzten Woche, im Laufe der letzten Woche"; **на следующий день** "am nächsten Tag".

⑩ **На летних каникулах, он читал книжки, которые ему задали в школе**: Die Zeit, in der er die Bücher gelesen hat, ist längst vorbei, denn jetzt geht er nicht mehr in die Schule. Wir könnten also auch das vollendete Verb verwenden (**прочитал** "las er ... zu Ende"), aber damit geht ein Bedeutungsunterschied einher: Mit der unvollendeten Form wird eine Gewohnheit beschrieben, während das vollendete Verb den Abschluss der Handlung betont – es gibt keine Bücher mehr zum Lesen.

9 а когд**а** расправл**я**лся со шк**о**льной програ**мм**ой, бр**а**лся за п**а**пины кн**и**ги. ⑪ ⑫

10 Уж**е** в серед**и**не **а**вгуста он начин**а**л том**и**ться в ожид**а**нии п**е**рвого сентябр**я**. ⑬

11 По**э**тому сейч**а**с он **у**чится в прест**и**жном университ**е**те на эконом**и**ческом факульт**е**те.

12 Держ**и**сь, сын**о**к, поб**о**льше прилеж**а**ния и ты т**о**же ст**а**нешь хор**о**шим ученик**о**м.

13 Терп**е**ние и труд всё перетр**у**т!

14 Да что и говор**и**ть, мы с п**а**пой т**о**же всегд**а** хорош**о** уч**и**лись.

15 Неудив**и**тельно, что у твоег**о** ст**а**ршего бр**а**та так**и**е результ**а**ты – он весь в нас! ⑭

16 Сын**о**к, а зач**е**м ты накл**е**ил на дневн**и**к фотогр**а**фию отц**а**?

17 – Когд**а** уч**и**тельница ст**а**вила мне дв**о**йку, он**а** сказ**а**ла,

18 что хот**е**ла бы посмотр**е**ть на тог**о** иди**о**та, кот**о**рый помог**а**л мне д**е**лать дом**а**шнее зад**а**ние…

ПРИМЕЧАНИЕ

⑪ **расправляться** ist unvollendet und kann mit "fertig werden", aber auch "(mit jmdm.) abrechnen" übersetzt werden.

⑫ Einige Verben kennen gänzlich unterschiedliche Formen für die beiden Aspekte. Hierzu gehören u. a. **брать** (v.) / **взять** (v.) "nehmen, ergreifen"; **браться** (uv.) / **взяться** (v.) "beginnen, an etw. herangehen" oder auch "anpacken"; **говорить** (uv.) "sprechen" / **сказать** (v.) "sagen". Wir werden noch im Detail auf alle Formen der Aspektpaare eingehen.

⑬ **середине** kann [*ßIRrIDINie*] oder [*ßRrIDINie*] ausgesprochen werden. Achten Sie bei **томиться** [*TÅMITßA*] darauf, dass die Endung trotz Weichheitszeichen [*-TßA*] gesprochen wird.

9 und wenn er mit dem Lehrplan (mit Schulprogramm) fertig war, nahm er die Bücher seines Vaters [zur Hand].

10 Bereits Mitte August begann er, sich (sich-sehnen in Erwartung) nach dem 1. September zu sehnen.

11 Deswegen studiert er jetzt an einer renommierten Universität an der Wirtschaftsfakultät.

12 Halte durch, mein Sohn, ein bisschen mehr Fleiß, und du wirst auch ein guter Schüler sein.

13 Geduld und [harte] Arbeit machen alles möglich (alles zerreiben)!

14 Was soll ich sagen, dein Vater und ich, [wir] waren auch immer gut in der Schule (immer gut lernten).

15 Kein Wunder (nicht-verwunderlich), dass dein älterer Bruder derartige Resultate [hat] – er ist genau wie wir!

16 Sohnemann, und warum hast du das Bild deines Vaters auf das Aufgabenheft (Tagebuch) geklebt?

17 – Als [meine] Lehrerin mir eine Vier gegeben hat, sagte sie,

18 dass sie den Idioten sehen wollte, der mir bei [meinen] Hausaufgaben geholfen hat …

⑭ **не** wird mit Adverbien zusammengeschrieben, die auf **-о** enden, während es bei anderen immer getrennt steht: **непонятно** "unklar, unverständlich"; **неудивительно** "nicht verwunderlich", aber **не сразу** "nicht sofort".

Первое задание: Вы понимаете эти предложения?

① Если у тебя будут хорошие результаты по всем предметам, на летних каникулах мы поедем на море. ② Хотелось бы посмотреть на того идиота, который будет помогать тебе в этом деле. ③ Послушай, сначала надо читать книжки, которые тебе задали в школе, а уж потом можешь браться за книги из папиной библиотеки. ④ Мой сын пошёл в первый класс, а его старший брат поступил в университет. – Моя младшая дочь теперь тоже первоклассница! ⑤ Очень странно: за все эти годы ты на них ни разу не пожаловалась, а вот теперь выясняется, что твои соседи такие неприятные люди…

Второе задание: Вставьте пропущенные слова!

① Sie tut sich so schwer (kompliziert) mit dem neuen Schullehrplan (schulisch Programm). Aber das [macht] nichts, Geduld und [harte] Arbeit machen alles möglich (alles zerreiben)!

Ей так ______ с новой ______ ______. Но ______, ______ и труд всё ______!

② Wonach sehnst du dich? Du hast doch Ferien. – Ich warte auf die Prüfungsergebnisse, und die [werden] erst Ende des Monats [kommen]. – Na, halte [durch]!

Ну что ты ______? У тебя же ______. – Я ______ результатов ______, а они ______ только в ______ ______. – Ну, ______!

③ Aus Solidarität werde ich jetzt auch [meine] Hausaufgabe machen. Unser Ziel sind Einser in allen Fächern!

Из ______ я тоже ______ делать ______ ______ сейчас. ______ ______ – ______ по всем ______!

Решение первого задания: Вы поняли?

① Wenn du in allen Fächern gute Leistungen (Resultate) bringst, fahren wir in den Sommerferien ans Meer. ② Ich würde gerne den Idioten sehen, der dir in dieser Angelegenheit helfen wird. ③ Schau (Hör), zuerst musst du die Bücher lesen, die dir in der Schule [zum Lesen] aufgegeben wurden, und dann kannst du anfangen, die Bücher aus Papas Bibliothek zu lesen. ④ Mein Sohn ist in die erste Klasse gegangen und sein älterer Bruder hat sich auf der Universität eingeschrieben. – Meine jüngste Tochter ist jetzt auch Erstklässlerin! ⑤ [Es ist] sehr merkwürdig: All die Jahre hast du dich nie über sie beschwert, und jetzt stellt sich heraus, dass deine Nachbarn so unangenehme Menschen sind ...

❹ Seinem Vater fehlte es in der Schule immer an Fleiß, deshalb ist es kein Wunder (nicht-verwunderlich), dass sein Sohn solche Ergebnisse hat: Der Apfel fällt nicht weit vom Stamm.

___ ___ всегда не ___ ___ в школе, поэтому ___, что у их сына такие ___: ___ от ___ недалеко ___.

❺ Ich verstehe sie nicht. Sie sollte schon in Rente gehen, aber sie arbeitet immer noch (alles arbeitet). – Sie war immer eine [harte] Arbeiterin. Selbst wenn sie im Urlaub war, dachte sie an die Arbeit ...

Не понимаю я её: ей бы уже ___ ___ ___, а она всё ___.
– Она всегда ___ ___.
Даже в ___ она думала о ___ ...

Решение второго задания: Пропущенные слова.

❶ – сложно – школьной программой – ничего, терпение – перетрут ❷ – томишься – каникулы – жду – экзаменов – будут – конце месяца – держись ❸ – солидарности – буду – домашнее задание – Наша цель – пятёрки – предметам ❹ Его отцу – хватало прилежания – неудивительно – результаты – яблоко – яблони – падает ❺ – выйти на пенсию – работает – была труженицей – отпуске – работе

Schulsystem

Russische Kinder kommen mit 6–7 Jahren in die **начальная школа** "Grundschule", die drei Jahre dauert. Die Tradition der Schultüten gibt es nicht; stattdessen überreichen die kleinen Schüler dem/der zukünftigen Klassenlehrer/in Blumen. Nach der Grundschule folgen die **основная средняя школа** "Hauptschule" und die **полная средняя школа** "Oberschule". Nach Klasse 9 werden die Leistungen staatlich geprüft; nur wer gute Noten hat, wird für die 10. und 11. Klasse zugelassen. Nach erfolgreichem Abschluss der 11. Klasse erhält man das **свидетельство об окончании средней шко-**

19 Девятнадцатый урок

Паникёр

1 – В маш**и**не д**у**шно, а вы ещ**ё** г**о**ните, мне сейч**а**с ст**а**нет д**у**рно… ①

2 Григ**о**рий, вы не могл**и** бы включ**и**ть кондицион**е**р?

3 – Так, Тать**я**на, чт**о** это ты мен**я** на «вы»?

4 Я, вр**о**де бы, ещ**ё** не так**о**й ст**а**рый!

5 – Да чт**о** вы… вы мен**я** не так п**о**няли.

6 Я ведь **э**то из уваж**е**ния к вам.

7 – Нет уж, дав**а**й на «ты». Ты уже взр**о**слая, да и кр**е**стница мне вс**ё**-таки! ② ③ ④

ПРИМЕЧАНИЕ

① **гоните** ist die 2. Person Plural von **гнать** "rasen", das auch im Sinne von "vertreiben, verjagen" gebraucht wird. Auch hierbei handelt es sich um eine Ausnahme bei den Verben auf **-ать**, da nicht die Endsilbe betont wird: **гоню**, **гонишь**, **гонят**.

② Bei der Partikel **уж** klingt ein Funken Zweifel oder Missbilligung durch: **Нет уж, спасибо! Я не хочу этим заниматься**. "Ah nein, danke! Ich möchte mich nicht damit beschäftigen" (was man mir anbietet, gefällt mir überhaupt nicht). **Ты уж точно знаешь!** "Ja klar, du weißt das!" (du hast doch keinen blassen Schimmer davon).

лы genannte Abschlusszeugnis, das in etwa unserem Abitur entspricht und den Zugang zu Fachhochschulen bzw. Universitäten ermöglicht. Jede russische Schule hat eine Nummer; die später auf allen ausbildungsrelevanten Dokumenten erscheint. Außerdem tragen viele Schulen einen Namen, der an eine berühmte Persönlichkeit erinnert. Offizieller Schulbeginn ist der 1. September, Schuljahresende der 25. Mai. Lange Zeit war die beste Schulnote eine **пять** oder **пятёрка** "fünf" und die mittlere Note eine **три** oder **тройка** "drei", aber inzwischen gibt es vielerorts auch ein Notensystem auf einer Skala bis 10 oder 20.

19. Lektion

[Der] Panikmacher

1 – Es ist stickig im Auto, und Sie rasen [auch] noch, mir wird gleich schlecht ...

2 Grigori, könnten Sie (nicht) die Klimaanlage einschalten?

3 – Also, Tatjana, warum siezt du mich (du mich auf "Sie")?

4 Ich bin (ähnlich-wie würde) noch nicht so alt!

5 – Was sagen Sie (Ja was Sie) ... Sie haben mich missverstanden (nicht so verstanden).

6 Ich habe es aus Respekt vor Ihnen [getan].

7 – Aber nein, wir sollten uns duzen (lass auf "du"). Du bist erwachsen (Du schon erwachsen), und du bist schließlich meine Patentochter (ja und Patentochter mir trotzdem)!

③ Das männliche Gegenstück zu **крестница** "Patentochter" ist **крестник** "Patensohn".

④ **всё-таки** "trotzdem, ungeachtet dessen" kann die Bedeutung einer Aussage verstärken oder einen unterschwelligen Widerspruch ausdrücken: **Таня совсем маленькая, и всё-таки она умеет читать** "Tanja ist [noch] ganz klein, trotzdem kann sie [schon] lesen".

8 – Хорош**о**, кр**ё**стный, договор**и**лись! Так что насч**ё**т кондицион**е**ра и чтоб ск**о**рость сб**а**вить? ⑤

9 – Ну, дорог**а**я мо**я**, прид**ё**тся потерп**е**ть: в мо**е**й маш**и**не так**о**го л**ю**кса нет.

10 **Е**дет – и то сл**а**ва Б**о**гу! Ну, а ск**о**рость сбр**о**шу: как говорится в посл**о**вице, т**и**ше **е**дешь, д**а**льше б**у**дешь. ⑥

11 – Ну л**а**дно, ничег**о** стр**а**шного, что нет кондицион**е**ра. А чт**о** это за стр**а**нный звук? ⑦

12 – Как**о**й звук? Ничег**о** не сл**ы**шу… ⑧

13 Чёрт возьм**и**! Сгл**а**зил: т**о**чно как**о**й-то стр**а**нный звук. ⑨

14 Вот, т**о**лько **э**того нам и не хват**а**ло!

15 Ск**о**лько раз говор**и**ла мне тво**я** т**ё**тя: давн**о** пор**а** н**о**вую маш**и**ну куп**и**ть,

ПРИМЕЧАНИЕ

⑤ Die Konsonantenkombination **сч** in **насчёт** spricht sich wie **щ** [*SCHTSCH*]: [*NASCHTSCHJOT*].

⑥ Das unvollendete Verb **ехать** ist ein sog. Bewegungsverb und kennt die Dopplung **ехать/ездить**. Es ist determiniert; somit muss mit ihm ein Ziel angegeben werden. Doch ist dies hier nicht der Fall. Warum? **Едет** drückt hier den Vorgang des Fahrens aus, und dies ist die Handlung, die betont wird. Entsprechend kann dieses Verb also auch ohne Angabe des Ziels verwendet werden: **А где Виктор? Его ещё нет? – Он звонил, сказал, что едет**. "Wo ist Viktor? Ist er noch nicht da? – Er hat angerufen und gesagt, er sei auf dem Weg (dass fährt)."

⑦ Erinnern Sie sich an die Aussprache von **-его** oder **-ого** in zahlreichen Wörtern wie **ничего** [*NITSCHIWO*] oder **страшного** [*ßTRrASCHNÅWO*]. Bekanntlich wird das **г** als [*W*] gesprochen.

8 – In Ordnung (Gut), Patenonkel, abgemacht (einigten)! [Und] was ist mit der Klimaanlage und der Geschwindigkeit (um-zu Tempo vermindern)?

9 – Nun, meine Liebe, du musst dich noch etwas gedulden (man-muss sich-gedulden): In meinem Auto gibt es diesen Luxus nicht.

10 Es fährt, Gott sei Dank! Aber, [ich] reduziere die Geschwindigkeit: Wie das Sprichwort sagt, fahre langsam (langsamer), dann kommst du (wirst) weiter.

11 – Schon gut, es ist in Ordnung (nichts furchtbar), dass es keine Klimaanlage gibt. Was ist das für ein seltsames Geräusch?

12 – Welches Geräusch? Ich höre nichts ...

13 Hol's der Teufel! (Teufel nimm!) [Das ist ja] verhext: Da ist wirklich (genau) irgendein komisches Geräusch.

14 Das hat uns gerade noch gefehlt (nur dieses uns und nicht genügte)!

15 Wie oft hat mir deine Tante schon gesagt, dass es höchste Zeit ist, ein neues Auto zu kaufen,

⑧ Hier nochmals ein Beispiel für die doppelte Verneinung: **Ничего не вижу, ничего не слышу, ничего не говорю** "Ich sehe nichts, ich höre nichts, ich sage nichts."

⑨ **Сглазил** [*SGLASÍL*]: **с** wird vor **г** stimmhaft [*S*] gesprochen. Viele Russen sind sehr abergläubisch, und somit gibt es unzählige kleine Rituale, die man vor wichtigen Ereignissen einhalten sollte. Das Verb **сглазить** "(mit dem bösen Blick) verhexen" basiert auf **глаз** "Auge". Der Ausruf **Сглазил!** wird im Sinne von "Das ist ja verhext!" oder "Was für ein Pech!" gebraucht. Ansonsten findet man auch die Floskel **Тьфу-тьфу-тьфу, чтоб не сглазить!**, die in etwa unserem "Ich klopfe auf Holz!" entspricht, und entsprechend klopft man dabei auch tatsächlich auf einen festen Untergrund – idealerweise Holz.

16 а я ей к**а**ждый раз отвеч**а**л: «Он**а** ещё д**е**сять лет про**е**здит!» ⑩

17 До**е**здились! Бр**а**во! ⑪

18 – Дядь Гриш, да не паник**у**й ты! С маш**и**ной всё в пор**я**дке. ⑫ ⑬

19 – А звук тогд**а** отк**у**да?

20 – **Э**то из твоег**о** бардачк**а**.

21 Как я188 поним**а**ю, у теб**я** там моб**и**льный завибр**и**ровал. ⑭

ПРИМЕЧАНИЕ

⑩ Das Präfix **про-** drückt aus, dass eine über einen bestimmten Zeitraum andauernde Handlung abgeschlossen wurde: **Он проговорил целый час!** "Er hat eine ganze Stunde lang geredet!"; **Бабушка прожила 92 года.** "Großmutter hat 92 Jahre lang gelebt."

⑪ **Доездились** wird ausgehend von **ездить** "fahren" (uv.) gebildet, wobei das Präfix anzeigt, dass etwas abgeschlossen bzw. das Ziel erreicht wurde: **идти** "gehen" → **дойти** "ankommen" (zu Fuß); **везти** "transportieren" → **довезти** "hinbringen".

⑫ Umgangssprachlich werden die Endungen von Eigennamen oft "verschluckt". So sagt man **мам** anstelle von **мама**, **Кать** anstelle von **Катя**, **дядь** anstelle von **дядя**, usw.

Первое задание: Вы понимаете эти предложения?

❶ На улице совсем нет ветра. Хорошо хоть кондиционер работает! ❷ Почему это вы со мной на ты? По-моему, мы с вами ни друзья и ни родня. ❸ Не паникуйте, из уважения к вам я ничего ему не скажу. – Договорились! Спасибо большое. ❹ Сбавь скорость! Ты так гонишь, что мне сейчас станет дурно. – Да, действительно, как говорится в пословице: тише едешь, дальше будешь. ❺ Не могли бы вы открыть окно? В комнате слишком душно. – Нет, не могу: мне холодно.

16 und ich antwortete ihr jedes Mal: "Es wird noch zehn Jahre fahren!"

17 Und hier sind wir nun! (ankamen!) Bravo!

18 – Onkel Grischa, keine Panik! Mit dem Auto ist alles in Ordnung.

19 – Und woher [kommt dann das] Geräusch?

20 – Es [kommt] aus deinem Handschuhfach.

21 [So] wie ich [das] sehe (verstehe), hat dort dein Mobiltelefon angefangen zu vibrieren.

⑬ **да не паникуй ты!** oder auch **не паникуй**. In der gesprochenen Sprache sind die Partikel **да** sowie das Personalpronomen am Satzende sehr üblich, da damit der Aussage mehr emotionaler Ausdruck verliehen wird. Speziell das angehängte Personalpronomen kann auch eine gewisse Gereiztheit ausdrücken: **уйди ты наконец!** "Jetzt geh schon endlich!"

⑭ Mit dem Präfix **за-** (das den Beginn einer Handlung anzeigt) kann man aus unvollendeten Verben vollendete bilden. Dabei trägt das Präfix nie die Betonung: **вибрировать** (uv.) "vibrieren" → **завибрировать** (v.) "(anfangen zu) vibrieren"; **петь** (uv.) "singen" → **запеть** (v.) "(anfangen zu) singen". Allerdings hat das Präfix nicht immer diese Bedeutung: **заходить** "hineingehen, vorbeikommen, besuchen"; **забыть** "vergessen"; **заметить** "bemerken".

Решение первого задания: Вы поняли?

❶ Draußen (Auf Straße) ist es völlig windstill. Glücklicherweise (Gut wenigstens) funktioniert die Klimaanlage! ❷ Warum duzen Sie mich (Sie mit mir auf du)? Meiner Ansicht nach sind wir weder Freunde noch [gehören wir zur selben] Familie. ❸ Keine Panik, aus Respekt vor Ihnen werde ich ihm nichts sagen. – Einverstanden! Ich danke Ihnen vielmals. ❹ Fahr langsamer! Du rast so, dass mir gleich schlecht wird. – Ja, es ist (tatsächlich) wie das Sprichwort sagt: Fahr langsam (langsamer), dann kommst du (wirst) weiter. ❺ Könnten Sie ein Fenster öffnen? Es ist zu stickig in dem Raum. – Nein, ich kann nicht. Mir ist kalt.

Второе задание: Вставьте пропущенные слова!

❶ Was hast du getan? Das hat uns [gerade noch] gefehlt!

___ ___ ___? Только ___ нам и не ___!

❷ Er scheint mir noch nicht so alt zu sein.

Он, ___ бы, ещё не ___ ___.

❸ Hörst du nichts? – Doch (Ja), ich höre irgendein seltsames Geräusch.

Ты ___ не ___?
– Да, я ___ какой-то ___ ___.

❹ Komm schon (Ja was du)! Du hast mich da missverstanden.

Да что ты! ___ ___ не так ___.

❺ Nun, mein Lieber, du musst dich [noch etwas] gedulden!

Ну, ___ мой, ___ ___!

Anredeformen

Auch die russische Sprache unterscheidet in der Anrede zwischen **ты** "du" und **вы** "Sie". Vor dem 16. Jahrhundert war die Verwendung von **ты** "du" die Norm, und auch danach blieb **вы** lange Zeit eine rein aristokratische Form. Über Jahrhunderte von fremden Sprachen beeinflusst, wurde es zunehmend auch im Russischen üblich, seinen unbekannten Gesprächspartner zu siezen, doch einige Schriftsteller stellten dies lange Zeit in Frage. Erst als die förmliche Anrede auch in den Schulen eingeführt wurde, und zwar für alle Schüler, wurde diese sprachliche Unterscheidung zwischen **ты** und **вы** in allen sozialen Bereichen zum Standard. Heutzutage werden Menschen, die man nicht kennt oder denen man mit

Решение второго задания: Пропущенные слова.

❶ Что ты сделал – этого – хватало ❷ – вроде – такой старый ❸ – ничего – слышишь – слышу – странный звук ❹ – Ты меня – поняла ❺ – дорогой – придётся потерпеть

besonderem Respekt begegnet, mit **вы** angesprochen. Hierzu gehören auch ältere Personen oder grundsätzlich Situationen, in denen ein formeller Umgang erwartet wird. Nichtsdestotrotz verfügt die russische Sprache über ein sehr breites Spektrum an Sprachregistern, die die Bedeutung oder den Wortlaut stark beeinflussen, und es sind diese Sprachebenen, die über den Grad der Höflichkeit Aufschluss geben. Mitunter kann die Verwendung der höflichen Sprachform auch eine gewisse Distanz zwischen den Gesprächspartnern schaffen oder einen spöttischen Unterton erzeugen. Der folgende Ausdruck zeigt z. B., dass man der soeben gemachten Aussage skeptisch gegenübersteht:

Да что вы говорите! "Was Sie nicht sagen!"

20 Двадцатый урок

Стратегия

1 – Тушь для ресниц, пудра для лица, тени для век, румяна для щёк, помада для губ, карандаш для бровей … ① ②

2 Зачем ты накупила так много макияжа? ③ ④

3 Ты решила открыть магазин или салон красоты? ⑤

4 – Хватит тебе хихикать.

5 У меня просто как-то сразу вся косметика закончилась, так что 8 марта – очень кстати. ⑥

6 – Неужели всё это – подарок твоего мужа?

7 Он ведь у тебя на чепуху тратить деньги не любит. ⑦

ПРИМЕЧАНИЕ

① **щека** "Wange" erhält in einigen Deklinationsformen ein **ё**, wodurch sich ab und zu auch die Betonung ändert. Im Singular liegt diese auf der letzten Silbe: **щека** (Nominativ), **щеки** (Genitiv) usw., nur im Akkusativ heißt es **щёку**. Im Plural verhält es sich hingegen wie folgt: **щёки** (Nominativ), **щёк** (Genitiv), **щекам** (Dativ), **щёки** (Akkusativ), **щеками** (Instrumental), **щеках** (Präpositiv).

② Die Wörter **тушь** "Tusche, Mascara", **тень** "Schatten" (hier im Plural: **тени**) und **бровь** "Augenbraue" sind alle im grammatikalischen Sinne weiblich.

③ **накупить** wird von **купить** "kaufen" (v.) abgeleitet und durch das Präfix **на-** ergänzt. Man kann es mit "einkaufen" übersetzen und impliziert damit eine größere Menge an Artikeln: **Она накупила карандашей на всю школу** "Sie hat Bleistifte für die ganz Schule eingekauft"; **Дети накупили дисков** "Die Kinder haben [viele] CDs eingekauft".

20. Lektion

[Die] Strategie

1 – Wimperntusche (Tusche für Wimpern), Gesichtspuder (Puder für Gesicht), Lidschatten (Schatten für Augenlieder), Rouge für [die] Wangen, Lippenstift (Pomade für Lippen), Augenbrauenstift (Bleistift für Augenbrauen) ...

2 Warum hast du so viel Make-up eingekauft?

3 Hast du beschlossen, ein Geschäft oder einen Schönheitssalon zu eröffnen?

4 – Hör auf (Reicht dir) zu kichern.

5 Irgendwie sind mir gerade (Bei mich einfach irgendwie) alle meine Kosmetika auf einmal ausgegangen (aufhörten), da kommt der 8. März gerade recht.

6 – Ist das wirklich alles ein Geschenk deines Mannes?

7 Er mag (liebt bei dich) es halt nicht, Geld für Unsinn auszugeben.

④ Das vom französischen *maquillage* stammende **макияж** "Make-Up, Schminke" wird nur im Singular verwendet, auch wenn ein Plural theoretisch möglich wäre. Dementsprechend steht nach **много** der Genitiv Singular.

⑤ Zahlreiche vollendete Verben, die auf **-ить** enden, bilden das unvollendete Aspektpendant, indem sie die Endung in **-ать** abändern, z. B.: **решить** (v.) → **решать** (uv.) "entscheiden, entschließen". Die Bedeutung des Verbs bleibt bekanntlich dieselbe: **бросить** (v.) / **бросать** (uv.) "werfen"; **вздохнуть** (v.) / **вздыхать** (uv.) "seufzen"; **хихикнуть** (v.) / **хихикать** (uv.) "kichern" usw.

⑥ **косметика** "Kosmetik" steht immer im Singular, kann aber auch mit dem kollektiven "Kosmetikartikel" (Plural) übersetzt werden.

⑦ **деньги** "Geld" kommt nur im Plural vor. Korrekterweise wird in den Fallendungen immer das **a** betont: **деньгам**, **деньгами**, **деньгах**), aber umgangssprachlich trägt auch das **e** häufig die Betonung.

8 – Ха! Я игр**а**ючи убед**и**ла ег**о**, что **э**то далек**о** (как) не чепух**а**. ⑧

9 И пот**о**м, у мен**я** сво**я** т**а**ктика.

10 – О! Под м**а**ской безоб**и**дной прост**у**шки скрыв**а**ется т**о**нкий страт**е**г!

11 Ну-ну, я шуч**у**, подел**и**сь, что же у теб**я** за т**а**ктика так**а**я…

12 – Я провел**а** в отд**е**ле маки**я**жа б**о**льше пол**у**тора час**о**в,

13 винов**а**то улыб**а**ясь и объясн**я**я м**у**жу назнач**е**ние к**а**ждого в**ы**бранного мн**о**ю предм**е**та. ⑨ ⑩

14 В как**о**й-то мом**е**нт мне д**а**же показ**а**лось, что он н**а**чал дрем**а**ть! ⑪

15 В конц**е** конц**о**в он не в**ы**держал, пл**ю**нул на всё, дал мне сво**ю** кред**и**тку и у**е**хал.

16 Вот тут-то я мин**у**т за 10 и набрал**а** всё, что ты в**и**дишь перед соб**о**й…

17 – М-да… Ты не т**о**лько кр**а**йне изобрет**а**тельна, но ещё и шустр**а**! ⑫

ПРИМЕЧАНИЕ

⑧ Das Adverbialpartizip **играючи** "spielend" kann man im übertragenen Sinne mit "einfach, leicht" oder auch "spielerisch" übersetzen.

⑨ Die Betonung der Adverbialpartizipien auf **-ясь** bei den reflexiven Verben ist dieselbe wie bei der entsprechenden Verbform in der 1. Person Singular Präsens: **улыбаюсь** "(ich) lächle" → **улыбаясь**.

8 – Ha! Ich habe ihn leicht (spielend) davon überzeugen können, dass es alles andere (weit) als Unsinn ist.

9 Außerdem (Und dann) habe ich meine eigene Taktik.

10 – Oh! Unter der Maske eines harmlosen Unschuldsengels verbirgt sich ein feinsinniger Stratege!

11 Gut, gut, ich mache [ja] nur Spaß, weih mich in deine Taktik ein (was denn bei dich für Taktik so-eine) …

12 – Ich habe über eineinhalb Stunden in der Make-up-Abteilung verbracht,

13 schuldbewusst lächelnd, und erklärte meinem Mann den Zweck jedes von mir ausgewählten Artikels.

14 In einem Moment dachte ich sogar (mir sogar schien), er würde anfangen einzunicken!

15 Schließlich (In Ende Enden) konnte er es nicht mehr ertragen, gab auf (spuckte auf alles), gab mir seine Kreditkarte und ging.

16 Naja, und dann habe ich etwa 10 Minuten gebraucht, um alles, was du hier vor dir siehst, zu bekommen …

17 – Nun ja ... Du bist nicht nur extrem einfallsreich, sondern auch fix!

⑩ Hier finden Sie weitere Beispiele für das Partizip Perfekt Passiv: **выбрать** "auswählen" → **выбранный** "ausgewählt" oder **растерять** "verlieren" → **растерянный** "verloren". Wir sind auf die Bildung dieser Partizipien mithilfe der Suffixe **-енн-** bzw. **-нн-** in den Lektionen 16 bzw. 17 eingegangen. Bekanntlich werden einige Formen auch mit **т** gebildet, z. B. **забыть** "vergessen" → **забытый** "vergessen". Welches Suffix man wann verwendet, erklären wir später im Detail.

⑪ Hier sehen wir ein weiteres Beispiel für ein Verb, bei dem ein zusätzlicher Konsonant eingeschoben wird, nämlich **л**: **дремать** "einnicken, dösen, schlummern": **дремлю**, **дремлешь**, **дремлют**.

18 Держ**у** пар**и**, ты разор**и**ла ег**о** сво**и**м под**а**рком!

19 Теб**е** не к**а**жется, что ты переборщ**и**ла?

20 – Да ну, брось. Я к себ**е** тр**е**бую вним**а**ния, но и сам**а** любл**ю** д**е**лать шик**а**рные под**а**рки.

21 Между пр**о**чим, на 23 феврал**я** я подар**и**ла ем**у** маш**и**ну!

Первое задание: Вы понимаете эти предложения?

① Что ж ты так долго? – Извини, мне надо было так много всего выбрать, а тратить деньги на чепуху я не хотела. Поэтому и долго. ② Сколько лет ты прожила в этом городе? – Около 20… А потом минут за 40 упаковала чемоданы и уехала. ③ Что за чепуха! Василий – тонкий стратег, он играючи убедит всех следовать его идеям. ④ Зачем ты накупила столько косметики? – У меня как-то сразу всё закончилось, а тут муж захотел сделать мне подарок… ⑤ Ты не мог бы объяснить мне назначение каждого купленного тобою предмета? – Думаю, ты всё равно не поймёшь.

18 Ich wette (Halte Wette), du hast ihn mit deinem Geschenk [ganz schön] ruiniert!

19 Meinst du nicht (Dir nicht scheint), dass du es [etwas] übertrieben hast?

20 – Ach, komm [schon] (wirf). Ich verlange Aufmerksamkeit für mich selbst, aber ich schenke auch gerne etwas Ausgefallenes (liebe machen schicke Geschenke).

21 Übrigens (Zwischen sonstigem), ich habe ihm zum 23. Februar ein Auto geschenkt!

ПРИМЕЧАНИЕ

⑫ Dieses Adjektiv kennt für das Maskulinum zwei mögliche Formen: **шустр** oder **шустёр** "fix, flott". Beachten Sie die unterschiedlichen Betonungen der einzelnen Formen: **шустра** (f.), **шустро** (n.). Im Plural ist **шустры** oder **шустры** möglich, wobei die erste Form die häufigere und umgangssprachlichere darstellt, obwohl **шустры** die korrekte Form ist.

Решение первого задания: Вы поняли?

① Warum [hast] du so lange [gebraucht]? – Entschuldige, ich musste unter so vielen [Dingen] auswählen (viel alles auswählen) und wollte das Geld nicht für Unsinn ausgeben. Deshalb [hat es so] lange [gedauert]. ② Wie viele Jahre hast du in dieser Stadt gelebt? – Ungefähr 20 ... Und dann habe ich in etwa 40 Minuten meine Koffer gepackt und bin abgereist. ③ Was für ein Blödsinn! Wassili ist ein feinsinniger Stratege, er kann leicht (spielend) alle überzeugen, seinen Ideen zu folgen. ④ Warum hast du so viel Make-up eingekauft? – Mir ist irgendwie auf einmal alles ausgegangen, und mein Mann wollte mir etwas schenken ... ⑤ Könntest du mir (nicht) den Zweck jedes Artikels erklären, den du gekauft hast? – Ich glaube, du würdest es sowieso nicht verstehen.

Второе задание: Вставьте пропущенные слова!

❶ Ist es möglich, dass meine Kreditkarte gestohlen wurde? Das letzte Mal, dass ich sie in der Hand hielt, war, als ich Make-up gekauft habe.

____ у меня ____ ____ ? ____ раз я ____ её в ____ , ____ покупала макияж.

❷ Sag mal (Du was), nickst du ein? – Nein, das scheint (dir) nur so, ich höre dir seit über eineinhalb Stunden sehr aufmerksam zu!

Ты что, ____ ?
– Нет, тебе ____ , я очень ____ тебя ____ уже больше полутора ____ !

❸ Nach einer dreistündigen Unterhaltung haben wir ihn [immer noch] nicht überzeugt. Schließlich konnten wir es nicht mehr ertragen, wir gaben auf (spuckten auf alles) und gingen.

После трёх часов ____ мы так и не ____ его. В конце ____ мы не ____ , ____ на всё и уехали.

❹ Kann ich Ihnen irgendwie helfen (Was kann helfen)? – Ich muss schwarze Wimperntusche, [einen] braunen Augenbrauenstift, Lippenstift, Puder und Lidschatten kaufen.

Чем могу ____ ? – Мне надо купить ____ ____ для ресниц, ____ карандаш для ____ , ____ , пудру и тени для ____ .

Jetzt sind Sie schon wieder sechs Lektionen weitergekommen. In der nächsten Lektion können Sie ein wenig wiederholen und vertiefen. Gehen Sie auch ruhig einmal zu vergangenen Lektionen zurück, und arbeiten Sie jeden Tag ein bisschen an Ihrer Aussprache.

❺ Na, warum kicherst du? Jeder hat seine eigene Taktik, und außerdem (zu dazu) bin ich extrem einfallsreich.

Ну что ты ______________ ? У каждого своя __________ , а к тому же я ________ __________________ .

Решение второго задания: Пропущенные слова.

❶ Неужели – украли мою кредитку – Последний – держала – руках, когда – ❷ – дремлешь – показалось – внимательно – слушаю – часов ❸ – разговоров – убедили – концов – выдержали, плюнули – ❹ – помочь – чёрную тушь – коричневый – бровей, помаду – век ❺ – хихикаешь – тактика – крайне изобретательна

Internationaler Frauentag

Am 8. März feiern die Russen den "Internationalen Frauentag": **Международный женский день**. Dieser Feiertag ersetzt gewissermaßen unseren Muttertag, er ist allen Ehefrauen, Müttern, Großmüttern, Töchtern und Enkeltöchtern gewidmet, denen von ihren Ehemännern, Söhnen, Klassenkameraden und Arbeitskollegen Blumen und kleine Aufmerksamkeiten geschenkt werden. In den Schulen erhalten Lehrerinnen und auch die Mädchen der Klasse kleine Geschenke. Wenn Sie an einem 8. März in Russland sind, zögern Sie nicht, zu den Frauen, denen Sie begegnen, **Поздравляю с Международным Женским Днём!** zu sagen. Männer hingegen werden am **День защитника отечества**, dem "Tag des Verteidigers des Vaterlandes", am 23. Februar gefeiert. Dieser ist ebenfalls ein Feiertag und, wie Sie sich denken können, das Äquivalent zu unserem Vatertag. Ursprünglich wurden Soldaten und Männer, die Militärdienst geleistet hatten, beglückwünscht, aber der Feiertag wurde zu einer Gelegenheit, allen Männern und Jungen Geschenke zu machen.

21 Двадцать первый урок

Повторение – Wiederholung

1. Nomen

Einige Nomen haben eine unregelmäßige Deklination oder weisen Besonderheiten bei der Betonung auf. Auf beides gehen wir regelmäßig in den Wiederholungslektionen ein. Schauen wir uns nun einige der unregelmäßigen Substantive an, die wir in den letzten Lektionen kennengelernt haben:

россиянин "Russe, Russländer" (m.), **россиянка** "Russin, Russländerin" (f.) → **россияне** (**россиянки**);

дочь "Tochter" → **дочери**; **сын** "Sohn" → **сыновья**;

имя "Vorname" → **имена** (und weitere neutrale Nomen auf **-мя** wie **время** "Zeit" und **пламя** "Flamme", auf deren Deklination wir bereits eingegangen sind).

Manche Nomen kommen nur im Singular vor:

макияж "Make-Up, Schminke"; **косметика** "Kosmetik(artikel)"; **вода** "Wasser".

Andere werden nur im Plural verwendet:

деньги "Geld"; **брюки** "Hose"; **джинсы** "Jeans"; **каникулы** "Ferien"; **очки** "Brille".

2. Adjektive

Die Schreibung des Buchstabens **н** in Adjektivsuffixen verhält sich wie folgt: Die Suffixe **-енн-** und **-онн-** werden mit zwei **н** geschrieben, während die Suffixe **-ан-** und **-ян-** mit einem **н** geschrieben werden. Es gibt jedoch drei Ausnahmen:

стеклянный "gläsern, aus Glas"; **оловянный** "Zinn-, aus Zinn"; **деревянный** "hölzern, aus Holz".

3. Bruchzahlen

Bruchzahlen werden aus einem Grundzahlwort für den Zähler und einem Ordnungszahlwort für den Nenner gebildet. Die Kardinalzahl steht für die Zahlen 1 und 2 in der weiblichen Form. Auf die Kardinalzahl 1 folgt die Ordinalzahl im Nominativ Singular Femininum; auf alle anderen Kardinalzahlen folgt der Genitiv Plural,

z. B. **одна вторая** (½), **две десятых** (2/10) usw. Beachten Sie, dass in der gesprochenen Sprache die Bruchzahlen oft ersetzt werden, z. B. **одна вторая** (½) durch **половина** "Hälfte".

Die Zahlwörter **третья** "Drittel" und **четвёртая** "Viertel" können durch **треть** und **четверть** abgekürzt werden:

две трети oder **две третьих** für "zwei Drittel (2/3)";
три четверти oder **три четвёртых** für "drei Viertel (3/4)".

Die Zahlenkombination **одна целая (и) одна вторая** (1½) wird häufig durch **полтора** (Nom. und Akk., vgl. Lektion 20) ersetzt:
полтора литра "eineinhalb Liter".

Für das Femininum verwendet man **полторы**:
полторы тарелки "eineinhalb Teller".

Sowohl bei Brüchen mit ganzen Zahlen als auch bei Dezimalzahlen wird das Wort **целая** "ganz(e)" angefügt:

одна целая одна десятая (wörtl. "eine ganze eine Zehntel"), also 1,1;

пять целых три десятых (wörtl. "fünf ganze drei Zehntel"), also 5,3 …

Die Deklination von Brüchen ist nicht sonderlich kompliziert:

Beide Teile werden nach den allgemeinen Regeln dekliniert, und das Substantiv steht immer im Genitiv Singular, z. B.

она занимает одну девятую (Akkusativ für diese beiden Wörter) **суши** (Genitiv Sg.) "Sie nimmt ein Neuntel der Landmasse ein";

он говорит о двух третях (Präpositiv für diese beiden Wörter) **яблока** (Genitiv Sg.) "Er spricht von zwei Dritteln eines Apfels".

4. Verben

4.1 1. und 2. Konjugation

Man unterscheidet zwei Konjugationsgruppen für Verben, und zwar ausgehend davon, ob der Stammvokal ein **е** – bzw. wenn er betont wird, ein **ё** – (1. Gruppe) oder ein **и** (2. Gruppe) ist:

читать "lesen", **читаешь** (1. Gruppe unbetont),
жить "leben", **живёшь** (1. Gruppe betont);
говорить "sprechen", **говорит** (2. Gruppe).

Um hingegen die nicht betonten Personalendungen korrekt zu verwenden, muss man wissen, zu welcher Konjugationsgruppe das Verb gehört. In diesem Fall definiert man es anhand der Infinitivendung. Alle Verben mit der Infinitivendung -**ить** gehören zur 2. Gruppe, mit Ausnahme von **брить** "rasieren", **брею**, **бреешь**, **бреют** und einigen weiteren.

Alle anderen Verben, die auf -**еть** oder -**ать** enden, gehören zur 1. Gruppe, mit Ausnahme von elf Verben, zu denen u. a. die Folgenden zählen:

гнать "rasen"; **вид**еть "sehen"; **держ**ать "halten";
дышать "atmen"; **ненавид**еть "hassen"; **слыш**ать "hören";
смотреть "schauen"; **терп**еть "erleiden, ertragen".

4.2 Aspektpaare

Es gibt vier verschiedene Kategorien von Aspektpaaren, die sich durch die folgenden Kriterien voneinander unterscheiden:

• Anfügen eines nicht sinntragenden Präfixes, das nur den Aspekt markiert. Hierbei handelt es sich folglich um unvollendete Verben, die ihr vollendetes Pendant mithilfe eines Präfixes bilden:

знакомиться (uv.) / **познакомиться** (v.) "kennenlernen";
ломаться (uv.) / **сломаться** (v.) "eine Panne haben";
писать (uv.) / **написать** (v.) "schreiben";
покупать (uv.) "kaufen" / **купить** (v.) "kaufen".

An dieser Stelle sei nochmals erwähnt, dass beide Verbvarianten dieselbe Bedeutung – und Übersetzung – haben. Nur in seltenen Fällen kommen kleine Bedeutungsunterschiede zwischen den einzelnen Formen vor.

• Einschub oder Wegfall eines Suffixes. Hierbei verändert sich beim Übergang des Verbs in die vollendete Variante der letzte Teil des Verbstamms:

доставать (uv.) / **достать** (v.) "herausholen, herausnehmen";
мяукать (uv.) / **мяукнуть** (v.), "miauen";
доверять (uv.) / доверить (v.) "vertrauen";
рассказывать (uv.) / **рассказать** (v.) "erzählen";
начинать (uv.) / **начать** (v.) "beginnen".

• Die unvollendete Form unterscheidet sich grundlegend von der vollendeten Form:

брать (uv.) "nehmen" / **взять** (v.) "nehmen";
говорить (uv.) "sprechen, sagen" / **сказать** (v.) "sagen";

класть (uv.) "legen, hinlegen, hineinlegen" / **положить** (v.) "legen, hinlegen, hineinlegen";
становиться (uv.) "werden" / **стать** (v.) "werden".

• Anfügen eines sinntragenden Präfixes, das die Bedeutung des vollendeten Verbs gegenüber seinem unvollendeten Pendant geringfügig verändert oder konkretisiert:

сидеть (uv.) "sitzen" / **посидеть** (v.) "sitzen (bleiben)" (auf einem Platz);

аплодировать (uv.) "applaudieren" / **зааплодировать** (v.) "(anfangen zu) applaudieren";

читать (uv.) "lesen" / **дочитать** (v.) "(zu Ende) lesen".

Kennt man die Bedeutung dieser Präfixe, kann man zahlreiche neue Verben mit unterschiedlichen Bedeutungen bilden. Wir werden noch viele Beispiele dazu sehen, speziell auch in Bezug auf die Verben der Bewegung.

5. Partizipien

5.1 Partizip Perfekt Aktiv

Diese Verbform, für die es im Deutschen keine direkte Entsprechung gibt, wird ausgehend vom Infinitivstamm + Suffix **-вш-** (wenn der Stamm auf einen Vokal endet) bzw. **-ш-** (wenn der Stamm auf einen Konsonanten endet) + den üblichen Adjektivendungen gebildet:

читать "lesen", **чита – вш → ий, ая, ее**;
терпеть "erleiden, ertragen", **терпе – вш → ий, ая, ее**;
везти "transportieren", **вёз – ш → ий, ая, ее**.

Das Partizip Präsens und das Partizip Perfekt Aktiv werden wie das Adjektiv **хороший** "gut" dekliniert.

Beachten Sie:

– Das Partizip Perfekt Aktiv von **идти** ist unregelmäßig: **шедший**, **-ая**, **-ее**.

– Bei den rückbezüglichen Verben fügt man die Partikel **ся** am Wortende, also nach den Adjektivendungen, an:
жениться "heiraten", **жени – вш → ий, ая, ее + ся**.

Weitere Informationen über das Partizip Perfekt Aktiv finden Sie im grammatikalischen Anhang dieses Buches.

5.2 Partizip Perfekt Passiv

Es wird aus dem Infinitiv und dem Suffix **-нн-** bzw. **-т-** gebildet, und zwar für das Suffix **-енн-** (**-ённ-**) auf der Basis des Verbs im Präsens. Präsens- und Perfekt-Partizipien im Passiv haben dieselbe Deklination wie harte Adjektive, z. B. **гениальный** "genial".

• Das Suffix **-нн-** wird für Verben des vollendeten Aspekts verwendet, deren Infinitivstamm (= Infinitiv ohne Endung) auf **-а** oder **-я** endet:

сказа-ть "sagen" → **сказанный** "gesagter, -e, -es";
растеря-ть "verlieren" → **растерянный** "verlorener, -e, -es".

• Das Suffix **-т-** wird für Verben des vollendeten Aspekts verwendet, deren Infinitivstamm auf einen Vokal endet, der Teil des Stamms ist, sowie für Verben, deren Infinitivstamm auf **-ну** oder **-о** endet:

закры-ть "schließen" → **закрытый** "geschlossener, -e, -es";

выну-ть "herausnehmen, herausziehen" → **вынутый** "herausgenommener, -e, -es, herausgezogener, -e, -es";

обу-ть "(Schuhe) anziehen" → **обутый** "angezogener, -e, -es";

отколо-ть "zerbrechen" → **отколотый** "zerbrochener, -e, -es".

• Das Suffix **-енн-** (**-ённ-**) wird für Verben verwendet, deren Infinitiv auf **-еть** oder **-ить** endet. Nehmen Sie die 1. Person Singular Futur des vollendeten Verbs als Ausgangsbasis:

нарушить "verstoßen, verletzen", **наруш-у** → **нарушенный** "verstoßener, -e, -es, verletzter, -e, -es";

реш-ить "beschließen", **реш-у** (Endbetonung, dadurch Einschub von **ё**) → **решённый** "beschlossener, -e, -es";

участить "beschleunigen", **учащ-у** (Endbetonung, dadurch Einschub von **ё**) → **учащённый** "beschleunigter, -e, -es".

Mehr hierzu und zu den Ausnahmen im grammatikalischen Anhang am Ende dieses Buches.

6. Präfixe

• **вы-** drückt aus, dass eine Handlung komplett abgeschlossen wurde:

Ну что, высказался? Теперь послушай меня.
"Nun, hast du fertig gesprochen? Jetzt hör mir [mal] zu."

• **до-** macht deutlich, dass eine Handlung abgeschlossen bzw. ihr Ziel erreicht wurde:

петь (uv.) "singen" → до**петь** (v.) "aufhören zu singen";

пить "trinken" → до**пить** "aufhören zu trinken, austrinken".

• **за-** verdeutlicht den Beginn einer Handlung:

дремать (uv.) "einnicken, dösen, schlummern" → **з**а**дремать** (v.) "beginnen einzunicken, einschlummern";

болеть (uv.) "krank sein" → за**болеть** (v.) "krank werden";

гавкать (uv.) "bellen" → за**гавкать** (v.) "beginnen zu bellen".

• **на-** impliziert, dass es um eine große Menge von etwas bestimmtem geht:

Зачем ты на**говорила ему столько глупостей про меня?**
"Warum hast du ihm so viel Blödsinn über mich erzählt?";

Мы на**купили еды на всю неделю.**
"Wir haben Lebensmittel für die ganze Woche gekauft".

• **про-** drückt die Vollendung einer Handlung aus, bezeichnet aber auch eine Handlung in ihrer Gesamtheit:

спать "schlafen" → про**спать** (**весь день**)
"(den ganzen Tag) durchschlafen";

читать "lesen" → про**читать** (**все романы этого автора**)
"(alle Romane dieses Autors) lesen".

Заключительный диалог – Wiederholungsdialog

1 – Я слышала, на твой день рождения тебе подарили столько косметики, что можно открывать салон красоты!

2 – Какая чепуха! Муж сделал подарок: подарил немного макияжа.

3 – Неужели ты не сама выбирала? Уверена, что он следовал твоим указаниям.

4 – Нет, он накупил всё сам: мне было дурно, поэтому я даже в магазин не поехала.

5 – Чёрт возьми! А что с тобой стряслось?

6 – Даже не знаю: болел живот, был понос… Может быть, это ягоды, которые я съела раньше.

7 – А сейчас как твоё самочувствие?

8 – Таблетка, которую мне прописал врач, начала действовать очень быстро, и мне полегчало.

9 И на всякий пожарный случай сегодня утром я выпила парацетамола.

10 Скорее бы уже выйти на пенсию! Мне кажется, я просто слишком много работаю.

11 – Яблоко от яблони недалеко падает: вся в свою мать!

12 Она тоже всё время думала о работе.

13 – Ладно, лучше о себе расскажи. Ты ведь скоро едешь в отпуск?

14 – Да, на Байкал. Мне столько о нём рассказывали, и как говорится,

15 «лучше один раз увидеть, чем сто раз услышать».

Übersetzung

1 Ich habe gehört, dass du zu deinem Geburtstag so viel Make-up bekommen hast, dass du einen Schönheitssalon eröffnen kannst (möglich öffnen Salon Schönheit)! **2** Was für ein Blödsinn! Mein Mann hat mir ein Geschenk gemacht: Er hat mir [einfach nur] etwas Make-up geschenkt. **3** [Und] du hast es wirklich nicht selbst ausgesucht? Ich bin sicher, dass er deinen Anweisungen gefolgt

22 Двадцать второй урок

Всемирная паутина ①

1 В насто**я**щее вр**е**мя Интерн**е**т стал неотъ**е**млимой ч**а**стью н**а**шей ж**и**зни. ②

ПРИМЕЧАНИЕ

① Sie treffen in dieser Lektion unvollendete Verben an (die eine andauernde bzw. wiederholt stattfindende Handlung beschreiben). Suchen Sie im Dialog die heraus, die konjugiert sind (ohne Beachtung der Partizipien oder Gerundiumsformen) und setzen Sie sie in den Infinitiv (achten Sie auf die Betonung!). Die Lösung zu dieser Übung finden Sie am Ende der Lektion.

ist. **4** Nein, er hat alles selbst eingekauft: Ich habe mich nicht gut gefühlt (mir war schlecht), also bin ich nicht einmal in den Laden gegangen. **5** Mist! Was ist mit dir passiert? **6** Ich weiß [es] nicht einmal: (Sogar nicht weiß:) Ich hatte Bauchschmerzen, ich hatte Durchfall ... Vielleicht [waren] es die Beeren, die ich vorher gegessen habe. **7** Und wie geht es dir jetzt? **8** Die Tablette, die mir der Arzt verschrieben hat, begann sehr schnell zu wirken und ich fühlte mich [schnell] besser. **9** Und ich habe heute Morgen vorsichtshalber (auf jeden feurigen Fall) Paracetamol genommen. **10** Am besten gehe ich sofort in Rente! Ich glaube, ich arbeite einfach zu viel. **11** Der Apfel fällt nicht weit vom Stamm: genau wie deine Mutter! **12** Sie hat auch immer an die Arbeit gedacht. **13** Gut, erzähl mir von dir (besser über sich erzähl). Du fährst doch bald in den Urlaub, oder? **14** Ja, zum Baikalsee. Man hat mir so viel darüber erzählt, und wie man [so schön] sagt: **15** "Es ist besser, einmal zu sehen als hundertmal zu hören".

Sie haben in diesem Lektionsblock nicht nur eine Menge nützliches und modernes Vokabular kennengelernt, sondern sich noch einmal intensiv mit den Verbaspekten beschäftigt. In der gegenwärtigen Lernphase ist es überaus wichtig, dass Sie die Bildung der Aspektformen kennen und diese analysieren können. Wichtig ist allerdings, dass Sie niemals auswendig lernen, sondern die Formen und ihre Verwendung mit der Zeit durch wiederholtes Lesen und Anwenden im Kontext assimilieren.

22. Lektion

World Wide Web (Ganz-weltlich Spinnennetz)

1 Heutzutage (In gegenwärtiger Zeit) ist das Internet ein unabdingbarer Bestandteil unseres Lebens geworden.

② **Интернет** spricht sich [*ÍNTERrNET*] und **неотъемлимой** [*NIÅTJEMLÍMÅJ*]: Beachten Sie das Härtezeichen. Bei **нашей жизни** [*NASCHEJ JÏSNÍ*] ist zu beachten, dass die Vokale nach **ш** und **ж** "hart" gesprochen werden.

2 Мы з**а**просто исп**о**льзуем Интерн**е**т, д**а**же не зад**у**мываясь о том, что ещ**ё** относ**и**тельно нед**а**вно ег**о** пр**о**сто не существов**а**ло. ③

3 Для н**е**которых Интерн**е**т явл**я**ется с**а**мым в**а**жным сред**и** друг**и**х достиж**е**ний на**у**ки и т**е**хники, а мн**о**гие покуп**а**ют компь**ю**тер в п**е**рвую **о**чередь для тог**о**, чт**о**бы п**о**льзоваться Интерн**е**том.

4 Что же так**о**е так назыв**а**емая «всем**и**рная паут**и**на»?

5 Благодар**я** Интерн**е**ту мы получ**а**ем д**о**ступ не т**о**лько к больш**о**му кол**и**честву разнообр**а**зных рес**у**рсов, но и к неогран**и**ченному объ**ё**му информ**а**ции. ④

6 Сред**и** основн**ы**х усл**у**г, предоставл**я**емых с**е**тью, переч**и**слим, так**и**е как электр**о**нная п**о**чта, пот**о**ковое мультим**е**диа, интерн**е**т-р**а**дио и интерн**е**т-телев**и**дение, ⑤

7 с**е**рверы FTP (представл**я**ющие соб**о**й файлообм**е**нную сеть, кот**о**рая обесп**е**чивает хран**е**ние и перес**ы**лку ф**а**йлов разл**и**чных т**и**пов), ⑥

8 всевозм**о**жные интерн**е**т-магаз**и**ны и интерн**е**т-аукци**о**ны, на кот**о**рых мы исп**о**льзуем электр**о**нные плат**ё**жные сист**е**мы и т.п. ⑦

ПРИМЕЧАНИЕ

③ Ein Adverbialpartizip wird, allein oder mit Bezugswörtern, vom Rest des Satzes durch Kommata abgetrennt.

④ Von **разный** "unterschiedlich, verschieden" werden weitere Adjektive abgeleitet, wobei der erste Teil von diesen immer **разно-** lautet: **разносторонний** "vielseitig, vielfältig"; **разнотипный** "verschiedenen Typs"; **разнохарактерный** "verschiedenen Charakters, wesensverschieden".

2 Wir nutzen das Internet ganz selbstverständlich (ohne-Umstände), ohne darüber nachzudenken (sogar nicht nachdenkend über das), dass es vor relativ kurzer Zeit (nicht-lange) schlichtweg noch nicht existierte.

3 Für manche ist das Internet die wichtigste unter den (anderen) Errungenschaften in Wissenschaft und Technik, und viele Menschen kaufen sich einen Computer vor allem (in erster Reihe), um das Internet zu nutzen.

4 Was ist also das sogenannte "World Wide Web"?

5 Dank des Internets haben wir (bekommen) Zugang nicht nur zu einer großen Anzahl verschiedener Ressourcen, sondern auch (aber und) zu einer unbegrenzten Menge an Informationen.

6 Zu den wichtigsten Diensten (grundlegende Dienste), die das Netz bereitstellt, zählen wir beispielsweise E-Mail (elektronische Post), Multimedia-Streaming, Internetradio und Internetfernsehen,

7 FTP-Server (ein Dateiaustausch-Netzwerk (vertretend eigene File-Wechsel Netz), das die Speicherung und Übertragung verschiedener Dateitypen ermöglicht),

8 alle möglichen Online-Shops und Online-Auktionen, bei denen wir elektronische Zahlungssysteme verwenden, usw.

⑤ In **перечислить** "aufzählen" finden sich das Präfix **пере-**, das hier eine Aufzählung ausdrückt, und die Wurzel **числ** von **число** "Zahl".

⑥ Die Abkürzung **FTP** wird wie im Englischen gesprochen [*äff-tl-pl*].

⑦ Vielleicht ist Ihnen die Abkürzung **и т.д.** (**и так далее** "und so weiter") bekannt, der oft **и т.п.** folgt (**и тому подобное**, wörtl. "und dazu dasselbe"). Die Bedeutung dieser beiden Abkürzungen ist ähnlich, aber Russen verwenden sie oft zusammen. So ergibt sich **и т.д. и т.п.**, was unserem "und so weiter und so fort" entspricht.

9 – Конечно, нельзя обойти вниманием чаты и мессенджеры, форумы, блоги и социальные сети, которые привлекают невероятное количество пользователей со всей планеты,

10 независимо от их национальной и рассовой принадлежности, возраста, рода занятий и социального статуса.

11 Если у вас есть доступ к Интернету, то значит вы заключили договор с интернет провайдером – компанией, которая позволяет вам подключиться к сети.

12 С момента подключения вы можете быть полноценным пользователем и даже создать свой сайт или блог.

13 Всю нужную информацию о том, как это делается, вы найдёте здесь же, воспользовавшись существующими поисковыми системами.

14 Вряд ли кто-нибудь не согласится с заявлением, что «всемирная паутина» – гениальное изобретение.

15 Благодаря ей мы можем найти практически любую интересующую нас информацию, получить доступ к старинным документам и важным файлам, хранящимся, быть может, на другом конце земли.

16 Многие библиотеки открывают свои архивы в режиме «онлайн», официальные сайты посольств и администраций держат нас в курсе событий и новостей. ⑧

9 – Natürlich kann man (man-darf-nicht umgehen Aufmerksamkeit) Chat[rooms] und Messenger, Foren, Blogs und soziale Netzwerke nicht ignorieren, die eine enorme Anzahl von Benutzern aus der ganzen Welt (mit ganzem Planeten) anziehen,

10 unabhängig von Nationalität, Rasse, Alter, Beruf (Art Tätigkeit) und sozialem Status.

11 Wenn Sie Zugang zum Internet haben, haben Sie einen Vertrag (das bedeutet Sie schlossen) mit einem Internet-Provider, dem Unternehmen, das Ihnen die Verbindung zum Netzwerk (Ihnen sich-anschließen zu Netzwerk) ermöglicht.

12 Einmal verbunden (Mit Moment Anschluss), können Sie ein vollwertiger Benutzer sein und sogar [Ihre] eigene Website oder einen Blog erstellen.

13 Alle benötigten Informationen dazu, wie [man] das macht, finden Sie hier über die vorhandenen Suchmaschinen (benutzend bestehende Such-Systeme).

14 Kaum jemand würde der Aussage widersprechen (nicht einverstanden-ist mit Aussage), dass das "World Wide Web" eine geniale Erfindung ist.

15 Dank seiner (ihr) können wir praktisch jede Information, die für uns von Interesse ist, finden und haben Zugriff auf (bekommen Zugang zu) alte Dokumente und wichtige Dateien (Files), die vielleicht auf der anderen Seite der Welt gespeichert sind.

16 Viele Bibliotheken öffnen ihre Archive online (in Betrieb online) [und] offizielle Webseiten von Botschaften und Verwaltungen halten uns über Veranstaltungen (Ereignisse) und Neuigkeiten auf dem Laufenden (in Kurs).

ПРИМЕЧАНИЕ

⑧ Da es sich bei **онлáйн** um ein englisches Lehnwort handelt, wird das **о** als [*O*] und nicht als [*Å*] gesprochen, obwohl es nicht betont ist: [*ONL**A**JN*].

17 Несмотр**я** на все бл**а**га, кот**о**рые д**а**рит нам мир Интерн**е**та, есть и негат**и**вные посл**е**дствия ег**о** чрезм**е**рного прис**у**тствия в н**а**шей ж**и**зни: ⑨ ⑩

18 вас не обойдёт сторон**о**й интерн**е**т-рекл**а**ма, прис**у**тствующая повсем**е**стно на люб**о**м с**а**йте и иногд**а** попад**а**ющая в расс**ы**лку на в**а**шу персон**а**льную электр**о**нную п**о**чту. ⑪ ⑫

19 Под**о**бную нежел**а**емую информ**а**цию мы назыв**а**ем сл**о**вом спам, приш**е**дшим в р**у**сский из англ**и**йского язык**а**.

20 Ко всем**у** пр**о**чему, всё ч**а**ще и ч**а**ще мы сл**ы**шим об интерн**е**т-зав**и**симости, ос**о**бенно сред**и** дет**е**й и подр**о**стков, ⑬

21 а т**а**кже о невозм**о**жности контр**о**ля над информ**а**цией, наход**я**щейся в сет**и**. ⑭

ПРИМЕЧАНИЕ

⑨ Verwechseln Sie **несмотря на** "trotz" nicht mit dem Adverbialpartizip **смотря** "schauend, sehend", bei der **не** separat geschrieben wird. Vergleichen Sie: **несмотря на его статус** "trotz seines Status", aber **Не смотря ни на кого, он вошёл в комнату** "Ohne jemanden anzusehen (nicht schauend), betrat er den Raum".

⑩ Das neutrale Substantiv **благо** hat verschiedene Bedeutungen, je nachdem, ob man es im Singular oder Plural verwendet. **Благо** "Wohl, Nutzen" (Singular), **блага** "Güter, Wohltaten". Vergleichen Sie: **для общего блага** "für das allgemeine Wohl"; **на благо кого-либо** "für das Wohl von jemandem"; **ни за какие блага в мире** "für nichts auf der Welt" (wörtl. "nicht für welche Güter in Welt"); **всех благ!** "Viel Glück!" (wörtl. "alle Wohltaten").

17 Trotz aller Güter (Trotz auf alle Wohltaten), die uns die Internet-Welt bietet (gibt), gibt es negative Folgen ihrer übermäßigen Präsenz in unserem Leben:

18 Sie werden nicht (Ihnen nicht) die Online-Werbung umgehen [können], die überall auf jeder Website vorhanden ist und manchmal auch im Verteiler unserer persönlichen E-Mail (elektronische Post) erscheint.

19 Wir nennen solche unerwünschten Informationen Spam (Wort Spam), [ein Wort] das aus dem Englischen ins Russische gekommen ist.

20 Darüber hinaus hören wir immer häufiger (Zu allem Rest, alles öfter und öfter) von Internetsucht, insbesondere bei Kindern und Jugendlichen,

21 sowie (und auch) von der (über) Unmöglichkeit, die Informationen im Netz zu kontrollieren.

⑪ Das Verb **обойти** "umgehen, übergehen" kommt in zahlreichen Kombinationen vor, von denen wir noch einige kennenlernen werden. Merken Sie sich vorerst **обойти вниманием** "ignorieren"; **обойти стороной** "umgehen" und **обойти молчанием** "über etw. hinweggehen, vertuschen".

⑫ In **повсеместно** [*PÅFßİMJEßNÅ*] wird das **т** nicht gesprochen.

⑬ Steht **Интернет** "Internet" mit einem weiteren Substantiv, wird es mit diesem durch einen Bindestrich verbunden und klein geschrieben: **интернет-радио**, **интернет-телевидение** (Satz 6), **интернет-магазины**, **интернет-аукционы** (Satz 8), **интернет-реклама** (Satz 18) und **интернет-зависимость** (Satz 20). Steht es hingegen ohne Bindestrich, wird es stets groß geschrieben.

⑭ Vorsicht bei der Betonung von **сеть** "Netz" (f.): **сети** (Genitiv, Dativ Sg.), **(в) сети** aber **(о) сети** (Lokativ Sg.), **сети** (Nominativ Pl.), **сетей** (Genitiv Pl.), **сетям** (Dativ Pl.), **сетями** (Instrumental Pl.), **(в) сетях** (Lokativ Pl.).

22 Все **э**ти противореч**и**вые асп**е**кты заставл**я**ют нас серьёзно зад**у**маться над тем, чьей должн**а** стать ф**у**нкция контр**о**ля над информаци**о**нным пот**о**ком. ⑮

23 Должн**о** ли госуд**а**рство вм**е**шиваться в обм**е**н информ**а**ции на с**а**йтах и контрол**и**ровать её распростран**е**ние

24 или же **э**то надлеж**и**т д**е**лать род**и**телям, стрем**я**щимся оград**и**ть сво**и**х чад от п**а**губного вли**я**ния н**е**которых информаци**о**нных рес**у**рсов? ⑯

Первое задание: Вы понимаете эти предложения?

① Несмотря на ваш род занятий и социальный статус, вам нужно серьёзно задуматься над этой проблемой. ② Независимо от того, заключила она договор с интернет-провайдером или нет, она не сможет подключиться к нашей сети. ③ Ты умеешь пользоваться Интернетом? – Конечно, я для этого и компьютер купил. ④ Для моей работы я использовал архивы английской библиотеки, которая открыла их в режиме «онлайн». ⑤ Я был на официальном сайте посольства, но не нашёл интересующей меня информации. – Тебе надо было посмотреть в «событиях и новостях».

22 All diese widersprüchlichen Aspekte veranlassen uns dazu, ernsthaft darüber nachzudenken, wessen Aufgabe es sein sollte (wessen muss werden Funktion), die Informationsflut zu kontrollieren.

23 Sollte sich der Staat in den Austausch [von] Informationen auf Websites einmischen und deren Verbreitung kontrollieren,

24 oder obliegt es den Eltern, dass wir unsere Kinder vor den schädlichen Einflüssen bestimmter Informationsquellen schützen (wir-streben schützen eigene Kinder von ... informativen Ressourcen)?

ПРИМЕЧАНИЕ

⑮ **чьей** "wessen" ist das weibliche Interrogativ- bzw. Possessivadjektiv im Instrumental (s. a. Lektion 7, Kapitel 3). Wir gehen in der Wiederholungslektion näher darauf ein.

⑯ **чадо** ist ein sehr altes Wort für "Kind". Heutzutage wird es oft in einem ironischen Sinne verwendet.

Решение первого задания: Вы поняли?

❶ Trotz Ihres Berufs (Art Tätigkeit) und Ihres sozialen Status müssen Sie ernsthaft über dieses Problem nachdenken. ❷ Unabhängig davon, ob sie einen Vertrag mit einem Internet-Provider hat oder nicht, wird sie keine Verbindung zu unserem Netzwerk herstellen können. ❸ Weißt du, wie man das Internet benutzt? – Natürlich, dafür habe ich [ja] den Computer gekauft. ❹ Für meine Arbeit habe ich die Archive einer englischen Bibliothek genutzt, die sie online gestellt hat (öffnete sie in Betrieb online). ❺ Ich war auf der offiziellen Website der Botschaft, aber ich fand die Informationen, die mich interessieren (interessierend mich Informationen) nicht. – Du hättest unter (in) "Veranstaltungen und Neuigkeiten" nachsehen sollen.

Второе задание: Вставьте пропущенные слова!

1. Seit (Mit Moment) mein Sohn mit dem Internet verbunden ist, verbringt [er seine] ganze Zeit am Computer ... – Und du versuchst natürlich das Kind vor dem schädlichen Einfluss des Internets zu schützen?

   С момента _______ к _______ мой сын всё время _______ у компьютера… – А ты, конечно же, _______ _______ своё _______ от пагубного _______ Интернета?

2. Sie nehmen meine Dienste einfach in Anspruch, ohne darüber nachzudenken (sogar nicht denkend), dass Sie noch vor relativ kurzer Zeit (nicht-lange) sagten, Sie wollten meine Hilfe nicht.

   Вы _______ _______ моими _______ , даже не _______ о том, что ещё _______ недавно вы говорили, что не хотите моей _______ .

3. Ihr Blog zieht eine enorme Anzahl von Nutzern an. Auch ich werde mich mit dem Internet verbinden und meinen eigenen Blog starten!

   Их блог _______ _______ количество _______ . Я тоже _______ _______ Интернету и _______ _______ блог!

Vergessen Sie nicht, sich auch regelmäßig mit den russischen Zahlen zu beschäftigen. Anhand der Seitenzahlen können Sie sich hervorragend mit den Kardinalzahlen und anhand der Lektionsnummern mit den Ordinalzahlen vertraut machen.

❹ Ich liebe alle Arten von Online-Shops und Online-Auktionen. – Und wie bezahlst du diese? – Ganz einfach: Ich nutze elektronische Zahlungssysteme.

.... интернет-........ и интернет-......... . – А как ты ... них ....? – Очень просто: .... электронные .... системы.

❺ Auch wenn (Trotz auf das) das World Wide Web eine geniale Erfindung ist, müssen wir über die negativen Folgen seiner übermäßigen Präsenz in unserem Leben nachdenken.

.... на то, что «всемирная ....» – гениальное ...., необходимо .... о негативных .... её чрезмерного .... в нашей ....

Решение второго задания: Пропущенные слова.

❶ – подключения – сети – проводит – пытаешься оградить – чадо – влияния – ❷ – запросто пользуетесь – услугами – задумываясь – относительно – помощи ❸ – привлекает невероятное – пользователей – подключюсь к – создам свой – ❹ Обожаю всевозможные – магазины – аукционы – на – платишь – использую – платёжные – ❺ Несмотря – паутина – изобретение – задуматься – последствиях – присутствия – жизни

Hier die unvollendeten Verben dieser Lektion, in der Reihenfolge ihres Auftretens:

Испóльзовать, **задýмываться**, **существовáть**, **являться**, **покупáть**, **пóльзоваться**, **получáть**, **обеспéчивать**, **испóльзовать**, **привлекáть**, **знáчить**, **позволя́ть**, **мочь**, **быть**, **дéлаться**, **назывáть**, **открывáть**, **держáть**, **говори́ть**, **заставля́ть**, **вмéшиваться**, **контроли́ровать**, **надлежáть**, **дéлать**.

LEKTION 22

23 Двадцать третий урок

Электронка ①

1 Сидит психиатр в кабинете, скучает.

2 Часы как будто остановились: стрелка по циферблату еле ползёт.

3 День выдался тихий, спокойный, пациентов нет, никаких чп. ②

4 Он уже и на столе убрал и расписание пять раз проверил.

5 Компьютер, опять же, ещё не подключили… скукотища!

6 Тут тихонько так открывается дверь, и в кабинет заползает человек,

7 сжимая какой-то провод в зубах, да ещё сзади что-то за ним волочится. ③

8 Доктор радуется:

9 – Ой, кто это к нам пришёл!

ПРИМЕЧАНИЕ

① **Электронка** "E-Mail" ist die umgangssprachliche Kurzform von **электронная почта** "elektronische Post".

② **чп**: Abkürzung von **чрезвычайное происшествие** "außergewöhnlicher Vorfall". **чп** spricht sich [*TSCHIPE*] oder auch wie die Namen der Buchstaben: [*TSCHIJEPE*].

③ **волочится** kann [*WÅLÅTSCHİTßA*] oder [*WÅLOTSCHİTßA*] gesprochen werden.

E-Mail

1 Der Psychiater sitzt im Büro [und] langweilt sich.

2 Die Uhr scheint stehen geblieben zu sein (wie als-ob blieben-stehen): Der Zeiger auf dem Zifferblatt bewegt sich (kriecht) kaum.

3 Es war (wurde herausgegeben) ein ruhiger, friedlicher Tag, keine Patienten, keine Notfälle.

4 Er hat bereits auf seinem Schreibtisch aufgeräumt und den Terminplan fünfmal überprüft.

5 Der Computer ist allerdings noch (wieder das, noch) nicht angeschlossen ... [ganz schön] langweilig!

6 Und dann, ganz leise (Hier ganz-leise so), öffnet sich die Tür und ein Mann kriecht ins Büro herein,

7 der einen Draht zwischen den Zähnen eingeklemmt hat und etwas hinter (ja noch hinter) sich her schleift.

8 Der Arzt freut sich:

9 – Oh, wer ist denn da bei uns (zu uns)!

In der vorherigen Lektion haben Sie die unvollendeten Verben herausgesucht, die eine andauernde bzw. wiederholt ausgeführte Handlung beschreiben. In dieser Lektion verstecken sich nun drei Verben im Imperativ: ein unvollendetes und zwei vollendete. Suchen Sie diese heraus und notieren Sie bei allen die Infinitivform mit der Betonung. Die Lösung zu dieser Übung finden Sie am Ende der Lektion.

10 Ты, нав**е**рно, зм**е**йка? Заполз**а**й, зм**е**йка, на стул, поговор**и** с д**я**дей, д**я**дя теб**е** пом**о**жет. ④ ⑤

11 Челов**е**к отриц**а**тельно кач**а**ет голов**о**й.

12 – А-а, так ты, нав**е**рно, череп**а**шка, в г**о**сти к нам пож**а**ловал? ⑥

13 Заполз**а**й-ка, череп**а**шка, на стул, расскаж**и** д**я**де д**о**ктору, что у теб**я** случ**и**лось.

14 Челов**е**к оп**я**ть голов**о**й мот**а**ет и д**а**льше полз**ё**т.

15 – Так кто же **э**то у нас? Нав**е**рное, м**а**ленький червяч**о**к? ⑦

16 Челов**е**к, в**ы**тащив к**а**бель изо рт**а**: ⑧

17 – Д**о**ктор, я – сист**е**мный администр**а**тор, я вам сеть пришёл прокл**а**дывать…

18 Практ**и**чески все кл**и**ники теп**е**рь оснащен**ы** совр**е**менной т**е**хникой и раб**о**тают с разл**и**чными компь**ю**терными сист**е**мами.

ПРИМЕЧАНИЕ

④ Das unvollendete Verb **заползать** hat zwei leicht unterschiedliche Bedeutungen (Sätze 6 und 10). In beiden Fällen wird es auf dieselbe Weise gebildet: Präfix **за-** + **ползать** "kriechen". Es ist die dem Verb folgende Präposition, die seine Bedeutung verändert: In Satz 6, gefolgt von **в**, bezeichnet es die Bewegung nach innen; in Satz 10, mit **на**, bedeutet es "hochkriechen". In beiden Fällen handelt es sich um ein Verb der Bewegung, weshalb nach den Präpositionen der Akkusativ steht.

⑤ Kinder nennen Erwachsene – auch unbekannte – oft **дядя** "Onkel" oder **тётя** "Tante" bzw. Erwachsene sprechen mitunter selbst so von sich.

10 Du bist wohl eine kleine Schlange? Krieche auf den Stuhl, [du] kleine Schlange, sprich mit dem Onkel, der Onkel wird dir helfen.

11 Der Mann schüttelt verneinend den Kopf.

12 – Ah, dann bist du also eine kleine Schildkröte, die uns besuchen (in Gast zu uns) kommt?

13 Kriech auf den Stuhl, kleine Schildkröte und erzähl dem Onkel Doktor, was los ist (was bei dich geschah).

14 Der Mann schüttelt wieder den Kopf und kriecht weiter (weiter-weg kriecht).

15 – Ja wer ist denn [da] bei uns? Wahrscheinlich ein kleines Würmchen?

16 Der Mann [sagt, während] er das Kabel aus [seinem] Mund nimmt:

17 – [Herr] Doktor, ich bin ein EDV-Spezialist (System-Administrator), ich bin gekommen, um Ihr Netzwerk einzurichten (Ihnen Netz kam anlegen) ...

18 Fast alle Kliniken sind heute mit moderner Technik ausgestattet und arbeiten mit verschiedenen Computersystemen.

⑥ Sie kennen bereits das weibliche Diminutivsuffix **к-** und wissen, dass sich aufgrund derartiger Suffixe mitunter der letzte Buchstabe des Wortstamms ändert: **змея** "Schlange" → **змейка** "kleine Schlange"; **черепаха** "Schildkröte" → **черепашка** "kleine Schildkröte".

⑦ Hier sehen Sie wieder einen Konsonantenwechsel in einem Wortstamm, verursacht durch das maskuline Diminutivsuffix: **червяк** "Wurm" → **червячок** "kleiner Wurm, Würmchen".

⑧ Die Präposition **из** "aus, von" wird vor bestimmten Konsonantenkombinationen zu **изо**: **изо рта** "aus dem Mund"; **изо всех стран** "aus allen Ländern"; **скульптура изо льда** "eine Skulptur aus Eis". Diese Präposition wird übrigens nicht betont.

19 У н**е**которых врач**е**й есть свой **а**дрес электр**о**нной п**о**чты, что сущ**е**ственно облегч**а**ет обм**е**н информ**а**цией с паци**е**нтами. ⑨ ⑩

20 Посм**о**трим, как устр**о**ен электр**о**нный почт**о**вый **я**щик.

21 В нём есть н**е**сколько станд**а**ртных разд**е**лов, так назыв**а**емых «п**а**пок»: вход**я**щие, черновик**и**, отпр**а**вленные, спам, корз**и**на. ⑪

22 При жел**а**нии м**о**жно д**а**же созд**а**ть дополн**и**тельные л**и**чные п**а**пки, назв**а**ние кот**о**рым даётся сам**и**м п**о**льзователем. ⑫

ПРИМЕЧАНИЕ

⑨ Denken Sie daran, dass nach Zischlauten beim Genitiv Plural maskuliner Substantive die Endung **-ей** lautet: **врачей**, **мужей** usw.

⑩ Achten Sie bei **пациентов** [*PATßJÄNTÅF*] (Satz 2) und **пациентами** [*PATßJÄNTAMÍ*] in diesem Satz darauf, dass **е** hier wie **э** [*Ä*] klingt.

19 Einige Ärzte haben ihre eigene E-Mail-Adresse (Adresse elektronische Post), was den Informationsaustausch mit Patienten erheblich erleichtert.

20 Schauen wir uns an, wie [so ein] E-Mail-Postfach (elektronischer postalischer Kasten) aufgebaut ist.

21 Darin (In ihm) gibt es mehrere Standardbereiche, die sogenannten "Ordner": Posteingang, Entwürfe, Gesendet, Spam, Papierkorb.

22 Auf Wunsch ist es sogar möglich, zusätzliche persönliche Ordner anzulegen, die vom Benutzer benannt werden [können] (Titel welche gibt-sich eigene Benutzer-durch).

⑪ Bei **входящие** und **отправленные** schwingt immer **письма** "Briefe" mit, denn es geht um die empfangene und gesendete Post. Diese Substantive werden jeweils aus den Verben **входить** "eintreten, eintreffen" und **отправить** "schicken" gebildet.

⑫ Relativsätze mit **который** sind bekanntlich sehr häufig. **Который** bezieht sich auf ein Substantiv im Hauptsatz (oder ersetzt dieses) und stimmt mit ihm in Genus, Kasus und Numerus überein. Hier ersetzt **которым** das Nomen **папки** des Hauptsatzes.

Die im Imperativ vorkommenden Verben dieser Lektion sind:

Unvollendeter Aspekt: **заползáй – заползáть**.

Vollendeter Aspekt: **поговори́ – поговори́ть**;
расскажи́ – рассказáть.

Beachten Sie, dass für den Imperativ sowohl der unvollendete als auch der vollendete Aspekt verwendet werden kann.

Первое задание: Вы понимаете эти предложения?

① Дай, пожалуйста, названия своим «папкам» в электронном ящике, а то я ничего не понимаю и не могу найти нужную мне информацию. ② При желании ты и сам создашь себе новый электронный почтовый ящик, там работы на пять минут! ③ Не могли бы вы продиктовать мне названия разделов этой книги? – Давайте я лучше отправлю их вам по электронной почте. ④ Совсем скоро у меня будет Интернет, мне просто ещё не подключили компьютер. ⑤ День выдался тихий, в клинике сегодня никого; пока нет никаких чп, убери на столе и проверь расписание.

Второе задание: Вставьте пропущенные слова!

① Ist mit deinem E-Mail[-Postfach] alles in Ordnung? Ich habe dir ein paar E-Mails geschickt, aber sie kamen alle zu mir zurück.

У тебя ___ ___ ___ всё в порядке? Я послала тебе ___ ___, но они все ___ ко ___.

② Es ist so langweilig! (Was-für-eine Langeweile!) Es gibt nichts zu tun, und es ist, als wäre die Uhr stehen geblieben, der Zeiger auf dem Zifferblatt bewegt sich (kriecht) kaum noch.

Какая ___! ___ заняться, и часы как будто ___: ___ по ___ еле ___.

③ Der EDV-Spezialist (System-Administrator) sollte schon (noch) gestern zu uns kommen, um das Netzwerk einzurichten, aber ist etwas dazwischengekommen, sodass er erst nächste Woche [kommen] kann.

К нам ___ был прийти ___ администратор ___ ___ ещё вчера, но у него что-то ___, ___ он сможет только на ___ неделе.

Решение первого задания: Вы поняли?

❶ Gib bitte deinen "Ordnern" im E-Mail-Postfach Namen, sonst verstehe ich nichts und kann die von mir benötigten Informationen nicht finden. ❷ Auf Wunsch kannst du selbst ein neues E-Mail-Postfach anlegen, das ist eine Sache (dort Arbeit) von fünf Minuten! ❸ Könnten Sie mir bitte die Kapitelüberschriften (Titel Aufteilungen) dieses Buches diktieren? – Lassen Sie sie mich Ihnen besser (Geben ich besser werde-schicken) per E-Mail schicken. ❹ Ich werde sehr bald Internet haben, man hat mir nur meinen Computer noch nicht angeschlossen. ❺ Es ist (wurde herausgegeben) ein ruhiger Tag, heute ist niemand in der Klinik; solange es keine Notfälle gibt, räume auf [deinem] Schreibtisch auf und überprüfe den Terminplan.

❹ Schreib mir eine E-Mail, das geht schneller als die normale Post und man muss auch keine Briefmarke kaufen!

______ мне ______, так ______ быстрее, ___ по ______ ______, да и марку не надо ______!

❺ Du hast so viele "Ordner" in deinem Postfach: Posteingang, Entwürfe, Spam, Arbeit, Freunde, Gesendet, Papierkorb ... Bringst du die nicht durcheinander?

У тебя столько « ______ » в электронном ______ : ______, ______, спам, работа, друзья, ______, корзина… Ты их не ______?

Решение второго задания: Пропущенные слова.

❶ – с электронной почтой – несколько имейлов – вернулись – мне ❷ – скукотища – Нечем – остановились – стрелка – циферблату – ползёт ❸ – должен – системный – прокладывать сеть – случилось, поэтому – следующей – ❹ Напиши – имейл – будет – чем – обычной почте – покупать ❺ – папок – ящике – входящие, черновики – отправленные – путаешь

24 Двадцать четвёртый урок

Сохраняйте хладнокровие!

1 Для людей, ничего не понимающих в компьютерах и программировании, в работе программистов есть много общего с работой шаманов: ①

2 и те и другие бормочут непонятные слова, совершают непонятные действия и не могут объяснить, как оно работает.

3 Например, непосвящённый человек опишет поломку и починку так:

4 «Не включался компьютер, я вызвал мастера. ②

5 Он пришёл, воздевал руки к небу, шептал невнятные слова,

Lernen Sie weiterhin täglich, aber vermeiden Sie Eile. Gehen Sie bei Unklarheiten oder wenn Sie das Gefühl haben, den bisherigen Stoff noch nicht restlos assimiliert zu haben, noch einmal einige Lektionen zurück. Kennzeichnen Sie schwierige Wörter und Wendungen mit einem Textmarker, und blättern Sie von Zeit zu Zeit zu diesen Stellen zurück. Oder schreiben Sie Wörter oder Ausdrücke, die Sie sich schlecht merken können, ein paar Mal auf.

24. Lektion

Bewahren Sie einen kühlen Kopf!

1 Für Menschen, die nichts von Computern und vom Programmieren verstehen, hat die Arbeit von Programmierern viel mit der (mit Arbeit) von Schamanen gemeinsam:

2 Sie murmeln beide (und jene und andere) unverständliche Worte, tun unverständliche Dinge (Aktionen) und können nicht erklären, wie es funktioniert.

3 Beispielsweise wird ein Laie (nicht-eingeweihter Mensch) eine [Computer-]Panne und eine Reparatur wie folgt beschreiben:

4 "Der Computer ließ sich nicht einschalten (Nicht schaltete-sich-ein Computer), also habe ich einen Techniker (Meister) gerufen.

5 Er kam, hob die Hände zum Himmel und flüsterte unverständliche Worte,

ПРИМЕЧАНИЕ

① Partizipien und Partizipialsätze werden nach ihrem Bezugswort durch ein Komma vom Rest des Satzes getrennt. Vergleichen Sie: **Он встретил ничего не понимающих в моде людей** (**не понимающих** steht vor seinem Bezugswort; daher kein Komma) und **Он встретил людей, ничего не понимающих в моде** (**не понимающих** steht nach seinem Bezugswort und man setzt ein Komma). Beide bedeuten: "Er traf Leute, die nichts von Mode verstehen".

② Schauen Sie sich die Bedeutungsunterschiede an, die durch die Verwendung des vollendeten bzw. unvollendeten Aspekts entstehen: **Я включил** (v.) **компьютер, но он не включился** (v.) "Ich habe den Computer eingeschaltet, aber er hat nicht funktioniert" (= "Ich habe ihn einmal eingeschaltet") ≠ **Я включал** (uv.) **несколько раз, но компьютер так и не включился** "Ich habe (ihn) einige Mal eingeschaltet, aber der Computer hat nie funktioniert" (die Betonung liegt auf der Wiederholung der Handlung und auf dem Ergebnis).

6 поверн**у**л мой стул 10 раз вокр**у**г сво**е**й ос**и**, потр**я**с удлин**и**тель, пнул компь**ю**тер, и он зараб**о**тал! ③ ④

7 Вновь возд**е**в р**у**ки к н**е**бу, чт**о**-то пробормот**а**л и уш**ё**л.»

8 Специал**и**ст же, почин**и**вший компь**ю**тер, оп**и**шет ситу**а**цию так:

9 «приш**ё**л к **ю**зеру комп чин**и**ть, ср**о**чный в**ы**зов, поним**а**ете ли. ⑤

10 **Э**тот дур**а**к так на ст**у**ле верт**е**лся, что у нег**о** шнур пит**а**ния на н**о**жку намот**а**лся и из роз**е**тки в**ы**ключился. ⑥ ⑦

11 Руг**а**лся про себ**я**, расп**у**тал шнур, запихн**у**л комп ног**о**й под**а**льше под ст**о**л, подключ**и**л к**а**бель электр**и**ческого пит**а**ния и уш**ё**л.» ⑧ ⑨

ПРИМЕЧАНИЕ

③ Das vollendete Verb **потрясти** "schütteln" hat eine unregelmäßige Vergangenheitsform: **потряс**, **потрясла**, **потрясли**. Es kann das konkrete "(etw.) schütteln, durchrütteln" wiedergeben, aber auch "erschüttern" im übertragenen Sinne bedeuten: **Эта страшная новость просто потрясла его** "Diese schreckliche Nachricht hat ihn einfach erschüttert".

④ Die unvollendeten Verben **воздевал** und **шептал** (Satz 5) betonen,dass die durch sie ausgedrückten Handlungen über andere, kurzfristige Handlungen hinaus andauern: **повернул** wird begleitet von der Angabe, wie oft die Handlung stattgefunden hat. **Потряс** und **пнул** hingegen beziehen sich auf einmal ausgeführte Handlungen, die ein konkretes Ergebnis hervorbringen, daher stehen sie mit der vollendeten Form **заработал**. Hätte man nur die Handlungen beschreiben wollen, ohne auf das Endergebnis einzugehen, hätten diese Verben auch im unvollendeten Aspekt stehen können.

⑤ **юзер** "User" und die Kurzform **комп** für **компьютер** "Computer" werden v. a. von jüngeren Personen verwendet und gehören zur umgangssprachlichen Stilebene.

6 er hat meinen Stuhl zehnmal um die eigene Achse gedreht, das Verlängerungskabel geschüttelt, gegen den Computer getreten, und er hat [wieder] funktioniert!

7 Noch einmal hob er die Hände zum Himmel, murmelte etwas und ging."

8 Der Spezialist, der den Computer repariert hat, [würde] die Situation dagegen wie folgt (so) beschreiben:

9 "[Ich] kam zum Benutzer (User), um seinen Computer zu reparieren, ein dringender Anruf, verstehen Sie.

10 Dieser Idiot drehte sich so [sehr] auf dem Stuhl, dass sich sein Netzkabel im Fuß des Stuhls verwickelte und dann aus der Steckdose gerissen wurde (aus Steckdose schaltete-sich-aus).

11 [Ich] schimpfte leise [vor mich hin], entwirrte das Kabel (Schnur), schob den Computer mit dem Fuß weiter unter den Tisch, steckte das Stromkabel (Kabel elektrische Speisung) ein und ging [wieder]."

⑥ **вертеться** "sich drehen" oder "(herum)zappeln" kann auch mit "sich herumtreiben" übersetzt werden.

⑦ Beachten Sie den Lautwechsel bei **нога** "Fuß": **ножка** "kleiner Fuß, Füßchen, Fuß eines Möbelstücks". Diesem Phänomen werden Sie noch oft begegnen.

⑧ **Про себя** wird in der gesprochenen Sprache häufig verwendet, es bedeutet im übertragenen Sinne "ohne zu sprechen, mit leiser Stimme, (nur) im Kopf". **Читай, пожалуйста, про себя, я смотрю телевизор** "Lies bitte leise, ich sehe fern".

⑨ **кабель** "Kabel" wird [*KABJELj*] gesprochen. verwechseln Sie es nicht mit **кобель** [*KÅBJELj*] "Rüde, männlicher Hund".

Lerntipp: Vielleicht haben Sie Lust, sich in einem Heft Wortfelder mit ähnlichen Wörtern zu notieren, z. B. eine Liste mit Ausdrücken rund um das Thema "Reisen", "Essen", "Einkaufen" oder etwas anderes.

12 И т**а**к мы смотрим на специал**и**стов в **о**бласти т**е**хники, раз**и**нув рот, ч**а**сто переоц**е**нивая их спос**о**бности, ⑩

13 а он**и** в сво**ю** **о**чередь, наобор**о**т смотрят на не специал**и**стов, недооц**е**нивая их и счит**а**я их ну уж сл**и**шком некомпет**е**нтными: ⑪

14 – У мен**я** компь**ю**тер сгор**е**л, т**о**лько вчер**а** к**у**пленный...

15 – Зн**а**чит он на гар**а**нтии... Посм**о**трим, а что у вас сгор**е**ло? ⑫

16 – Всё!

17 – Ну, так не быв**а**ет. Проц**е**ссор цел?

18 – Сгор**е**л...

19 – А п**а**мять?

20 – Сгор**е**ла...

21 – Что, весь сист**е**мный блок сгор**е**л?

22 – Сгор**е**л...

23 – А монит**о**р?

24 – Т**о**же сгор**е**л...

25 – Г**о**споди! Что же вы с ним д**е**лали?

26 – Да д**а**йте хоть сл**о**во вст**а**вить! У мен**я** вчер**а** был пож**а**р... ⑬

ПРИМЕЧАНИЕ

⑩ Das unvollendete Verb **переоценивать** "überschätzen" wird aus **оценивать** "schätzen" und dem Präfix **пере-** gebildet, das die Idee des Übermaßes ausdrückt: **солить** "salzen" → **пересолить** "versalzen"; **есть** "essen" → **переесть** "sich überfressen".

⑪ Sie wissen, dass die Negativpartikel **не** normalerweise getrennt vom Verb geschrieben wird. Hier haben wir es jedoch mit einer Ausnahme zu tun: Beim unvollendeten Verb **недооценивать** "unterschätzen" ist **не** Teil des Präfixes **недо-**.

12 Und so blicken wir staunend auf technische Spezialisten (auf Spezialisten in Bereich Technik, aufreißend Mund) und überschätzen oft ihre Fähigkeiten,

13 und diese wiederum (in eigene Reihe, umgekehrt) schauen auf Laien (nicht Spezialisten), unterschätzen sie und halten sie für zu inkompetent:

14 – Mein Computer, den ich erst gestern gekauft habe (nur gestern gekaufter), ist durchgebrannt ...

15 – Das heißt, er ist [also] unter (auf) Garantie ... Mal sehen, was ist Ihnen durchgebrannt?

16 – Alles!

17 – Nun, das kann nicht sein (so nicht ist). Ist der Prozessor intakt?

18 – [Nein, er ist] durchgebrannt ...

19 – Und der Speicher?

20 – [Ist] durchgebrannt ...

21 – Was, der ganze Rechner (systemisch Block) ist durchgebrannt?

22 – [Ja,] durchgebrannt ...

23 – Und der Monitor?

24 – [Ist] auch durchgebrannt ...

25 – Herrgott (Herr)! Was haben Sie damit gemacht?

26 – Lassen Sie mich [doch] wenigstens zu Wort kommen! (Ja geben-Sie wenigstens Wort einsetzen!) In meinem Haus (Bei mir) hat es gestern gebrannt (war Feuer) ...

⑫ **сгорело** ist die Vergangenheitsform des vollendeten Verbs **сгореть** "brennen", das wir hier mit "durchbrennen" übersetzen und das – wie im Deutschen – auch für technische Geräte verwendet werden kann.

⑬ Hier sehen Sie, wie wichtig Präfixe sind. Man kann dem Verb **ставить** "stellen" gleich mehrere Präfixe hinzufügen. Daraus ergibt sich u. a. **вставить** "hineinstellen, einfügen" (**в-** bezeichnet die Bewegung nach innen); **выставить** "hinausstellen (**вы-** bezeichnet die Bewegung nach außen); **переставить** "wegstellen" (**пере-** bezeichnet die Bewegung über eine Fläche).

Первое задание: Вы понимаете эти предложения?

① По-моему, вы переоцениваете меня: я не могу починить холодильник. – Знаю, что ты ничего в этом не понимаешь, поэтому я вызвала мастера. ② Распутай шнур и не вертись больше на стуле. Ты повернул его вокруг своей оси раз десять, мне сейчас станет плохо! ③ Не вертись, пожалуйста! Сядь нормально и слушай, тогда я помогу тебе починить твой компьютер. ④ Сохраняйте хладнокровие и прекратите воздевать руки к небу и шептать невнятные слова. Мне страшно на вас смотреть. ⑤ Вчера у моих соседей был пожар, у них всё сгорело. К счастью, их самих не было дома.

Второе задание: Вставьте пропущенные слова!

① Ich sehe, [dass] der Computer funktioniert. Hast du ihn selbst repariert oder hast du einen Techniker (Meister) gerufen? – Du unterschätzt mich: Ich habe ihn selbst repariert, oder besser gesagt (genauer), ich habe einfach dagegengetreten, und er hat [wieder] funktioniert!

Я ... компьютер ... . Ты сам его ... или вызывал ... ? – Ты меня ... : я сам его ... , а точнее просто ... его, и он ... !

② Oh, mein Gott! Warum ist er weggegangen? – Ich weiß nicht, ich habe ihm deinen Brief gegeben, er hat ihn in seine Tasche gesteckt, etwas gemurmelt und ist weggegangen.

... ! Да почему же он ушёл? – Не знаю, я дал ... твоё ... , он ... его ... ... , что-то ... и ушёл.

③ Also gut, du bist der Spezialist auf diesem Gebiet. Dann erklär mir, einem Laien, wie das funktioniert.

Ну хорошо, ты – ... ... этой ... . мне, человеку ... , как оно ... .

Решение первого задания: Вы поняли?

① Ich glaube, ihr überschätzt mich: Ich kann den Kühlschrank nicht reparieren. – Ich weiß, dass du keine Ahnung davon hast, deswegen habe ich einen Techniker (Meister) angerufen. ② Löse die Schnur und dreh dich nicht mehr auf dem Stuhl. Du hast ihn zehnmal um die eigene Achse gedreht, mir wird schlecht (mir jetzt wird schlecht)! ③ Zappel bitte nicht herum (Nicht verdreh)! Setz dich richtig hin und hör zu, dann helfe ich dir, deinen Computer zu reparieren. ④ Bewahren Sie einen kühlen Kopf und hören Sie auf, die Hände zum Himmel zu heben und unverständliche Worte zu flüstern. Ich habe Angst, Sie anzuschauen. ⑤ Gestern hat es bei meinen Nachbarn gebrannt (war Feuer), alles bei ihnen ist verbrannt. Zum Glück waren sie selbst nicht zu Hause.

④ Ich habe vor sechs Monaten einen Computer bei Ihnen gekauft, und mein Monitor ist durchgebrannt. – Er hat also noch Garantie (er noch auf Garantie).

Я ____ у вас компьютер шесть ____ ____, ____ у меня ____ ____. – ____, он ещё ____ ____.

⑤ Wie ein Volltrottel (voller Trottel) wartest du auf einen Techniker (Meister) und hast gerade das Netzkabel um das Stuhlbein gewickelt, und der Fernseher ist aus der Steckdose gerissen worden (sich-ausschaltete aus Steckdose).

Как полный ____ ты ждёшь ____, а у тебя просто ____ ____ намотался на ____, и телевизор ____ из ____.

Решение второго задания: Пропущенные слова.

① – вижу – работает – починил – мастера – недооцениваешь – починил – пнул – заработал ② Господи – ему – письмо – запихнул – в карман – пробормотал – ③ – специалист в области – Объясни тогда – непосвящённому – работает ④ – купил – месяцев назад, и – сгорел монитор – Значит – на гарантии ⑤ – дурак – мастера – шнур питания – ножку – выключился – розетки

25 Двадцать пятый урок

Служба технической поддержки

1 – Здр**а**вствуйте, у мен**я** компь**ю**тер зав**и**с, я уж**е** ег**о** пыт**а**лась перезагруз**и**ть, но он совс**е**м не реаг**и**рует. ① ②

2 – Нажм**и**те на кн**о**пку п**у**ска и подерж**и**те, чт**о**бы он в**ы**ключился; зат**е**м сн**о**ва включ**а**йте. ③

3 Как загр**у**зится, ск**а**жете, посм**о**трим вм**е**сте, потест**и**руем поср**е**дством кое-как**и**х опер**а**ций. ④

4 Пров**е**рьте, есть ли звук, изображ**е**ние, реаг**и**руют ли клавиат**у**ра и м**ы**шка.

5 – Ой, м**а**мочка! У мен**я** заст**а**вка исч**е**зла, и пар**о**ль с акк**а**унтом как-б**у**дто изменен**ы**…

6 У нас ведь б**ы**ло н**е**сколько п**о**льзователей, а теп**е**рь в ок**о**шке т**о**лько од**и**н знач**о**к. ⑤

ПРИМЕЧАНИЕ

① Das vollendete Verb **зависнуть** "sich aufhängen" (speziell für einen Computer) hat eine unregelmäßige Vergangenheitsform: **завис**, **зависла**, **зависли**. In der gesprochenen Sprache kann es auch bedeuten "(für eine lange Zeit irgendwo) bleiben": **Они вчера так надолго зависли в баре, я думал, вообще домой не пойдут!** "Gestern blieben sie [stundenlang] in der Bar, ich dachte, sie würden nie wieder nach Hause kommen!"

② Das Präfix **пере-** hat mehrere Bedeutungen. Im vollendeten Aspekt des Verbs **перезагрузить** "neu starten" bezeichnet es die Wiederholung einer Handlung, deren Ergebnis oft das Gegenteil von dem ist, was beabsichtigt war: **Перечитай моё письмо: ты совсем ничего не понял** "Lies meinen Brief noch einmal: Du hast überhaupt nichts verstanden".

Technischer Support
(Service technischer Unterstützung)

1 – Guten Tag, mein Computer hat sich aufgehängt, ich habe schon versucht, ihn neu zu starten, aber er reagiert überhaupt nicht.

2 – Drücken Sie die Starttaste (auf Taste Startes) und halten Sie [sie gedrückt], damit er sich ausschaltet; schalten Sie ihn dann wieder ein (von-Neuem einschalten).

3 Wenn er hochfährt, sagen Sie [es] mir, lassen Sie uns [dann] gemeinsam sehen, wir testen [es dann] durch einige Prozeduren.

4 Überprüfen Sie, ob es Ton und Bild gibt, ob Tastatur und Maus reagieren.

5 – Oh, mein Gott (Mami)! Mein Bildschirmschoner ist verschwunden und mein Passwort sowie mein (mit) Konto scheinen geändert [worden] zu sein ...

6 Wir hatten mehrere Benutzer und jetzt ist nur noch ein Symbol auf dem Bildschirm (in Fensterchen nur ein Symbölchen).

③ Das Präfix **по-** macht deutlich, dass eine Zeitspanne begrenzt ist. So betont das vollendete Verb **подержать**, das auf der Basis des unvollendeten **держать** "halten" gebildet wird, eine Handlung von begrenzter Zeitdauer.

④ Auf die Präposition **посредством** "mithilfe (von), mittels" folgt der Genitiv: **Посредством долгих проверок они выяснили, что водительское удостоверение этого человека было ненастоящим** "Nach (Mithilfe von) langwierigen Kontrollen stellten sie fest, dass der Führerschein dieses Mannes gefälscht war".

⑤ Der Endbuchstabe des maskulinen **знак** "Zeichen, Symbol" wird im Diminutiv zu **ч**: **значок** "kleines Zeichen, kleines Symbol, Symbölchen".

7 – Посмотр**и**те, ц**е**лы ли в**а**ши ф**а**йлы, докум**е**нты там р**а**зные. У вас Интерн**е**т есть? ⑥

8 – Да, wi-fi, вр**о**де раб**о**тает. ⑦

9 – Отл**и**чно, тогд**а** д**а**йте мне **а**дрес в**а**шей электр**о**нной п**о**чты, я пришл**ю** вам докум**е**нт, а вы попр**о**буете ег**о** откр**ы**ть.

10 Он дост**а**точно «тяжёлый», по**э**тому л**у**чше ег**о** сохран**и**ть на раб**о**чем стол**е**.

11 Для **э**того щёлкните пр**а**вой кн**о**пкой м**ы**ши и созд**а**йте н**о**вый файл, куд**а** и помест**и**те мой докум**е**нт. ⑧

12 Ну что, открыв**а**ется?

13 – Нет, говор**и**т, н**а**до как**у**ю-то прогр**а**мму установ**и**ть и что у мен**я** лиц**е**нзии нет…

14 – Стр**а**нно, произошл**а** инициализ**а**ция сист**е**мы…

15 Попр**о**буем сл**е**дующее: нажм**и**те на кн**о**пку «пуск», на экр**а**не в**ы**светится гл**а**вное мен**ю**…

16 – У мен**я** уж**е** голов**а** кр**у**гом… м**о**жет, вы при**е**дете и посм**о**трите?

17 У мен**я** перед **э**той пол**о**мкой ещё и дисков**о**д слом**а**лся. ⑨

ПРИМЕЧАНИЕ

⑥ In diesem Satz bezeichnet **там** "dort" keinen Ort. Es taucht oft in der gesprochenen Sprache auf und drückt Vertrautheit aus, um die Bedeutung von etwas zu verstärken, aber auch um seine Belanglosigkeit zu betonen: **Что бы ты там про него не говорил, мне он нравится!** "Was auch immer du über ihn gesagt hast, ich mag ihn!"; **Как там у вас дела?** "Und wie läuft es so bei euch?" (umgangssprachlich).

⑦ Auch im Russischen wird **wi-fi** englisch ausgesprochen: [*WAIF***A***J*].

7 – Sehen Sie nach, ob Ihre Dateien und Dokumente intakt sind (Dokumente dort unterschiedlich). Haben Sie Internet?

8 – Ja, das WLAN scheint zu funktionieren (ähnlich-wie arbeitet).

9 – Gut, dann geben Sie mir Ihre E-Mail-Adresse, ich schicke Ihnen ein Dokument und Sie versuchen, es zu öffnen.

10 Es ist ziemlich groß (Er reichlich schwer), daher ist es besser, es auf Ihrem Desktop (auf Arbeits- Tisch) zu speichern.

11 Klicken Sie dazu mit der rechten Maustaste und erstellen Sie eine neue Datei, in der (woher und) Sie mein Dokument ablegen.

12 Na und, lässt es sich öffnen?

13 – Nein, er sagt (spricht), dass ich irgendein Programm installieren muss und dass ich keine Lizenz habe …

14 – Seltsam, es hat eine Systeminitialisierung gegeben (entstand Initialisierung Systems) …

15 Versuchen wir Folgendes: Klicken Sie auf die "Menü"-Taste, auf dem Bildschirm erscheint das Hauptmenü …

16 – Mir dreht sich schon der Kopf (Bei mich schon Kopf wie-in-Runde) ... können Sie kommen und [sich das] ansehen?

17 Ich hatte auch ein kaputtes CD-Laufwerk vor dieser Panne (noch und CD-Laufwerk zerbrach).

⑧ Das weibliche **мышь** "Maus" bildet den Diminutiv, indem es das Weichheitszeichen verliert: **мышка** "Mäuschen". Für die "Computermaus" können beide Begriffe verwendet werden.

⑨ Zerlegen wir das Wort **дисковод** "CD-Laufwerk, CD-Player": Es wird gebildet aus **диск** "CD" und **вод-**, der Wurzel des Verbs **водить** "fahren, führen", denn es handelt sich um das Gerät, das "die CD (aus)führt".

18 – Л**у**чше приход**и**те к нам в мастерск**у**ю, д**у**маю, целесообр**а**зно б**у**дет осмотр**е**ть ваш компь**ю**тер и провест**и** **о**бщую диагн**о**стику.

19 – Как же я ег**о** к вам потащ**у**: он же тяж**ё**лый, да и экр**а**н у мен**я** внуш**и**тельных разм**е**ров.

20 – Ну, пол**о**жим, монит**о**р ваш нам не н**у**жен, привоз**и**те т**о**лько сист**е**мный блок.

21 А насчёт транспортир**о**вки… ну не зн**а**ю, такс**и** возьм**и**те.

22 – Ох, мор**о**ки с **э**той т**е**хникой! В сл**е**дующий раз купл**ю** себ**е** лэпт**о**п, хоть в мастерск**у**ю нос**и**ть б**у**дет нетяжел**о**… ⑩

Первое задание: Вы понимаете эти предложения?

➊ Здравствуйте, у вас работает wi-fi? – Да, но это только для клиентов кафе. – Отлично, тогда дайте мне чашку кофе с молоком и два круассана. ➋ Алло, служба технической поддержки? Я хочу, чтобы вы провели общую диагностику моего компьютера. ➌ Где документ, который я прислала тебе на твою электронную почту? – Должен быть на рабочем столе. ➍ У меня голова кругом от ваших советов. Предлагаю создать новый файл и поместить в него этот документ. ➎ У меня завис компьютер, совсем не реагирует. – Ты уже пытался его перезагрузить?

18 – Kommen Sie besser zu uns in die Werkstatt, ich denke, es würde sich lohnen (sinnvoll wird-sein), Ihren Computer zu inspizieren und ein allgemeines Diagnoseverfahren durchzuführen.

19 – Wie [soll] ich ihn zu Ihnen schleppen? Er ist schwer und mein Bildschirm ist riesig (beeindruckende Ausmaße).

20 – Nun, sagen wir mal [so] (wir-legen), wir brauchen Ihren Monitor nicht, bringen Sie [einfach] nur den Rechner (systemisch Block) mit.

21 Und was den Transport angeht (Und auf-Rechnung Transport) ... Nun, ich weiß nicht, nehmen Sie ein Taxi.

22 – Oh, was für ein Aufwand (Plackerei) mit diesem Gerät! Nächstes Mal kaufe ich mir (kaufe sich) einen Laptop, dann ist es wenigstens nicht so schwer, ihn in die Werkstatt zu tragen (wenigstens in Werkstatt tragen wird-sein nicht-schwer) …

ПРИМЕЧАНИЕ

⑩ Für den "tragbaren Computer" wird noch häufiger als **лэптоп** "Laptop" das ebenfalls aus dem Englischen abgeleitete **ноутбук** "Notebook" verwendet, oder man sagt **портативный компьютер**.

Решение первого задания: Вы поняли?

❶ Hallo, haben Sie WLAN (bei Ihnen arbeitet Wi-Fi)? – Ja, aber nur für die Kunden des Cafés. – Großartig, dann geben Sie mir eine Tasse Kaffee mit Milch und zwei Croissants. ❷ Hallo, technischer Support? Ich möchte, dass Sie ein allgemeines Diagnoseverfahren auf meinem Computer durchführen. ❸ Wo ist das Dokument, das ich dir an deine E-Mail[-Anschrift] geschickt habe? – Es sollte sich auf dem Desktop befinden. ❹ Mir dreht sich der Kopf von Ihren Ratschlägen. Ich schlage vor, eine neue Datei zu erstellen und dieses Dokument darin abzulegen. ❺ Mein Computer hat sich aufgehängt, er reagiert überhaupt nicht mehr. – Hast du schon versucht, ihn neu zu starten?

Второе задание: Вставьте пропущенные слова!

❶ Unser Fernseher ist kaputt (zerbrach): Der Ton ist da, aber das Bild ist weg. Oh, was für ein Aufwand mit dieser Technik!

У нас … телевизор: … есть, но … … . Ох, … с этой … !

❷ Hilfst du mir, den Computer in die Werkstatt zu bringen? Er ist wirklich schwer, mit [seinem] großen Bildschirm. – Verdammt, ich dachte, du hast einen Laptop!

… мне отвезти компьютер в … ? Он очень … с … внушительных … . – … , я думал у тебя … !

❸ Schick mir nichts als reinen Text: keine Fotos, keine gescannten Dokumente, kurzum (mit-Wort), keine großen (schwere) Dateien.

Не … мне ничего, … обычного … : ни … , ни … … , … , никаких «тяжёлых» … .

26 Двадцать шестой урок

Неудавшийся сюрприз

1 –Дорогая, иди скорее к радиоприёмнику, давай послушаем радио.

❹ Ich habe einen neuen Computer gekauft, jetzt verkaufe ich meinen alten Monitor. Brauchst du [ihn] nicht? – Nein, aber ich kann dir deinen alten Rechner (systemisch Block) abkaufen.

Я ______ _____ новый компьютер, ______ продаю свой старый ______. Тебе не ______? – Нет, но могу купить у тебя твой старый ______ ______.

❺ Klick auf die Menütaste, warte ein wenig. Was ist auf dem Bildschirm erschienen? – [Das] Hauptmenü.

______ __ ______ пуска, ______ чуть-чуть. Что ______ __ экране? – ______ ______.

Решение второго задания: Пропущенные слова.

❶ – сломался – звук – пропало изображение – мороки – техникой ❷ Поможешь – мастерскую – тяжёлый – экраном – размеров – Чёрт – ноутбук ❸ – присылай – кроме – текста – фотографий – сканированных документов, словом – файлов ❹ – купил себе – теперь – монитор – нужен – системный блок ❺ Нажми на кнопку – подожди – высветилось на – Главное меню

26. Lektion

Verpasste Überraschung (Erfolglose)

1 – Liebling, komm schnell zum Rundfunkgerät (schneller zu Radioempfänger), lass uns Radio hören.

2 – Ты что, свихн**у**лся? Как**о**е р**а**дио? У нас с тоб**о**й, между пр**о**чим, сег**о**дня юбил**е**й. ①

3 Я так и зн**а**ла, что ты заб**у**дешь. Как в в**о**ду гляд**е**ла...

4 – Ну, ты **я**вно сег**о**дня не в д**у**хе.

5 Не н**е**рвничай, л**у**чше рассл**а**бься...

6 Сейч**а**с по р**а**дио перед**а**ют радиоперед**а**чу про южноамерик**а**нский контин**е**нт, Атлант**и**ческий и Т**и**хий оке**а**ны и Баг**а**мские остров**а**, ②

7 пот**о**м б**у**дет метеосв**о**дка, а п**о**сле – музык**а**льная перед**а**ча по за**я**вкам радиосл**у**шателей. ③ ④

8 В ней всегд**а** так**о**й прик**о**льный дидж**е**й... ⑤

9 – Нет, вс**ё**-таки вр**е**мя от вр**е**мени ты мен**я** пораж**а**ешь.

10 Остров**а** тв**о**и и контин**е**нты, дорог**о**й мой, мне до л**а**мпочки!

11 О пог**о**де я мог**у** узн**а**ть в Интерн**е**те, **е**сли возн**и**кнет так**а**я н**а**добность.

12 А **е**сли ты так**о**й мелом**а**н, то пост**а**вь как**о**й-нибудь ст**о**ящий CD или ст**а**рую касс**е**ту. ⑥

ПРИМЕЧАНИЕ

① Das Verb **свихнуться** "verrückt werden, überschnappen" (v.) gehört zur Umgangssprache. Etwas neutraler ist das Synonym **сойти с ума** "verrückt werden".

② Das maskuline **остров** "Insel" bildet den Plural auf -**а**: **острова**.

③ **метеосводка** setzt sich aus einer verkürzten Form des Adjektivs **метеорологическая** "meteorologisch" und **сводка** "Zusammenfassung, Bericht, Übersicht" zusammensetzt.

2 – Bist du verrückt? (Du was verrückt-wurdest?) Welches Radio? Wir haben übrigens (Bei uns mit dir, zwischen nebenbei,) heute ein Jubiläum.

3 Ich wusste es, du würdest es vergessen. Das war ja klar ... (Wie in Wasser geschaut ...)

4 – Nun, du hast [ja] heute offensichtlich schlechte Laune (nicht in Geist).

5 Reg dich nicht auf (Nicht sei-nervös), entspann dich besser [einfach] ...

6 Es gibt jetzt eine Radiosendung über Südamerika (südamerikanischer Kontinent), den Atlantik, den Pazifik (stiller Ozean) und die Bahamas (Bahamas- Inseln),

7 danach gibt es den Wetterbericht, und danach ein von den Hörern gewünschtes Musikprogramm (auf Anforderung Radiohörer).

8 Darin ist immer so ein lustiger DJ ...

9 – Nein, du erstaunst mich immer noch von Zeit zu Zeit.

10 Deine Inseln und Kontinente, mein Schatz, das ist mir alles schnuppe (mir bis Glühbirne)!

11 Ich kann mich im Internet über das Wetter informieren, wenn es nötig ist (wenn wird-aufkommen solche Notwendigkeit).

12 Und wenn du so ein Musikliebhaber bist, dann leg [doch] irgendeine lohnenswerte CD oder eine alte Kassette auf.

④ Es gibt viele zusammengesetzte Wörter mit dem Wort **радио** "Radio": **радиоприёмник** "Radio(gerät)" (**приёмник** "Empfänger"); **радиопередача** "Radiosendung, Rundfunk" (**передача** "Übertragung, Sendung"); **радиослушатель** "Radiohörer" (**слушатель** "Hörer"); **радиостанция** "Radiostation, -sender" (**станция** "Station"); **радиосвязь** "Radioübertragung, Funkkommunikation" (**связь** "Verbindung"); **радиоволна** "Radio-, Funkwelle" (**волна** "Welle").

⑤ Das Adjektiv **прикольный** "lustig" gehört zur Umgangssprache: **Очень прикольный анекдот!** "Ein sehr lustiger Witz!"

⑥ Die **CD** wird entweder als **компакт-диск** oder nur **диск** bezeichnet.

13 Нет, я просто не могу поверить, что ты снова забыл о нашей годовщине свадьбы!

14 А я помню даже песню, которая играла по радио в том кафе, когда мы встретились с тобой… ⑦

15 – А сейчас, по просьбе любящего супруга, мы посвящаем эту песню любимой жене,

16 которая радует его уже 20 лет своим оптимизмом и хорошим настроением. ⑧

17 – Везёт же людям!

18 – Хочется пожелать вам, Вероника и Олег, долгих лет брака и согласия во всём! ⑨

19 – Ой, Олеж, это же про нас… Так вот почему ты к радио приклеился…

20 Милый, дорогой, хороший… Я так тебя люблю!

ПРИМЕЧАНИЕ

⑦ Das unvollendete Verb **играла** beschreibt eine Handlung, die andauert, hier aber von einer weiteren Handlung unterbrochen wird, die durch das vollendete Verb **встретились** ausgedrückt wird. Vergleichen Sie: **Я помню песню, которая заиграла в том кафе, когда мы встретились с тобой** "Ich erinnere mich an das Lied, das in dem Café gespielt wurde, als wir uns trafen (mit dir)." (kurze und gleichzeitig ablaufende Handlungen; das Lied begann in dem Moment zu spielen, als sie sich trafen.) Und: **Я помню песню, которая играла в том кафе, когда мы встречались с тобой** "Ich erinnere mich an das Lied, das im Café gespielt wurde, als wir uns trafen" (gleichzeitig ablaufende Handlungen; das Lied wurde gespielt, als sie sich kennenlernten).

⑧ Dem Verb **радовать** "jmdn. erfreuen" (uv.) folgen der Akkusativ (der das Objekt der Handlung angibt) und der Instrumental (der angibt, wodurch jemand erfreut wird): **Дети радуют бабушку** (Akkusativ) **своими успехами** (Instrumental) **в школе** "Die Kinder erfreuen ihre Großmutter durch ihre guten Leistungen in der Schule".

13 Nein, ich kann einfach nicht glauben, dass du [schon] wieder (von-Neuem) unseren Hochzeitstag vergessen hast!

14 Und ich erinnere mich sogar an das Lied, das in dem Café im Radio lief, als wir uns kennengelernt haben (wir kennenlernten mit dir) …

15 – "Und nun, auf Wunsch eines liebenden Ehemannes, widmen wir diesen Song [seiner] geliebten Frau,

16 die ihn seit 20 Jahren mit ihrem Optimismus und ihrer guten Laune erfreut."

17 – [Manche] Menschen haben [wirklich] Glück!

18 – [Wir] wünschen (Wünscht-sich) Ihnen, Veronika und Oleg, noch viele Jahre der Ehe und Harmonie (Einvernehmen) in allem!

19 – Oh, Oleg, es geht um uns ... Deshalb hängst du [also] am Radio ... (So das-ist warum du zu Radio klebtest ...)

20 Mein Überallesgeliebter (lieb, teuer, gut) ... Ich liebe dich so sehr!

⑨ Das maskuline **брак** bezeichnet sowohl die "Ehe" als auch einen "Herstellungsfehler" ... kurios, nicht wahr?

Первое задание: Вы понимаете эти предложения?

1 Что по программе после новостей и метеосводки? – По-моему, какой-то фильм. Я не знаю, где программа, проверь в Интернете. 2 Надежда – один из наших самых ценных сотрудников. Она радует нас уже много лет своим оптимизмом и хорошим настроением. 3 У моей сестры такая прикольная собака: она умеет считать до пяти и танцевать! – Как ей повезло! 4 Ты что, свихнулся? Скоро уже гости приедут, а ты всё ещё сидишь в халате и тапочках перед телевизором! – Мне твои гости до лампочки. 5 Какая приятная музыка! Это CD? – Нет, это по радио передают. Передача про музыкальные традиции народов южноамериканского континента.

Второе задание: Вставьте пропущенные слова!

1 Ich rufe dich an, wenn es sein muss (wenn wird-aufkommen solche Notwendigkeit), aber im Moment möchte ich allein sein (bleiben). – Nun, du hast heute offensichtlich schlechte Laune!

Я ……… тебя, если ……… такая ………, но пока я хочу ……… один. – Ну, ты явно сегодня ……… ……… ………!

2 Warum klebst du an mir? Ich habe keine Zeit für dich. – Oh, ich sehe, du hast wieder gute Laune…

……… ты ……… ……… ………? У меня нет ……… на тебя. – О, я ………, что у тебя ……… хорошее …………

3 Von Zeit zu Zeit erstaunen sie mich einfach: Sie sagen mir, dass sie kein Geld haben und dann fahren sie in den Urlaub (ausruhen) auf die Bahamas!

……… ……… ……… они меня просто ………: говорят, что у них нет ………, а сами едут отдыхать ……… ……… ………!

Решение первого задания: Вы поняли?

❶ Was läuft (auf Programm) nach den Nachrichten und dem Wetterbericht? – Ich glaube (Auf meinem), irgendein Film. Ich weiß nicht, wo das Programm ist, schau [doch] online nach. ❷ Nadeschda ist eine unserer wertvollsten Mitarbeiterinnen. Sie erfreut uns seit vielen Jahren mit ihrem Optimismus und ihrer guten Laune. ❸ Meine Schwester hat so einen lustigen Hund: Er kann bis fünf zählen und tanzen! – Was für ein Glück sie doch hat! ❹ Bist du verrückt? Die Gäste kommen bald und du sitzt noch im Bademantel und in Pantoffeln vor dem Fernseher! – Deine Gäste sind mir schnuppe. ❺ Was für eine angenehme Musik! Ist das eine CD? – Nein, sie läuft im Radio. Eine Sendung über die musikalischen Traditionen der Völker Südamerikas (südamerikanischen Kontinents).

❹ Schalte das Radio ein, dort läuft meine Lieblingsmusiksendung, [in der von den] Hörern gewünschte [Lieder] gespielt werden. – Mein Schatz, deine Sendung ist mir schnuppe, ich habe morgen eine Prüfung!

радио, там мою музыкальную радиослушателей.
– Дорогая моя, мне твоя , у меня экзамен!

❺ Man sagt, dass nach sieben Jahren Ehe eine schwierige Phase (Periode) im Leben der Eheleute beginnt. – Unsinn! Glaub nicht alles, was man sagt (erzählen).

, после 7 лет начинается в жизни . – Чепуха! Не верь , что .

Решение второго задания: Пропущенные слова.

❶ – позову – возникнет – надобность – остаться – не в духе ❷ Что – ко мне приклеился – времени – смотрю – опять – настроение ❸ Время от времени – поражают – денег – на Багамские острова ❹ Включи – передают – любимую – передачу по заявкам – до лампочки – передача – завтра – ❺ Говорят – брака – трудный период – супругов – всему – рассказывают

27 Двадцать седьмой урок

«Game over» или игра окончена ①

1 – Помогите, пожалуйста, выбрать в подарок моему племяннику игровую приставку.

2 – С приставкой всё просто, давайте сначала выберем игру. Сколько ему лет? Какие игры он любит? ②

3 – Он постоянно играет онлайн, но во что именно, даже не догадываюсь.

4 – Выбирайте: бывают стратегические игры, экшн, симуляторы, а также игры бывают двухмерные или трёхмерные. ③

5 У них различная динамика: игровой процесс может происходить в условиях реального времени, в этом случае после окончания игры нужно начинать заново;

6 или постепенно – с возможностью сохранения поэтапного продвижения в игре.

7 Практически в любой игре есть разные уровни, играть можно от первого или третьего лица, в таком случае вы видите на экране персонажа. ④

8 Короче говоря, вам просто надо выбрать стиль игры и тип героя, а я подберу нужную приставку и джойстик.

ПРИМЕЧАНИЕ

① Das Ende eines Spiels heißt **игра окончена**, aber der englische Ausdruck "game over" wird von Videospiel-Fans weit öfter verwendet!

27. Lektion

"Game over" oder [Das] Spiel ist aus

1 – Bitte helfen Sie mir, eine Spielkonsole (spielerisch Zusatzgerät) als Geschenk für meinen Neffen auszusuchen.

2 – Die Konsole (Mit Zusatzgerät alles) ist ganz einfach, lassen Sie uns zuerst ein Spiel auswählen. Wie alt ist er? Welche Spiele mag er (er liebt)?

3 – Er spielt die ganze Zeit online, aber was genau, kann ich nicht wirklich sagen (in was gerade, sogar nicht rate).

4 – Sie haben die Wahl: Es gibt Strategiespiele, Actionspiele (Action), Simulationsspiele (Simulationen), und es gibt Spiele in 2D- oder 3D-Ausführung.

5 Sie [alle] haben eine unterschiedliche Dynamik: Das Spiel kann in Echtzeit (in Bedingungen realer Zeit) ablaufen, in diesem Fall müssen Sie nach Beendigung des Spiels erneut beginnen;

6 oder schrittweise – mit der Möglichkeit, den individuellen (auf-Etappe) Fortschritt im Spiel zu speichern.

7 Fast jedes Spiel hat unterschiedliche Levels, spielen kann [man] in der ersten oder dritten Person (Gesicht), in diesem Fall sehen Sie die Figur auf dem Bildschirm.

8 Kurz gesagt (Kürzer sagend), Sie müssen nur den Spielstil und die Art des Helden auswählen, und ich werde die passende (notwendige) Konsole und den Joystick aussuchen.

② Im Allgemeinen sind russische Verben bekanntlich vollendet oder unvollendet. Einige jedoch haben kein Aspektpaar, wie z. B. **любить** "lieben" (uv.). Natürlich kann man theoretisch immer ein Präfix hinzufügen, das dem entsprechenden Verb eine Bedeutungsnuance verleiht und es vollendet macht, aber seien Sie sich bewusst, dass es an sich nur einen Aspekt hat.

③ **трёхмерные** [*TRrJOCHMJ***E***RNÏJE*]: Trotz des **ё**, das normalerweise betont wird, fällt der Akzent hier auf das erste **e**.

④ **уровень** "Ebene, Niveau, Level" ist grammatikalisch ein Maskulinum.

9 – Остан**о**вимся на с**а**мой попул**я**рной игр**е** сред**и** подр**о**стков.

10 – Тогд**а** бер**и**те **э**ту, не ошиб**ё**тесь, от не**ё** сейч**а**с все т**а**щатся … прост**и**те, он**а** всем **о**чень нр**а**вится. ⑤

11 Там ст**о**лько кр**о**ви, все друг др**у**га м**о**чат, пистол**е**ты, автом**а**ты, баз**у**ки, т**а**нки! ⑥

12 Плем**я**шку своег**о** от не**ё** **за** уши не отт**а**щите! ⑦

13 – Ну, от так**о**й рекл**а**мы у мен**я** пр**о**сто в**о**лосы д**ы**бом вст**а**ли…

14 Д**а**йте-ка мне л**у**чше чт**о**-нибудь из стратег**и**ческих игр, да поспок**о**йнее…

15 Справедл**и**вости р**а**ди зам**е**тим, что нельз**я** недооц**е**нивать разраб**о**тчиков видео**и**гр, ⑧ ⑨

16 ведь т**о**лько на п**е**рвый взгляд он**и** пров**о**дят вр**е**мя, забавл**я**ясь.

17 И д**а**же **е**сли мир ст**а**нет перед их изобрет**е**ниями на кол**е**ни,

18 их род**и**тели, наприм**е**р, б**у**дут в глубин**е** душ**и** сомнев**а**ться в спос**о**бностях сво**и**х д**е**ток.

19 Карт**и**на так**а**я: сид**и**т к**а**к-то г**е**ний информ**а**тики, нал**а**живает плод сво**е**й пятил**е**тней раб**о**ты.

ПРИМЕЧАНИЕ

⑤ **тащиться** "kriechen" (uv.) hat in der gesprochenen Sprache die Bedeutung "verrückt sein (nach)" bzw. "anbeten". Es wird v. a. von jungen Leuten benutzt und ist weit verbreitet. Beachten Sie das folgende Beispiel: **Тащусь от этой группы!** "Ich bin verrückt nach dieser Band!" / "Ich bete diese Band an!"

⑥ **мочить** "anfeuchten, nass machen" bedeutet umgangssprachlich "umbringen, abschlachten". Es reicht, wenn Sie diesen Ausdruck verstehen. Selbst verwenden sollten Sie ihn jedoch nicht.

9 – Konzentrieren wir uns auf das beliebteste Spiel unter Teenagern.

10 – Dann nehmen Sie dieses, Sie können nichts falsch machen, jeder ist jetzt verrückt danach (jetzt alle kriechen) ... sorry, jeder liebt es sehr.

11 Da ist viel Blut, alle bringen sich gegenseitig um (alle anderer andere anfeuchten), Pistolen, Maschinengewehre, Panzerfäuste, Panzer!

12 Ihr Neffe wird nicht mehr davon loskommen (an Ohren nicht wegziehen)!

13 – Nun, bei dieser Art von "Reklame" stehen mir [echt] die Haare zu Berge ...

14 Geben Sie mir besser ein Strategiespiel (irgend-etwas von strategische Spiele), aber (ja) ruhiger ...

15 Um fair zu sein (Gerechtigkeit wegen wir-bemerken), sollte man die Entwickler von Computerspielen (Videospiele) nicht unterschätzen;

16 weil sie nur auf den ersten Blick ihre Zeit mit Spaß verbringen (sich-amüsierend).

17 Und selbst wenn die Welt vor ihren Erfindungen auf die Knie fällt,

18 ihre Eltern werden zum Beispiel tief im Inneren (in Tiefe Seele) an den Fähigkeiten ihrer Kinder zweifeln.

19 Stellen Sie sich vor (Bild solches): Ein Informatikgenie sitzt da und richtet die Früchte seiner fünfjährigen Arbeit ein.

⑦ Noch ein Wort aus der Umgangssprache! **Племяшка** "Neffe" hat im Genitiv Plural einen beweglichen Vokal: **племя**шек, aber **племя**шк**ам** im Dativ Plural. Andere Wörter mit derselben Wurzel haben die gleiche Bedeutung: **племянник** (Standardsprache), **племяша** (informelle Sprache).

⑧ **справедливость** "Gerechtigkeit" ist im grammatikalischen Sinne weiblich.

⑨ Nach den allgemeinen Ausspracheregeln sollte **видеоигра** "Videospiel" [*WİDİJOİGRr***A**] ausgesprochen werden, aber manche sprechen es [*WİDJEO-İGR***A**], als ob dieses zusammengesetzte Wort aus zwei separaten Wörtern bestehen würde.

20 Он обложился справочниками, документацией, вносит последние поправки.

21 Мужчина похудел, весь зарос щетиной, его лицо сильно осунулось, ⑩ ⑪

22 только время от времени он выходит из своей берлоги за водой и едой.

23 В комнату заглядывает его мать и говорит ему с горечью в голосе: ⑫

24 – Ну что, всё играешь?!

Первое задание: Вы понимаете эти предложения?

① Хочу подарить своим детям интересных книг, чтобы они почитали на каникулах. – Сейчас я тебе выберу пару самых популярных среди подростков. ② Вы проводите время, забавляясь и играя, а я сижу в своей комнате, обложившись справочниками и книгами. ③ У этих рынков различная динамика, поэтому было бы неправильно считать, что у них одинаковые шансы. ④ Справедливости ради надо сказать, что перед его изобретениями можно стать на колени: он – настоящий гений! ⑤ Он сказал, что не сомневается в её способностях, но в глубине души знал, что говорит это просто, чтобы она не нервничала.

20 Er ist umgeben von Nachschlagewerken, Dokumentationen, macht [darin] die neuesten Änderungen.

21 Der Mann hat abgenommen, [sein Gesicht] ist ganz mit Bartstoppeln zugewachsen und [es ist] sehr hager geworden,

22 nur von Zeit zu Zeit kommt er aus seiner Behausung, um Wasser und Essen [zu holen].

23 Seine Mutter schaut ins Zimmer und sagt [zu] ihm mit Bitterkeit in der Stimme:

24 – Na, spielst du [immer] noch?!

ПРИМЕЧАНИЕ

⑩ Die vollendeten Verben **радовать** "(jemanden durch etw.) erfreuen" (Lektion 26), **обложиться** (diese Lektion, Satz 20) "sich mit etw. umgeben" und **зарости** (Satz 21) "zugewachsen (mit)" stehen mit dem Instrumental. Er drückt bekanntlich die Art und Weise aus, wie etwas ausgeführt wird.

⑪ Die Wurzel **рас(т)** findet sich im Verb **расти** "wachsen" und seinen Ableitungen: **растение** "Pflanze"; **зарасти** "(mit etw.) bewachsen/überwuchert sein". In der Vergangenheitsform ändert sich die Wurzel dieser Verben (und einiger abgeleiteter Wörter) zu **рос(т)**: **он быстро рос** "er wuchs schnell"; **поляна заросла травой** "die Lichtung war mit Gras bewachsen/bedeckt".

⑫ **горечь** "Bitterkeit" ist im grammatikalischen Sinne weiblich.

Решение первого задания: Вы поняли?

❶ Ich möchte meinen Kindern in den Ferien einige interessante Bücher zu lesen geben (schenken). – Ich werde dir jetzt ein paar der unter Teenagern beliebtesten heraussuchen. ❷ Sie verbringen Ihre Zeit mit Spaß und Spiel, während ich in meinem Zimmer sitze, umgeben von Nachschlagewerken und Büchern. ❸ Diese Märkte haben eine unterschiedliche Dynamik, daher wäre es falsch, anzunehmen, dass sie dieselben Möglichkeiten (Chancen) haben. ❹ Um fair zu sein, muss man sagen, dass man vor seinen Erfindungen auf die Knie fallen kann: Er ist ein echtes Genie! ❺ Er sagte, er zweifle nicht an ihren Fähigkeiten, aber tief im Inneren (aber in Tiefe Seele) wusste er, dass er das nur sagte, damit sie nicht nervös wurde.

Второе задание: Вставьте пропущенные слова!

1. Was für ein unheimliches Spiel: Da ist so viel Blut ... – Ja, aber es ist das beliebteste Spiel unter Teenagern.

   Какая жуткая ___: в ___ столько ___ ... – Да, но она ___ самой ___ ___ среди ___.

2. Wir haben ihm zum Geburtstag eine Spielkonsole und viele Spiele gekauft. – Glaubst du, dass das eine gute Idee ist? Er ist 45 Jahre alt ...

   Мы купили ему ___ день ___ игровую ___ и ___ ___. – Ты ___, это хорошая ___? ___ ведь 45 ___ ...

Lehnwörter

Seit Jahrhunderten finden Wörter aus anderen Sprachen Eingang ins Russische, darunter solche aus dem Finnischen und aus skandinavischen Sprachen. Auch aus mitteleuropäischen Sprachen kamen Wörter hinzu, v. a. aus dem Deutschen: **бутерброд** "Butterbrot", **галстук** "Krawatte" (von "Halstuch"); **картофель** "Kartoffel"; **шляпа** "Hut" (von "Schlapphut"), **шнур** "Schnur" usw. und aus dem Niederländischen (**руль** "Ruder, Lenkrad"; **флаг** "Flagge", usw.). Darüber hinaus finden sich englischstämmige Begriffe (**виски** "Whisky"; **вокзал** "Bahnhof" (von "Vauxhall", einem Eisenbahnknotenpunkt in London); **лидер** "(An)Führer"; **сквер** "Platz", usw.). In jüngerer Zeit sind viele Begriffe aus der Technologie und der Wirtschaft ins Russische eingewandert, wie z. B. **бизнес** "Geschäft"; **брокер** "Makler"; **логин** "Login"; **офшор** "Off-Shore"; **пиар** "PR"; **промоутер** "Promoter"; **хакер** "Hacker"; **хостинг** "Hosting". Italienische Ursprünge erkennt man in musikalischen Begriffen (**ария** "Arie"; **либретто** "Libretto"), aber auch z. B. in **валюта** "Währung"; **вилла** "Villa"; **макароны** "Makkaroni"; **спаржа** "Spargel" usw. Vor allem im 19. Jahrhundert hat das Russische Begriffe aus dem Französischen entlehnt: **браслет** "Armband"; **кастрюля** "Kochtopf"; **крем** "Sahne"; **люстра** "Lüster, Kronleuchter"; **репертуар** "Repertoire"; **сюжет** "Sujet, Thema" usw.

❸ Ich glaube, unserem Nachbarn ist etwas passiert. Ich habe ihn gestern getroffen: Sein Gesicht ist sehr hager geworden, er hat abgenommen und [sein Gesicht] ist mit Bartstoppeln übersät.

Думаю, у ________ ________ что-то ________. Я встретил его вчера: его ________ сильно ________, он ________ и весь ________ щетиной.

❹ Nun, das Spiel ist vorbei! Was machen [wir] jetzt? – [Wir] müssen von vorne beginnen, und im nächsten Level hast du die Möglichkeit, deinen Fortschritt im Spiel zu speichern.

Ну вот, ________ ________! И что теперь делать? – Нужно ________ ________, а на ________ ________ будет ________ сохранения твоего ________ в игре.

❺ Ich habe in den heutigen Nachrichten gesehen, dass die Polizei ein verlassenes (vergessenes) Haus gefunden hat, in dem eine riesige Menge an Pistolen, Maschinengewehren und sogar ein paar Panzerfäuste waren.

Я видела в ________ ________, что милиция нашла какой-то забытый дом, в ________ было огромное ________ ________, ________ и даже несколько ________.

Решение второго задания: Пропущенные слова.

❶ – игра – ней – крови – является – популярной игрой – подростков ❷ – на – рождения – приставку – множество игр – думаешь – идея – Ему – лет ❸ – нашего соседа – случилось – лицо – осунулось – похудел – зарос – ❹ – игра окончена – начинать заново – следующем уровне – возможность – продвижения – ❺ – сегодняшних новостях – котором – количество пистолетов, автоматов – базук

28 Двадцать восьмой урок

Повторение – Wiederholung

1. Substantive

1.1 Zusammengesetzte Wörter

Wir wollen nun die zusammengesetzten Wörter wiederholen, die wir in den letzten Lektionen kennengelernt haben:

• Sie haben bereits gesehen, dass der Vokal **о** zwei Elemente eines zusammengesetzten Wortes verbindet:

разно**сторонний** "vielseitig"; **диск**о**вод** "CD-Laufwerk" usw.

Beachten Sie, dass dieses **о** die Verbindung nach harten Konsonanten (außer **ж**, **ш** und **ц**) darstellt. Nach anderen Konsonanten (einschließlich **ж**, **ш** und **ц**) wird dieses **о** durch **е** ersetzt:

птице**лов** "Vogelfänger" (**птица** "Vogel", **ловить** "fangen");

земле**коп** "Erdarbeiter" (**земля** "Erde, Boden", **-л** wird durch **я**-abgeschwächt, **копать** "graben").

• Einige Wörter schieben keinen Verbindungsvokal ein:

времяи**счисление** "Kalender" (**время** "Zeit"; **исчисление** "Berechnung").

• Ist der erste Teil des zusammengesetzten Wortes eine Zahl (außer **один**, **девяносто**, **сто**, **тысяча**), wird diese in den Genitiv gesetzt und ersetzt den Verbindungsvokal:

пятим**етровый** "fünfmetrig" (**пять** "fünf" + **-метровый**, abgeleitetes Adjektiv auf der Basis von **метр** "Meter").

Es gibt jedoch Ausnahmen.

• Wörter, deren erster Teil **пол-** "halb-/Hälfte" lautet, werden als ein Wort geschrieben, wenn der zweite Teil mit einem Konsonanten beginnt, und als zwei Wörter (mit Bindestrich), wenn der zweite Teil mit einem Vokal beginnt:

полч**аса** "(eine) halbe Stunde";

пол-о**гурца** "(eine) halbe Gurke".

1.2 Konsonantenwechsel im Wortstamm

In den letzten sechs Lektionen haben Sie Konsonantenveränderungen am Ende des Wortstamms einiger Wörter beobachtet, wenn Diminutivsuffixe hinzugefügt werden. Diese Beispiele zeigen die häufigsten Fälle:

• **г → ж**:

долг "Pflicht, Schuld(en)"	→	**дол**жок "geringe Pflicht, kleine Schuld(en)"
друг "Freund"	→	**дру**жок "Freundchen"
пирог "Kuchen"	→	**пиро**жок "Pirogge, Teigtasche"
сапог "Stiefel"	→	**сапо**жок "Nikolausstiefel, Stiefelchen"
снег "Schnee"	→	**сне**жок "leichter Schnee, Schneeball"
дуг**а** "Bogen"	→	**ду**жк**а** "Henkel, Bügel"
телег**а** "Leiterwagen, Karren"	→	**теле**жк**а** "Einkaufswagen, Karre"

• **к → ч**:

звонок "Klingel, Glocke"	→	**звоно**чек "Glöckchen"
каток "Eisfläche, Schlittschuhbahn"	→	**като**чек "kleine Eisfläche"
охотник "Jäger"	→	**охотни**чек "Jägerlein"
подарок "Geschenk"	→	**подаро**чек "kleines Geschenk"
цветок "Blume"	→	**цвето**чек "Blümchen"
человек "Mann, Mensch"	→	**челове**чек "Männchen, Menschlein"
ящик "Kasten, Kiste"	→	**ящи**чек "Kästchen"
лук "Zwiebel"	→	**лу**чок "Zwiebelchen"
рюмк**а** "Wein-, Schnapsglas"	→	**рюм**очк**а** "Wein-, Schnapsgläschen"
собак**а** "Hund"	→	**соба**чк**а** "Hündchen"
молок**о** "Milch"	→	**моло**чк**о** "Lotion"

• **х → ш**:

петух "Hahn"	→	**пету**шок "Hähnchen"
пух "Daune"	→	**пу**шок "Flaum"
мух**а** "Fliege"	→	**му**шк**а** "kleine Fliege"
ух**о** "Ohr"	→	**у**шко "Öhrchen"

2. Pronomen

2.1 Interrogativpronomen чей

Das Interrogativ-Possessivpronomen **чей** "wessen" gleicht sich in Zahl, Geschlecht und Fall an das zugehörige Objekt an. Hier seine vollständige Deklination:

	Maskulinum	Neutrum	Femininum	Plural
Nom.	**чей**	**чьё**	**чья**	**чьи**
Gen.	**чьего**		**чьей**	**чьих**
Dat.	**чьему**		**чьей**	**чьим**
Akk.	Nom. oder Gen.		**чью**	Nom. oder Gen.
Instr.	**чьим**		**чьей**	**чьими**
Lok.	**чьём**		**чьей**	**чьих**

Das Maskulinum und das Neutrum unterscheiden sich nur im Nominativ und Genitiv, wenn das männliche Objekt belebt ist. Die Deklinationsbasis lautet für alle Fälle **чь-**, mit Ausnahme des Nominativ Maskulinum. **Чей** steht meist am Satzanfang; häufig folgt ihm **это**:

Чьи это дети? "Wessen Kinder sind das?";

Ты знаешь, с чьей дочерью ты встречаешься?
"Weißt du, mit wessen Tochter du dich triffst?"

2.2 Relativpronomen который

Который steht in Verbindung zu einem im Hauptsatz vorkommenden Substantiv und stimmt mit diesem in Geschlecht, Fall und Zahl überein. Es wird v. a. verwendet, um Wiederholungen zu vermeiden. Es bezieht sich immer auf ein Verb oder ein Substantiv im Relativsatz.

Normalerweise steht es am Beginn des Relativsatzes oder direkt nach dem Objekt des Satzes:

Могу я взять книгу, которую **ты показал мне / о** которой **ты мне говорил?**
"Kann ich das Buch haben, das du mir gezeigt hast / von dem du mir erzählt hast (sprachst)?"

Который ersetzt hier **книгу**. Es steht somit für:

ты показал мне книгу.

который bezieht sich auf das Verb (**показал**, **говорил**) und steht somit am Beginn des Relativsatzes.

Beachten Sie, dass auch die Präposition vor **которой** anzeigt, dass es sich auf ein Verb bezieht, denn **говорить о** "von/über [etwas] sprechen" verlangt die Präposition **о**.

Я встретил твоего друга, книгу которого **ты мне показывал / о книге** которого **ты мне говорил**
"Ich habe deinen Freund getroffen, [dessen] Buch du mir gezeigt hast / von [dessen] Buch du mir erzählt hast (sprachst)".

Который ersetzt hier **друга**. Es steht also für:

ты мне показывал книгу друга.

который bezieht sich auf das Substantiv (**книгу**) und steht somit hinter diesem im Relativsatz.

3. Verben

3.1 Grundsätzliche Informationen zu den Aspekten

• Unvollendeter Aspekt
Unvollendete Verben – speziell, wenn man sie in der Vergangenheit verwendet – drücken eine Handlung aus, die eine gewisse Zeit lang angedauert hat oder wiederholt bzw. nicht zu Ende ausgeführt wurde. Wenn wir unvollendete Verben verwenden, geht es um die Handlung selbst. In einem Satz wie

Вчера Олег писал маме письмо.
"Gestern schrieb Oleg einen Brief an Mutter" / "Gestern hat Oleg einen Brief an Mutter geschrieben"

interessiert uns also nur der Verlauf der Handlung, aber nicht, ob Oleg den Brief zu Ende geschrieben hat.

Einige Signalwörter, die die Gewohnheit, Regelmäßigkeit oder Wiederholung usw. ausdrücken, werden nur mit unvollendeten Verben (in der Vergangenheit oder in der Gegenwart) verwendet, weil sie die Handlung und ihren Verlauf betonen:

Они всегда уходят в отпуск в августе.
"Sie fahren immer im August in den Urlaub";

Каждое утро она бегает.
"Sie joggt (rennt) jeden Morgen".

• Vollendeter Aspekt
Vollendete Verben drücken eine Handlung aus, die vollständig abgeschlossen ist. Einige Linguisten unterteilen die Handlung eines vollendeten Verbs in drei Phasen: der Beginn der Handlung, die Entfaltung der Handlung und das Ende der Handlung (deren Ergebnis eindeutig ist). Wichtig bei vollendeten Verben ist aber – wie oben gesagt – der Abschluss der Handlung:

Вчера Олег написал маме письмо.
"Gestern schrieb Oleg einen Brief an Mutter" / "Gestern hat Oleg einen Brief an Mutter geschrieben".

Der Brief wurde letztlich fertig geschrieben; die Handlung wurde also zu Ende ausgeführt.

Wir werden im weiteren Verlauf des Kurses auf die spezifischere Bedeutung von Aspekten zurückkommen, um Ihnen die Möglichkeit zu geben, diese kennenzulernen und sie intuitiv richtig zu verwenden.

3.2 Verben, die nur einen Aspekt kennen

Einige Verben bilden keine Aspektpaare. Wir haben gesehen, dass dies u. a. bei dem unvollendeten Verb **любить** "lieben" der Fall ist (Lektion 27). Wie bereits erwähnt, würde das Hinzufügen eines Präfixes die Bedeutung dieses Verbs verändern und es u. U. auch zu einem vollendeten Verb machen, aber grundsätzlich hat es nur einen Aspekt. Verben, die ein Aspektpaar bilden, sind entsprechend diejenigen, die Handlungen ausdrücken, bei denen ein Ziel oder ein Ergebnis erreicht werden kann:

делать упражнение "eine Übung machen"
(im Vordergrund steht die Dauer der Handlung)

≠ сделать упражнение "eine Übung machen"
(im Vordergrund steht der Abschluss der Übung).

Unvollendete Verben, bei denen nicht das Erreichen eines Resultats betont wird, besitzen keine vollendete Form. Hierzu gehören z. B. Verben, die einen Ort, einen Zustand, eine Beschäftigung oder ein Gefühl ausdrücken:

быть "sein"; **находиться** "sich befinden";
работать "arbeiten (als)"; **радоваться** "sich freuen".

4. Präpositionen

Die Präpositionen **среди** "unter, inmitten von" und **посредством** "mittels, mithilfe (von)" verlangen den Genitiv:

Именно здесь среди **друзей ей было хорошо.**
"Genau hier, unter ihren Freunden, fühlte sie sich wohl".

Эта терапия предлагает клиентам забыть о заботах посредством **новых ощущений.**
"Diese Therapie bietet den Klienten an, ihre Sorgen mittels neuer Sinneseindrücke zu vergessen".

Заключительный диалог – Wiederholungsdialog

1 – Благодаря тебе я получил доступ к неограниченному объёму информации.

2 – Спасибо всемирной паутине, а не мне: я сама нашла этот сайт на каком-то форуме.

3 Как только мне подключили Интернет, я создала свой блог, на котором я теперь советую подобные интересные ресурсы.

4 Кстати, мой блог стал достаточно известным и привлекает огромное количество пользователей всех возрастов.

5 – А я только делаю первые шаги в Интернете, только окрыл для себя электронную почту.

6 Оказалось, что кроме обычного текста по электронной почте можно передавать фотографии и звуковые сообщения.

7 – Конечно, да и любые другие файлы.

8 – Но несмотря на все блага, которые нам дарит компьютер, есть и свои проблемы.

9 У меня сгорел системный блок, пришлось тащить его в мастерскую, а он тяжёлый…

10 – У меня ноутбук; с ним, конечно, проще, в мастерскую носить нетяжело.

11 Но тут свои минусы: иногда не могу найти свой лэптоп, а это значит, что мой сын играет онлайн!

12 Знаешь, в сети столько игр для подростков, и их от Интернета за уши не оттащишь.

13 Справедливости ради надо сказать, что он в сети не только забавляется, но и много работает.

14 – Весь в маму! В глубине души никогда не сомневался в талантах твоих чад.

15 – Дочери моей компьютеры и программирование до лампочки, она диджей!

16 Уже почти два года работает на радио, в музыкальной передаче по заявкам радиослушателей.

17 – Везёт же людям! Я сам меломан, всегда мечтал стать диджеем.

18 – Может быть, я недооценивала эту профессию, но сначала я ругалась про себя, хотела, чтобы она стала кем-то другим,

19 а теперь поняла, что она настоящий специалист, и смотрю на неё, разинув рот.

20 – Хорошо, что ты это поняла, а то родители всегда сомневаются в способностях своих деток.

Übersetzung

1 – Dank dir habe ich Zugang zu einer unbegrenzten Menge an Informationen erhalten. **2** – Danke dem World Wide Web und nicht mir: Ich habe diese Seite selbst in irgendeinem Forum gefunden. **3** Sobald [man] mich mit dem Internet verbunden hatte, erstellte ich meinen eigenen Blog, in dem ich jetzt derartige interessante Ressourcen teile (berate). **4** Mein Blog ist übrigens ziemlich berühmt geworden und zieht eine große Anzahl von Nutzern aller Altersgruppen an. **5** – Und ich mache erst meine ersten Schritte im Internet, ich habe gerade erst die E-Mail für mich (sich) entdeckt. **6** Es stellte sich heraus, dass [man] neben reinem Text auch Fotos und Sprachnachrichten (Ton- Mitteilungen) per E-Mail versenden kann. **7** – Natürlich, ja und [auch] alle anderen Dateien. **8** – Aber trotz aller Vorteile, die der Computer uns bietet, gibt es auch (seine) Probleme. **9** Mein Rechner (systemisch Block) ist durchgebrannt, ich musste ihn in die Werkstatt schleppen, und er ist schwer ... **10** – Ich habe ein Notebook; damit (mit ihm) ist es natürlich einfacher, es ist nicht so schwer, um es in die Werkstatt zu tragen. **11** Aber es hat auch seine Nachteile: Manchmal kann ich meinen Laptop nicht finden, was bedeutet, dass mein Sohn online spielt! **12** Weißt du, es gibt so viele Online-Spiele (in Netz so-viele Spiele) für Jugendliche, und du kannst sie nicht an den Ohren vom Internet wegziehen. **13** Um fair zu sein (Gerechtigkeit wegen), muss man sagen, er amüsiert sich nicht nur im Netz, er arbeitet [auch] viel. **14** – Genau wie seine Mutter! Ich habe tief im Inneren (in Tiefe Seele) nie an den Talenten deiner Kinder gezweifelt. **15** – Meiner Tochter sind Computer und das Programmieren schnuppe, sie ist DJ! **16** Sie arbeitet seit fast zwei Jahren beim Radio für eine Musiksendung, in der von Hörern gewünschte [Lieder gespielt werden]. **17** – [Manche] Menschen haben [wirklich] Glück! Ich bin selbst ein Musikliebhaber, ich habe immer davon geträumt, DJ zu werden. **18** – Vielleicht habe ich diesen Beruf unterschätzt, aber anfangs habe ich vor mich hin geschimpft, ich wollte, dass sie etwas anderes wird, **19** doch mittlerweile (und jetzt) habe ich gemerkt, dass sie eine echte Expertin (Spezialist) ist, und ich schaue sie staunend (aufreißend Mund) an. **20** – Es ist gut, dass du das erkannt hast, denn (und das) Eltern zweifeln immer an den Fähigkeiten ihrer Kinder.

29 Двадцать девятый урок

Фотосессия

1 – Долго мы ещё здесь будем торчать? У меня затекли ноги и шея. ①

2 – Подожди ещё капельку, нам надо дождаться хорошего естественного освещения, солнце уже почти взошло. ②

3 – Окно настежь раскрыто, а тут сквозняки повсюду... ③ ④

4 – Перестань ныть! Надо, чтобы твой силуэт отчётливо вырисовывался на фоне восходящего солнца.

5 – А ты не боишься, что в этом ракурсе фотку засветишь?

6 – Я сейчас настрою яркость, контраст отрегулирую, а если плохо будет выходить, попробуем и со вспышкой.

7 Я вставил в фотик очень мощную карту памяти, поэтому можем щёлкать сколько влезет! ⑤

ПРИМЕЧАНИЕ

① **затечь** "einschlafen, steif werden, anschwellen" (v.) wird ausgehend von **течь** "fließen, strömen" gebildet und verhält sich wie alle Verben auf **-чь**. Es ersetzt die Endung der 1. Person Singular und der 3. Person Plural sowie die Perfektformen (unabhängig von der Person) durch **-к-**: **Что это за звук? – На кухне течёт вода** "Was ist das für ein Geräusch? – In der Küche läuft das Wasser"; **У меня затекла правая рука** "Mein rechter Arm ist eingeschlafen".

29. Lektion

Fotoshooting

1 – Wie lange werden wir hier noch festsitzen? (Lange wir noch hier werden hervorstehen?) Meine Beine und mein Nacken sind [schon] steif.

2 – Warte noch ein Momentchen (Tröpfchen), wir müssen auf gutes natürliches Licht warten, die Sonne ist schon fast aufgegangen.

3 – Das Fenster ist sperrangelweit geöffnet und es zieht überall (und hier Luftzüge überall) …

4 – Hör auf zu jammern! Deine Silhouette soll sich deutlich von der aufgehenden Sonne abheben (auf Hintergrund aufgehender Sonne).

5 – Und hast du keine Angst, dass du in diesem Winkel [gegen das Licht] fotografierst (belichtest)?

6 – Ich stelle jetzt [mal] die Helligkeit und den Kontrast ein, und wenn es schlecht wird (schlecht wird hinausgehen), versuchen wir es mit Blitz.

7 Ich habe eine sehr leistungsfähige Speicherkarte in die Kamera gesteckt, daher können wir so viel knipsen, wie wir wollen (klicken wie-viel wird-hineingehen)!

② **капелька** "Tröpfchen": Diminutiv von **капля** "Tropfen". Hierbei wird ein Weichheitszeichen eingefügt (wegen des **я** im Ursprungswort) sowie das bewegliche **e**, das die Aussprache vereinfachen soll. Im Genitiv Plural wird aus lautlichen Gründen bei beiden Formen ein weiteres **e** eingeschoben: **капель**, **капелек**.

③ **настежь** "sperrangelweit (geöffnet)" ist ein Adverb. Nach Zischlauten wird bei Adverbien ein Weichheitszeichen angefügt: **настежь**.

④ Adverbien, die auf **-у** enden, werden mit dem Präfix **по-** ergänzt: **повсюду**.

⑤ **Фотоаппарат** kennt die umgangssprachliche Kurzform **фотик**.

8 Потом на компьютере посмотрим все фотографии, выберем лучшие, а остальные удалим.

9 С цифровым фотоаппаратом жизнь стала намного проще: в плёнке, помню, было максимум 36 кадров, да и если испортил, то всё, уже не сотрёшь.

10 – Какой же ты болтливый… как сорока, честное слово!

11 Займись лучше делом, мне всё равно, как ты это будешь делать, мне важен результат. ⑥

12 Подготовь, пожалуйста, сразу всё, чтобы не прозевать твоё суперосвещение, а то я тебя знаю: 3 часа в настройках будешь копаться … ⑦ ⑧

13 И не забудь, пожалуйста, сделать крупный план моего лица, чтобы отразить глубину моих глаз…

14 – Я никогда ничего не забываю: смотри, даже специальный объектив для этого взял. ⑨

15 – А можно я сделаю одну пробную фотографию?

ПРИМЕЧАНИЕ

⑥ Die Betonung verändert sich im Zuge der Beugung auf eine mitunter unvorhersehbare Weise. Es gibt keine wirklichen Betonungsregeln, aber Sie können Wörter nach ihrem Betonungsmuster unterteilen. Das Adjektiv **важен** "wichtig" wird im Maskulinum und Neutrum auf dem Stamm betont, im Femininum auf der Endung: **важна**. Im Plural werden beide Varianten akzeptiert.

⑦ **суперосвещение** "Superbeleuchtung": Die Vorsilbe **супер-** kann auch anderen geeigneten Wörtern vorangestellt werden.

8 Dann sehen wir uns alle Bilder auf dem Computer an, wählen die besten aus und löschen den Rest.

9 Mit einer Digitalkamera wurde das Leben viel einfacher: Bei [analogen] Filmstreifen, so erinnere ich mich, gab es höchstens 36 Bilder (Aufnahmen), und wenn man [etwas] vermurkst [hat], war's das (das alles), [man konnte es] nicht löschen.

10 – Du bist so gesprächig ... wie eine Elster, ehrlich (ehrlich Wort)!

11 Mach deinen Job (Beschäftige-dich besser Sache), es ist mir egal, wie du ihn machst, mich interessiert das Ergebnis (mir wichtig Resultat).

12 Bitte bereite alles auf einmal vor, damit du nicht deine Superbeleuchtung verpasst, denn ich kenne dich, du wirst drei Stunden [lang] die Einstellungen durchgehen (drei Stunden in Abstimmungen wirst wühlen) ...

13 Und bitte vergiss nicht, eine Nahaufnahme von meinem Gesicht zu machen, um die Tiefe meiner Augen wiederzugeben ...

14 – Ich vergesse nie etwas: Schau, ich habe sogar ein spezielles Objektiv dafür genommen.

15 – Kann ich [mal] ein Testfoto machen?

⑧ **копаться** "wühlen, kramen" (uv.) kann auch im Sinne von "trödeln" verwendet werden: **Почему ты копаешься в моём ящике?** "Warum wühlst du in meiner Schublade?"; **Что же ты так долго копаешься!** "Was trödelst du denn so lange?!"

⑨ Bei Entlehnungen und Wörtern, die mit Präfixen aus einer Fremdsprache gebildet werden, trennt das Härtezeichen das Präfix (sofern es mit einem Konsonanten endet) und den Rest des Wortes, der mit den Vokalbuchstaben **я**, **ё**, **е** oder **ю** beginnt: **объектив** "Objektiv". Dadurch erweicht **б** nicht beim Kontakt mit dem nachfolgenden **е**, sondern wird hart gesprochen: [*ÅBJEKTÍF*].

16 – Держ**и** фотоаппар**а**т двум**я** рук**а**ми, **и**ли нет, пов**е**сь ег**о** на ш**е**ю, чт**о**бы не урон**и**ть, он ст**о**ит ц**е**лое состо**я**ние… ⑩ ⑪

17 См**о**тришь **и**ли в объект**и**в, **и**ли на экр**а**н… смотр**и**, чтоб я был в к**а**дре.

18 Кн**о**пку з**у**ма нашл**а**? Р**е**зкость настр**о**ила? Тогд**а** жми на кн**о**пку в ц**е**нтре.

19 – Стр**а**нно: объект**и**в я откр**ы**ла, но всё равн**о** ничег**о** не в**и**дно и батар**е**йка как**а**я-то на экр**а**не миг**а**ет…

20 – Чёрт побер**и**! Батар**е**йка с**е**ла! Дав**а**й скор**е**е ст**а**вить фотоаппар**а**т на зар**я**дку!

21 Да где же он**а**? Был**а** ведь в чехл**е**…

22 Предлаг**а**ю устр**о**ить н**а**шу фотосъ**ё**мку з**а**втра, а то сег**о**дня с**о**лнце как**о**е-то чересч**у**р **я**ркое… ⑫

23 – Уш**а**м сво**и**м не в**е**рю! Ты заб**ы**л зар**я**дку, а теп**е**рь выд**у**мываешь вс**я**кую чушь, чт**о**бы оправд**а**ться…

24 **Е**сли бы **я** её заб**ы**ла, ты бы мен**я** уб**и**л, а теб**е** всё в**е**чно с рук сх**о**дит!

16 – Halte die Kamera mit beiden Händen, oder nein (nicht), hänge sie dir um den Hals, damit du sie nicht fallen lässt, sie kostet ein Vermögen (ganzes Vermögen) …

17 Entweder du schaust durch (in) das Objektiv oder auf den Bildschirm ... sieh [zu,] dass ich im Bild bin.

18 Hast du die Zoomtaste gefunden? Hast du die Schärfe eingestellt? Drück dann die Taste in der Mitte.

19 – Seltsam: Ich habe das Objektiv geöffnet, aber ich kann immer (alles gleich) noch nichts sehen und irgend so eine Batterie auf dem Bildschirm blinkt ...

20 – Verdammt! Die Batterie ist leer! Beeilen wir uns (Gib schneller) und laden (stellen) die Kamera mit (auf) dem Ladegerät auf!

21 Aber wo ist sie? Sie war doch in der Tasche (Etui) …

22 Ich schlage vor, wir machen unser Fotoshooting morgen, denn heute ist die Sonne ein bisschen (welcher-das) zu hell …

23 – Das gibt's doch nicht! (Ohren eigene nicht glaube!) Du hast dein Ladegerät vergessen und jetzt erfindest du Mist (jeden Unsinn), um dich zu rechtfertigen …

24 Wenn *ich* es vergessen hätte, würdest du mich umbringen, und du kommst immer damit durch (dir alles ewig mit Arme hinuntergeht)!

ПРИМЕЧАНИЕ

⑩ Wir haben bereits in Lektion 18 darüber gesprochen, dass sich bei manchen Verben die vollendete und die unvollendete Form stark voneinander unterscheiden, so z. B. bei **брать** (uv.) und **взять** (v.) für "nehmen" (Satz 14) oder **вешать** (uv.) und **повесить** (v.) "(auf-/um)hängen".

⑪ **уронить** kann "fallen lassen" als auch "zum Fallen bringen" (v.) bedeuten.

⑫ Bei **чересчур** handelt es sich um das umgangssprachliche Pendant zu **слишком** "allzu (sehr)".

Первое задание: Вы понимаете эти предложения?

① Нет, ну честное слово – ты болтливая, как сорока. Займись лучше делом! ② Он потерял цифровой фотоаппарат, который стоит целое состояние, а ему опять всё сошло с рук? ③ Сделай крупный план дома, чтобы он отчётливо вырисовывался на фоне восходящего солнца. ④ Не верю своим глазам, ты всё ещё не спишь? Солнце уже почти взошло, а ты всё читаешь. ⑤ Надоело мне здесь торчать, всё равно батарейка почти села, да и без хорошего освещения ничего не получится, а солнце ещё не взошло.

Второе задание: Вставьте пропущенные слова!

❶ Mit (Auf) einer Digitalkamera kann man knipsen, so viel man will (hineingeht), wenn man (bei Ihnen/euch) eine leistungsfähige Speicherkarte hat.

На ……… фотоаппарат можно ……… сколько ………, если у вас ……… карта ……….

❷ Versuche, mich mit dem Blitzlicht zu fotografieren, aber beeil dich (nur schneller), denn meine Beine und mein Nacken sind schon steif. – Warte noch ein Momentchen (Tröpfchen).

Попробуй ……… меня ……… ………, ……… скорее, а то у меня уже ……… ……… и ………. – Подожди ещё ……….

❸ Leg das Ladegerät in die Tasche (Etui): Der Akku ist leer, aber hier gibt es sowieso keine Steckdose. – Verdammt!

Положи ……… в ………: ……… ………, но здесь всё равно нет ………. – ……… побери!

Решение первого задания: Вы поняли?

❶ Nein, ehrlich, du bist so geschwätzig wie eine Elster. Mach [besser] deinen Job! ❷ Er hat eine Digitalkamera verloren, die ein Vermögen gekostet hat, und er ist wieder [damit] durchgekommen? ❸ Mach eine Nahaufnahme des Hauses, damit es sich vor dem Hintergrund der aufgehenden Sonne deutlich abhebt. ❹ Ich traue meinen (glaube eigene) Augen nicht, du schläfst immer noch nicht? Die Sonne ist fast aufgegangen und du liest noch immer. ❺ Ich habe es satt, hier festzusitzen, mein Akku ist sowieso fast leer, und ohne gutes Licht wird das ohnehin nichts, und die Sonne ist noch nicht aufgegangen.

❹ Wie [kann ich] die Helligkeit einstellen und den Kontrast anpassen? – Ich weiß [es] nicht, geh die Einstellungen durch.

Как ___ ___
и ___
___? – Не знаю,
___ в ___.

❺ Oh, wie kalt es bei euch ist, und auch das Fenster ist sperrangelweit geöffnet. – Es ist nicht [wegen] des Fensters, es zieht nur überall.

Ой, как ___ ___ ___, да ___
и окно ___ ___.
– Это не ___-___ окна, здесь просто
___ ___.

Решение второго задания: Пропущенные слова.

❶ – цифровой – щёлкать – влезет – мощная – памяти ❷ – сфотографировать – со вспышкой, только – затекли ноги – шея – капельку ❸ – зарядку – чехол – батарейка села – розетки – Чёрт – ❹ – настроить яркость – отрегулировать контраст – покопайся – настройках ❺ – у вас холодно – ещё – настежь раскрыто – из-за – сквозняки повсюду

30 Тридцатый урок

Хитрый, как лиса

1 – Что это ты проснулся ни свет ни заря? ①

2 – У меня давно вошло в привычку вставать с первыми петухами.

3 – Что-то раньше за тобой такого не замечалось.

4 Ну и ну! Ты и на стол накрыл... Определённо–ты подлизываешься!

5 Ой, а завтрак какой – пальчики оближешь, у меня слюнки потекли. ② ③

6 Ладно, выкладывай, чем заслужила такое обращение?

7 – Вчера в школе мы проходили животный мир: земноводных, пауков, пресмыкающихся.

8 Это занятие вдохновило меня, я думаю, что я стану ветеринаром, буду спасать кошек там разных, хомяков и морских свинок...

9 – Так, ну подожди, ведь ветеринар лечит также и ежей и свиней, а иногда приходится иметь дело даже со змеями и ящерицами... ④

ПРИМЕЧАНИЕ

① Neben **не** "nicht" findet sich die Partikel **ни**, die meistens doppelt vorkommt und mit "nicht" bzw. "entweder ... oder" übersetzt wird: **ни рыба ни мясо** "weder Fisch noch Fleisch". Merken Sie sich auch **проснуться ни свет ни заря** "in aller Herrgottsfrühe aufwachen".

② Das Diminutiv **слюнки** wird wie eine Pluralform behandelt und leitet sich von **слюна** "Speichel" ab. Die reguläre Pluralform lautet **слюни**, sie endet also nicht – wie man erwarten würde – auf **-ы**.

30. Lektion

Schlau wie ein Fuchs

1 – Wieso stehst du denn schon in aller Herrgottsfrühe auf? (Was das du aufwachtest nicht Licht nicht Morgenrot?)

2 – Ich habe mir vor langer Zeit angewöhnt (ging in Gewohnheit), beim ersten Hahnenschrei aufzustehen (mit ersten Hähnen).

3 – Ich habe das vorher noch nicht bemerkt (für dir so nicht bemerkte-sich).

4 Wow! Du hast [ja] den Tisch gedeckt ... Du bemühst dich ja ganz schön! (Definitiv – du schmeichelst-dich-ein!)

5 Oh, was für ein Frühstück – mir läuft das Wasser im Mund zusammen (Fingerchen wirst-lecken, bei mich Speichelchen floss).

6 In Ordnung, sag mir (lege-aus), womit habe ich dies (solche Behandlung) verdient?

7 – Gestern haben wir in der Schule Tiere (tierische Welt) durchgenommen: Amphibien, Spinnen, Reptilien.

8 Dieser Kurs (Beschäftigung) hat mich inspiriert, ich glaube, ich werde Tierarzt, ich werde Katzen und so was (dort verschiedene), Hamster und Meerschweinchen (Meeres- Schweinchen) retten ...

9 – Na ja, Moment [mal], ein Tierarzt behandelt auch Igel und Schweine, und manchmal hat er sogar mit Schlangen und Eidechsen zu tun ...

③ **потечь** "fließen" (v.) verhält sich wie das unvollendete Gegenstück **течь**, d. h. das finale **-ч-** wird im Präsens in der 1. Person Singular und in der 3. Person Plural sowie im Perfekt (unabhängig von der Person) zu **-к-**.

④ Das **ё** in **ёж** "Igel" findet sich nur im Nominativ Singular. Bei den weiteren Formen liegt die Betonung auf der letzten Silbe. Für den Genitiv Plural findet sich anstelle von **-ов** die Endung **-ей**, da der Stamm auf einem Zischlaut endet: **ежей**.

10 – Фу, какая гадость! Я всех этих гадов не перевариваю... ⑤

11 – Наверное, тебе придётся хорошенько подумать, прежде чем определяться с будущей профессией. ⑥

12 – Про ветеринара я так, сдуру, сказал: просто хочу сходить в зоопарк,

13 думал, тебя так будет проще убедить, типа мне надо на животных сначала вблизи посмотреть... ⑦

14 – Вот насмешил! В зоопарк я тебя и так свожу, сама видела, афиши по всему городу расклеены: зебры, черепахи, медведи. ⑧

15 Но есть и другой вариант, на мой взгляд, ещё более интересный – можем сходить в цирк или в музей естествознания. ⑨

16 Только представь, в цирке – львы и тигры, прыгающие в огненные кольца, слоны, умеющие считать, ⑩ ⑪

ПРИМЕЧАНИЕ

⑤ **гад**: Sammelbegriff für "Amphibien und Reptilien", der umgangssprachlich auch im Sinne von "Scheusal" verwendet wird.

⑥ Prägen Sie sich die Rechtschreibung von **будущий** "zukünftig" gut ein. Selbst Muttersprachler schreiben es häufig fälschlicherweise mit **ю** nach **щ**. Vergleichen Sie dazu: **следующий** "nächster", aber **будущий**!

⑦ Adverbien, die mit dem Präfix **с**- beginnen, enden normalerweise auf -**а**: **сначала** "zuerst, von Anfang an". Doch in manchen Fällen gibt es auch Ausnahmen, die auf -**у** enden: **сдуру** "unüberlegt" (Satz 12).

10 – Pfui, wie eklig! Ich kann all diese Reptilien nicht ausstehen (nicht verdaue) …

11 – Du musst sicher gründlich nachdenken, bevor du dich für einen zukünftigen Beruf entscheidest.

12 – Das mit dem (über) Tierarzt habe ich halt nur so dahingesagt (aus-Dummheit): Ich will einfach in den Zoo gehen,

13 ich dachte, es wäre leichter, dich zu überzeugen, so nach dem Motto (Typ): Ich muss die Tiere erst einmal aus der Nähe sehen …

14 – Das ist lustig (zum-Lachen-brachtest)! In den Zoo nehme ich dich [gerne] mit, ich habe selbst die Plakate gesehen, die in der ganzen Stadt angeklebt sind: [samt] Zebras, Schildkröten, Bären.

15 Aber es gibt noch eine andere Möglichkeit (Variante), die meiner Meinung nach (auf meinen Blick) noch interessanter ist ... wir können in den Zirkus oder ins Naturkundemuseum gehen (Museum Naturwissenschaft).

16 Stell dir nur vor, im Zirkus [die] Löwen und Tiger, die durch (in) Feuerringe springen, Elefanten, die zählen können,

⑧ **расклеены** wird ausgehend von **расклеить** "(an)kleben" (v.) gebildet. In Lektion 18 haben Sie ein Verb mit der gleichen Wurzel gesehen: **наклеить** "(auf)kleben". Der Unterschied zwischen dem deutschen "auf-" und "an-" wird ebenfalls durch die Präfixe **на-** bzw. **рас-** ausgedrückt. **Они наклеили афишу на нашу дверь? – Не только: они расклеили их по всему городу!** "Haben sie Plakate auf unsere Tür geklebt? – Nicht nur das: Sie haben sie überall in der Stadt angeklebt!"

⑨ **цирк** [*TßÏRK*]: Hier klingt das **и** wie **ы**, da es nach **ц** steht.

⑩ **львы** ist der Nominativ Plural des maskulinen **лев** "Löwe". Der Wortstamm wird in allen Konjugationsformen zu **-ль**: **льву** (Dativ Singular), **львами** (Instrumental Plural) usw.

⑪ Viele neutrale Nomen folgen dem Betonungsmuster von **окно** "Fenster". Im Singular wird die letzte und im Plural die erste Silbe betont. Eine Ausnahme bildet **кольцо** "Ring", denn im Genitiv Plural liegt die Betonung auf der letzten Silbe: **колец**.

17 дрессир**о**ванные б**е**лки и лис**и**цы, выполн**я**ющие всевозм**о**жные тр**ю**ки. ⑫

18 А преим**у**щество муз**е**я в том, что там ко всем**у** пр**о**чему ты ув**и**дишь птиц и насек**о**мых.

19 – М**о**жно под**у**мать, я никогд**а** не в**и**дел комар**о**в и кузн**е**чиков!

20 Предлож**и** мне ещ**ё** посмотр**е**ть на б**о**жьих кор**о**вок и стрек**о**з. ⑬

21 – Зря ты так, там д**а**же м**у**хи **и**ли те же с**а**мые муравь**и** предст**а**влены так**и**е, как**и**х ты отрод**я**сь не в**и**дывал, отк**у**да-ниб**у**дь из М**е**ксики **и**ли **Ю**жной **А**фрики. ⑭

22 Ещ**ё** там есть огр**о**мный акв**а**риум с р**ы**бами, д**а**же дельф**и**нов и ак**у**л м**о**жно ув**и**деть.

23 А в одн**о**м из з**а**лов сто**я**т скел**е**т насто**я**щего кит**а** и ч**у**чело крокод**и**ла.

24 – Ух ты! А носор**о**га **и**ли бегем**о**та там т**о**же м**о**жно ув**и**деть? ⑮

25 – Ч**е**стно говор**я**, не п**о**мню, но хот**я** бы на карт**и**нках мы их т**о**чно найд**ё**м.

26 Ну что, по рук**а**м? ⑯

ПРИМЕЧАНИЕ

⑫ Die Begriffe **лиса** (im Titel) und **лисица** werden beide mit "Fuchs" übersetzt. **Лиса** kommt besonders im Sinne von "schlauer Fuchs" in Märchen vor.

⑬ Im Genitiv Plural der Diminutivform **коровка** (von **корова** "Kuh") wird aus phonetischen Gründen ein Vokal eingeschoben: **коров**о**к** (vgl. Lektion 14).

⑭ **Южная Африка** "Südafrika" bezeichnet sowohl die Region als auch konkret das Land. Für Letzteres findet sich auch **ЮАР – Южно-Африканская Республика** "Republik Südafrika".

17 dressierte Eichhörnchen und Füchse, die alle möglichen Tricks vollführen (ausführende alle-möglichen Tricks).

18 Und der Vorteil des Museums ist, dass du dort außerdem (in dem, dass dort zu allem) Vögel und Insekten sehen kannst (siehst).

19 – Man könnte denken, ich hätte noch nie Mücken oder Grashüpfer gesehen!

20 Schlag mir [doch auch] noch vor, dass ich Marienkäfer (Gottes- Kühchen) und Libellen sehe.

21 – Das solltest du nicht sagen (Unnütz du so), es gibt sogar Fliegen oder solche Ameisen (eigene Ameisen präsentiert solche), die du noch nie zuvor gesehen hast; von irgendwoher in Mexiko oder Südafrika.

22 Es gibt dort auch ein riesiges Aquarium mit Fischen, man kann sogar Delfine und Haie sehen.

23 Und in einem der Säle stehen ein echtes Walskelett und ein ausgestopftes Krokodil.

24 – Wow! Kann man dort auch ein Nashorn oder ein Flusspferd sehen?

25 – Ehrlich gesagt, ich erinnere mich nicht mehr, aber zumindest auf den Bildern werden wir sie sicher finden.

26 Na, dann wollen wir mal (auf Hände), [oder]?

⑮ Warum heißt das "Nashorn" **носорог**? **У него на носу рог!** "Es hat ein Horn auf der Nase!". Zwischen **нос** "Nase" und **рог** "Horn" steht der durchaus übliche Verbindungsvokal **о**.

⑯ Der Ausdruck **по рукам!** kann neben "Dann wollen wir mal!" oder "Dann mal los!" auch mit "Abgemacht!" übersetzt werden.

Jetzt, in den höheren Lektionen, kommen immer mehr Redewendungen und feststehende Ausdrücke vor. Assimilieren Sie diese immer im Ganzen, nicht als einzelne Wörter.

Первое задание: Вы понимаете эти предложения?

❶ Я сразу поняла, что ты подлизываешься. Ладно, выкладывай, что ты хочешь? ❷ В этом ресторане всё так вкусно, просто пальчики оближешь. У них в одном зале есть аквариум, из которого ты можешь выбрать себе на обед рыбу! ❸ Я сегодня проснулась ни свет ни заря. – А у меня давно вошло в привычку вставать с первыми петухами. ❹ Водил детей в цирк, им очень понравилось: там были дрессированные слоны, выполняющие всевозможные трюки, и медведи, катающиеся на велосипедах! ❺ Давай я сбегаю в магазин за едой, а ты накроешь на стол. По рукам? – Ты хитрый как лиса: чтобы накрыть на стол, надо помыть посуду…

Второе задание: Вставьте пропущенные слова!

❶ Warum sprichst du so mit mir? Ich (nicht-als) verdiene es nicht, so behandelt zu werden (solche Behandlung).

Почему ты ... ... так разговариваешь? Я ... не ... такого ... .

❷ Das ist lustig! (zum-Lachen-brachtest!) Du willst einen Löwen oder einen Tiger. Du magst nicht einmal Hunde und Katzen.

Вот ... ! Хочешь ... или ... . Да ты даже ... и ... не ... .

❸ Pfui, wie eklig! Warum ist eine Riesenechse in deinem Büro? – Ich bin Tierarzt, und manchmal habe ich sogar mit Schlangen zu tun.

... , какая ... ! Почему у тебя в кабинете ... ... ? – Я же ... , а иногда ... ... даже со ... .

Решение первого задания: Вы поняли?

① Ich wusste sofort, dass du dich einschmeichelst. In Ordnung, sag mir, was willst du? ② Alles in diesem Restaurant ist so lecker, mir läuft das Wasser im Mund zusammen (Fingerchen wirst-lecken). Sie haben ein Aquarium in einem Raum, in dem du dir deinen Fisch zum Mittagessen aussuchen kannst! ③ Ich bin heute Morgen in aller Herrgottsfrühe (nicht Licht nicht Morgenrot) aufgewacht. – Ich habe mir vor langer Zeit angewöhnt, beim ersten Hahnenschrei aufzustehen. ④ Ich habe die Kinder in den Zirkus mitgenommen, es hat ihnen sehr gefallen: Es gab dort dressierte Elefanten, die alle möglichen Tricks vollführten, und Bären, die Fahrrad fuhren (fahrend auf Fahrrädern)! ⑤ Los, ich werde einkaufen gehen (in Geschäft zu Essen), und du deckst den Tisch. Abgemacht? – Du bist schlau wie ein Fuchs: Um den Tisch zu decken, muss man [zuerst] das Geschirr abwaschen …

❹ Wie viele Mücken, Libellen und Grashüpfer es hier gibt! Ehrlich gesagt habe ich noch nie so viele Insekten an einem Ort gesehen.

Сколько здесь ________, ________ и ____________! Честно ______, я столько __________ в одном _____ ________ не видывал.

❺ In jedem Saal unseres Naturkundemuseums gibt es Tierskelette, in einem sogar ein echtes Walskelett und ein ausgestopftes Krokodil.

В каждом зале нашего музея ______________ стоят _______ ________, а в одном даже ______ настоящего ____ и ______ _________.

Решение второго задания: Пропущенные слова.

❶ – со мной – ничем – заслужил – обращения ❷ – насмешил – льва – тигра – собак – кошек – перевариваешь ❸ Фу – гадость – огромная ящерица – ветеринар – приходится иметь дело – змеями ❹ – комаров, стрекоз – кузнечиков – говоря – насекомых – месте отродясь – ❺ – естествознания – скелеты животных – скелет – кита – чучело крокодила

Die nächsten beiden Lektionen enthalten viele neue Wörter und relativ anspruchsvolles Vokabular aus der Arbeitswelt. Da die Sätze etwas länger sind und zahlreiche Partizipien vorkommen, sollten Sie sie in kleinere, sinnvolle Einheiten unter-

31 Тридцать первый урок

Свободная вакансия

1 Кр**у**пная росс**и**йская комп**а**ния, им**е**ющая сол**и**дный **о**пыт в прод**а**же эксклюз**и**вной м**е**бели л**у**чших европ**е**йских производ**и**телей, ① ②

2 а т**а**кже предлаг**а**ющая разраб**о**тку и реализ**а**цию диз**а**йновых реш**е**ний люб**о**й сл**о**жности, **и**щет м**е**неджера по подб**о**ру персон**а**ла.

3 В в**а**ши основн**ы**е об**я**занности б**у**дет вход**и**ть:

4 - наб**о**р сотр**у**дников на откр**ы**тые вак**а**нсии р**а**зного **у**ровня и в р**а**зных с**е**кторах д**е**ятельности (склад, отд**е**л прод**а**ж, **о**фис); ③ ④

ПРИМЕЧАНИЕ

① Verwechseln Sie nicht **компания** "Firma" (vom englischen *company*) und **кампания** "Kampagne" (z. B. bei Wahlen oder in der Werbung).

② Man kann **солидный** mit "solide, gründlich, echt", aber auch mit "angesehen" bzw. im übertragenen Sinne "langjährig" übersetzen: **солидная фирма** "angesehene Firma"; **солидный человек** "gründlicher Mensch"; **солидный опыт** "langjährige Erfahrung".

③ Bei **секторах** liegt die Betonung entweder auf dem **е** oder der letzten Silbe: [*ßJ***E***KTÅRrACH*] oder [*ßÍKTÅRr***A***CH*]. Beides ist zulässig.

teilen. Nehmen Sie sich Zeit, wiederholen Sie oft und hören Sie sich die Sätze immer wieder auf den Tonaufnahmen an. So werden Sie diese neue Etappe entspannt meistern.

31. Lektion

Freie Stelle

1 Bedeutendes russisches Unternehmen mit langjähriger (solide) Erfahrung im Verkauf exklusiver Möbel der besten europäischen Hersteller,

2 [das] auch die Entwicklung und Implementierung von Designlösungen beliebiger Komplexität (beliebig Schwierigkeiten) anbietet, sucht Manager für die Personalbeschaffung (auf Zusammenstellung Personals).

3 Zu Ihren Hauptaufgaben gehören (hauptsächliche Pflichten werden eintreten):

4 - Rekrutierung von Mitarbeitern für offene Stellen auf verschiedenen Ebenen und in verschiedenen Tätigkeitsbereichen (Sektoren Tätigkeiten) (Lager, Verkauf, Büro);

④ **продаж:** Genitiv Plural von **продажа** "Verkauf" (f.). Für den Genitiv Plural eines Wortes auf **-ж** benötigt man kein Weichheitszeichen. Wir gehen in der Wiederholungslektion näher darauf ein.

5 - провед**е**ние собес**е**дований, согласов**а**ние усл**о**вий приглаш**е**ния кандид**а**та на раб**о**ту, сбор рекоменд**а**ций;

6 - уч**а**стие в про**е**ктах, св**я**занных с адапт**а**цией, мотив**а**цией и обуч**е**нием персон**а**ла. ⑤

7 Н**а**ши тр**е**бования к кандид**а**ту: **вы**сшее образов**а**ние; ум**е**ние крас**и**во и пр**а**вильно говор**и**ть;

8 н**у**жен усп**е**шный **о**пыт раб**о**ты с персон**а**лом от 2 до 5 лет, ⑥

9 а т**а**кже **о**пыт провед**е**ния тр**е**нингов (тр**е**нинг прод**а**ж, л**и**дерский тр**е**нинг, тр**е**нинг по прод**у**кту) для лин**е**йных сотр**у**дников и для руковод**и**телей;

10 н**а**выки провед**е**ния интерв**ью** и оц**е**нки кандид**а**тов; ⑦

11 ум**е**ние раб**о**тать с больш**и**м объ**ё**мом информ**а**ции; ув**е**ренное влад**е**ние персон**а**льным комп**ью**тером. ⑧

12 Л**и**чные к**а**чества: в**е**жливость, доброжел**а**тельное отнош**е**ние к л**ю**дям;

13 позит**и**вный настр**о**й, отв**е**тственность, аналит**и**ческий склад ум**а**;

ПРИМЕЧАНИЕ

⑤ Das **e** in **проект** "Projekt" klingt eher wie [*Ä*]. Man könnte erwarten, dass es entsprechend – wie viele andere Fremdwörter – mit **э** geschrieben wird, so wie **силуэт** "Silhouette", doch **проект** stellt eine Ausnahme dar.

⑥ Die Kurzform des Adjektivs **нужен** (**нужна**) "brauchen, müssen" hat eine andere Bedeutung als die Langform **нужный**, die "notwendig" bedeutet. Vergleichen Sie: **нужный документ** "(ein) notwendiges Dokument", aber: **мне нужен этот человек** "Ich brauche diesen Menschen". In dieser zweiten Bedeutung verwendet man nur die Kurzform.

5 - Durchführung von Vorstellungsgesprächen, Vereinbarung der Arbeitsbedingungen für Bewerber (Vereinbarung Bedingung Einladung Kandidaten auf Arbeit), Zusammenstellen von Referenzen (Sammlung Empfehlungen);

6 - Teilnahme an Projekten im Zusammenhang mit der Eingewöhnung (verbunden mit Anpassung), Motivation und Schulung des Personals.

7 Unsere Erwartungen (Anforderungen) an den Kandidaten: Hochschulabschluss; gepflegte und einwandfreie Ausdrucksweise (Fähigkeit schön und korrekt sprechen);

8 zwei bis fünf Jahre Berufserfahrung (braucht erfolgreich Erfahrung Arbeit) in Personal[angelegenheiten],

9 sowie Erfahrung bei der Durchführung von Trainings (Verkaufstraining, Führungstraining, Produkttraining) für Angestellte (Linien- Mitarbeiter) und Führungskräfte;

10 Routine [bei der Organisation von] Vorstellungsgesprächen und Bewerberbeurteilungen (Beurteilung Kandidaten);

11 [die] Fähigkeit, mit großen Mengen an Informationen zu arbeiten; sichere PC-Kenntnisse (sicher Beherrschung persönlicher Computer).

12 Persönliche Qualitäten: Höflichkeit, freundlicher Umgang mit Menschen,

13 positive Einstellung, Verantwortungsbewusstsein, analytische Denkweise (Beschaffenheit Geist),

⑦ **интервью** "Interview" (hier "Vorstellungsgespräch") ist ein englisches Lehnwort und wird nicht dekliniert: **Ты читал в сегодняшней газете интервью с депутатом Ивановым? – Не было там никакого интервью!** "Hast du das Interview mit dem Abgeordneten Iwanow in der heutigen Zeitung gelesen? – Es gab dort kein Interview!"

⑧ Nach dem Präfix **об-** steht das Härtezeichen, wenn danach **ё** folgt: **объём** "Menge, Umfang, Volumen".

14 стрессоуст**о**йчивость, организ**о**ванность, спос**о**бность эффект**и**вно раб**о**тать как самосто**я**тельно, так и в ком**а**нде.

15 Безупр**е**чный вн**е**шний вид б**у**дет несомн**е**нным пл**ю**сом.

16 Тип з**а**нятости: п**о**лная.

17 З**а**работная пл**а**та: по результ**а**там собес**е**дования; плюс преми**а**льные, опл**а**та моб**и**льного телеф**о**на, возм**о**жна компенс**а**ция пит**а**ния. ⑨

Первое задание: Вы понимаете эти предложения?

① У него есть навыки проведения интервью, а его безупречный внешний вид будет несомненным плюсом. ② По результатам собеседования мы решим, какую заработную плату предложить нашему кандидату: сначала хочется узнать, какая у него мотивация. ③ Эта новая компания на российском рынке предлагает разработку и реализацию дизайновых решений любой сложности. ④ Вы сказали, что вы работали менеджером по подбору персонала. А что именно входило в ваши обязанности? ⑤ На этой неделе в нашей компании будут разные тренинги: тренинг продаж, лидерский тренинг, тренинг по продукту.

Второе задание: Вставьте пропущенные слова!

① So wie ich das verstanden habe, sind die Gehälter Ihrer Manager nicht schlecht. – Ja, und es gibt auch die Möglichkeit zur Bezahlung der Handy[rechnung] und des Verpflegungsmehraufwands.

Как я поняла, ... плата у ваших .... неплохая.
– Да и .... также .... мобильного и ....

14 Stressresistenz (Stress-Widerstandsfähigkeit), Organisationstalent, [die] Fähigkeit, sowohl selbstständig als auch (so und) im Team effektiv zu arbeiten.

15 Ein tadelloses Erscheinungsbild (äußerlich Aussehen) ist ein definitiver Pluspunkt.

16 Art (Typ) der Beschäftigung: Vollzeit (volle).

17 Gehalt: basierend auf den Ergebnissen (Resultaten) des Vorstellungsgesprächs; plus Prämie, Bezahlung der Handykosten, eventuell Übernahme des Verpflegungsmehraufwands (möglich Kompensation Speise).

ПРИМЕЧАНИЕ

⑨ Bei **возможен** "möglich" liegt die Betonung in allen Formen auf der Stammendung: **возможен**, **возможна**, **возможно**, **возможны**.

Решение первого задания: Вы поняли?

❶ Er verfügt über Fähigkeiten, Interviews durchzuführen und sein tadelloses Erscheinungsbild wird (wird-sein) ein definitiver Pluspunkt sein. ❷ Anhand der Ergebnisse des Vorstellungsgesprächs entscheiden wir, welches Gehalt wir unserem Kandidaten anbieten: Zunächst wollen wir wissen, was seine Motivation ist. ❸ Dieses neue Unternehmen auf dem russischen Markt bietet die Entwicklung und Implementierung von Designlösungen beliebiger Komplexität an. ❹ Sie sagten, Sie haben als Manager in der Personalbeschaffung gearbeitet. Was genau gehörte zu Ihren Aufgaben? ❺ Diese Woche finden in unserem Unternehmen verschiedene Schulungen (Trainings) statt: Verkaufstraining, Führungstraining, Produkttraining.

❷ Können Sie einen Personal Computer benutzen? – Ja, und ich möchte noch hinzufügen, dass ich mit einer großen Menge an Informationen arbeiten kann.

Вы ... ... компьютером?
– Да, и хотелось бы ..., что я ... работать с большим ... .

❸ Meiner Meinung nach ist das einer unserer besten Kandidaten: Er hat zwei Hochschulabschlüsse und ein tadelloses Erscheinungsbild.

___ мой ___, это один ___ наших ___ ___: у него два ___ ___, и ___ внешний ___.

❹ Sie haben so hohe Erwartungen an den Kandidaten für diese Stelle! – Natürlich muss er über solide Erfahrungen verfügen.

У вас такие ___ ___ к ___ на эту ___! – Конечно, он должен ___ ___ ___.

❺ Wir beginnen nun, Mitarbeiter für unsere offenen Stellen zu rekrutieren: im Lager, im Verkauf und im Büro.

Мы начинаем набор ___ на открытые ___: на ___, в отдел ___ и в ___.

32 Тридцать второй урок

Резюме

1 Алекс**а**ндр Афан**а**сьевич Кольц**о**в, 1979 (т**ы**сяча девятьс**о**т с**е**мьдесят дев**я**того) г**о**да рожд**е**ния, ① ②

ПРИМЕЧАНИЕ

① Familiennamen, die auf **ич** enden, benötigen kein Weichheitszeichen: **Владимир Сергеевич Сулевич** "Vladimir Sergejewitsch Suljewitsch".

Решение второго задания: Пропущенные слова.

❶ – заработная – менеджеров – возможны – оплата – компенсация питания ❷ – умеете пользоваться персональным – добавить – умею – объёмом информации ❸ На – взгляд – из – лучших кандидатов – высших образования – безупречный – вид ❹ – высокие требования – кандидату – вакансию – иметь солидный опыт ❺ – сотрудников – вакансии – склад – продаж – офис

Humor

"– Алло, это турагентсво «Очарование»? Скажите, какие курорты вы предлагаете в Египте? – Да их там много: Хургада, Шарм Эль Шейх, Таба, Нувейба… Во, стоп, Нувейба, точно Нувейба мне подходит! – Какие даты вас интересуют? Когда вы собираетесь ехать? – Да мы собственно говоря, никуда не собираемся, мы тут кроссворд разгадываем!"

"– Hallo, ist dort das Reisebüro "Charme"? Sagen Sie, welche Resorts bieten Sie in Ägypten an? – Na, da gibt es viele: Hurghada, Sharm el Sheikh, Taba, Nuweiba ... – Halt, halt, Nuweiba, Nuweiba passt mir gut! – Welche Termine interessieren Sie? Wann [wollen] Sie fahren? – Um ehrlich zu sein (ehrlich gesagt), wir fahren nirgendwo hin, wir lösen ein Kreuzworträtsel!"

32. Lektion

Ein Lebenslauf (Zusammenfassung)

1 Aleksandr Afanasjewitsch Kolzow, geboren 1979 (Jahr Geburt),

② In **тысяча девятьсот семьдесят девятого года рождения** "Geburtsdatum 1979" steht die Jahreszahl im Genitiv, wobei nur die letzte Zahl dekliniert wird.

2 Семейное положение: разведён, сын 8 (восьми) лет.

3 Образование: 1998-2003 (тысяча девятьсот девяносто восьмой-две тысячи третий) Самарский Государственный Университет, филологический факультет; ③

4 2002-2003 (две тысячи второй-две тысячи третий) Государственная Технологическая Академия, курсы малого и среднего бизнеса;

5 Опыт работы: 2003-2005 (две тысячи третий-две тысячи пятый) ЗАО Банк «Русский Стандарт», менеджер по работе с клиентами.

6 Конец 2005-2007 (две тысячи пятого-две тысячи седьмой) ООО «Улыбка» (продукция для детей, в т. ч. детская мебель), начальник отдела продаж. ④ ⑤

7 Январь 2008 (две тысячи восьмого) по настоящее время: сеть зоомагазинов «Хозяева и щенята», начальник отдела кадров. ⑥ ⑦ ⑧

ПРИМЕЧАНИЕ

③ Im Fall von **две тысячи третий** "2003" wird auch **тысяча** "tausend" dekliniert, da es auf "zwei" folgt, das wiederum den Genitiv Singular erfordert.

④ Zwei häufige Abkürzungen für Rechtsformen bei Firmen sind **ЗАО**, **закрытое акционерное общество** (wörtl. "geschlossene Aktiengesellschaft") bzw. **акционерное общество закрытого типа** (wörtl. "Aktiengesellschaft des geschlossenen Typs"), eine Aktiengesellschaft mit begrenzter Haftung. Außerdem findet man **ООО**, **общество с ограниченной ответственностью**, das unserer "GmbH" entspricht.

2 Familienstand (familiär Status): geschieden, ein achtjähriger Sohn.

3 Ausbildung: 1998–2003 Staatliche Universität Samara, Philologische Fakultät;

4 2002-2003 Staatliche Technologische Akademie, Kurse für kleine und mittlere Unternehmen (Business);

5 Berufserfahrung (Erfahrung Arbeit): 2003–2005 "Russian Standard" Bank ZAO, Manager in der Kundendienst[abteilung] (Manager auf Arbeit mit Kunden).

6 Ende 2005-2007 "Lächeln" GmbH (Produkte für Kinder, einschließlich Kindermöbel), Verkaufsleiter (Leiter Abteilung Verkäufe).

7 Januar 2008 bis heute: Zoohandelskette (Netz Zoo-Geschäfte) "Herrchen und Welpen", Leiter der Personalabteilung (Leiter Abteilung Kader).

⑤ Merken Sie sich die häufig zu findende Abkürzung **в т. ч. – в том числе** "einschließlich": **Эта компания имеет офисы во многих странах, в т.ч. в России** "Diese Firma hat Büros in vielen Ländern einschließlich Russland".

⑥ **тысяча** und seine deklinierten Formen, wie z. B. **тысячи**, werden umgangssprachlich häufig auf [*TĬSCHA*] und [*TĬSCHI*] reduziert. Sie sollten sich jedoch an die korrekte Aussprache halten.

⑦ **зоомагазин** "Zoohandlung" beinhaltet die Silbe **зоо-**, die sich z. B. auch in **зоология** "Zoologie" oder **зоопарк** "Zoo" findet.

⑧ Die Begriffe **хозяин** "Besitzer, Eigentümer" (hier: "Herrchen") und **щенок** "Welpe" kennen unregelmäßige Pluralformen: **хозяева** und **щенята**. Die einzig zulässige Betonung bei **хозяева** ist [*CHÅSJ*A*JEWA*]. In der Umgangssprache hat **щенок** auch die Bedeutung "Grünschnabel".

8 Мо**и** прям**ы**е об**я**занности:

9 **О**бщее руков**о**дство отд**е**лом к**а**дров, ан**а**лиз эффект**и**вности раб**о**ты сотр**у**дников и разраб**о**тка к**о**мплекса меропри**я**тий по е**ё** повыш**е**нию.

10 П**о**иск н**о**вых сотр**у**дников, организ**а**ция и провед**е**ние интервь**ю** при при**ё**ме на раб**о**ту, обеспеч**е**ние гармон**и**чного функцион**и**рования шт**а**та.

11 Разраб**о**тка сист**е**мы эффект**и**вной мотив**а**ции для сотр**у**дников управл**е**ния прод**а**ж.

12 Л**и**чностные и профессион**а**льные к**а**чества: организ**а**торские и аналит**и**ческие спос**о**бности, л**и**дерский хар**а**ктер,

13 выс**о**кая трудоспос**о**бность, ум**е**ние раб**о**тать в коллект**и**ве. ⑨

14 Нал**и**чие пр**о**чного **о**пыта провед**е**ния перегов**о**ров на **у**ровне руковод**и**телей организ**а**ций.

15 Ум**е**ние делег**и**ровать полном**о**чия, достиг**а**ть результ**а**та в реш**е**нии пост**а**вленных зад**а**ч. ⑩

16 Коммуник**а**бельность, б**ы**страя обуч**а**емость, инициат**и**вность.

17 Влад**е**ние ПК: продв**и**нутый п**о**льзователь – MS Office (Word, Excel, Power Point), Internet. ⑪

ПРИМЕЧАНИЕ

⑨ **трудоспособность** setzt sich aus **труд** "Arbeit" und **способность** "Fähigkeit" zusammen, die durch den Vokal **o** miteinander verbunden sind.

8 Mein genaues Aufgabenfeld (direkte Verpflichtungen):

9 Allgemeine Leitung der Personalabteilung, Analyse der Leistung der Mitarbeiter und Entwicklung eines Maßnahmenkatalogs zur Verbesserung (Steigerung) der Leistung.

10 Suche nach neuen Mitarbeitern, Organisation und Durchführung von Vorstellungsgesprächen bei Neueinstellungen (Interviews bei Aufnahme auf Arbeit), Sicherstellung des reibungslosen Ablaufs [zwischen] den Mitarbeitern (Sicherung harmonische Funktion Personals).

11 Entwicklung eines effektiven Motivationssystems für Mitarbeiter der Vertriebsabteilung (Direktion Verkauf).

12 [Meine] persönlichen und fachlichen Qualitäten: organisatorische und analytische Fähigkeiten, Führungskompetenz (Führungs- Charakter),

13 hohe Leistungsfähigkeit, Fähigkeit zur Teamarbeit (arbeiten in Kollektiv),

14 Solide Verhandlungserfahrung auf Führungsebene von Organisationen. (Vorhandensein fest Erfahrung Durchführung Verhandlungen auf Ebene Leiter Organisationen.)

15 [Die] Fähigkeit, Befugnisse zu delegieren, Ergebnisse bei der Lösung zugewiesener Aufgaben zu erzielen (erhalten Resultat in Entscheidung zugewiesener Aufgaben).

16 Kommunikationsfähigkeit, schnelle Auffassungsgabe, Initiative.

17 PC-Kenntnisse (Beherrschung PC): Fortgeschrittener Anwender - MS Office® (Word®, Excel®, Power Point®), Internet.

⑩ Der Genitiv Plural **задач** von **задача** "Aufgabe" hat kein Weichheitszeichen am Wortende.

⑪ Die Abkürzung **ПК** ist aus dem englischen "PC" entstanden: **персональный компьютер**, wörtl. "persönlicher Computer".

18 Иностр**а**нные язык**и**: Англ**и**йский (влад**е**ю своб**о**дно), нем**е**цкий (б**а**зовый **у**ровень).

19 Нал**и**чие вод**и**тельского удостовер**е**ния катег**о**рии B, л**и**чного автомоб**и**ля. ⑫

20 Разреш**е**ние на раб**о**ту в стр**а**нах: Росс**и**я.

21 Интер**е**сы: психол**о**гия, чт**е**ние, ш**а**хматы, м**о**да.

Разработка системы эффективной мотивации для сотрудников управления продаж.

Первое задание: Вы понимаете эти предложения?

① Несмотря на ваши профессиональные качества, вы не можете делать всю эту работу один: важно уметь делегировать полномочия. ② Семейное положение? – Разведён, есть дети. – Образование? – Высшее. Я закончил московскую технологическую академию. ③ Мои главные качества – коммуникабельность, быстрая обучаемость и инициативность. Думаю, они будут нужны для решения поставленных передо мною задач. ④ Кем он работал в зоомагазине? – Он был его хозяином. Если мне не изменяет память, он работает там по настоящее время. ⑤ С начала октября я работаю начальником отдела кадров и занимаюсь разработкой системы эффективной мотивации для сотрудников.

18 Fremdsprachen: Englisch (fließend) (ich-besitze frei), Deutsch (Grundkenntnisse) (Basis- Niveau).

19 Führerschein Klasse B (Vorhandensein Fahrer- Ausweis Kategorie B), eigenes (persönlich) Auto.

20 Erlaubnis zur Arbeit in [folgenden] Ländern: Russland.

21 Interessen: Psychologie, Lesen, Schach, Mode.

ПРИМЕЧАНИЕ

⑫ Wundern Sie sich bei **категории B** nicht über das Schriftbild: Es handelt sich hier nicht um das kyrillische **в**, sondern das lateinische B: [*KATİGORrİİ BE*].

Lerntipp: Sie können den Lernerfolg noch steigern, indem Sie mit der Sprache und den Texten spielen. Lesen Sie laut, als würden Sie die Texte auf der Bühne vortragen, bilden Sie eigene Sätze, und hören Sie immer wieder die Tonaufnahmen an. Wenn Ihnen etwas unklar ist, versuchen Sie, es anhand des grammatikalischen Anhangs zu klären.

Решение первого задания: Вы поняли?

① Trotz Ihrer fachlichen Qualitäten können Sie nicht all diese Arbeit allein erledigen (machen): Es ist wichtig, Befugnisse delegieren zu können. ② Familienstand? – Geschieden, mit Kindern. – Ausbildung? – Hochschulabschluss (Höchster). Ich habe die Moskauer Akademie für Technologie abgeschlossen. ③ Meine Haupteigenschaften sind Kommunikationsfähigkeit, schnelle Auffassungsgabe (Lernen) und Initiative. Ich denke, sie werden für die Lösung der (vor) mir zugewiesenen Aufgaben nützlich sein. ④ Als was hat er in der Tierhandlung gearbeitet? – Er war der Besitzer. Wenn ich mich recht erinnere (Wenn mir nicht ändert Gedächtnis), arbeitet er immer noch dort (auf gegenwärtige Zeit). ⑤ Seit Anfang Oktober arbeite ich als Leiter der Personalabteilung und befasse mich mit einem effektiven Motivationssystem für die Mitarbeiter.

Второе задание: Вставьте пропущенные слова!

❶ Welche Fremdsprachen beherrschen (besitzen) Sie? – Chinesisch spreche (besitze) [ich] fließend, in Englisch habe [ich] Grundkenntnisse und ich verstehe auch Spanisch.

Какими … языками вы … ? – … … , английский у меня … , и ещё я … .

❷ Hör auf zu jammern: Du hast sehr viel (riesig) Berufserfahrung, und mit deinen organisatorischen und analytischen Fähigkeiten findest du sehr schnell einen neuen Job (Arbeit)!

Перестань … : у тебя … … работы, а с твоими … и … … ты очень быстро … новую работу!

❸ Haben Sie eine Arbeitserlaubnis? – Ja, ich habe bereits in Ihrem Land gearbeitet, also wird es keine Probleme mit meiner Genehmigung geben.

У вас есть … … работу? – Да, я уже работал … … … , поэтому … … … не … .

❹ Sie werden eine Leistungsanalyse unserer Abteilung durchführen müssen: Wir denken (uns scheint), dass wir ernsthafte Personalprobleme haben.

Им … сделать … … работы нашего … : нам … , что у нас серьёзные … … … сотрудников.

❺ Sind Sie im Besitz eines Führerscheins? – Ja, natürlich, [einer der] Kategorie B, und ich habe [mein] eigenes Auto.

У вас есть …………………………………… ? – Да конечно, ……………………… В, и я имею …………………………… .

Решение второго задания: Пропущенные слова.

❶ – иностранными – владеете – Китайским владею свободно – базовый – понимаю испанский ❷ – ныть – огромный опыт – организаторскими – аналитическими способностями – найдёшь – ❸ – разрешение на – в вашей стране – проблем с разрешением – будет ❹ – придётся – анализ эффективности – отдела – кажется – проблемы со штатом – ❺ – водительское удостоверение – категории – личный автомобиль

Jobsuche in Russland

Um einen Job in Russland zu suchen, lassen Sie sich am besten von Freunden oder Bekannten empfehlen. Mit den nötigen "Connections" ist man **блатной** "gut vernetzt" (von **блат** "Vitamin B", wörtlich "Papier/Dokument"). Wenn Sie nicht über die nötigen Kontakte verfügen, schreiben Sie einen **резюме** "Lebenslauf" und schicken diesen an die Firmen, die Sie interessieren, oder an eine **агенство по подбору персонала** "Personalvermittlungsagentur", oder Sie nehmen Kontakt mit einem **хедхантер** "Headhunter" auf. Natürlich können Sie auch in Annoncen in Zeitungen oder im Internet (**по объявлению в газетах или в Интернете**) nach Arbeit suchen. In jedem Fall müssen Sie ein **интервью** oder **собеседование** "Vorstellungsgespräch" absolvieren. Wichtig: Das Anschreiben mit der persönlichen Motivation gehört in Russland nicht zu den Formalitäten. Ansonsten läuft alles wie bei uns ab, bis auf eine Ausnahme: Ein Dokument namens **трудовая книжка**, das sog. "Arbeitsbuch", listet sämtliche früheren Jobs und die Firmen auf, für die Sie gearbeitet haben. Darin werden auch die Gründe genannt, weshalb frühere Verträge beendet wurden. Daher ist es wichtig, gute Beziehungen zu Ihren früheren Arbeitgebern zu pflegen!

33 Тридцать третий урок

Кинолюбители

1 – Так, ну что, идём в кин**о** сег**о**дня в**е**чером?

2 Дав**а**й т**о**лько вм**е**сте выбир**а**ть се**а**нс, а то теб**е** дай в**о**лю – ср**а**зу как**о**й-нибудь боев**и**к **и**ли тр**и**ллер… Стресс, пальб**а** и никак**о**й ром**а**нтики!

3 – Ну кон**е**чно, а теб**е** бы романт**и**ческие ком**е**дии, мелодр**а**мы, где одн**и** в**ы**думанные гл**у**пые пережив**а**ния и никак**о**й ре**а**льности! ①

4 – Вот, смотр**и**: отл**и**чная фант**а**стика, здесь есть и ч**у**вства для мен**я** и немн**о**го приключ**е**ний для теб**я**. ②

5 К том**у** же ег**о** пок**а**зывают в двух р**а**зных киноз**а**лах – в одн**о**м в оригин**а**льной в**е**рсии с субт**и**трами, а в друг**о**м карт**и**на дубл**и**рована.

6 – Во ск**о**лько начин**а**ется пок**а**з?

7 – Через чет**ы**ре час**а**, усп**е**ем по**у**жинать, а пот**о**м куп**и**ть конф**е**т и попк**о**рна. ③

8 – Теб**е** лишь бы по**е**сть! Я д**у**мал, теб**е** н**а**до худ**е**ть… ④

ПРИМЕЧАНИЕ

① **никакая романтика** (Satz 2) und **никакая реальность** stehen im Genitiv, da es sich um eine Verneinung handelt, bei der **нет** impliziert ist.

② **чувства** [*TSCHUßTWA*]: Beachten Sie, dass das erste **в** nicht gesprochen wird.

33. Lektion

Cineasten

1 – Also (So, nun was), gehen wir heute Abend ins Kino?

2 Lass uns nur die Vorstellung gemeinsam auswählen (Gib nur gemeinsam auswählen Vorstellung), denn wenn man dich [das tun] lässt (und das dir gib Wille), wählst du gleich einen Actionfilm oder einen Thriller aus ... Stress, Schießereien und keine Romantik!

3 – Ja natürlich, und du [willst nur] (und dir würde) romantische Komödien, Melodramen, wo es nur erfundene alberne Gefühle gibt und keine Realität!

4 – Hier, schau [mal]: ein toller Science-Fiction[-Film], der hat sowohl Gefühle für mich als auch einige Abenteuer für dich.

5 Außerdem (Zu dem) wird er in zwei verschiedenen Kinosälen gezeigt – in einem in der Originalfassung mit Untertiteln und im anderen in einer synchronisierten Version.

6 – Um wie viel Uhr beginnt die Vorführung?

7 – In vier Stunden, wir haben Zeit um zu Abend zu essen und dann Süßigkeiten und Popcorn zu kaufen.

8 – Du denkst ja wirklich nur ans Essen! (Dir nur würde essen!) Ich dachte, du musst abnehmen …

③ **конфеты** bezeichnet "Bonbons" oder allgemein "Süßigkeiten". Man findet es auch in **шоколадные конфеты** "Schokoladenbonbons".

④ Das Präfix **по-** in **поесть** und **поужинать** drückt aus, dass etwas zu Ende geführt wird. Vergleichen Sie: **Ты будешь есть? – Нет, спасибо, я уже немного поел**. "Wirst du [etwas] essen? – Nein, danke, ich habe schon ein bisschen gegessen (und bin satt)".

9 – Ну, лёгкий ужин, а остальное не в счёт – я же не килограммами буду всё это поглощать. ⑤

10 И вообще я думала, что тебе очень даже нравятся мои талия и бёдра … ⑥

11 – Да я-то просто фанат, но будь любезна – потом не жалуйся! ⑦

12 А то начнутся угрызения совести: «И зачем же я съела столько шоколада…» ⑧

13 – Вернёмся к нашим баранам: места сразу забронируем, чтобы в очереди потом не стоять? Не дай бог, разберут всё.

14 – Не думаю, что это необходимо: вот посмотришь, на этом сеансе не будет ни души. ⑨

15 – Да почему это? Режиссёр известный, сценарий – отпад, все актёры подобраны – просто звёздный состав.

16 – Да, действительно, я смотрю, они снимали на какую-то специальную камеру, да и монтаж очень интересный.

17 Что ж, стоит попробовать.

ПРИМЕЧАНИЕ

⑤ Die Art und Weise, wie eine Handlung ausgeführt wird, oder das Mittel, mit dem sie ausgeführt wird, wird oft durch den Instrumental ausgedrückt. Sehen Sie sich diese Beispiele an: **есть килограммами** "kiloweise essen"; **дарить цветы букетами** "bündelweise Blumen schenken" (**букет** "Blumenstrauß").

⑥ **бедро** "Hüfte, Oberschenkel" wird auf der letzten Silbe betont und fügt in den Pluralformen ein **ё** ein: **бёдра**.

9 – Nun, ein leichtes Abendessen, und der Rest zählt nicht (nicht in Rechnung). – Es ist ja nicht so, dass ich kiloweise [von dem Zeug] verschlingen werde (nicht Kilogramm werde alles das verschlingen).

10 Und überhaupt dachte ich, dass dir meine Taille und meine Hüften ganz gut gefallen ...

11 – Ja, ich bin ein Fan (ich-das einfach Fan) [davon], aber bitte sei nett und beschwere dich später nicht!

12 Sonst wirst [du] anfangen, Schuldgefühle zu haben: "Warum habe ich [bloß] so viel Schokolade gegessen ..."

13 – Zurück zum Thema (wir-kommen-zurück zu unseren Schafen): Sollen wir gleich Plätze reservieren, damit wir später nicht in der Schlange warten müssen? Ich befürchte, dass es sonst keine Plätze mehr gibt. (Nicht gib Gott, mitnehmen alles.)

14 – Ich denke, dass das nicht nötig ist: Du wirst sehen, es wird keine [Menschen]seele bei dieser Vorstellung sein (nicht wird-sein nicht Seele).

15 – [Aber] warum ist das so? Der Regisseur ist berühmt, das Drehbuch ist umwerfend, die Schauspieler sind alle bedeutend (ausgewählt) – [es ist] einfach eine hochkarätige (Sternen-) Besetzung.

16 – Ja, in der Tat, ich sehe, dass sie mit einer speziellen Kamera gefilmt haben, und der Schnitt (Montage) ist sehr interessant.

17 Nun, einen Versuch ist es wert. (Was denn, kostet probieren.)

⑦ In manchen feststehenden Ausdrücken werden die Kurzformen der Adjektive benutzt, z. B. **Будь любезен, принеси мне мои тапочки** "Sei [so] nett und bring mir meine Pantoffeln."

⑧ Nach dem Präfix **с** steht das Härtezeichen, wenn darauf ein **е** folgt: **съесть** "essen".

⑨ Hier findet sich ein weiteres Beispiel für die Negativpartikel **ни** (Lektion 30): **нет ни души** "keine Menschenseele".

18 – И ещё, **э**тот киноз**а**л нед**а**вно отремонт**и**ровали, там так**и**е обалд**е**нные подлок**о**тники на кр**е**слах! ⑩

19 – Безусл**о**вно, комф**о**рт кр**е**сел и определ**я**ет ц**е**нность кинокарт**и**ны. ⑪

20 – Я **э**того не говор**и**ла, но, уч**и**тывая продолж**и**тельность кинол**е**нты, л**и**шним он не б**у**дет. ⑫

21 Фильм дл**и**тся почт**и** три с полов**и**ной час**а**! ⑬

Первое задание: Вы понимаете эти предложения?

① Будьте любезны, два билета на триллер «Чёрный шоколад» в оригинальной версии. – На вечерний сеанс? ② Ты килограммами поглощаешь конфеты и шоколад, а потом у тебя угрызения совести… Не надоело? ③ Безусловно, интересный монтаж и работа со специальной камерой определяют ценность этой кинокартины. – О чём ты говоришь? Это обычная мелодрама. ④ Да что это за романтическая комедия? Стресс, пальба и никакой романтики! ⑤ Фильм длится почти три с половиной часа! – Ой, тогда не будет лишним поесть до фильма.

18 – Und außerdem (Und noch) wurde dieser Kinosaal kürzlich renoviert, es gibt so tolle Armlehnen an den Sesseln!

19 – Natürlich (Zweifellos) ist es der Komfort der Sitze, der den Wert eines Films bestimmt.

20 – Das habe ich nicht gesagt, aber angesichts der Länge des Films ist das nicht unwichtig (überflüssig er nicht wird-sein).

21 Der Film dauert fast dreieinhalb Stunden!

ПРИМЕЧАНИЕ

⑩ **подлокотник** "Armlehne" besteht aus **под** "unter" und **локоть** "Ellenbogen".

⑪ **ценность** [*TßÄNNÅßTj*]: Denken Sie daran, dass **е** wie **э** klingt, wenn es nach **ц** steht.

⑫ Bei **учитывая** handelt es sich um das Adverbialpartizip von **учитывать** "beachten, berücksichtigen" (uv.). Denken Sie daran, dass das Adverbialpartizip und alle Wörter, die sich darauf beziehen, von Kommas eingeschlossen werden: **Уходя, он даже не посмотрел на меня** "Als er ging, sah er mich nicht einmal an".

⑬ Vorsicht! **длиться** "(an)dauern" und **начинаться** "anfangen, beginnen" sind, anders als im Deutschen, rückbezüglich und beziehen sich auf unbelebte Nomen.

Решение первого задания: Вы поняли?

❶ Seien Sie [so] nett, zwei Karten für den Thriller "Schwarze Schokolade" in der Originalversion. – Für die Abendvorstellung? ❷ Du verschlingst kiloweise Süßigkeiten und Schokolade und bekommst dann Gewissensbisse ... Hast du es nicht satt? ❸ Natürlich machen der interessante Schnitt und die Arbeit mit der Spezialkamera den Wert dieses Films aus. – Was soll das heißen (Über was du sprichst)? Es ist ein gewöhnliches Melodrama. ❹ Was [soll] das für eine romantische Komödie [sein]? Stress, Schießereien und keine Romantik! ❺ Der Film dauert fast dreieinhalb Stunden! – Oh, dann kann es nicht schaden (nicht wird-sein überflüssig), vor dem Film [etwas] zu essen.

Второе задание: Вставьте пропущенные слова!

❶ Ich bin kein Fan dieses Regisseurs, aber man muss zugeben, dass seine Filme immer hochkarätig besetzt sind. – Ja, in der Tat (wirklich).

Я не ___ этого ___, но надо ___, что в ___ ___ всегда ___ ___. – Да, ___.

❷ Ich mag es nicht, in der Schlange zu stehen, aber meine Frau möchte unbedingt zu diesem Konzert gehen. – Welche Schlange? Es wird keine Menschenseele dort sein!

Не хочется ___ ___ ___, но моя ___ очень хочет ___ ___ этот концерт. – Какая ___? Там не ___ ___ ___!

❸ In welchen Kinosaal gehen wir? In einem zeigen sie den Actionfilm in der Originalfassung mit Untertiteln, in dem anderen zeigen sie [ihn] in synchronisierter Fassung.

В какой ___ идём? В одном этот ___ ___ в ___ ___ с ___, а в другом ___ дублирована.

34 Тридцать четвёртый урок

Голубой экран

1 – Уваж**а**емые телезр**и**тели, прин**о**сим вам сво**и** извин**е**ния за перер**ы**в в эф**и**ре до пол**у**дня в связ**и** с профилакт**и**ческими раб**о**тами.

❹ Der Film ist einfach toll, die Hauptheldin hat so eine Taille, solche Hüften. – Ja, natürlich ... es sind gerade die Hüften der Schauspielerin, die den Wert ihrer Schauspiel[kunst] definieren ... !

______ просто отличная, у ______ ______ такая ______, такие ______.
– Ну конечно… именно ______ актрисы и ______ ______ её ______… !

❺ Kommen wir zurück zum Thema, wie wäre es mit einem leichten Abendessen bei mir? – Vielleicht essen wir nach der Vorstellung zu Abend?

______ ___ нашим ______, как ______ ______ ______ у меня дома? – А может, ______ после ______?

Решение второго задания: Пропущенные слова.

❶ – фанат – режиссёра – признать – его фильмах – звёздный состав – действительно ❷ – стоять в очереди – жена – пойти на – очередь – будет ни души ❸ – кинозал – боевик показывают – оригинальной версии – субтитрами – картина – ❹ Кинокартина – главной героини – талия – бёдра – бёдра – определяют ценность – игры ❺ Вернёмся к – баранам – насчёт лёгкого ужина –поужинаем – сеанса

34. Lektion

Blauer Bildschirm

1 – Liebe (Verehrte) Fernsehzuschauer, wir entschuldigen uns (wir-bringen Ihnen eigene Entschuldigung) für die Unterbrechung der Sendung (Äther) bis zum Mittag aufgrund von Wartungsarbeiten (prophylaktische Arbeiten).

2 Просл**у**шайте, пож**а**луйста, дальн**е**йшую прогр**а**мму телеперед**а**ч на сег**о**дня, тр**и**дцать п**е**рвое декабр**я**.

3 Ср**а**зу п**о**сле техн**и**ческого перер**ы**ва мы б**у**дем р**а**ды предлож**и**ть в**а**шему вним**а**нию документ**а**льный фильм «В**ы**хода нет» о нел**ё**гкой судьб**е** шахт**ё**ров. ①

4 **Э**тот фильм снят, опира**я**сь на результ**а**ты опр**о**са общ**е**ственного мн**е**ния, кот**о**рый провод**и**лся н**е**сколько м**е**сяцев наз**а**д

5 п**о**сле объявл**е**ния горняк**а**ми с**а**мой кр**у**пной за посл**е**дние г**о**ды забаст**о**вки. ②

6 Тогд**а** шахт**ё**ры тр**е**бовали увелич**е**ния зарпл**а**ты и обесп**е**чения безоп**а**сности раб**о**чих с над**е**ждой найт**и** сп**о**соб предотврат**и**ть ав**а**рии с челов**е**ческими ж**е**ртвами. ③

7 В 13:45 (трин**а**дцать с**о**рок пять) – мультипликаци**о**нный фильм «Ну погод**и**!» с н**о**выми приключ**е**ниями люб**и**мых гер**о**ев – з**а**йца и в**о**лка. ④

8 В 14:10 (чет**ы**рнадцать д**е**сять) – премь**е**ра телесери**а**ла «Уж з**а**муж невтерп**ё**ж» с уч**а**стием прем**и**лой телевед**у**щей Тать**я**ны Горшк**о**вой. ⑤ ⑥

ПРИМЕЧАНИЕ

① Das Adjektiv **рад** "froh" kennt nur eine, nämlich die kurze, Form.

② **объявление** "Erklärung, Ankündigung" ist ein Beispiel für ein Wort, bei dem nach dem Präfix **об-** ein Härtezeichen angefügt wird, weil das nachfolgende Wort mit **я** beginnt.

③ Die einzig zulässige Betonung von **обеспечение** ist [*ABÍßPJ***E***TSCHJENÍJE*], auch wenn viele Muttersprachler es fälschlich auf dem dritten **e** betonen.

2 Hören Sie [nun] bitte das weitere Programm der Fernsehsendungen für heute, den 31. Dezember.

3 Gleich nach der technischen Unterbrechung machen wir Sie gerne (wir werden-sein froh anbieten Ihre Aufmerksamkeit) auf die Dokumentation "Es gibt keinen Ausweg" über das schwere Schicksal der Bergleute aufmerksam.

4 Dieser Film basiert auf den Ergebnissen einer öffentlichen Meinungsumfrage (Resultate Umfrage öffentliche Meinung), die vor ein paar Monaten durchgeführt wurde,

5 nachdem die Bergleute (nach Erklärung Bergleute) den größten Streik der letzten Jahre angekündigt hatten.

6 Damals forderten die Bergleute höhere Löhne und eine Garantie für die Sicherheit der Arbeiter, in der Hoffnung, einen Weg (Methode) zu finden, um Unglücksfälle (Havarien) mit Todesopfern zu verhindern.

7 Um 13:45 (dreizehn fünfundvierzig) – Zeichentrickfilm "Na, warte!" mit neuen Abenteuern [unserer] Lieblingsfiguren – dem Hasen und dem Wolf.

8 Um 14:10 Uhr – Premiere der TV-Serie "Ich kann es nicht abwarten zu heiraten" (Schon Heirat unerträglich) unter Mitwirkung der reizenden (äußerst nett) Moderatorin Tatjana Gorschkowa.

④ Neben dem recht komplizierten **мультипликационный фильм** "Zeichentrickfilm" finden sich in der Umgangssprache auch **мультик** oder **мультфильм**.

⑤ Die folgenden Adverbien werden ohne Weichheitszeichen geschrieben: **уж**, **замуж**, **невтерпёж**. Da sie nur schwer losgelöst vom Kontext zu übersetzen sind, hier zwei Beispiele: **выйти замуж** "heiraten" (einen Mann); **ей невтерпёж** "sie hat keine Geduld".

⑥ In den letzten Lektionen haben Sie viele kurze Adjektivformen kennengelernt. Einige Adjektive können diese jedoch nicht bilden. Dazu gehören Adjektive mit dem Präfix **пре-** wie u. a. **премилый** (von **милый**) "(äußerst) nett, (sehr) angenehm". Nicht dazu gehört allerdings **прекрасный** "wundervoll, großartig", denn es wird nicht als Ableitung von **красный** "schön" betrachtet.

9 Н**о**вости пол**и**тики и б**и**знеса за посл**е**дние с**у**тки в 15:00 (пятн**а**дцать ноль ноль), см**е**нит р**у**брика «Крим**и**нал» в 15:15 (пятн**а**дцать пятн**а**дцать). ⑦

10 В 16:05 (шестн**а**дцать ноль пять), – ток-ш**о**у «Век жив**и**, век уч**и**сь» с ег**о** посто**я**нным вед**у**щим господ**и**ном Утюг**о**м. ⑧ ⑨

11 В 17:00 (семн**а**дцать ноль ноль), наш «Клуб путеш**е**ственников» предлаг**а**ет вам узн**а**ть, в как**и**х стр**а**нах к д**е**тям прих**о**дит Дед Мор**о**з, а в как**и**х С**а**нта Кл**а**ус,

12 куд**а** они скл**а**дывают под**а**рки – в носк**и** **и**ли чулк**и**, подв**е**шенные над кам**и**ном, и на как**и**е х**и**трости спос**о**бны ребят**и**шки, когд**а** носк**о**в нет. ⑩ ⑪ ⑫

ПРИМЕЧАНИЕ

⑦ **сутки** "24 Stunden, ganzer Tag" ist ein feststehender Ausdruck im Plural: **Он не звонил уже сутки, я волнуюсь** "Er hat seit 24 Stunden nicht angerufen, ich mache mir Sorgen"; **Дети провели в лесу целые сутки!** "Die Kinder haben den ganzen Tag im Wald verbracht!"

⑧ Im Plural weist **господин** "Herr" gewisse Unregelmäßigkeiten auf: **Господа, давайте спокойно поговорим** "[Meine] Herren, lassen Sie uns in Ruhe reden"; **Вы когда-нибудь видели этого господина? – Нет, я не знаю никого из этих господ** "Haben Sie diesen Herrn schon einmal gesehen? – Nein, ich kenne keinen dieser Herren."

⑨ Viele russische Namen haben eine Bedeutung, die sich manchmal in der Wortwurzel versteckt. In **Горшкова** (Satz 8) steckt z. B. **горшок** "Topf". Aber es kommt v. a. bei Pseudonymen oder Künstlernamen vor, dass wir es mit kompletten Wörtern zu tun haben: (**Утюг** von **утюг** "Bügeleisen"). In diesem Fall dekliniert man die Namen regelmäßig wie das entsprechende Wort.

9 Die Politik- und Wirtschaftsnachrichten (Business) des Tages (für letzte 24-Stunden) um 15:00 Uhr werden abgelöst von der Sendung (Rubrik) "Kriminalität" um 15:15.

10 Um 16:05 Uhr [zeigen wir] die Talkshow "Man lernt nie aus" (Jahrhundert lebe, Jahrhundert lerne) mit ihrem altbekannten (ständiger) Moderator Herrn Utjug (Bügeleisen).

11 Um 17:00 Uhr lädt Sie unser "Club der Weltenbummler" (Reisenden) ein, zu erfahren, in welchen Ländern Kinder vom Weihnachtsmann besucht werden und in welchen von Santa Claus,

12 wo sie ihre Geschenke hineintun (abladen) – in Socken oder Strümpfen, die über dem Kamin hängen, und zu was für Tricks die Kinderchen fähig sind, wenn sie [gar] keine Socken haben.

Vergessen Sie nicht, dass Sie bei Unklarheiten im grammatikalischen Anhang nachsehen können. Aber lernen Sie nicht auswendig. Lesen Sie nur das, was Sie interessiert, mehrfach durch.

⑩ Das vollendete Pendant zu **складывать** "ablegen, abladen" (uv.) lautet **сложить**.

⑪ Das kurze Adjektiv **способен** "fähig" bildet auch eine Langform, die jedoch eine andere Bedeutung hat: **способный** "talentiert": **Я её боюсь, она способна на всё** "Ich habe Angst vor ihr, sie ist zu allem fähig." ≠ **У них такой способный сын!** "Sie haben so einen talentierten Sohn!"

⑫ **носок** "Socke" und **чулок** "Strumpf" werden identisch dekliniert, nur im Genitiv Plural unterscheiden sie sich: **носков**, aber **чулок**. Merken können Sie sich dies mit der folgenden Eselsbrücke: **Носки короткие, слово длинное: носков; чулки длинные, слово короткое: чулок** "Socken sind kurz, das Wort ist lang: **носков**; Strümpfe sind lang, das Wort ist kurz: **чулок**".

13 Далее – шестичасовой в**ы**пуск веч**е**рних новост**е**й с субт**и**трами для глух**и**х и пл**о**хо сл**ы**шащих.

14 В 18:15 (восемн**а**дцать пятн**а**дцать), в**е**чер прод**о**лжит развлек**а**тельная прогр**а**мма «Всё хорош**о**, что хорош**о** конч**а**ется».

15 Г**о**сти перед**а**чи под**е**лятся сво**и**ми новог**о**дними секр**е**тами: как крас**и**во оберн**у**ть под**а**рок, не тр**а**тя д**е**ньги на об**ё**рточную бум**а**гу, и ст**о**ит ли саж**а**ть в огор**о**де **ё**лку. ⑬

16 В 21:30 (дв**а**дцать од**и**н тр**и**дцать), предлаг**а**ем вам пр**о**воды ст**а**рого г**о**да в круг**у** с**а**мых **я**рких звёзд н**а**шей эстр**а**ды, ц**и**рка и кин**о**.

17 Новог**о**днее обращ**е**ние презид**е**нта к гр**а**жданам Росс**и**йской Федер**а**ции – в 23:55 (дв**а**дцать три пятьдес**я**т пять).

18 И након**е**ц под бой Кур**а**нтов и звон бок**а**лов шамп**а**нского начн**ё**тся н**а**ша «Новог**о**дняя ночь». ⑭

19 – Чег**о** ты м**о**рщишь лоб, ничег**о** интер**е**сного там нет! У теб**я** пульт что ли за**е**ло? Давн**о** пор**а** переключ**и**ть на друг**о**й кан**а**л. ⑮

20 – Ты х**о**чешь поб**и**ть рек**о**рд по щ**ё**лканию кан**а**лов?

ПРИМЕЧАНИЕ

⑬ Die Aspektpaare der folgenden Verben kennen zwei unterschiedliche Formen: **оборачивать** (uv.) / **обернуть** (v.) "verpacken"; **сажать** (uv.) / **посадить** (v.) "setzen, pflanzen; einsperren".

⑭ **Куранты** "Kuranty" bezeichnet die Uhr auf dem **Спасская башня** "Spasskaja-Turm" des Kremls, vor der sich u. a. an Silvester zahllose Menschen versammeln, um das neue Jahr zu begrüßen.

13 Im Folgenden [sehen Sie] um 18 Uhr die Abendnachrichten (Ausgabe abendlicher Nachrichten) mit Untertiteln für Gehörlose und Schwerhörige.

14 Um 18:15 Uhr wird der Abend mit dem Unterhaltungsprogramm "Ende gut, alles gut" fortgesetzt.

15 Die Gäste der Sendung verraten ihre Neujahrsgeheimnisse: wie man Geschenke schön verpackt, ohne Geld für Geschenkpapier auszugeben (nicht ausgebend Geld auf Einpack- Papier), und ob es sich lohnt, einen Weihnachtsbaum im Garten zu pflanzen (kostet denn setzen in Gemüsegarten Weihnachtsbaum).

16 Um 21:30 Uhr präsentieren wir Ihnen einen Abschied vom alten Jahr, im Kreise der strahlendsten (hellsten) Stars unserer Bühne, des Zirkus und des Kinos.

17 Die Neujahrsansprache des Präsidenten an die Bürger der Russischen Föderation [findet] um 23:55 [statt].

18 Und schließlich, mit dem Schlag der Kuranty und dem Klirren der Sektgläser, beginnt unsere "Silvesterfeier" (Neujährliche Nacht).

19 – Warum runzelst du die Stirn, da ist [doch] nichts Interessantes dabei! Ist deine Fernbedienung kaputt (verklemmt)? Es wird Zeit (Lange Zeit), dass du auf einen anderen Kanal umschaltest.

20 – Willst du den Rekord im Zappen (Klicken Kanäle) brechen?

⑮ **заесть** (v.) "(ein)klemmen" wird in der Vergangenheit im Sinne von "blockieren", "nicht funktionieren", "(eine) Panne haben" oder "kaputt gehen" gebraucht. Ein mögliches Objekt steht dann regelmäßig im Akkusativ: **Что случилось? – Машину заело** "Was ist passiert? – Das Auto hat eine Panne". Dieses Verb wird im Übrigen auch im Sinne von "verzehren, essen" gebraucht (um einen bestimmten Geschmack im Mund zu neutralisieren). Nach einem Glas Wodka beispielsweise: **можно заесть солёным огурчиком!** "Man kann ein gesalzenes Gürkchen essen (um den Geschmack loszuwerden)!"

20 Как говари**в**ал од**и**н мой хор**о**ший знак**о**мый,

22 иногд**а** чем б**о**льше кан**а**лов в телев**и**зоре, тем д**о**льше заним**а**ет вр**е**мени пон**я**ть, что ничег**о** интер**е**сного всё равн**о** нет.

Первое задание: Вы понимаете эти предложения?

① Сразу после технического перерыва мы предложим вам выпуск вечерних новостей с субтитрами для глухих и плохо слышаших. ② По результатам опроса общественного мнения, который проводился несколько месяцев назад, оказалось, что нашу развлекательную программу смотрят одни подростки. ③ Вы на Новый год ёлку покупаете? – Да, уже купили, она стоит у нас в зале – огромная, красивая! ④ Не знала, что в Интернете можно найти последние новости политики и бизнеса. Как говорится, век живи, век учись. ⑤ Уважаемые телезрители, мы рады предложить вашему вниманию премьеру телесериала «Всё хорошо, что хорошо кончается».

Второе задание: Вставьте пропущенные слова!

① Schalte bitte auf das erste Programm, dort beginnt gleich die Neujahrsansprache des Präsidenten. – Ich kann nicht, meine Fernbedienung ist kaputt (verklemmt).

.... , пожалуйста, на первый ..... , там сейчас .... президента. – Не могу, у ....

21 Wie ein guter Bekannter von mir zu sagen pflegte:

22 Je mehr Kanäle im Fernsehen, desto länger dauert es manchmal, bis man merkt (mehr einnimmt Zeit verstehen), dass es nichts Interessantes gibt, egal [was läuft].

Решение первого задания: Вы поняли?

❶ Gleich nach der technischen Pause präsentieren wir Ihnen die Abendnachrichten mit Untertiteln für Gehörlose und Schwerhörige. ❷ Gemäß den Ergebnissen einer öffentlichen Meinungsumfrage, die vor ein paar Monaten durchgeführt wurde, hat sich herausgestellt, dass unser Unterhaltungsprogramm nur von Jugendlichen angesehen wird (schauen alleine Jugendliche). ❸ Kaufen Sie einen Weihnachtsbaum für das neue Jahr? – Ja, wir haben ihn bereits gekauft, er steht in unserem Wohnzimmer, riesengroß [und] wunderschön! ❹ Ich wusste nicht, dass man die neuesten politischen und wirtschaftlichen Nachrichten im Internet finden kann. Wie man sagt: Man lernt nie aus. ❺ Liebe Zuschauer, wir freuen uns, Sie auf die Premiere der TV-Serie "Ende gut, alles gut" aufmerksam zu machen.

❷ Was läuft im Fernsehen? – Nichts, sie haben eine technische Pause aufgrund von Wartungsarbeiten bis zum Mittag.

Что там … телевизору … ? – … , у них … … в … с профилактическими … … … .

3 Noch ein Streik! Was fordern sie jetzt? – [Dasselbe] wie immer: eine Lohnerhöhung und eine Garantie für die Sicherheit der Arbeiter.

Опять ________! Чего теперь ________? – Как ________: ________ ________ и обеспечения ________ ________.

4 Dieser Dokumentarfilm wurde in den späten achtziger Jahren gedreht und basiert auf einer wahren Geschichte über das schwere Schicksal der Bergleute.

Этот ________ фильм был ________ в ________ восьмидесятых, ________ на ________ историю __ нелёгкой ________ ________.

35 Тридцать пятый урок

Повторение – Wiederholung

1. Aussprache und Schreibung

1.1 Buchstaben е und э

• Am Wortbeginn schreibt man **е** oder **э** gemäß ihrer Aussprache: **ехать** "fahren"; **эхо** "Echo".

• Nach **и** oder Konsonanten schreibt man **е**:
диета "Diät", **кафе** "Café", **шедевр** "Meisterwerk"
(wobei bei den beiden letzten das **е** allerdings [*ä*] gesprochen wird). Es gibt jedoch drei Ausnahmen (allesamt Fremdwörter):
мэр "Bürgermeister"; **пэр** "Paar"; **сэр** "Sir, Herr".

• Nach allen anderen Vokalen steht **э**:
силуэт "Silhouette", **поэма** "Gedicht".
Auch hier finden sich einige Ausnahmen, wie z. B. **проект** "Projekt".

❺ Kannst du mir helfen, ein Geschenk schön zu verpacken? Ich weiß überhaupt nicht, wie man das macht. – Kein Problem (Ohne Problem), hast du Geschenkpapier?

________ ________ мне красиво ________ ________?
Я совсем не умею ______ делать.
– ___ ________, а у тебя есть ________ ________?

Решение второго задания: Пропущенные слова.

❶ Переключи – канал – начнётся Новогоднее обращение – меня пульт заело ❷ – по – показывают – Ничего – технический перерыв – связи – работами до полудня ❸ – забастовка – требуют – всегда – повышения зарплаты – безопасности рабочих ❹ – документальный – снят – конце – опираясь – настоящую – о – судьбе шахтёров ❺ Можешь помочь – обернуть подарок – этого – Без проблем – обёрточная бумага

35. Lektion

1.2 Schreibung von Präfixen

Die Präfixe **анти-**, **архи-**, **супер-** und **ультра-** können bestimmten Nomen und Adjektiven vorangestellt werden:

антифриз "Frostschutzmittel"; **архиважный** "extrem wichtig"; **супергерой** "Superheld"; **ультраправый** "ultrarechts, rechts außen", etc.

1.3 Härtezeichen

Vor **е** (**ё**), **ю** und **я** steht das Härtezeichen in den folgenden Fällen:

- nach einem Präfix, das auf einem Konsonanten endet, um es vom Stamm zu trennen, wenn dieser mit **е** (**ё**), **ю** oder **я** beginnt:

разъяснять "erklären"; **съесть** "essen",
aber **сходить** "gehen";

- in Wörtern, die mit den folgenden Präfixen beginnen:
двух-, **трёх-**, **четырёх-**:
трёхъярусный "(auf) drei Niveaus, Ebenen",
aber **трёхэтажный** "(mit) drei Stockwerken, dreistöckig";

- bei Entlehnungen (oder Wörtern, die aus einer Fremdsprache kommen und mit Präfixen gebildet werden):
объективный "objektiv" (Adj.),
aber **обычный** "gewöhnlich, normal".

1.4 Weichheitszeichen nach Zischlauten

Die Zischlaute **ж**, **ш**, **щ** und **ч** finden sich am Wortende von Nomen, Adjektiven, Verben, Adverbien, Pronomen und Partikeln. Für jede dieser Wortarten gibt es eigene Rechtschreibregeln für das Weichheitszeichen nach Zischlauten. Beschäftigen wir uns vorerst mit vier von diesen.

• Weiche weibliche Substantive weisen ein Weichheitszeichen am Wortende nach Zischlauten auf (man findet diese Wörter am besten in einem Wörterbuch), jedoch ist dies bei harten weiblichen Substantiven nicht der Fall:
дочь "Tochter"; **ночь** "Nacht",
aber **много задач** (abgeleitet vom harten Femininum **задача** "Aufgabe"),
нож "Messer" (Maskulinum).

Denken Sie daran, dass Familiennamen kein Weichheitszeichen in der Endung haben:
Максим Лукич Засулич.

• Verben erhalten immer ein Weichheitszeichen am Ende, wenn sie auf einen Zischlaut enden:
течь "fließen, strömen" (Infinitiv);
режь (Imperativ von **резать** "schneiden");
делаешь (2. Person Singular von **делать** "machen").

Beachten Sie, dass dem Weichheitszeichen -**ся** folgen kann, wenn es sich um ein reflexives Verb handelt, oder -**те** im Imperativ Plural:
смеёшься (von **смеяться** "lachen");
режьте (von **резать** "schneiden").

• Adverbien haben ein Weichheitszeichen hinter Zischlauten am Wortende, allerdings mit drei Ausnahmen:

замуж, **невтерпёж**, **уж**.

Beispiel: **открыто настежь** "sperrangelweit geöffnet".

• Bei Possessivpronomen steht hingegen niemals ein Weichheitszeichen hinter den Zischlauten:

наш "unser"; **ваш** "euer, Ihr".

2. Unregelmäßige Substantive

• Im Plural ändert **хозяин** "Eigentümer" die Silbe **-ин** in allen Formen zu **-ев**:

хозяева, **хозяев**, **хозяевам**, etc.

• Das Substantiv **щенок** "Welpe" verändert die Silbe **-ок** in allen Pluralformen zu **-ят**:

щенята, **щенят**, **щенятам**, etc.

3. Adjektive

3.1 Kurze Adjektive

• Einige Adjektive werden nur in ihrer Kurzform verwendet, wie z. B.

рад "froh".

• Einige andere Adjektive werden meist in ihrer Kurzform verwendet, auch wenn die Langform grundsätzlich existiert, z. B.

должен "schuldig (sein)"; "er/sie ist schuldig"; "er/sie muss" (die Langform dieses Adjektivs wird nur in bestimmten Ausdrücken benutzt).

• Eine weitere Gruppe von kurzen Adjektiven umfasst solche, die sich in der Bedeutung von ihrer Langform unterscheiden:

У него правый глаз синий, а левый зелёный.
"Sein rechtes Auge ist blau und das linke grün";

Ты как всегда права! "Du hast wie immer recht!"

• Die Kurzform einiger Adjektive ist Teil fester Ausdrücke, wie z. B.

Будь здоров! (wörtl. "Sei gesund!") "Gesundheit!"
– zu einer Person, die niest.

3.2 Wortbetonung bei kurzen Adjektiven

Um zu wissen, wie man kurze Adjektive richtig betont, teilen wir sie je nach ihrer Betonungsart in drei Gruppen ein.

• Die Betonung liegt immer auf dem Wortstamm (oft sind dies recht lange Adjektive mit mehr als zwei Silben im Maskulinum):

гениален "genial", **гениальна**, **гениально**, **гениальны**.

Auch die folgenden Adjektive werden auf diese Weise betont:

профессионален "professionell";
прекрасен "wundervoll, großartig";
интеллектуален "intellektuell", etc.

• Die Betonung liegt nur im Maskulinum auf dem Wortstamm, bei den anderen Formen auf der Endung:

хорош "gut", **хороша**, **хорошо**, **хороши**.

Ebenso verhalten sich auch die folgenden Adjektive:

свеж "frisch"; **горяч** "heiß"; **смешон** "lächerlich"
(mit beweglichem Vokal – **смешна**, **смешно**, **смешны**), etc.

• Die Betonung liegt grundsätzlich auf dem Wortstamm, nur nicht im Femininum:

молод "jung", **молода**, **молодо**, **молоды**.

Dies gilt ebenso für die folgenden Adjektive:

жив "lebendig"; **тих** "leise, ruhig, still";

сложен "kompliziert" (im Plural ist jedoch auch die Endbetonung zulässig: **сложны**), etc.

4. Verben auf -чь

Verben mit einem Infinitiv auf **-чь** wechseln in der 1. Person Singular und in der 3. Person Plural die Konsonanten: Es erscheint, je nach Verb, ein **г** oder ein **к** anstelle von **ж** oder **ч**. Sehen Sie sich dazu die folgenden Beispiele an:

течь "fließen, strömen":
теку, **течёшь**, **течёт**, **течём**, **течёте**, **текут**

мочь "können":
могу, **можешь**, **может**, **можем**, **можете**, **могут**

Заключительный диалог – Wiederholungsdialog

1 – Ты видела объявление в сегодняшней газете?

2 Российская компания ООО «Хозяин» ищет менеджера по продажам.

3 Их требования к кандидату: высшее образование, умение работать как самостоятельно, так и в команде.

4 Солидный опыт в управлении и безупречный внешний вид будут несомненными плюсами.

5 Чего ты морщишь лоб? Что тебе не нравится?

6 – За последние сутки ты уже предложил мне десять разных объявлений, такое ощущение, что тебе невтерпёж, чтобы я ушла с работы.

7 – Вот насмешила! Мне-то всё равно, только о тебе и думаю.

8 Несколько месяцев назад кто-то сильно жаловался на нашего шефа…

9 – Ну, это когда было? Теперь всё изменилось, мы практически стали друзьями.

10 В новогоднем обращении к служащим он даже поздравил меня с результатами и подарил мне щенка!

11 – Ах, как мило! Он бы лучше подумал о повышении твоей зарплаты.

12 Нет, серьёзно, как коллега коллеге – ты способна на большее.

13 С твоей трудовой книжкой, с твоей трудоспособностью и твоим опытом…

14 Только представь: новая работа, новые приключения, новая жизнь!

15 – Да чем же я заслужила такую заботу? Но, может ты и прав, надо хорошенько подумать.

16 – Ушам своим не верю! Будешь долго думать, прозеваешь замечательную должность.

17 А дальше сценарий будет такой: всё поймешь, но будет поздно, будешь ныть, начнутся угрызения совести, а потом – депрессия.

18 – Ладно, ладно, убедил, не говори больше таких ужасов!

19 После перерыва позвоню, сейчас полдень, там наверное уже все ушли на обед.

20 – Правильное решение. А я пока пойду поговорю с нашим начальником.

21 Надо и ему помочь: твоё место скоро будет свободным, а значит нам нужен кандидат на эту вакансию.

22 Повторяю, всё для вас, всё, чтобы всем вам помочь: так и быть, я буду первым кандидатом…

Übersetzung

1 – Hast du die Anzeige in der heutigen Zeitung gesehen? **2** Das russische Unternehmen "Eigentümer" GmbH sucht einen Vertriebsleiter (Manager auf Verkauf). **3** Ihre Erwartungen an den Bewerber: Hochschulabschluss, die Fähigkeit, sowohl selbstständig als auch im Team zu arbeiten. **4** Solide Führungserfahrung und ein tadelloses Erscheinungsbild sind ein definitiver Pluspunkt. **5** Warum runzelst du die Stirn? Was gefällt dir nicht? **6** – Du hast mir in den letzten 24 Stunden schon zehn verschiedene Anzeigen vorgelegt, und ich habe den Eindruck, dass du es nicht abwarten kannst, dass ich meinen Job kündige (dir unerträglich, damit ich ging von Arbeit). **7** – Du bringst mich zum Lachen! (zum-Lachen-brachtest!) Das ist mir egal, ich kann nur an dich denken. **8** Vor ein paar Monaten hat sich jemand sehr über unseren Chef beschwert ... **9** – Wann war das? Jetzt hat sich alles geändert, wir sind jetzt praktisch zu Freunden geworden. **10** In [seiner] Neujahrsansprache an die Mitarbeiter hat er mir sogar zu [meinen] Ergebnissen gratuliert und mir einen Welpen geschenkt! **11** – Ah, wie nett! Er hätte besser daran getan, dir eine Gehaltserhöhung zu geben (besser dachte über Erhöhung deines Gehalts). **12** Nein, im Ernst, von Kollege zu Kollege – du bist zu mehr fähig als das (du fähig auf mehr). **13** Mit deinem "Arbeitsbuch", mit deiner Leistungsfähigkeit und deiner Erfahrung ... **14** Stell dir nur vor: ein neuer Job, ein neues Abenteuer, ein neues Leben! **15** – Womit habe ich eine solche Fürsorge (Sorge) verdient? Aber vielleicht hast du recht, [ich] sollte es [mir] gründlich überlegen. **16** – Ich traue meinen Ohren nicht! Wenn du zu lange [nach]denkst, verpasst du einen tollen Job (hervorragende Stelle). **17** Und dann (weiter) wird die Situation (Szenario) so sein: Du wirst alles verstehen, aber es wird [zu] spät sein, du wirst jammern, die Gewissensbisse beginnen, und dann – [eine] Depression. **18** – Gut, gut, [du] hast [mich] überzeugt, sag nicht mehr so schreckliche Dinge (solche Grauen)! **19** Ich rufe nach der Pause an, jetzt ist Mittag, sie sind wahrscheinlich alle zum Mittagessen gegangen. **20** – [Das ist die] richtige Entscheidung. In der Zwischenzeit werde ich mit unserem Vorgesetzten (Leiter) sprechen (gehe spreche). **21** Wir müssen ihm auch helfen: Dein Posten (Platz) wird bald frei, das heißt, wir brauchen einen Bewerber für diese Stelle. **22** Ich wiederhole, alles [was ich tue, tue ich] für Sie, alles, um Ihnen allen zu helfen: Folglich (so und sein), werde ich der erste Bewerber sein ...

36 Тридцать шестой урок

Попытка не пытка

1 – Блин, ск**о**ро в**ы**боры, а я д**а**же не зн**а**ю, кто у нас в м**э**ры баллот**и**руется. ① ② ③

2 – Совс**е**м от ж**и**зни отст**а**л. Ты что, не след**и**шь за новост**я**ми?

3 – Ой, как ст**ы**дно! Всё, бер**у**сь за ум, начин**а**ю н**о**вую жизнь.

4 – Не пуг**а**й, что ты ещ**ё** прид**у**мал?

5 – Я подпиш**у**сь на как**о**й-нибудь ст**о**ящий журн**а**л или газ**е**ту, чт**о**бы ничег**о** не упуст**и**ть. ④

6 – Зач**е**м ср**а**зу подп**и**сываться? Св**е**жую пр**е**ссу м**о**жно куп**и**ть в люб**о**м газ**е**тном ки**о**ске или вон на лотк**е** в перех**о**де. ⑤

7 – Одн**о** д**е**ло **е**сли газ**е**ту прин**ё**с почталь**о**н: он**а** уж**е** в тво**ё**м почт**о**вом **я**щике, леж**и**т, теб**я** дожид**а**ется. ⑥

ПРИМЕЧАНИЕ

① **Блин** "Eier-, Pfannkuchen" wird umgangssprachlich für "Mist", "Verflixt", aber auch "Oh Mann" verwendet. **Блин, ну ты как всегда!** "Oh Mann, du bist wie immer!". Man findet es auch im Ausdruck **Ну ты, блин, даёшь!** "Du hast einen Vogel!" Sie selbst sollten diese Begriffe besser nicht benutzen!

② Sie wissen bereits, dass **сутки** "24 Stunden" nur im Plural gebraucht wird. Dies gilt ebenso für **выборы** "Wahlen". Im Singular bedeutet **выбор** "Auswahl".

③ **баллотируется** ist die 3. Person Singular von **баллотироваться** "(für eine Wahl) kandidieren". Wie jedes Verb auf **-ова-** verliert es im Präsens dieses Suffix.

36. Lektion

Es ist einen Versuch wert (Versuch nicht Folter)

1 – Mist, es steht eine Wahl an und ich weiß nicht einmal, wer als Bürgermeister kandidiert.

2 – Du bist völlig weltfremd (Komplett aus Leben zurückgeblieben). Verfolgst du denn die Nachrichten nicht?

3 – Oh, wie peinlich! Das war's (Alles), ich nehme alles zurück (anfasse für Verstand), ich fange ein neues Leben an.

4 – Erschreck mich nicht, was hast du noch vor?

5 – Ich werde eine namhafte (wertvolle) Zeitschrift oder Zeitung abonnieren, damit ich nichts verpasse.

6 – Warum gleich abonnieren? Aktuelle (Frische) Presse[erzeugnisse] kann man in [jedem] beliebigen Zeitungskiosk oder auch (dort) am Verkaufsstand in der Unterführung (in Übergang) kaufen.

7 – (Eine Sache) Wenn der Postbote die Zeitung bringt (brachte), dann liegt sie bereits in deinem Briefkasten und wartet auf dich.

④ Die Betonung bestimmt bekanntlich den Bedeutungsunterschied: **стоящий** [*ßT**O**JASCHTSCHİJ*] "wertvoll, lohnend", aber **стоящий** [*ßTÅJ**A**SCHTSCHİJ*] "stehend".

⑤ **прессу** [*PRrJ**E**ßßU*] spricht sich mit einem weichen **e**.

⑥ In Lehnwörtern wie **почтальон** "Postbote" oder **бульон** "Bouillon, Suppenbrühe" fügt man ein Weichheitszeichen ein, um das **-он** am Wortende abzugrenzen: [*PÅTSCHTALj**O**N*], [*BULj**O**N*].

8 Тогд**а** уж х**о**чешь-не х**о**чешь, а загол**о**вки да основн**ы**е р**у**брики глаз**а**ми пробеж**и**шь, ⑦ ⑧ ⑨

9 а то гляд**и**шь, чт**о**-нибудь ос**о**бо пригляН**ё**тся, возьм**ё**шь и прочит**а**ешь.

10 – А вот заст**а**вить себ**я** дойт**и** до ки**о**ска специ**а**льно за газ**е**той, **э**то друг**о**е д**е**ло – вся мотив**а**ция по дор**о**ге улет**у**чится… ⑩

11 Так вот я хот**е**л у теб**я** попрос**и**ть сов**е**та, как**у**ю газ**е**ту в**ы**брать, ты ведь в них эксп**е**рт?

12 – М-да, р**а**но или п**о**здно, кон**е**чно, за ум н**а**до бр**а**ться, ну и газ**е**ты чит**а**ть – пол**е**зно, согл**а**сен.

13 Но ты ведь п**о** уши в долг**а**х, у ск**о**льких друз**е**й в долг до пол**у**чки на вс**я**кую ерунд**у** заним**а**л! ⑪

14 Сл**у**шай, а почем**у** бы теб**е** не подпис**а**ться на электр**о**нную расс**ы**лку новост**е**й?

15 Во-п**е**рвых, об**ы**чно так**и**е расс**ы**лки беспл**а**тные или, на кр**а**йний сл**у**чай, недорог**и**е.

16 А во-втор**ы**х, в под**о**бной расс**ы**лке б**у**дут стать**и** из р**а**зных ист**о**чников, как раз и в**ы**берешь, как**о**й теб**е** б**о**льше нр**а**вится.

ПРИМЕЧАНИЕ

⑦ **хочешь-не хочешь** wird in der Umgangssprache häufig nur [*CHOSCH NİCHOSCH*] gesprochen.

⑧ Je nach Kontext kann **да** dieselbe Bedeutung wie **и** "und" haben. Diese Verwendung findet sich häufig in der gesprochenen Sprache oder in Geschichten.

⑨ Das Präfix **про-** hat die Bedeutung "über" oder "durch" und bezeichnet eine vollendete Handlung.

8 Und ob du [es] willst oder nicht (Dann schon willst-nicht willst), du wirst die Überschriften und die Hauptrubriken überfliegen (hauptsächliche Rubriken Augen-mit durchsiehst),

9 oder du siehst etwas, das dir besonders gut gefällt und liest [es] (nimmst und liest).

10 – Es ist eine andere Sache, sich aufzuraffen (zwingen sich), für eine Zeitung extra zu einem Kiosk zu gehen – die Motivation wird auf dem Weg dorthin verschwinden ...

11 Deshalb wollte ich dich um deinen Rat bitten, welche Zeitung ich auswählen [soll], du bist doch darin ein Experte, [oder]?

12 – Mmh ja, früher oder später muss man sich natürlich schlau machen (für Verstand muss anpacken), und Zeitungen zu lesen ist nützlich, da stimme ich zu (einverstanden).

13 Aber du steckst ja bis über [beide] Ohren in Schulden; von wie vielen Freunden hast du dir schon vor deinem Gehalt[sscheck] (in Schuld bis Lohn) Geld geliehen, für allen möglichen Unsinn!

14 Hör mal, warum abonnierst du nicht den E-Newsletter (elekronische Versendung Nachrichten)?

15 Erstens sind diese Newsletter in der Regel kostenlos oder zumindest (auf letzten Fall) preiswert.

16 Und zweitens wird es in einem Newsletter wie diesem Artikel aus verschiedenen Quellen geben, so dass du denjenigen auswählen kannst, der dir am besten gefällt.

⑩ Bei **заставить себя** "sich zwingen" (v.) handelt es sich um eine Ausnahme, da es ein rückbezügliches Verb, bestehend aus zwei Elementen, ist.

⑪ **по уши** [*PO USCHÍ*]: Die Betonung liegt auf der Präposition.

17 В любом случае, это будет более экономичный вариант, выйдет дешевле, чем годовая подписка на бумажное издание.

18 – Гм... Это больной вопрос: мой компьютер на прошлой неделе крякнул.

19 – Что сделал? Ну и выражения у тебя! Будто с тинейджером общаюсь...

20 – Ну, приказал долго жить, испустил дух, богу душу отдал... так понятнее?

21 Короче, надо покупать новый, а это точно дороже подписки на какую-нибудь газетёнку или журналишко. ⑫

22 – Ну понятно, к чему ты клонишь: тебе не совет мой нужен, а деньги.

23 Ишь ты, наглость – второе счастье!

24 – Мы же всё-таки братья, да и финансовых трудностей у тебя нет. ⑬

25 Может, подсобишь, братишка? Поучаствуешь, так сказать, в становлении новой просвящённой личности? ⑭

ПРИМЕЧАНИЕ

⑫ **газетёнку** und **журналишко** werden ausgehend von **газета** "Zeitung" und **журнал** "Zeitschrift" mithilfe der Diminutivsuffixe **-ёнк** und **-ишк** gebildet. Diese Suffixe können auch eine abwertende Bedeutung haben, z. B. **дом** "Haus" → **домишко** "Hütte, Bruchbude".

⑬ **братья** "Brüder" gehört zur Gruppe der männlichen und sächlichen Substantive, die ihren Plural auf der Basis (Wortstamm ohne Endung) des Singulars und der weichen Endung **-ья** bilden.

⑭ **просвящённой** [*PRrÅßWISCHTSCHJONNÅJ*]: **я** wird [*I*] gesprochen, wenn es vor der betonten Silbe steht.

17 Auf jeden Fall ist (wird) dies eine kostengünstigere Option und am Ende billiger (herausgeht billiger) als ein Jahresabonnement für eine Druckausgabe (Papier Veröffentlichung).

18 – Ähm ... Das ist ein wunder Punkt (kranke Frage): Mein Computer hat letzte Woche sein Leben ausgehaucht (geschnattert).

19 – Er hat was getan? Was für Ausdrücke du hast! Als ob [ich] mit einem Teenager rede (verkehre) ...

20 – Nun, er hat aufgehört zu leben (befahl lang leben), er hat seinen Geist aufgegeben, er hat seine Seele Gott übergeben ... ist es so klarer?

21 Kurzum, [ich] muss einen neuen kaufen, und das ist definitiv teurer als ein Abonnement für irgendeine Zeitung oder Zeitschrift.

22 – Na klar, ich verstehe, worauf du hinauswillst: Du brauchst nicht meinen Rat, [sondern mein] Geld.

23 Sieh mal an, [was für eine] Unverschämtheit (Frechheit – zweites Glück)!

24 – Wir sind doch schließlich Brüder, und du hast keine finanziellen Schwierigkeiten.

25 Kannst du [mir nicht] helfen, Brüderchen? Du beteiligst dich sozusagen an der Entwicklung einer neuen, aufgeklärten Persönlichkeit, [verstehst du]?

Первое задание: Вы понимаете эти предложения?

❶ Как стыдно! Совсем от жизни отстал: даже не знаешь, кто в нашей стране президент. ❷ – Говорит, что по уши в долгах, а сам только что подписался на какое-то дорогое бумажное издание. – Нет, ты не понял: он подписался на бесплатную рассылку новостей в Интернете. ❸ Как только почтальон принёс газету, Олег сразу же сказал об этом папе, который дожидался её всё утро. ❹ Я не могу упустить такой шанс: если девушка приглянётся мне, я сразу же женюсь на ней. – Ты сошёл с ума! ❺ Одно дело если ты сам ему позвонишь, а другое – если будешь ждать, пока это сделает он.

Второе задание: Вставьте пропущенные слова!

❶ Erschreck [mich] nicht, erklär mir, was mit dir passiert ist. – Es ist nichts Ernstes (schrecklich), aber mein Fernseher hat sein Leben ausgehaucht.

Не ______ , ______ , что у тебя ______ . – Ничего ______ , просто мой телевизор ______ долго ______ .

❷ Entschuldigung, sehen Sie nicht, dass es hier eine Warteschlange gibt? Was für eine Unverschämtheit!

Простите, вы не ______ , что здесь стоит ______ ? Ну, ______ – ______ ______ !

❸ Wo hast du dieses schöne Buch gekauft? Du bist offensichtlich ein Experte ... – An der Ecke [der Straße] in der Unterführung.

Где ты ______ эту ______ книгу? Сразу ______ , ______ ... – На ______ в ______ .

Решение первого задания: Вы поняли?

❶ Wie peinlich! Du bist völlig weltfremd: Du weißt nicht einmal (sogar nicht weißt), wer der Präsident unseres Landes ist. ❷ – Er sagt, er stecke bis über [beide] Ohren in Schulden, aber er hat [trotzdem] irgendeine teure Druckausgabe [einer Zeitung] abonniert. – Nein, du verstehst nicht: Er hat einen kostenlosen Newsletter im Internet abonniert. ❸ Sobald (Wie nur) der Postbote die Zeitung brachte, sagte Oleg [es] (über dieses) sofort seinem Vater, der schon den ganzen Morgen auf sie gewartet hatte. ❹ Diese Chance darf ich nicht verpassen: Wenn mir das Mädchen gefällt, heirate ich sie sofort. – Du hast den Verstand verloren (Du verließt aus Verstand)! ❺ Es ist eine Sache, wenn du ihn selbst anrufst, aber es ist eine andere, wenn du darauf wartest, dass er es tut.

❹ Ich sehe, worauf du hinauswillst, aber versuch es [gar] nicht [erst], du kriegst mich nicht rum: Ich werde dir kein Geld geben! – Aber ich wollte mir nur etwas von dir leihen, während ich auf mein Gehalt warte ...

___ , ___ чему ты ___ , но не пытайся, не ___ : ___ я тебе не ___ ! – Да мне ведь ___ ___ до ___ ...

❺ Warum hast du diese Zeitschrift gekauft? Ich bin mir sicher, dass du sie nicht einmal lesen wirst, vielleicht überfliegst du nur die Überschriften und die Hauptrubriken.

Зачем ты купил этот ___ ? Я уверен, ты его даже ___ не ___ , разве что ___ , да ___ ___ глазами ___ .

Решение второго задания: Пропущенные слова.

❶ – пугай, объясни – случилось – страшного – приказал – жить ❷ – видите – очередь – наглость – второе счастье ❸ – купил – замечательную – видно, эксперт – углу – переходе ❹ Вижу, к – клонишь – уломаешь – денег – дам – в долг – получки ❺ – журнал – читать – будешь – заголовки – основные рубрики – пробежишь

37 Тридцать седьмой урок

Из песни слов не выкинешь ①

1 Ни один русский традиционный ресторан не обходится без музыки и песен.

2 Русские народные песни поются чаще всего под аккордеон или баян, обязательно также присутствие балалайки, иногда бубна или треугольника. ②

3 Нельзя представить русское застолье или праздник без романсов под аккомпанемент гитары.

4 У настоящей русской гитары, как впрочем и у цыганской, 7 струн, но и шестиструнки нередки в руках музыкантов и бардов. ③ ④

5 Можете быть уверены, что в какой-то момент обязательно будет исполняться песня «Очи чёрные». ⑤

6 И как говорится, «Какой русский не любит быстрой езды?», мы могли бы сказать «Какой русский не знает этой песни?». ⑥

ПРИМЕЧАНИЕ

① Dieses alte russische Sprichwort ist schwer ins Deutsche zu übersetzen. Es bedeutet, dass das Weglassen eines (vor allem für den Erzählenden unangenehmen) Elements einer Geschichte deren Bedeutung komplett verändern kann. Daher wird es meistens verwendet, um auszusagen, dass jede Wahrheit (gleich wie unangenehm) geradeheraus gesagt werden sollte.

② **поются:** 3. Person Plural des unvollendeten Verbs **петься** "vorgeführt/gesungen werden". Bei dieser Form ist es schwierig, den Infinitiv zu erahnen.

Aus einem Lied lässt sich kein Wort herausnehmen
(Aus Lied Wörter nicht entfernst)

1 Kein traditionelles russisches Restaurant kommt ohne Musik und Lieder aus.

2 Russische Volkslieder werden meist von (unter) einem Akkordeon oder einer Ziehharmonika begleitet gesungen [und] zwingend ist auch die Balalaika (Anwesenheit Balalaika) und manchmal ein Tamburin oder eine Triangel.

3 Ein russisches Festessen oder eine Feier ohne von einer Gitarre begleitete (unter Begleitung) Romanzen ist nicht vorstellbar.

4 Die echte russische Gitarre hat, wie übrigens die der "Zigeuner", sieben Saiten, aber sechssaitige Gitarren sind in den Händen von Musikern und Barden nicht ungewöhnlich (nicht-selten).

5 Sie können sicher sein, dass irgendwann (in irgendeinem Moment) bestimmt das Lied "Schwarze Augen" (wird aufgeführt-sein) gesungen wird.

6 Und wie das Sprichwort sagt (sagt-sich): "Welcher Russe mag es nicht schnell (schnelle Fahrt)?" könnten wir sagen: "Welcher Russe kennt dieses Lied nicht?"

③ Im Deutschen ersetzt man inzwischen "Zigeuner" durch "Sinti und Roma". Im Russischen hingegen hat **цыган** keinen negativen Beiklang! Entsprechend verwenden wir die Übersetzung "Zigeuner", was jedoch keinesfalls diskriminierend gemeint ist!

④ **нередки:** Plural der Kurzform von **нередкий** "nicht selten, häufig". Das zugehörige Adverb **нередко** wird meist mit "oft" übersetzt.

⑤ **исполняться** "durch-/aufführen", auch "sich erfüllen".

⑥ In diesem Zusammenhang ist **какой** rhetorisch zu verstehen und kennt nur eine offensichtliche Antwort: nämlich "alle". Dieser Ausspruch ist in Russland sehr bekannt und wird als Sprichwort verwendet. Nur wenige Russen wissen, dass es aus Nikolai Gogols Werk "Tote Seelen" stammt.

7 **Е**сли музык**а**нт сам не запоёт «**О**чи ч**ё**рные», что, впр**о**чем, м**а**ло веро**я**тно, закаж**и**те её и вы наслад**и**тесь вес**ё**лым р**у**сским заст**о**льем, подпев**а**я сол**и**сту. ⑦

8 Существ**у**ет н**е**сколько вари**а**нтов стих**о**в, по**э**тому мы да**ё**м вам н**е**кую «сб**о**рную сол**я**нку», чт**о**бы вы т**о**чно зн**а**ли слов**а**, когд**а** зазвуч**и**т знак**о**мая мел**о**дия. ⑧ ⑨

9 «**О**чи ч**ё**рные, **о**чи стр**а**стные, ⑩

10 **О**чи жг**у**чие и прекр**а**сные!

11 Как любл**ю** я вас! Как бо**ю**сь я вас!

12 Знать, ув**и**дел вас я не в д**о**брый час!

13 Ск**а**терть б**е**лая залит**а** вин**о**м,

14 Все гус**а**ры спят беспроб**у**дным сном.

15 Лишь од**и**н не спит, пьёт шамп**а**нское

16 За люб**о**вь сво**ю**, за цыг**а**нскую. ⑪

17 По об**ы**чаю древнер**у**сскому,

18 По об**ы**чаю петерб**у**ргскому ⑫

ПРИМЕЧАНИЕ

⑦ Bei **заказать** "bestellen" (v.) wird das zweite **з** in allen Formen zu **ж**: **закажу**, **закажешь**, **закажут**. Beachten Sie den Unterschied in der Betonung: **закажите** [*SAKAJÎTJE*] "ihr bestellt, Sie bestellen" (v.) und **закажите** [*SAKAJÎTJE*] "bestellt!, bestellen Sie!" (Imperativ).

⑧ Die Suppe **сборная солянка** gehört zur Hausmannskost und wurde aus allem, was man zu Hause finden konnte, mit Salzgurken und verschiedenen Gewürzen, zubereitet. Daher bezeichnet der Ausdruck heutzutage etwas, das viele verschiedene Elemente enthält. Ursprünglich wurde diese Suppe **селянка**, in etwa "Dorfsuppe", genannt, aber der Name hat sich im Laufe der Zeit leicht geändert.

7 Wenn der Musiker "Schwarze Augen" nicht selbst beginnt zu singen, was allerdings unwahrscheinlich ist (im-Übrigen wenig wahrscheinlich), bestellen Sie es und genießen Sie ein fröhliches russisches Festmahl, während Sie mit dem Solisten mitsingen.

8 Es gibt (Besteht) mehrere Varianten der Verse, deshalb geben wir Ihnen eine Art "Mischmasch" (Auswahl Soljanka), damit Sie den Text genau kennen, wenn die bekannte Melodie erklingt.

9 "Schwarze Augen, leidenschaftliche Augen,

10 Glühende (brennende) und schöne Augen!

11 Wie ich Sie liebe! Wie ich Sie fürchte!

12 Zweifellos (wissen), ich habe Sie nicht im richtigen Moment gesehen!

13 Das weiße Tischtuch ist mit Wein befleckt (übergossen),

14 Alle Husaren schlafen tief und fest (tiefen Schlaf).

15 Nur einer schläft nicht und trinkt Champagner

16 Für seine Liebe, zur "Zigeunerin".

17 Nach altem russischem Brauch,

18 Nach St. Petersburger Brauch

⑨ Das Präfix **за-** kommt bei der Bildung vieler Verben vor. Es wird verwendet, um den Beginn einer Handlung auszudrücken. Betrachten Sie hierzu neben **зазвучит** auch das Verb **запоёт** (Satz 7) im Kontext.

⑩ In **страстные** [*ßTRrAßNÏJE*] wird das zweite **т** nicht gesprochen.

⑪ Normalerweise schreibt man bei Substantiven **и** nach **ц**, außer bei einigen Wörtern und ihren Ableitungen, darunter das Substantiv **цыган** "Zigeuner" und folglich das Adjektiv **цыганский** "zigeunerhaft". All diese Ausnahmen geben wir im Zungenbrecher am Ende des Dialogs an.

⑫ In **петербургскому** [*PleTleRrBURrßKÅMU*] wird das **г** "verschluckt". Man findet auch das Synonym **петербуржский** [*PleTleRrBURrSCHßKIJ*].

19 Жить не м**о**жем мы без шамп**а**нского

20 И без т**а**бора без цыг**а**нского. ⑬

21 Подойд**и** ко мне, ты мне нр**а**вишься,

22 Поцел**у**й мен**я** – не отр**а**вишься.

23 Сперв**а** ты мен**я**, пот**о**м я теб**я**,

24 Пот**о**м вм**е**сте мы расцел**у**емся».

ПРИМЕЧАНИЕ

⑬ Die Präposition **без** wird im selben Satz mehrmals wiederholt; ebenso die Präposition **за** in Satz 16. Dies ist ein Stilmittel, das häufig in Volksliedern oder Erzählungen vorkommt. Dies unterstreicht die Bedeutung oder Intensität eines Gefühls, einer Tatsache oder einer Beschreibung.

Первое задание: Вы понимаете эти предложения?

❶ Я тоже играю на гитаре, но только на шестиструнке, а на твоей, как я вижу, семь струн. – Да, у меня настоящая цыганская. ❷ По древнерусскому обычаю перед свадьбой невеста и жених не видятся и приезжают в церковь по одному. ❸ Исполняется песня «Очи чёрные». Солист – Михаил Морозов, гитара – Олег Парфёнов, аккордеон – Елена Лебедева. Просьба – солисту не подпевать! ❹ Поцелуй меня, ведь я тебе нравлюсь! – Нет, мне нравится твой друг, у него такие страстные глаза… ❺ Малыш, подойди ко мне, посмотри мне в глаза и скажи правду: это ты залил белую скатерть супом?

Второе задание: Вставьте пропущенные слова!

❶ Es ist unwahrscheinlich, dass sie das gute Wetter genießen werden: Im Fernsehen wurden Regen, niedrige Temperaturen und Wind angekündigt.

Мало ________, что они ________ хорошей ________: по телевизору ________ ________, ________ температуру и ________.

19 Können wir nicht ohne Champagner leben

20 Und ohne "Zigeunersiedlung" (ohne Zeltsiedlung ohne "Zigeuner").

21 Komm her zu mir, du gefällst mir,

22 Küss mich – du wirst dich [schon] nicht vergiften.

23 Erst [küsst] du mich, dann [küsse] ich dich.

24 [Und] dann küssen wir uns gemeinsam".

Решение первого задания: Вы поняли?

① Ich spiele auch Gitarre, aber nur auf einer Sechssaitigen, und deine hat, wie ich sehe, sieben Saiten. – Ja, ich habe eine echte "Zigeunergitarre". ② Nach altem russischem Brauch sehen sich die Braut und der Bräutigam vor der Hochzeit nicht und kommen einzeln (auf einem) in die Kirche. ③ Das Lied "Schwarze Augen" wird aufgeführt. Solist: Michail Morozov; Gitarre: Oleg Parfjonov; Akkordeon: Elena Lebedeva. Bitte singen Sie nicht mit dem Solisten mit! ④ Küsse mich, denn ich gefalle dir! – Nein, mir gefällt dein Freund, er hat so leidenschaftliche Augen ... ⑤ Kleines, komm her, sieh mir in die Augen und sag mir die Wahrheit: Bist du es, der die Suppe über das weiße Tischtuch gegossen hat?

❷ Er war so müde, dass er 12 Stunden lang tief und fest schlief. – Er schläft immer sehr viel.

Он так ___, что спал 12 часов ___ ___. – Он всегда ___ ___ ___.

❸ Wie [gut] er das Akkordeon spielt und wie [schön] er die Romanzen mit Gitarrenbegleitung singt!

Как он ___ ___ ___, а как поёт ___ под ___ ___!

❹ Was ist das für eine Melodie? Sie ist mir sehr vertraut, aber ich kann mich nicht an den Text erinnern. – Dieses Lied hat viele Varianten der Verse.

Что это за ___? Очень ___, но я не могу ___ ___. – У этой ___ много ___ ___.

38 Тридцать восьмой урок

В Рождество на крылечке, на Пасху у печки

1 Росс**и**йская Федер**а**ция – многонацион**а**льная и мультиконфессион**а**льная стран**а**,

2 соотв**е**тственно на е**ё** террит**о**рии сос**е**дствуют разл**и**чные нар**о**ды и вероисповед**а**ния:

❺ Schon mehr als eine Woche [lang] gibt es ein "Zigeunerlager" unter unseren Fenstern und auch Touristen, die "Zigeuner-romanzen" hören.

У нас под ______ стоит ______ ______ уже ______ недели, а также ______, слушающие ______ ______.

Решение второго задания: Пропущенные слова.

❶ – вероятно – насладятся – погодой – объявили дождь, низкую – ветер ❷ – устал – беспробудным сном – очень много спит ❸ – играет на аккордеоне – романсы – аккомпанемент гитары – ❹ – мелодия – знакомая – вспомнить слов – песни – вариантов стихов ❺ – окнами – цыганский табор – больше – туристы – цыганские романсы

Скороговóрка – Zungenbrecher:

Цыган подошёл на цыпочках к цыпленку и цыкнул: «Цыц!»

Ein "Zigeuner" schlich sich auf Zehenspitzen an ein Küken heran und erhob seine Stimme: "Pssst!"

38. Lektion

Zu Weihnachten auf der Veranda, zu Ostern am Ofen

1 Die Russische Föderation ist ein multiethnisches und multikonfessionelles Land,

2 Dementsprechend leben in seinem Hoheitsgebiet verschiedene Völker und Religionen nebeneinander:

3 христи**а**нство (правосл**а**вие, католиц**и**зм, протестант**и**зм), исл**а**м, иуда**и**зм и будд**и**зм. ①

4 Отм**е**тим, что основн**о**й рел**и**гией счит**а**ется правосл**а**вие, а гл**а**вным религи**о**зным пр**а**здником, отмеч**а**ющимся по всей Росс**и**и, явл**я**ется П**а**сха. ②

5 Пр**а**зднику П**а**схи предш**е**ствует д**о**лгий пост, во вр**е**мя кот**о**рого в**е**рующие возд**е**рживаются от употребл**е**ния определённой п**и**щи и от развлеч**е**ний. ③

6 В ночь с субб**о**ты на воскрес**е**нье в церкв**я**х и хр**а**мах прох**о**дит пр**а**здничное ночн**о**е богослуж**е**ние. ④ ⑤ ⑥

7 Перед нач**а**лом **у**тренней сл**у**жбы священнослуж**и**тели облач**а**ются в б**е**лое, и соверш**а**ется торж**е**ственный Кр**е**стный ход вокр**у**г хр**а**ма.

8 В**е**рующие, кот**о**рые испов**е**дались и получ**и**ли благослов**е**ние свящ**е**нника, причащ**а**ются.

ПРИМЕЧАНИЕ

① **католицизм**, **протестантизм**, **иудаизм** und **буддизм**: Das **м** am Ende ist stimmhaft, so dass auch das **з** eher stimmhaft gesprochen wird: [*SM*].

② Das Partizip Präsens des unvollendeten Verbs **отмечаться** "sich feiern, gefeiert werden" und das vollendete Verb **отметить** "bemerken, feststellen, notieren" haben denselben Wortstamm, aber völlig unterschiedliche Bedeutungen. Verwechseln Sie sie nicht!

③ Auch bei **во время** [*WA WRrEMJA*] "während" und **вовремя** [*WOWRrleMJA*] "pünktlich" macht die Betonung den Bedeutungsunterschied.

3 Christentum (Orthodoxie, Katholizismus, Protestantismus), Islam, Judentum und Buddhismus.

4 Beachten (Notieren) wir, dass das orthodoxe Christentum als die Hauptreligion angesehen wird und der wichtigste religiöse Feiertag, der in ganz Russland gefeiert wird (sich-feiern), Ostern ist (erscheint-sich).

5 Dem Osterfest geht ein langes Fasten voraus, bei (während) dem die Gläubigen auf bestimmte Nahrungsmittel und auf Unterhaltung verzichten (verzichten von Gebrauch bestimmte Speisen und von Unterhaltung).

6 In der Nacht von Samstag auf Sonntag halten Kirchen und Gotteshäuser (Tempel) einen festlichen Nachtgottesdienst ab.

7 Vor Beginn des Morgengottesdienstes sind die Geistlichen (heilig-Diener) weiß gekleidet und es findet eine feierliche Prozession (Kreuz- Gang) um das Gotteshaus statt.

8 Die Gläubigen, die gebeichtet und den Segen des Priesters erhalten haben, empfangen das [heilige] Abendmahl.

④ **проходит** ist die 3. Person Singular des unvollendeten Verbs **проходить,** das mehrere Bedeutungen hat: "vorbeigehen/ -kommen, eintreten, durchlaufen" oder auch "(den Lernstoff) lernen". Hier sehen wir noch eine weitere: "abhalten, stattfinden".

⑤ In **праздником** [*PRrASNÍKÅM*], **празднику** [*PRrASNÍKU*] und **праздничное** [*PRrASNÍTSCHNÅJE*] wird das **д** nicht gesprochen.

⑥ **праздничное** "festlich, feierlich" und **ночное** "nächtlich" sind Adjektive, die mithilfe des Suffixes **н** ausgehend von Substantiven gebildet werden, die auf **к** bzw. **ч** enden: **праздник** "Fest, Feier"; **ночь** "Nacht".

9 Кр**е**стятся правосл**а**вные трем**я** п**а**льцами, пр**а**вой рук**о**й спр**а**ва нал**е**во. ⑦ ⑧

10 На П**а**сху д**а**же л**ю**ди, кот**о**рые не пост**и**лись, пр**а**зднуют Св**е**тлое Воскрес**е**ние Христ**а**.

11 Он**и** обм**е**ниваются кулич**а**ми и кр**а**шеными **я**йцами и троекр**а**тно цел**у**ются, говор**я** при **э**том: ⑨

12 «Христ**о**с воскр**е**се!», в отв**е**т он**и** сл**ы**шат «Во**и**стину воскр**е**се!». ⑩

13 А вот и анекд**о**т на т**е**му:

14 Дов**о**льно огран**и**ченный военач**а**льник, ко всем**у** пр**о**чему ате**и**ст, шаг**а**ет по корид**о**ру каз**а**рмы на П**а**сху.

15 На встр**е**чу ем**у** ид**ё**т од**и**н из ег**о** подчин**ё**нных и, отд**а**в честь, восклиц**а**ет:

16 – Христ**о**с воскр**е**с, тов**а**рищ генер**а**л! ⑪

17 Генер**а**л од**а**ривает ег**о** высоком**е**рным взгл**я**дом и прох**о**дит м**и**мо.

ПРИМЕЧАНИЕ

⑦ **тремя**: Instrumental von **три** "drei". Vergessen Sie nicht, dass auch die Zahlen gebeugt werden.

⑧ **справа налево** "von rechts nach links": Dieses Beispiel demonstriert sehr gut eine leicht zu merkende Regel: Adverbien, die mit **с** beginnen, enden auf **а**; solche, die mit **на** beginnen, enden auf **о**.

⑨ **крашеными:** Verwechseln Sie dieses Adjektiv nicht mit einem Partizip Perfekt Passiv! Erinnern Sie sich einfach daran, dass bei Ostereiern das Adjektiv verwendet wird und es daher mit einem einzigen **н** geschrieben wird: **крашеные яйца** "bemalte Eier".

9 Orthodoxe bekreuzigen sich mit drei Fingern, mit der rechten Hand von rechts nach links.

10 An Ostern feiern auch Menschen, die nicht gefastet haben, die heilige (helle) Auferstehung Christi.

11 Sie tauschen Osterbrote (Kulitsch) und bemalte Eier aus, küssen sich dreimal und sagen (bei diesem):

12 "Christus ist auferstanden!", als Antwort hören sie "Wahrhaft [ist er] auferstanden!".

13 Und hier noch ein Witz zum Thema:

14 Ein ziemlich beschränkter Militärkommandant (Heerführer), der auch Atheist ist, geht zu Ostern den Kasernenflur entlang.

15 Er begegnet einem seiner Untergebenen (Auf Treffen ihm geht), salutiert (abgebend Ehre) und ruft ihm zu:

16 – Christus ist auferstanden, Genosse General!

17 Der General wirft ihm einen arroganten Blick zu (beschenkt ihn hochmütigem Blick) und geht an ihm vorbei.

⑩ Im Nominativ sagt man **Христос** "Christus", während man für die Deklination dieses Namens die Basis **Христ-** verwendet. Hier einige geläufige Beispiele: **Христа ради** "Im Namen Christi" (wörtlich "Christus"); **Как у Христа за пазухой** "Wie im Schoße Christi" (geschützt sein). Ein weiterer Ausdruck, der mehrere Bedeutungen hat, ist **Христос с тобой!** "Hör auf (mit dem Blödsinn)! ", aber es ist auch eine Art Segen im Sinne von "Christus sei mit dir!"

⑪ **воскрес** und **воскресе** sind zwei Formen desselben Verbs: **воскреснуть** "auferstehen" (v.). Die Variante **воскрес** entspricht dem heutigen Sprachgebrauch, während die zweite Variante die alte Form ist.

18 Чуть д**а**льше ем**у** попад**а**ется на глаз**а** ещ**ё** од**и**н офиц**е**р, кот**о**рый выт**я**гивается в стр**у**нку и говор**и**т:

19 – Здр**а**вия жел**а**ю, тов**а**рищ генер**а**л! Христ**о**с воскр**е**с! ⑫

20 На что генер**а**л, пом**о**рщившись, отвеч**а**ет: ⑬

21 – Спас**и**бо, мне уж**е** докл**а**дывали.

Первое задание: Вы понимаете эти предложения?

❶ Подчинённые так боятся его, что когда он находится на территории казармы, все вытягиваются в струнку и пытаются не попадаться ему на глаза. ❷ Православные крестятся тремя пальцами, правой рукой справа налево, а католики двумя пальцами слева направо. ❸ Основной религией в этом государстве считается иудаизм. – А какой у них главный религиозный праздник? ❹ В ночь с субботы на воскресенье на праздник музыки молодёжь выходит на улицу и гуляет до утра. ❺ На Пасху в церквях и храмах проходит праздничное ночное богослужение, на которое приходят толпы верующих.

18 Ein Stück weiter begegnet (hineingerät auf Augen) er einem anderen Offizier, der strammsteht (sich-aus-streckt in Saite) und sagt:

19 – Seien Sie gegrüßt (Gesundheit wünsche), Genosse General! Christus ist auferstanden!

20 Worauf der General das Gesicht verzieht und antwortet:

21 – Vielen Dank, das wurde mir bereits gemeldet (mir schon berichteten).

ПРИМЕЧАНИЕ

⑫ **Здравия желаю** ist der militärische Gruß an einen Vorgesetzten.

⑬ Das Adverbialpartizip Präteritum Aktiv **поморщившись** wird aus dem vollendeten Verb **поморщиться** "das Gesicht verziehen" gebildet. Die Basis ist der Infinitiv (Verb ohne Endung -**ться**), dem das Suffix -**вшись** hinzugefügt wird. Man nennt diese Form Adverbialpartizip der Vorzeitigkeit.

Решение первого задания: Вы поняли?

❶ Die Untergebenen haben so viel Angst vor ihm, dass alle, wenn er ihnen auf dem Kasernengelände begegnet, strammstehen und versuchen, ihm aus dem Weg zu gehen (nicht hineingeraten ihm auf Augen). ❷ Orthodoxe bekreuzigen sich mit drei Fingern, von rechts nach links, und Katholiken mit zwei Fingern von links nach rechts. ❸ Als Hauptreligion in diesem Staat gilt das Judentum. – Und welches ist ihr bedeutendster (Haupt-) religiöser Feiertag? ❹ In der Nacht von Samstag auf Sonntag, wenn das Musikfestival stattfindet, gehen die jungen Leute aus und feiern bis zum Morgen. ❺ An Ostern finden in Kirchen und Gotteshäusern festliche Nachtgottesdienste statt, die zahlreiche Gläubige anziehen (auf welche kommen Mengen Gläubige).

Второе задание: Вставьте пропущенные слова!

1. Ostern geht eine lange Fastenzeit voraus, in der ich kein Fleisch esse und auf Unterhaltung verzichte. – (Und) ich habe noch nie gefastet.

   _____ _____ долгий _____, во время _____ я не ем _____ и _____ от _____. – А я никогда не _____.

2. Die Gläubigen, die gebeichtet und den Segen des Priesters erhalten haben, empfangen das Abendmahl.

   _____, которые _____ и получили _____ _____, _____.

3. Christus ist auferstanden! Komm, lass uns Kulitsch und bemalte Eier tauschen. – Wahrhaft [ist er] auferstanden!

   _____ _____! Давай обмениваться _____ и крашеными _____. – _____ _____!

4. Sein Bruder ist ein ziemlich unangenehmer und beschränkter Mann, aber auch er fastet und geht sonntags zur Frühmesse.

   Его брат _____ _____ и _____ человек, но даже он _____ и по воскресеньям ходит на _____ _____.

❺ Welcher Religion gehörst du an? – Ich bin orthodox. – Ich bin Atheist, ich glaube nicht an Gott oder den Teufel, sondern nur an die Wissenschaft und meine eigene Kraft (Kräfte).

Какого ты ________________ ?
Я – ________________ . – А я ________ , не ______ ни __ ______ ни __ ______ , а только в ______ и свои силы.

Решение второго задания: Пропущенные слова.

❶ Пасхе предшествует – пост – которого – мяса – воздерживаюсь – развлечений – постился ❷ Верующие – исповедались – благословение священника, причащаются ❸ Христос воскрес – куличами – яйцами – Воистину воскрес ❹ – довольно неприятный – ограниченный – постится – утреннюю службу ❺ – вероисповедания – православный – атеист – верю – в бога – в чёрта – науку –

Ostertraditionen

Die Symbole des orthodoxen Osterfestes sind der **кулич** genannte "Osterkuchen", **пасха**, eine traditionelle Quarkspeise, und **крашеные яйца**, die "bemalten Eier". Die Tradition besagt, dass der Kulitsch das Brot verkörpert, das Jesus Christus mit den Aposteln teilte. **Пасха** wird aus Quark (**творог**), Sahne, Butter, Zucker und Eiern sowie verschiedenen Gewürzen zubereitet. Auf beiden Osterspeisen können die Buchstaben XB für den Ostergruß **Христос Воскресе** stehen. Sie stehen sinnbildlich für den Berg Golgatha.
Die ursprünglich rot bemalten Eier können heutzutage jede beliebige Farbe haben und mit verschiedenen Motiven versehen sein. Sie symbolisieren das Blut Christi und die Auferstehung. Speziell die Kinder lieben Ostern, weil es sehr gesellig ist: Es gibt Spiele mit Eiern und man isst Kulitsch gemeinsam mit Verwandten oder Nachbarn.

39 Тридцать девятый урок

Где наша не пропадала! ①

1 – Коля, спасай! В пятницу знакомлюсь с будущими тёщей и тестем. Тесть работает то ли в области индустрии, то ли он экономист какой. ② ③

2 Одно знаю точно: работа – вся его жизнь.

3 Ты такой умный, просто ходячая энциклопедия, наверняка сведущ в области производства. ④

4 Поднатаскай меня, чтоб было о чём за ужином с тестем поговорить, а то я дуб дубом...

5 – Ну что за бредовая идея – за ужином про индустрию разговаривать? ⑤

6 Ты бы лучше штудировал более интересные темы – живопись, скульптуру, театр, кино на худой конец. ⑥ ⑦

7 – Слушай, иди ты куда подальше со своими возвышенными темами.

ПРИМЕЧАНИЕ

① Dieser Ausdruck drückt den Gedanken an eine sehr gewagte Handlung aus, die man z. B. in einer verzweifelten Situation unternehmen muss. Die Wendung besagt, dass man alles versucht.

② **Коля** und auch **Колюня**, **Колюша** und **Коленька** sowie einige weitere sind die Koseformen von **Николай**.

③ **какой** hat hier die Bedeutung des unbestimmten **какой-то** "irgendein". Es wird v. a. in der gesprochenen Sprache verwendet und steht nach dem Wort, dessen Unbestimmtheit es ausdrückt.

Alles oder nichts (Wo unsere nicht verloren-ging)!

1 – Kolja, rette [mich]! Ich lerne am Freitag meine zukünftige Schwiegermutter und meinen Schwiegervater kennen. Der Schwiegervater arbeitet entweder in der (das *Fragepartikel* in Bereich) Industrie oder er ist Wirtschaftswissenschaftler.

2 Eines ist sicher (Eins weiß genau): Die Arbeit ist sein ganzes Leben.

3 Du bist so schlau, du bist einfach eine wandelnde Enzyklopädie, du weißt sicher (sicherlich bewandert in Bereich) alles über die Produktion.

4 Gib mir etwas (Drill mich), worüber ich mit meinem Schwiegervater beim Abendessen reden kann, denn ich bin keine Leuchte (ich Eiche Eiche-als) …

5 – Ist es nicht eine schwachsinnige Idee (wahnsinnige Idee), beim Abendessen über die Industrie zu sprechen?

6 Es wäre besser, [du würdest] interessantere Fächer büffeln: Malerei, Bildhauerei, Theater [oder] zur Not (auf mager Ende) Kino.

7 – Hör mal, lass mich in Ruhe (geh du wohin weiter) mit deinen hochtrabenden Themen.

④ **сведущ:** Die Langform dieses kurzen Adjektivs lautet **сведущий** "bewandert, erfahren, kompetent".

⑤ Das Adjektiv **бредовый** wird ausgehend vom Substantiv **бред** "Delirium, [Fieber-]Wahn", mit dem Suffix **-ов-** und den Adjektivendungen gebildet.

⑥ Das Verb **штудировать** "büffeln, studieren, durcharbeiten" ist eine Entlehnung aus dem Deutschen und betont, dass man etwas sehr gründlich studiert. Es ist ein wenig altmodisch und wird meist in einem ironischen Kontext verwendet.

⑦ Das Adjektiv **худой**, **-ая**, **-ое** hat mehrere Bedeutungen: "mager, dürr, hager", aber auch "übel" und "schlimm".

8 Мне **э**то н**у**жно не для л**и**чного удов**о**льствия, а чт**о**бы перед б**у**дущей семь**ё**й в грязь лиц**о**м не уд**а**рить.

9 – Ну как зн**а**ешь, тогд**а** сл**у**шай, прочит**а**ю теб**е** л**е**кцию про эконом**и**ческую пол**и**тику власт**е**й, сд**е**рживание инфл**я**ции и стимул**и**рование иностр**а**нных инвест**и**ций. ⑧

10 Ещ**ё** н**а**до б**у**дет поговор**и**ть о приватиз**а**ции 90-х год**о**в, сто проц**е**нтов, об **э**том речь зайд**ё**т, **е**сли вы заговор**и**те о ег**о** зав**о**дах.

11 – Дав**а**й я в**ы**беру п**а**ру-тр**о**йку тем, кот**о**рые смог**у** разв**и**ть, а то всё не зап**о**мню. ⑨

12 Расскаж**и** мне про нефтян**у**ю пром**ы**шленность и про сф**е**ру усл**у**г, **э**то ведь две в**а**жные составл**я**ющие н**а**шей экон**о**мики. ⑩

13 – Держ**и** подб**о**рку стат**е**й, в кот**о**рых полн**о** информ**а**ции о соврем**е**нном сост**о**янии нефтян**о**й, а т**а**кже обраб**а**тывающей и добыв**а**ющей пром**ы**шленности,

14 о перв**и**чном с**е**кторе (прир**о**дных рес**у**рсах, с**е**льском хоз**я**йстве), а ещ**ё** ты найд**ё**шь здесь стат**и**стику по всем отрасл**я**м, **е**сли что, хот**я** вряд ли теб**е** это приг**о**дится.

ПРИМЕЧАНИЕ

⑧ **сдерживание** [*SDJERrĴIWANIJE*]: **с** wird vor **д** stimmhaft gesprochen.

⑨ Bei **пару-тройку** handelt es sich um den Akkusativ von **пара-тройка** "zwei-drei", das auch "ein paar" bedeuten kann (**пара книг** "ein paar Bücher"). Das weibliche Substantiv **пара** "Paar" bezeichnet zwei Dinge oder zwei Personen, und **тройка** entsprechend drei Dinge oder Personen. Nach **пара** und **пара-тройка** folgt der Genitiv Plural, außer bei Wörtern, die nur im Singular verwendet werden: **пара обуви** (Gen.

8 Ich will es nicht zu meinem eigenen Vergnügen, sondern um sicherzustellen, dass ich mich nicht vor meiner zukünftigen Familie blamiere (in Dreck Gesicht-mit nicht aufschlagen).

9 – Wie du willst (weißt), dann hör zu, ich werde dir (lese dir) einen Vortrag über die Wirtschaftspolitik der Regierung, die Eindämmung der Inflation und die Förderung ausländischer Investitionen halten.

10 [Wir] werden auch über die Privatisierungen der 1990er Jahre sprechen müssen, hundertprozentig, es wird zur Sprache kommen (über diese Sprache geht-hinein), wenn du über seine Fabriken sprichst.

11 – Lass mich zwei [oder] drei Themen auswählen, die ich ausbauen (entwickeln) kann, sonst kann ich mich nicht an alles erinnern (alles nicht erinnere).

12 Erzähle mir etwas über die Erdölindustrie und den Dienstleistungssektor (Sphäre Dienstleistung), denn das sind zwei wichtige Komponenten unserer Wirtschaft.

13 – Hier findest (Halte) du eine Auswahl von Artikeln, die eine Menge Informationen über den aktuellen Stand der Erdölindustrie und der verarbeitenden sowie der Mineralien abbauenden Industrie enthalten,

14 über den primären Sektor (natürliche Ressourcen, Landwirtschaft (ländliche Wirtschaft)), und du findest hier auch Statistiken für alle Sektoren, wenn du sie benötigst, auch wenn sie für dich kaum von Nutzen sein werden.

Sing. von **обувь**) "ein Paar Schuhe". Der Begriff **тройка** bezeichnet auch ein von drei Pferden oder anderen Zugtieren gezogenes Fuhrwerk, einen dreiteiligen Anzug oder auch die Note "befriedigend" in der Schule!

⑩ Das Adjektiv **нефтяной, -ая, -ое** "Öl-, Erdöl-" wird ausgehend von **нефть** "Öl, Erdöl" gebildet. Denken Sie daran, dass das Suffix **-ян-** bei Adjektiven, die auf der Grundlage eines Substantivs gebildet werden, mit einem einzigen **н** geschrieben wird. Allerdings gibt es drei Ausnahmen: **стеклянный**, "gläsern"; **оловянный** "Zinn-"; **деревянный** "hölzern, Holz-".

15 Отд**е**льно говор**и**тся о вн**е**шнем д**о**лге, ВВП, соци**а**льной сф**е**ре, сф**е**ре усл**у**г. ⑪

16 В д**а**нном пос**о**бии ты см**о**жешь прочит**а**ть об инфраструкт**у**ре стран**ы**, телекоммуник**а**циях, д**а**же обор**о**нно-пром**ы**шленном к**о**мплексе. ⑫

17 В как**о**й бы **о**бласти он ни раб**о**тал, ты хоть чт**о**-то да см**о**жешь сказ**а**ть.

18 – Спас**и**бо, друж**и**ще, б**у**ду просвещ**а**ться.

19 – Ну что, люб**и**мый, гот**о**в к встр**е**че с мо**и**ми род**и**телями?

20 – О да, д**а**же предст**а**вить себ**е** не м**о**жешь, наск**о**лько я к ней гот**о**в, всю нед**е**лю не спал, гот**о**вился… ⑬

21 – З**а**йка, ты не волн**у**йся, всё пройд**ё**т, как по м**а**слу: п**а**па **о**чень м**я**гкий и при**я**тный челов**е**к.

22 Ед**и**нственное, что ег**о** выв**о**дит из себ**я** – **э**то разгов**о**ры о раб**о**те, он ср**а**зу кипят**и**тся и руг**а**ется м**а**том … ⑭

ПРИМЕЧАНИЕ

⑪ **ВВП** [*WEWEPE*] "BIP" ist die Abkürzung von **внутренний валовый продукт** "Bruttoinlandsprodukt".

⑫ Für **оборонно- промышленный комплекс** gibt es die Abkürzung **ОПК** [*OPEKA*].

⑬ Beachten Sie den Unterschied zwischen **насколько** und **на сколько**: **Насколько он меньше?** "Um wie viel ist er kleiner?"; **На сколько человек меньше эта группа?** "Wie viel weniger Menschen sind in dieser Gruppe?". **Насколько** wird von einer unzählbaren Menge begleitet, während **на сколько** eine konkrete Menge oder Anzahl als Antwort erfordert.

15 Das bezieht sich im Einzelnen auf die Auslandsverschuldung, das BIP, den Sozialsektor, die Dienstleistungen.

16 In diesem (vorliegenden) Handbuch findest du Informationen (du kannst lesen) über die Infrastruktur des Landes, die Telekommunikation und sogar die Verteidigungsindustrie (Komplex).

17 [Egal], in welchem Bereich er arbeitet, du wirst zumindest etwas [dazu] sagen können.

18 – Danke Kumpel (großer-Freund), ich werde mich weiterbilden.

19 – Also, mein Schatz, [bist du] bereit, meine Eltern kennenzulernen?

20 – Oh ja, du kannst dir nicht vorstellen (sogar vorstellen selbst nicht kannst), wie sehr ich darauf vorbereitet bin, ich habe die ganze Woche nicht geschlafen und habe mich vorbereitet …

21 – [Mein] Häschen, mach dir keine Sorgen, alles wird gut laufen (wie auf Butter): Papa ist ein sehr sanfter und netter Mann.

22 Das Einzige, was ihn verärgert (hinausführt aus sich), ist, wenn man über die Arbeit spricht, [da] braust er sofort auf (siedet) und flucht …

⑭ **матом** ist der Instrumental von **мат**, das zwar keine eigentliche Übersetzung kennt, aber eindeutig in den Bereich der Schimpfwörter fällt und sehr obszön klingt. Grundsätzlich gibt es viele dieser Kombinationen mit **мат**, aber als Nicht-Muttersprachler sollten Sie diese nicht verwenden, da sie den Gesprächspartner sehr schockieren können.

23 Так что ни сл**о**ва о пром**ы**шленности и пр**о**чем так**о**м.

24 Поговор**и** с ним о ж**и**вописи, он е**ё** обож**а**ет!

Первое задание: Вы понимаете эти предложения?

① Если речь зайдёт о приватизации, не говорите о наших заводах: это неприятная для нас тема. ② Две главные составляющие экономической политики наших властей – сдерживание инфляции и стимулирование иностранных инвестиций. ③ Его отец – настоящая ходячая энциклопедия, сведущ в любой области, от производства до живописи. ④ Тебе надо сходить на лекцию по экономике, на худой конец прочитать какое-нибудь пособие или статьи, в которых полно информации на эту тему. ⑤ Иди ты куда подальше со своими бредовыми идеями! Не буду же я ей рассказывать о внешнем долге или ВВП... С ней надо говорить о скульптуре или театре.

Второе задание: Вставьте пропущенные слова!

① Braus nicht so auf, erkläre mir besser, warum du in die Fabrik deines zukünftigen Schwiegervaters gegangen bist? Ihr seid Konkurrenten ... – Genau deshalb bin ich hingegangen!

Не ________ , а лучше ________ , ______ ты ходил на ______ к своему ________ ______ ? Вы ведь конкуренты... – Именно ________ и ______ !

23 Also kein Wort über die Industrie und solche Dinge.

24 Sprich mit ihm über die Malerei, er schwärmt für sie (er sie anbetet)!

Решение первого задания: Вы поняли?

① Wenn es um die Privatisierung geht, reden Sie nicht über unsere Fabriken: Das ist ein unangenehmes Thema für uns. ② Die beiden wichtigsten Komponenten der Wirtschaftspolitik unserer Regierung sind die Eindämmung der Inflation und die Förderung von Auslandsinvestitionen. ③ Sein Vater ist eine wahre wandelnde Enzyklopädie, die sich in allen Bereichen auskennt, von der Produktion bis zur Malerei. ④ Du solltest eine Vorlesung über Wirtschaftswissenschaft besuchen oder zur Not irgendein Handbuch oder einen Artikel lesen, in dem viele Informationen zu diesem Thema enthalten sind. ⑤ Lass mich in Ruhe mit deinen Wahnsinnsideen! Ich werde ihr nichts über die Auslandsverschuldung oder das BIP erzählen ... [Man] sollte mit ihr über Bildhauerei oder Theater sprechen.

Анекдот – Witz:

Прораб на стройке говорит рабочим: «Сегодня будет комиссия, и, что бы не случилось, делаем вид, что так и надо.»
Приходит комиссия, осматривает дом, и вдруг обрушивается половина здания. Один из строителей смотрит на часы и говорит: «О! Ровно 12:35... Точно по графику!»

Der Vorarbeiter auf der Baustelle sagt zu den Arbeitern: "Die Bauaufsicht (Kommission) kommt heute, und was auch immer passiert, wir tun so, als liefe alles nach Plan (so und man-muss)."
Die Bauaufsicht trifft ein, inspiziert das Haus, und plötzlich stürzt das halbe Gebäude ein. Einer der Bauarbeiter schaut auf seine Uhr und sagt: "Oh! Exakt 12.35 Uhr ... Genau nach Plan!"

❷ Mir scheint, wenn er wirklich an dieser Universität studieren will, muss man ihn auf alle Fächer vorbereiten (drillen), denn er ist keine Leuchte …

Мне кажется, что если он
хочет
в этом
, надо его
по всем
, а то он
…

❸ Verärgere sie nicht. Wenn sie sich aufregt (siedet), ist es schwer, mit ihr zu reden, obwohl sie normalerweise eine sanfte und nette Person ist.

Не её . Когда
она , с ней трудно
, хотя обычно она
и человек.

❹ Und du hast keine Angst, dass sie dich nicht küssen will? – Alles oder nichts! Es ist einen Versuch wert: Wenn sie nicht will, muss es nicht sein!

А ты не , что она
тебя ?
– Где наша не !
:
не , не надо!

❺ Wenn du dich nicht blamieren willst, solltest du zumindest diese Auswahl von Artikeln über den Zustand der Erdölindustrie lesen.

Чтобы не перед ними
в , тебе надо как
прочитать эту
о состоянии
.

Решение второго задания: Пропущенные слова.

❶ – кипятись – объясни, зачем – завод – будущему тестю – поэтому – ходил ❷ – действительно – учиться – университете – поднатаскать – предметам – дуб дубом ❸ – выводи – из себя – кипятится – разговаривать – мягкий – приятный – ❹ – боишься – не захочет – поцеловать – пропадала – Попытка не пытка – захочет – ❺ – ударить – грязь лицом – минимум – подборку статей – нефтяной промышленности

Russlands Industrie
und die Rolle der Frauen in der Arbeitwelt

Die russische Industrie basiert hauptsächlich auf den natürlichen Ressourcen des Landes: Gas, Öl, Eisenerz und andere Mineralien. Die wichtigsten landwirtschaftlichen Produkte sind Weizen, Gerste, Mais, Roggen, Hafer, Zuckerrüben, Flachs und Kartoffeln. Während der Sowjetzeit und bis 1991 waren die Fabriken im Besitz des Staates, der die Produktion plante und die Erzeugnisse landesweit verteilte. Seitdem wurden die meisten Fabriken privatisiert oder aufgegeben und geschlossen. Es fällt auf, dass russische Frauen in fast allen Bereichen des Arbeitsalltags zu finden sind, auch dort, wo man sie nicht erwarten würde: Sie arbeiten in Fabriken, aber auch im Baugewerbe oder beim Reinigen der Straßen im Winter, wo sie mit einer Eisenstange eine dicke Eisschicht aufbrechen ... Mehr als die Hälfte der russischen Ärzte sind Frauen, und es gibt viele Ingenieurinnen und Wissenschaftlerinnen.

40 Сороковой урок

Краткий экскурс в историю

1 Древнер**у**сское госуд**а**рство образов**а**лось в IX в**е**ке, а уж**е** в 988 год**у** произошл**о** Крещ**е**ние Рус**и**. ①

2 Судьб**а** разр**о**зненных кн**я**жеств, существов**а**вших п**о**сле расп**а**да К**и**евской Рус**и**, был**а** непрост**а**:

3 он**и** подверг**а**лись наб**е**гам войск монг**о**льских х**а**нов, а поздн**ее** – х**а**нов Золот**о**й Орд**ы**. ②

4 Монг**о**ло-тат**а**рское **и**го продерж**а**лось почт**и** 250 лет, с ним зак**о**нчились кар**а**тельные пох**о**ды, взим**а**ние поб**о**ров и терр**о**р.

5 Начин**а**я с XIV в**е**ка начал**о**сь объедин**е**ние кн**я**жеств вокр**у**г моск**о**вского кн**я**жества и присоедин**е**ние к нем**у** своб**о**дных респ**у**блик.

6 Так слож**и**лось незав**и**симое госуд**а**рство Русь, кот**о**рое иногд**а** назыв**а**ют Моск**о**вской Р**у**сью **и**ли Моск**о**вским госуд**а**рством. ③

7 П**е**рвым цар**ё**м «вс**е**я Рус**и**» был корон**о**ван Ио**а**н Вас**и**льевич IV, изв**е**стный под **и**менем цар**я** Ив**а**на Гр**о**зного. ④ ⑤

ПРИМЕЧАНИЕ

① Das Adjektiv **древнерусский**, **-ая**, **-ое** "altrussisch" besteht aus zwei Adjektiven: **древний**, **-яя**, **-ее** "alt" und **русский**, **-ая**, **-ое** "russisch".

② **монгольских ханов**: Gar nicht so leicht, diese beiden aufeinanderfolgenden **х** zu sprechen ... Hier ein Tipp: Sprechen Sie einfach alles auf einmal, als ob es ein Wort wäre, und verweilen Sie kurz auf dem **х**!

40. Lektion

Ein kurzer Abstecher in die Geschichte

1 Der altrussische Staat entstand im 10. Jahrhundert und wurde bereits im Jahr 988 "Russland" getauft (ereignete-sich Taufe der-Rus).

2 Das Schicksal der isolierten Fürstentümer, die nach dem Zerfall der Kiewer Rus bestanden, war nicht einfach:

3 Sie waren den Überfällen der Truppen der Mongolen-Khane und später der Khane der Goldenen Horde ausgesetzt.

4 Das mongolisch-tatarische Joch dauerte (hielt-sich) fast 250 Jahre und mit ihm endeten Straffeldzüge, Steuer-eintreibung und Terror.

5 Ab dem (Beginnend mit) 14. Jahrhundert begannen die Vereinigung der Fürstentümer um das Moskauer Fürstentum und der Anschluss der freien Republiken.

6 So entstand (bildete-sich) der unabhängige Staat Rus, manchmal Moskauer Rus oder Moskauer Staat genannt.

7 Als erster Zar von "ganz Russland" wurde Iwan Wasiljewitsch IV gekrönt, bekannt unter dem Namen Zar Iwan der Schreckliche.

③ Das unvollendete Verb **называть** verlangt den Instrumental und antwortet auf die Frage **как?** Zum Beispiel: **Как называли древнее Российское государство? – Его называли Русью** "Wie nannte man den alten Russischen Staat? – Man nannte ihn Rus."

④ **всея** ist eine alte Form des Genitiv Singular von **весь** "alle(s), ganz". Dieses Wort wird beispielsweise im Ausdruck **Патриарх всея Руси** "der Patriarch von ganz Russland" verwendet, was nicht verwunderlich ist, da die russische Kirche ihre Messen immer noch auf Altrussisch (Altslawisch) abhält.

⑤ **Иоан** ist eine alte Form des russischen Vornamens **Иван** "Iwan", das dem deutschen "Johann" entspricht.

8 В XVI-м в**е**ке в Росс**и**и оф**о**рмилось крепостн**о**е пр**а**во, кот**о**рое б**ы**ло отменен**о** лишь в 1861 год**у**. ⑥

9 П**е**рвым всеросс**и**йским импер**а**тором стал Пётр П**е**рвый из дин**а**стии Ром**а**новых, кот**о**рая просуществов**а**ла до Револ**ю**ции 17 г**о**да.

10 П**о**сле п**е**рвой Револ**ю**ции 1905-1907 г**о**да в Росс**и**и был неспок**о**йный, трев**о**жный кл**и**мат:

11 по стран**е** прокат**и**лись погр**о**мы, вооруж**ё**нные восст**а**ния, нер**е**дки б**ы**ли полит**и**ческие уб**и**йства. ⑦

12 За Февр**а**льской револ**ю**цией 1917 г**о**да посл**е**довало отреч**е**ние от прест**о**ла Никол**а**я II,

13 а п**о**сле Окт**я**брьской револ**ю**ции тог**о** же г**о**да к вл**а**сти пришл**и** большевик**и** во глав**е** с Влад**и**миром Уль**я**новым, изв**е**стным под псевдон**и**мом Л**е**нин. ⑧

14 С**о**зданный в 1922 год**у** Со**ю**з Сов**е**тских Социалист**и**ческих Респ**у**блик просуществов**а**л почт**и** 70 лет.

15 Посл**е**дним прав**и**телем Со**ю**за стал п**е**рвый и ед**и**нственный презид**е**нт СССР – Миха**и**л Серг**е**евич Горбач**ё**в. ⑨

ПРИМЕЧАНИЕ

⑥ In **крепостное** [*KRrIPÄßNOJE*] wird das **т** nicht gesprochen.

⑦ Die korrekte Aussprache von **нередки** lautet [*NIeRJETKI*], aber [*NIeRIeTKI*] ist ebenfalls zulässig.

8 Die Leibeigenschaft wurde in Russland im 16. Jahrhundert eingeführt, aber erst 1861 abgeschafft.

9 Der erste gesamtrussische Herrscher war Peter der Große aus der Romanow-Dynastie, die bis zur Revolution 1917 existierte.

10 Nach der ersten Revolution von 1905–1907 herrschte (war) in Russland ein unruhiges, beängstigendes Klima:

11 Es kam (auf Land breiteten-sich-aus) zu Pogromen, bewaffneten Aufständen und häufigen (nicht-selten waren) politischen Morden.

12 Auf die Februarrevolution von 1917 folgte die Abdankung (von Thron) von Nikolaus II.,

13 und nach der Oktoberrevolution im selben Jahr kamen die Bolschewiken unter der Führung von (mit) Wladimir Uljanow, bekannt unter dem Pseudonym Lenin, an die Macht.

14 Die 1922 gegründete Union der Sozialistischen Sowjetrepubliken existierte (bestand) fast 70 Jahre.

15 Der letzte Herrscher der Union war der erste und einzige Präsident der UdSSR, Michail Sergejewitsch Gorbatschow.

⑧ Die Bildung von Adjektiven aus den Namen der Monate ist einfach: Sie werden alle mit der Endung **-ский** gebildet, die direkt an die Nomen angehängt wird, außer bei den beiden harten männlichen Monatsnamen, die das zusätzliche Suffix **-ов-** erhalten: **март**овский "März-"; **август**овский "August-". Beachten Sie außerdem, dass bei **январь** "Januar" das Weichheitszeichen entfällt: **янва**рский.

⑨ **Горбачёв** [*GÅRrBATSCHJOF*]: Wie Sie erkennen, klingt dies im Original anders als im Deutschen!

16 Смен**и**л ег**о** п**е**рвый презид**е**нт Росс**и**йской Федер**а**ции, кот**о**рая вновь обрел**а** дореволюци**о**нный флаг и герб с изображ**е**нием двугл**а**вого орл**а**.

17 П**о**сле расп**а**да Сов**е**тского Со**ю**за б**ы**ло образ**о**вано Содр**у**жество Незав**и**симых Госуд**а**рств – СНГ. ⑩

18 Времен**а**, нр**а**вы и… полит**и**ческие д**е**ятели мен**я**ются, ⑪

19 а р**у**сских м**ё**дом не корм**и**, дай пошут**и**ть над сво**и**ми прав**и**телями, над вл**а**стью, над корр**у**пцией, над всем тем, что их волн**у**ет в повседн**е**вной ж**и**зни:

20 – Господ**и**н Презид**е**нт, почем**у** у пенсион**е**ров так**и**е м**а**ленькие п**е**нсии?

21 – Потом**у** что кр**и**зис.

22 – Тогд**а** почем**у** в н**а**шей стран**е** кол**и**чество миллиард**е**ров в**ы**росло вдв**о**е?

23 – Инфл**я**ция…

24 Стран**у** в**ы**вести из кр**и**зиса м**о**жно двум**я** пут**я**ми:

25 **И**ли прилет**я**т марси**а**не и нам пом**о**гут, **и**ли мы након**е**ц навед**ё**м пор**я**док в стран**е** и сд**е**лаем всё с**а**ми. ⑫ ⑬

26 Все согл**а**сны, что втор**о**й вари**а**нт соверш**е**нно нере**а**льный!

ПРИМЕЧАНИЕ

⑩ Abkürzungen sprechen sich wie die Buchstaben: **СССР** [*EßEßEß****ER****r*], **СНГ** [*EßENG****E***].

⑪ **Времена** "Zeiten" hat ebenso wie **имена** "Namen" einen besonderen Plural. Sehen Sie sich dazu nochmals die Deklination der Neutra auf -**мя**- an.

16 Ihm folgte der erste Präsident der Russischen Föderation, die (erneut fand) ihre vorrevolutionäre Flagge und ihr Wappen mit der Darstellung des doppelköpfigen Adlers wiederbekam.

17 Nach dem Zerfall der Sowjetunion wurde die Gemeinschaft Unabhängiger Staaten, die GUS, gegründet.

18 [Die] Zeiten, die Gepflogenheiten und ... die Politiker ändern sich,

19 aber die Russen lieben es, Witze über ihre Herrscher zu machen (Honig nicht füttere, gib scherzen), über die Macht, über die Korruption, über alles, was ihnen im Alltag Sorgen macht:

20 – Herr Präsident, warum haben die Rentner so geringe Renten?

21 – Wegen der Krise.

22 – Warum hat sich dann die Anzahl der Milliardäre in unserem Land verdoppelt (anstieg in-zwei)?

23 – [Wegen der] Inflation ...

24 Es gibt zwei Möglichkeiten (zwei Wege), das Land aus der Krise zu führen:

25 Entweder kommen die Marsmenschen geflogen und helfen uns, oder wir bringen unser Land endlich in Ordnung und machen alles selbst.

26 Alle sind sich einig, dass die zweite Option völlig unrealistisch ist!

⑫ **прилетят** ist die 3. Person Plural des Verbs **прилететь** "angeflogen kommen" (v.). Es wird gleichermaßen für Flugzeuge und Vögel (oder eben Marsmenschen) verwendet.

⑬ Das Substantiv **марсианин** "Marsmensch" verliert die Endung **-ин** im Plural: **марсиане** (Nominativ Plural), **марсиан** (Genitiv und Akkusativ Plural), **марсианам** (Dativ Plural), usw. Dies ist das gemeinsame Merkmal aller maskulinen Substantive, die auf **-анин/-янин** enden.

Первое задание: Вы понимаете эти предложения?

1 Нельзя просить людей работать в таком тревожном климате! Рабочие постоянно ждут какой-то комиссии и всё время смотрят на часы. 2 Флаг СССР был красным, флаг Российской Федерации бело-сине-красный, а на гербе мы видим изображение двуглавого орла. 3 Ты знаешь, сколько лет продержалось монголо-татарское иго, карательные походы и взимание поборов? – Да, больше двух веков! 4 Союз Советских Социалистических Республик, созданный в 1922 году, просуществовал почти 70 лет. 5 Это лекция о Древнерусском государстве, Киевской Руси и объединении разрозненных княжеств вокруг московского.

Второе задание: Вставьте пропущенные слова!

1 Sie lieben es, über Politik und politische Morde zu sprechen! Sie bereiten mir Kopfschmerzen.

Ну вас ______ не корми, дай ______ ______ ______ и ______ ______!
У меня голова от вас ______.

2 Die GUS, die Gemeinschaft Unabhängiger Staaten, wurde nach dem Zerfall der Sowjetunion gegründet.

______ – ______ ______ ______ – было ______ после ______ Советского Союза.

3 Im Land [herrscht] im Moment ein unruhiges Klima: Man spricht von bewaffneten Aufständen und Pogromen.

В ______ сейчас ______ ______: говорят о ______ ______ и ______.

Решение первого задания: Вы поняли?

① Man kann von den Menschen nicht verlangen, dass sie in einem so beängstigenden Klima arbeiten! Die Arbeiter warten ständig auf irgendeine Kommission und schauen die ganze Zeit auf ihre Uhren. ② Die Flagge der UdSSR war rot, die Flagge der Russischen Föderation ist weiß-blau-rot, und auf dem Wappen ist das Bild eines doppelköpfigen Adlers zu sehen. ③ Weißt du, wie viele Jahre das mongolisch-tatarische Joch, die Straffeldzüge und Steuereintreibungen dauerten? – Ja, mehr als zwei Jahrhunderte! ④ Die 1922 gegründete Union der Sozialistischen Sowjetrepubliken existierte fast 70 Jahre. ⑤ Dies ist ein Vortrag (Lektion) über den altrussischen Staat, die Kiewer Rus und die Vereinigung der einzelnen Fürstentümer um das Moskauer Fürstentum.

④ Der erste Zar von "ganz Russland", Iwan Wasiljewitsch, ist auch unter dem Namen Iwan der Schreckliche bekannt. Das Pseudonym spricht für sich selbst: Der Zar hatte ein schreckliches Temperament.

Первый … всея Руси Иван Васильевич … также под … Ивана … … говорит … за … : … был грозного … .

⑤ Die Bolschewiken kamen 1917 an die Macht, unter der Führung von Wladimir Uljanow oder Lenin, wie er genannt wird.

… пришли … … в 1917 … во … с Владимиром Ульяновым или, … … называют, Лениным.

Решение второго задания: Пропущенные слова.

① – мёдом – поговорить о политике – политических убийствах – болит ② СНГ – Содружество Независимых Государств – образовано – распада – ③ – стране – неспокойное время – вооружённых восстаниях – погромах ④ – царь – известен – именем – Грозного – Псевдоним – сам – себя – царь – нрава ⑤ Большевики – к власти – году – главе – как его –

41 Сорок первый урок

Наполеоновские планы

1 – Слышь, мать, осточерт**е**ло мне на в**а**шей ферме вк**а**лывать в гряз**и** да в пыл**и**. ①

2 Я реш**и**л в г**о**род под**а**ться, хоч**у** крас**и**вой ж**и**зни, перспект**и**в и развлеч**е**ний.

3 – **Э**то кто ж теб**е** нап**е**л в **у**ши про крас**и**вую жизнь?

4 А Зина**и**да как же? Не бр**о**сишь же д**е**вку! ②

5 – Не суй нос не в сво**ё** д**е**ло и З**и**нку не трожь, мы с**а**ми разбер**ё**мся.

ПРИМЕЧАНИЕ

① Sicher kommt **слышь** [*ßLÏSCHj*] Ihnen bekannt vor. Es handelt sich um die verkürzte, umgangssprachliche Form des unvollendeten Verbs **слышать** "(zu)hören". Die korrekte Form, **слышишь** [*ßLÏSCHÏSCHj*] "(du) hörst", verwendet man auch, um die Aufmerksamkeit einer Person zu erhalten.

② **девка** "Mädel" ist die umgangssprachliche und eher auf dem Land benutzte Form von **девушка** oder **девочка** – beide "(junges) Mädchen". Verwenden Sie diesen Ausdruck aber selber nicht.

Скороговóрка:

Hier nun ein Zungenbrecher, mit dem Sie die richtige Aussprache des R-Lautes üben können:

Ехал Грека через реку, видит Грека в реке рак. Сунул Грека руку в реку, рак за руку Греку – цап!

"Grieka fuhr über einen Fluss, er sah einen Flusskrebs im Wasser (Fluss). Grieka steckte seine Hand in den Fluss, der Flusskrebs schnappte sich Griekas Hand! Tack!"

41. Lektion

Große Pläne (Napoleonische Pläne)

1 – Hör [mal] zu, Mutter, ich habe es satt, in Schmutz und Staub auf eurem Bauernhof zu schuften.

2 Ich habe beschlossen, in die Stadt zu ziehen, ich will ein schönes Leben, Perspektiven und Unterhaltung [haben].

3 – Wer hat dir von dem schönen Leben erzählt (sang in Ohren)?

4 Und was ist mit Zinaida (wie denn)? Du kannst das Mädel [doch] nicht im Stich lassen!

5 – Kümmer dich um (Nicht hineinsteck Nase nicht) deinen eigenen Kram und lass Zinka in Ruhe (nicht berühre), wir kommen schon zurecht (wir selbst einrichten-sich).

In dieser Lektion lernen Sie einige spezielle Vokabeln, die die Menschen in den entlegenen Winkeln des gewaltigen Russlands benutzen. Die Landbevölkerung verwendet mitunter ihre eigenen umgangssprachlichen Ausdrücke; jedoch raten wir Ihnen davon ab, diese selbst anzuwenden. Es reicht, wenn Sie sie kennen. Lesen Sie aufmerksam die Anmerkungen: Bestimmte Bedeutungsnuancen können in der Übersetzung nur schlecht vermittelt werden.

6 – И что ты в **э**том г**о**роде заб**ы**л?

7 Ты глянь на **э**тих городск**и**х, как**и**е у них глаз**и**щи, когд**а** он**и** на н**а**ши экологи**ч**ески ч**и**стые ог**у**рчики и **я**блочки з**а**рятся! ③ ④ ⑤

8 А когд**а** он**и** прих**о**дят к нам на ф**е**рму за смет**а**ной, сл**и**вками и молочк**о**м, у них аж расс**у**док мут**и**тся...

9 – Ма, да на кой чёрт мне тво**и** **о**вощи, когд**а** я мечт**а**ю о г**а**мбургере и ж**и**рной карт**о**шке фри. ⑥

10 – А как же н**а**ши бурёнки ... все сто**я**т как на подб**о**р: ч**и**стенькие, **у**мненькие, глазёнками хл**о**пают, дов**о**льные, уп**и**танные... ⑦

11 – Да сдал**и**сь мне тво**и** кор**о**вы и бык**и**! Прожив**у** уж к**а**к-нибудь без них. ⑧

12 – Ты здесь добр**а** ск**о**лько н**а**жил: у теб**я** и тр**а**ктор свой и комб**а**йн... ⑨

ПРИМЕЧАНИЕ

③ Diese Imperativformen sind sehr salopp und nicht "schön", weshalb Sie sie besser nicht verwenden sollten. Sie sollten jedoch in der Lage sein, sie zu erkennen, da sie häufig zu hören sind. **Глянь** von **глянуть** "ansehen, anschauen" (v.); **суй** (Satz 5) von **совать** "hineinstecken" (uv.). Der negative Imperativ **не трожь** (Satz 5) stammt von **трогать** "berühren" (uv.). Diese inkorrekte Form kommt nur in der gesprochenen Sprache vor (die richtige Form ist **не трогай** "berühre nicht").

④ Maskuline Substantive, die mit dem Suffix **-ищ-** gebildet werden (sie drücken den Augmentativ, also die Vergrößerungsform aus), enden auf **е** und behalten ihr grammatisches Geschlecht: **глаз** "Auge" + **ищ** → **глазище** "Glupschauge, Riesenauge" (m.).

⑤ Das Verb **зариться** (uv.) ist umgangssprachlich und bedeutet "(neidisch) starren, erpicht sein auf, scharf sein auf".

⑥ **Ма** ist die Kurzform von **мама** "Mama".

6 – Und was hast du in dieser Stadt verloren?

7 Sieh dir diese Stadtbewohner an, wie sie mit ihren Glupschaugen auf unsere Bio-Gurken und Bio-Äpfel (ökologisch reine Gurken und Äpfelchen) starren!

8 Und wenn sie auf unseren Bauernhof kommen, um saure Sahne, Schlagsahne und Milch zu kaufen, werden sie ganz verrückt (bei ihnen sogar Verstand wird-trüb) ...

9 – Mama, wozu zum Teufel brauche ich dein Gemüse, wenn ich von einem Hamburger und fettigen Pommes träume.

10 – Und (wie doch) unsere Kühe ..., die alle wie adrett dastehen (stehen wie auf Auswahl): sauber, schlau, die mit den Wimpern klimpern (schlagen Äuglein), zufrieden, wohlgenährt ...

11 – Deine Kühe und Stiere brauche ich nicht (ergaben-sich mir)! Ich kann auch irgendwie ohne sie leben.

12 – Du hast hier viel (wie-viel Gutes) Besitz erworben. Du hast deinen eigenen Traktor und Mähdrescher ...

⑦ **Бурёнка** ist ein typischer Name für Kühe. Von jemandem, der benommen oder stumpfsinnig schaut, sagt man: **он хлопает глазами, как Бурёнка** "Er blinzelt wie eine Burjonka (wie eine Kuh)". Hier definiert der Plural eine Klasse von Wörtern und wird kleingeschrieben.

⑧ Die Aussprache lautet **сдался** [*SDALßJA*], **сдалась** [*SDALAßj*], **сдалось** [*SDALOßj*] und für die Pluralform **сдались** [*SDALİßj*]. In der Umgangssprache hört man außerdem für **сдалось** [*SDALÅßj*] und für **сдались** [*SDALİßj*]. **сдаться** hat die Bedeutungen "sich ergeben, kapitulieren, aufhören, scheinen, vorkommen", ist aber auch das umgangssprachliche "(etw.) nicht brauchen". Beispiel: **Да сдался мне ваш фильм! Я лучше почитаю книгу** "Ich brauche euren Film nicht! Ich werde stattdessen ein Buch lesen."

⑨ Auch für diese Formen gibt es korrekte und umgangssprachlich gebrauchte (*) Betonungen: **нажил** [*NAĴIL*] oder **нажил*** [*NAĴİL*], **нажила** [*NAĴILA*], **нажило** [*NAĴİLÅ*] oder **нажило*** [*NAĴILÅ*], **нажили** [*NAĴILİ*] oder **нажили*** [*NAĴILİ*].

13 – Аг**а**, а там у мен**я** б**у**дет отп**а**дная т**а**чка и ск**у**тер. ⑩

14 – А мастерск**а**я? Ты же м**а**стер на все р**у**ки, теб**я** все уваж**а**ют, всё сел**о** теб**я** боготвор**и**т. ⑪

15 Как ты пил**о**й раб**о**таешь, а др**е**лью, а руб**а**нком!

16 – А в г**о**роде я након**е**ц-то смог**у** прод**о**лжить сво**ё** техн**и**ческое образов**а**ние и стать инжен**е**ром.

17 – Ой, да на ког**о** ж ты нас покид**а**ешь?

18 – Не хот**е**л говор**и**ть, чтоб не сгл**а**зить, да в**и**дно прид**ё**тся, а то ты из мен**я** всю д**у**шу в**ы**нешь…

19 Я ведь, как ни стр**а**нно, всё **э**то для вас и д**е**лаю: вот отуч**у**сь, верн**у**сь в дер**е**вню, постр**о**им с в**а**ми ф**е**рму, исп**о**льзуя посл**е**дние технол**о**гии. ⑫

20 Что, съ**е**ла? Не ожид**а**ла? Т**о**-то. А ты ср**а**зу голос**и**ть.

21 – Ну и ну! Сок**о**лик ты мой разуд**а**лый! Как**о**й же ты у мен**я** делов**о**й. ⑬ ⑭

22 А как же ты вс**ё**-таки с Зина**и**дой пост**у**пишь? Не д**е**ло **э**то – д**е**вку брос**а**ть…

ПРИМЕЧАНИЕ

⑩ Die klassische Übersetzung für **тачка** lautet "Schubkarre", doch in der Umgangssprache steht es für das "Auto", etwa wie unser "Karre".

⑪ **село** ist gleichbedeutend mit **деревня** "Dorf". Vor der Revolution von 1917 gab es in einem **село** im Gegensatz zum **деревня** eine Kirche, aber diese Unterscheidung existiert heutzutage nicht mehr.

13 – Ja, und ich werde dort eine coole Karre und einen Scooter haben.

14 – Und die Werkstatt? Du bist ein Alleskönner (Meister auf alle Arme), jeder respektiert dich, das ganze Dorf verehrt dich.

15 Wie gut du mit einer Säge, einer Bohrmaschine und einem Hobel arbeiten [kannst]!

16 – Und in der Stadt kann ich endlich meine technische Ausbildung fortsetzen und Ingenieur werden.

17 – Oh, aber warum (auf) wen verlässt du uns?

18 – Ich wollte nichts sagen, was das Unglück heraufbeschwört, aber ich muss es wohl tun (ja zeigt-sich muss), sonst prügelst du mir die Seele aus dem Leib (nimmst-heraus) …

19 Es mag seltsam sein (Ich denn, wie nicht seltsam), aber ich tue das alles für euch: Ich studiere fertig, kehre zurück aufs Land, baue uns (mit euch) einen Bauernhof und benutze die neueste Technologie.

20 Da bist du sprachlos (Was, gegessen)? Das hast du [wohl] nicht erwartet? Es ist wahr. Und du jammerst sofort.

21 – Sieh an, sieh an! Mein kleiner mutiger Falke (Fälkchen du mein mutig)! Was für einen Geschäftssinn du hast (du bei mich geschäftlich).

22 Was wirst du wegen Zinaida unternehmen? Das macht man nicht, ein Mädchen zurückzulassen …

⑫ Bei **отучиться** "fertigstudieren" macht das Präfix **от** deutlich, dass die Handlung zu Ende ausgeführt wird.

⑬ Adjektive mit der Vorsilbe **раз-** drücken meist eine starke und außergewöhnliche Eigenschaft aus. Sie kennen keine Kurzform: **разудалый** "mutig, tapfer".

⑭ Auch **деловой** "geschäftlich, Geschäfts-" kennt nur die Langform.

23 Он**а** ведь как пить дать за тоб**о**й не по**е**дет, ост**а**нется у п**е**чки с м**а**мкой и п**а**пкой. ⑮

24 – Не ш**и**бко ты зн**а**ешь сво**ю** б**у**дущую снох**у**. Зина**и**да **е**дет со мной. ⑯

25 Б**у**дет на пи**а**рщицу уч**и**ться, то бишь ст**а**нет специал**и**стом по св**я**зям с общ**е**ственностью. ⑰ ⑱

26 Мы уж**е** обо всём договор**и**лись: о н**а**шей н**о**вой ф**е**рме узн**а**ет вся стран**а**!

Первое задание: Вы понимаете эти предложения?

① Да, согласна, на ферме много грязи и пыли, но зато вокруг такая природа, экологически чистые продукты, такие вкусные сливки и молоко... ② Да перестань ты голосить, я ведь вернусь в наш город, только сначала отучусь на специалиста по связям с общественностью. ③ Не знаю, кем он работает, но за два года он нажил столько добра: квартиру, дачу, отпадную тачку и скутер. ④ Ой, так есть хочется, что аж рассудок мутится. – Давай я приготовлю тебе картошки с огурчиками! ⑤ Да сдались мне твои миллионы и красивая жизнь, проживу уж как-нибудь без твоих наполеоновских планов!

23 Es ist ja wohl klar (wie trinken geben), sie wird [wohl] nicht zu dir kommen, sie bleibt bei Mama und Papa (bleibt bei Ofen mit Mama und Papa).

24 – Du kennst deine zukünftige Schwiegertochter nicht sehr gut. Zinaida kommt mit mir.

25 [Sie] wird eine Ausbildung zur PR-Fachfrau, d. h. zur Spezialistin für Öffentlichkeitsarbeit (auf Verhältnis mit Öffentlichkeit), absolvieren.

26 Wir haben uns bereits auf alles geeinigt: Das ganze Land wird von unserem neuen Bauernhof erfahren!

ПРИМЕЧАНИЕ

⑮ Man kann **как пить дать** mit "es ist ja wohl klar" oder "es ist eine ausgemachte Sache" übersetzen, aber im Russischen ist es relativ umgangssprachlich.

⑯ Das Adverb **шибко** "gut, sehr, stark, schnell" wird besonders auf dem Land gebraucht und findet sich nur in der gesprochenen Sprache.

⑰ Das aus dem Englischen entlehnte PR (public relations) hat eine russifizierte Form: **пиар** bezieht sich auf Berufe, die mit Kommunikation oder Marketing zu tun haben. Personen, die in diesem Bereich arbeiten, werden **пиарщик** "PR-Fachmann" und **пиарщица** "PR-Fachfrau" genannt.

⑱ Die Partikel **бишь** wird ebenfalls in der Umgangssprache, speziell auf dem Land, gebraucht. Der Ausdruck **то бишь** ist gleichbedeutend mit **то есть** "das heißt (d. h.)".

Решение первого задания: Вы поняли?

❶ Ja, ich gebe zu, es gibt viel Schmutz und Staub auf dem Bauernhof, aber dafür ist er umgeben von Natur, Bioprodukten und köstlicher Sahne und Milch ... ❷ Hör auf zu jammern, ich komme [ja] zurück in unsere Stadt, aber zuerst werde ich eine Ausbildung zum Spezialisten für Öffentlichkeitsarbeit machen. ❸ Ich weiß nicht, als was er arbeitet, aber in zwei Jahren hat er so viel Besitz erworben: eine Wohnung, eine Datscha, ein cooles Auto und einen Scooter. ❹ Oh, ich bin so hungrig, ich werde [ganz] (sogar) verrückt. – Komm, ich mache dir ein paar Kartoffeln mit Gurken! ❺ Ich brauche deine Millionen und dein schönes Leben nicht, ich kann ohne deine großen (napoleonische) Pläne leben!

Второе задание: Вставьте пропущенные слова!

❶ Kümmer dich um deinen eigenen Kram! Ich komme selbst damit zurecht, was ich esse: Bio-Gemüse oder fettige Pommes mit Hamburgern.

Не ___ ___ не в своё ___! Я сам ___, что есть – экологически ___ ___ или ___ картошку с ___.

❷ Es ist ja wohl klar, dass du das Ticket vergessen hast! – Nein, ich habe es nicht vergessen, hier ist es. Da bist du sprachlos, [was]? Hättest du das nicht erwartet?

Как ___ дать забыл ___!
– Нет, не забыл, вот он. Что, ___?
Не ___?

❸ Du wirst auf eurem von allen vergessenen Bauernhof schuften, bis du es völlig satt hast!

Ты так и будешь ___ на вашей всеми ___ ферме, пока тебе это ___ не ___!

42 Сорок второй урок

Повторение – Wiederholung

Damit sind Sie wieder fast am Ende einer Lektionseinheit angelangt. Beachten Sie, dass mit Beginn des nächsten Lektionsblocks die Betonungen in den Dialogen nicht mehr fett gedruckt sein werden. Sie haben nun ein Niveau, auf dem Sie das Russische ohne Hilfsmittel wie ein Muttersprachler lesen können. Natürlich werden wir Sie auch weiterhin mit Aussprachehinweisen zu schwierigen Wörtern versorgen. Nutzen Sie diese Wiederholungslektion, um das in den vorangegangenen sechs Lektionen Gelernte zu festigen. In diesem Sinne:

Всё будет хорошо! "Alles wird gut!"

❹ Wo kaufen Sie die saure Sahne und die Schlagsahne? – Auf dem Bauernhof, der sich neben unserer Datscha befindet.

Где вы ______ ______ и ______? – ___ ферме, которая ______ рядом с нашей ______.

❺ Wir waren in der Werkstatt meines Bruders und haben gesehen, wie er mit einer Bohrmaschine, einem Hobel und einer Säge arbeitet.

Мы были в ______ моего брата, ______, как он ______ ______, ______ и ______.

Решение второго задания: Пропущенные слова.

❶ – суй нос – дело – разберусь – чистые овощи – жирную – гамбургерами ❷ – пить – билет – съел – ожидал ❸ – вкалывать – забытой – совсем – осточертеет ❹ – покупаете сметану – сливки – На – находится – дачей ❺ – мастерской – видели – работает дрелью, рубанком – пилой

42. Lektion

1. Aussprache und Schreibung

1.1 Buchstaben и und ы nach ц

Bei den Endungen von Substantiven und bei Adjektivsuffixen wird nach **ц** gewöhnlich **ы** geschrieben:

пальцы "Finger"; **лисицы** "Füchse" usw.

Andererseits folgt auf den Buchstaben **ц**, wenn er sich in einem Wortstamm befindet, normalerweise ein **и**, z. B.:

национальный "national"; **аукцион** "Auktion"; **циферблат** "Zifferblatt"; **цирк** "Zirkus" usw.

Diese Kombination wird [*Tß*] ausgesprochen, weil der Buchstabe **ц** immer hart ist. Doch von dieser Regel gibt es einige Ausnahmen. Es handelt sich um die folgenden Wörter und ihre Ableitungen:

цыган "Zigeuner"; **цыганский** "zigeunerhaft, Zigeuner-";
цыплёнок "Küken"; **на цыпочках** "auf Zehenspitzen";
цыц! "pssst!"; **цыкать** "(die) Stimme erheben".

1.2 Weichheitszeichen in Fremdwörtern

Sie kennen das Weichheitszeichen **ь** in seiner Funktion, einen Konsonanten zu "erweichen". In Fremdwörtern dient es als Trennzeichen vor dem **о**:

почтальон "Postbote"; **шампиньон** "Champignon".

In Entlehnungen aus dem Französischen entspricht es oft der Buchstabenkombination "illo", z. B. in

батальон "Bataillon"; **бульон** "Bouillon, Suppenbrühe";
гильотина "Guillotine".

1.3 Diminutivsuffixe

Als Diminutiv bezeichnet man die Verkleinerungsform. Bei belebten weiblichen und männlichen Substantiven kombiniert man die Diminutivsuffixe -**ишк**-, -**ушк**- (-**юшк**-) mit der Endung -**а** im Nominativ:

брат "Bruder" → **братишка** "Brüderchen";
дочь "Tochter" → **дочушка** "Töchterchen".

Bei unbelebten männlichen und bei sächlichen Substantiven kombiniert man die Suffixe -**ишк**-, -**ушк**- (-**юшк**-) mit der Endung -**о** im Nominativ:

журнал "Zeitschrift" → **журналишко** "Schmierblättchen" (Zeitschrift von schlechter Qualität in geringer Auflage);
город "Stadt" → **городишко** "Städtchen, Kaff" (kleine, unbedeutende Stadt);
письмо "Brief" → **письмишко** "Briefchen".

Beachten Sie, dass dieses Suffix auch eine abwertende Konnotation haben kann:

дом "Haus" → **домишко** "Hütte, Baracke".

1.4 Augmentativsuffixe

Als Augmentativ bezeichnet man die Vergrößerungsform. Maskuline und sächliche Substantive erhalten das Augmentativsuffix -**ищ**- und die Endung -**е** im Nominativ:

город "Stadt" → **городище** "Riesenstadt";
письмо "Brief" → **письмище** "großer/langer Brief".

Die weiblichen Formen enden auf **-ища**:

рука "Hand" → **ручища** "Riesenpranke".

2. Unregelmäßige Substantive

• Alle männlichen Substantive, die auf **-анин/-янин** enden, verlieren die Endung **-ин** im Plural:

марсианин "Marsmensch" → **марсиане** "Marsmenschen";
армянин "Armenier" (Sg.) → **армяне** "Armenier" (Pl.).

Einige andere Wörter verhalten sich ebenso, z. B.

господин "Herr" → **господа** "Herren".

• Einige männliche und sächliche Substantive bilden ihren Plural, indem an die Singularform **-ья** angehängt wird:

брат/братья "Bruder/Brüder";
дерево/деревья "Baum/Bäume";
лист/листья "Blatt/Blätter";
перо/перья "Feder/Federn";
стул/стулья "Stuhl/Stühle".

Innerhalb dieser Gruppe gibt es jedoch Ausnahmen. Das Wort **сын** "Sohn" wird durch das Suffix **-ов-** "verlängert":

сыновья "Söhne".

друг "Freund" verändert den Konsonanten im Wortstamm von **г** zu **з**:

друзья "Freunde".

3. Adjektive

3.1 Langform der Adjektive

Bekanntlich gibt es für Adjektive eine Lang- und eine Kurzform. Für einige von ihnen existiert jedoch keine Kurzform:

– Adjektive, die mit der Vorsilbe **раз-** bzw. **рас-** gebildet werden und die eine starke und außergewöhnliche Eigenschaft ausdrücken:

разудалый "mutig, tapfer";
распрекрасный "außergewöhnlich schön".

– Adjektive mit **-ов-** bzw. **-ев-** im Stamm, deren Endung **-ой** lautet:

деловой "geschäftlich, Geschäfts-".

3.2 Von Substantiven abgeleitete Adjektive

Adjektive werden häufig ausgehend von Substantiven gebildet, wobei verschiedene Suffixe und Adjektivendungen verwendet werden:

– **-ов** → **бредовый** "wahnhaft" (von **бред** "Delirium, Fieberwahn"); **деловой** "geschäftlich, Geschäfts-". Nach Zischlauten wird **-ов** zu **-ев**: **нож** "Messer" → **ножевой** "Messer-".

– **-н** → **ночной** "nächtlich, Nacht-"; **праздничный** "festlich, Fest-". Da **ч** ein weicher Konsonant ist, wird diese Buchstabenkombination so ausgesprochen, als befände sich ein Weichheitszeichen zwischen den beiden Buchstaben. Doch wird dieses nicht geschrieben! Für die Bildung von Adjektiven aus Monatsnamen gilt eine besondere Regel. Hierbei werden das Suffix **-ск-** und die entsprechende Endung **-ий** (**-ая**, **-ое** oder **-ие**) an die Monatsnamen angehängt, mit Ausnahme von **январь** "Januar", der sein Weichheitszeichen verliert (**янва**рский "Januar-") und zwei maskulinen Monatsnamen, an die außerdem das Suffix **-ов-** angehängt wird (**март**овский "März-"; **август**овский "August-").

4. Verben

4.1 Reflexive Verben

• Russische reflexive Verben können als reflexive Verben oder als Vorgangspassiv übersetzt werden:

мыться "sich waschen";
одеваться "sich anziehen";
петься "vorgetragen werden, gesungen werden";
исполняться "aufgeführt werden".

• Die russische Entsprechung einiger deutscher reflexiver Verben besteht aus zwei Wörtern:

заставить себя "sich zwingen";
представить себе "sich (etw.) vorstellen“.

4.2 Adverbialpartizip der Vorzeitigkeit

Adverbialpartizipien der Vorzeitigkeit – auch Adverbialpartizip Präteritum Aktiv genannt – werden aus dem Infinitivstamm vollendeter Verben gebildet. Für ihre Bildung werden die Suffixe **-в**, **-вши**, **-ши**, **-а** (**-я**) verwendet:

написать "schreiben":
написа → **написа**вши "geschrieben habend";

закричать, "(an)schreien":
закрича → **закрича**в "(an)geschrieen habend";

принести "bringen":
принёс → **принёс**ши "gebracht habend".

Für reflexive Verben wird die Endung **-вшись** (**-шись**) verwendet:

поморщиться "eine Fratze machen, eine Grimasse schneiden": **поморщи** → **поморщи**вшись "eine Fratze gemacht habend, eine Grimasse geschnitten habend".

Bei einigen Verben gibt es zwei mögliche Formen, die jeweils identische Bedeutungen haben. So können diese Formen wahlweise mithilfe der Suffixe **-в** oder **-вши** gebildet werden:

написав/**написа**вши "geschrieben habend";
налив/**нали**вши "gegossen habend".

In den meisten Fällen wird das Suffix **-в** vorgezogen, die Form mit **-вши** klingt etwas altmodisch bzw. folkloristisch.

Andererseits gibt es für Adverbialpartizipien, die ausgehend von einem auf Konsonant auslautenden Stamm gebildet werden, nur eine mögliche Form:

принёсши "gebracht habend"; **вошед**ши "eingetreten seiend".

Dies gilt auch für reflexive Verben:

засмеявши**сь** "gelacht habend".

Übrigens: Die Adverbialpartizipien der Vorzeitigkeit finden sich fast ausschließlich in der Schriftsprache. In der gesprochenen Sprache verwendet man stattdessen die Adverbialpartizipien der Gleichzeitigkeit mit den Suffixen **-я** (**-а**) z. B.

чита**я** "lesend", **говор**я "sprechend" usw.

Заключительный диалог – Wiederholungsdialog

1 – В стране кризис, инфляция, только вот количество миллиардеров вдвое выросло, а так ужас – и зарплаты и пенсии смешные.

2 А вы надумали жениться…

3 – Времена меняются, но идеального момента всё равно не найти.

4 Когда вы с матерью женились 30 лет назад, климат в стране был ещё более тревожный, экономика была расшатана, коррупция была страшная.

5 А я устроился неплохо, работа у меня надёжная, да и добра много нажил: и дом у меня, и тачка, и дача.

6 Будем жить припеваючи!

7 – Да, ты прав. А вы только в ЗАГС* или в церковь тоже пойдёте?

8 – Обязательно пойдём в церковь! Что, не ожидал?

9 Несмотря на то, что она православная, а я католик, мы уже обо всём договорились.

10 В прошлое воскресенье мы ходили на утреннюю службу, разговаривали со священником, получили благословение.

11 Нам разрешили венчаться в храме, всё как положено.

12 – Ну и хорошо, а то ведь уже и пора тебе жениться, так сказать, начинать новую жизнь.

13 А где же будет организовано праздничное застолье?

14 – Это больной вопрос. Я хочу в каком-нибудь отпадном ресторане, чтобы сервис на высоте и живая музыка,

15 а Настя хочет, чтобы праздник был на какой-то старой ферме, в деревне, с традиционной музыкой, баяном, балалайкой и тп,

16 а также экологически чистыми продуктами, да настоящим русским застольем, как она говорит.

17 Меня, честно говоря, всё это выводит из себя, но я не могу ударить в грязь лицом перед моей будущей женой.

18 В субботу едем смотреть какую-то старую ферму с будущими тёщей и тестем, то ли они там родились, то ли выросли, но в общем она им очень дорога.

19 Правда там ремонт надо сделать, да у нас ещё есть время.

20 Так что в ближайшие месяцы буду вкалывать на работе, а вечерами на ферме, чтобы всё было к свадьбе готово, как можно быстрее.

21 Только бы сил хватило, там ведь столько работы, а я один…

22 – Ну, вижу, к чему ты клонишь…

23 – Отец, ну что тебе стоит, ты же прораб на самой большой стройке в городе!

24 – Ладно, уломал, пришлю тебе своих строителей, одному тебе явно не справиться!

* **ЗАГС = записи актов гражданского состояния** (Eintragungen Akten staatsbürgerlichen Zustand) "Standesamt"

Übersetzung

1 Es gibt eine Krise im Land, es gibt eine Inflation ... nur die Zahl der Milliardäre hat sich verdoppelt, aber ansonsten ist es das Grauen, die Gehälter und Renten sind lächerlich. **2** Und ihr habt beschlossen, zu heiraten ... **3** Die Zeiten ändern sich, aber man findet sowieso nicht den perfekten Zeitpunkt. **4** Als Sie und Mutter vor 30 Jahren geheiratet haben, war das Klima im Land noch unruhiger, die Wirtschaft war ruiniert (lose), die Korruption war schlimm. **5** Aber ich komme ganz gut zurecht, ich habe einen sicheren Arbeitsplatz und ich habe viel Besitz erworben: ich habe ein Haus, ein Auto und eine Datscha. **6** Wir werden glücklich (sorglos) leben! **7** Ja, du hast Recht. Werdet ihr nur zum Standesamt oder auch zur Kirche gehen? **8** Wir werden auf jeden Fall in die Kirche gehen! Was, [das hast du] nicht erwartet? **9** Obwohl sie orthodox ist und ich katholisch bin, haben wir uns bereits über alles geeinigt. **10** Letzten Sonntag sind wir zur Frühmesse gegangen, haben mit dem Priester gesprochen und den Segen erhalten. **11** Es wurde uns erlaubt, uns in der Kirche trauen zu lassen, alles so wie es sein sollte. **12** Gut, denn es ist bereits an der Zeit, dass du [eine Frau] heiratest und sozusagen ein neues Leben beginnst. **13** Und wo wird das Festessen stattfinden? **14** Das ist eine komplizierte Frage. Ich möchte, dass es in einem coolen Restaurant stattfindet, mit erstklassigem Service und Live-Musik, **15** und Nastia möchte, dass die Party auf einem alten Bauernhof auf dem Land stattfindet, mit traditioneller Musik, Ziehharmonika, Balalaika usw., **16** sowie Bio-Lebensmit-

43 Сорок третий урок

Роды ①

1 – Добрый день, у меня встреча с акушеркой ровно в три.

2 – Вы – Катя? У вас встреча со мной, проходите, пожалуйста.

tel und ein echtes russisches Festmahl, wie sie sagt. **17** Um ehrlich zu sein, lässt mich das alles aus der Haut fahren, aber ich darf vor meiner zukünftigen Frau nicht das Gesicht verlieren. **18** Am Samstag werden wir mit meiner zukünftigen Schwiegermutter und meinem Schwiegervater einen alten Bauernhof besuchen, wo sie geboren oder aufgewachsen sind, aber normalerweise liegt er ihnen sehr am Herzen. **19** In Wahrheit ist er renovierungsbedürftig, aber wir haben [ja] noch Zeit. **20** Ich werde also in den kommenden Monaten hart in meinem Job und abends auf dem Hof schuften, um alles so schnell wie möglich für die Hochzeit vorzubereiten. **21** Wenn nur [meine] Kräfte ausreichen, es gibt so viel zu tun, und ich bin [ganz] allein ... **22** Nun, ich verstehe, worauf du hinauswillst ... **23** Vater, was kostet dich das, du bist der Vorarbeiter der größten Baustelle der Stadt! **24** OK, du hast [mich] rumgekriegt, ich schicke dir meine Bauarbeiter, du schaffst es offenbar nicht allein!

Sie sind mittlerweile an einem Punkt angekommen, an dem Ihr Russisch so gut ist, dass Sie den Fettdruck zur Kennzeichnung der Betonung im russischen Text nicht mehr benötigen. Aber keine Sorge: Wir versorgen Sie weiterhin mit Anmerkungen zur Aussprache und geben außerdem unter dem Lektionstext hin und wieder einzelne Wörter in vereinfachter Lautschrift an.

43. Lektion

[Die] Geburt

1 – Guten Tag, ich habe einen Termin bei der Hebamme um Punkt drei Uhr.

2 – Sind Sie Katja? Sie haben einen Termin bei mir, bitte kommen Sie [herein].

ПРИМЕЧАНИЕ

① **роды** "Geburt" wird nur im Plural verwendet.

3 Как вы себя чувствуете? На каком вы месяце? Рассказывайте.

4 – Чувствую себя превосходно, уже пошёл восьмой месяц, но давление в норме, ②

5 ноги не отекают, даже и не устаю, только на солёное тянет всё сильнее и сильнее. ③

6 – Понятно, вам просто можно позавидовать! Обычно на таком сроке уже себя чувствуют не так комфортно, да и живот у вас небольшой.

7 – У меня к вам несколько вопросов, даже не по самим родам, так как в этот момент я буду не одна, и вы мне поможете со всем справиться, а скорее по первым дням после родов. ④

8 И вот ещё: что мне надо иметь при себе для моего пребывания в роддоме? ⑤

9 – Ну, давайте по порядку.

10 Вам понадобятся детские боди и пижамы нескольких размеров, так как мы не можем точно сказать, с каким весом родится ваш малыш.

ПРОИЗНОШЕ́НИЕ – AUSSPRACHE

[***10*** *... BODI ...*]

ПРИМЕЧАНИЕ

② **пошёл - пойти** "(ver)gehen, (zu)gehen" ist wirklich ein Allzweckverb. Es wird verwendet, um über das Alter, den Verkehr und die Zeit zu sprechen! Sehen Sie sich diese Beispiele an: **Ему уже шестой год пошёл** "Er geht auf seinen sechsten Geburtstag zu"; **Сколько они не виделись? – Пошёл третий месяц** "Wie lange ist es her, dass sie sich nicht gesehen haben? – Zwei Monate (hingeht dritter Monat)".

3 Wie geht es Ihnen? Im wievielten Monat sind Sie [schwanger]? Erzählen Sie [mir alles].

4 – Ich fühle mich großartig, ich bin bereits im achten Monat (schon gegangen achter Monat), aber mein Blutdruck ist normal,

5 meine Beine schwellen nicht an, ich bin nicht einmal müde, nur [mein] Verlangen nach Salzigem wird immer stärker.

6 – Ich sehe (Klar), man kann Sie nur beneiden! In diesem Stadium (Zeitpunkt) fühlt man sich normalerweise nicht so angenehm, und Ihr Bauch ist noch nicht [so] dick (groß).

7 – Ich habe ein paar Fragen an Sie, nicht einmal über die Geburt selbst, da ich zu diesem Zeitpunkt nicht allein sein werde und Sie mir helfen können, mit allem zurechtzukommen, sondern vielmehr in Bezug auf die ersten Tage nach der Geburt.

8 Und noch etwas: Was muss ich für meinen Aufenthalt in der Entbindungsklinik mitnehmen (haben bei sich für meinen)?

9 – Nun, [immer] der Reihe nach.

10 Sie benötigen Babystrampelanzüge (Kinder-Bodys) und Schlafanzüge in verschiedenen Größen, da wir nicht genau sagen können, wie viel Ihr Baby bei der Geburt wiegen wird (mit welchem Gewicht geboren-wird Ihr Baby).

③ **солёное** "salzig" ist zwar ein Adjektiv (n.), es wird aber auch als Substantiv im Sinne von "Salziges" verwendet: **Хочешь шоколада? – Нет, я предпочитаю солёное** "Möchtest du Schokolade? – Nein, ich bevorzuge Salziges".

④ Auf den ersten Blick ist dies der Komparativ des Adverbs **скоро** "bald, schnell", doch **скорее** bedeutet hier nicht "schneller", sondern "vielmehr" bzw. "eher".

⑤ **роддом** "Entbindungsklinik" ist eine Kurzform von **родильный дом**. Es wird entsprechend wie das maskuline Substantiv **дом** "Haus" dekliniert; der Plural lautet entsprechend **роддома. в роддоме** [*WRrODDOMle*]: Das erste **o** ist unbetont, wird aber dennoch nicht [*Å*] gesprochen.

11 При себе необходимо иметь одноразовые подгузники или пелёнки, полотенце для ребёночка, хлопчатобумажную шапочку и спальный конверт. ⑥

12 Можете купить специальные шампунь и моющее средство, так как обычные шампуни и гели для душа нежной коже новорожденного не подойдут. ⑦

13 Не забудьте специальный крем, который поможет в случае опрелостей и раздражения кожи, а также присыпку.

14 Вам будут нужны детские очищающие салфетки, электронный градусник, а также термометр для определения температуры воды в ванночке.

15 – Боже! Надо собирать всё прямо сейчас, потом может не хватить времени… Его осталось не так много.

16 Ещё я переживаю по поводу возвращения домой: всё ли готово? Ничего я не забыла? Справлюсь ли я? Всё ли получится, как нужно? ⑧

ПРОИЗНОШЕ́НИЕ – AUSSPRACHE

[*14 … ÅTSCHÍSCH**A**JUSCHIe… TÍRrM**O**MÍTRr…*]

ПРИМЕЧАНИЕ

⑥ **При себе** verwendet das Pronomen **себя** "selbst". Entsprechend bezieht sich die Handlung auf den Handelnden, also denjenigen, der sie ausführt. Das Pronomen wird für alle Personen gleich verwendet. Vergleichen Sie: **У меня при себе не было ни копейки** "Ich hatte keinen Cent bei mir" und **У них при себе не было документов** "Sie hatten keine Papiere dabei".

11 Bringen Sie (Bei sich notwendig haben) Wegwerfwindeln (einmalige Windeln) oder Wickeltücher (Windeln), ein Handtuch für das Baby, eine Baumwollmütze und einen Schlafsack mit.

12 Sie können spezielle Shampoos und Waschlotion kaufen, da gewöhnliche Shampoos und Duschgels nicht für die zarte Haut eines Neugeborenen geeignet sind.

13 Vergessen Sie nicht, eine spezielle Creme gegen (welche hilft in Fall) Windelausschlag und Hautreizungen sowie Puder zu verwenden.

14 Sie benötigen [feuchte] Babyreinigungstücher, ein elektronisches Thermometer und ein Thermometer zum Messen der Temperatur des Badewassers in der Babybadewanne.

15 – [Oh] Gott! Wir müssen jetzt direkt alles zusammenpacken, vielleicht reicht später dafür die Zeit nicht ... Es bleibt [uns] nicht mehr so viel [Zeit].

16 Ich mache mir auch Sorgen (Noch ich Sorgen-mache auf Anlass), wenn ich nach Hause komme: Ist alles bereit? Habe ich etwas vergessen? Werde ich es schaffen? Wird alles [so] gelingen, wie [es] sein soll?

⑦ Normalerweise ist **новорожденного** ein Adjektiv, aber hier wird es wie ein eigenständiges Substantiv verwendet. Vergleichen Sie: **новорожденный ребёнок** "ein neugeborenes Baby" und **новорожденный** "ein Neugeborenes".

⑧ Die Partikel **ли** verstärkt in diesen Beispielen den Fragecharakter der Äußerungen. Ihre Wiederholung in diesen Sätzen vermittelt Besorgnis: **Всё ли готово?** "Ist alles fertig?"; **Справлюсь ли я?** "Werde ich es schaffen?"; **Всё ли получится?** "Wird es gelingen?"

17 – Это нормальные заботы и страхи любой молодой мамы:

18 не волнуйтесь, подготовьте всё, что сможете, остальным займётесь потом.

19 – Спасибо вам за консультацию, побегу домой успокаивать моего малыша, а то он сильнее меня переживает… ⑨

20 – Так у вас уже есть ребёнок?

21 – Ах нет, не совсем… вернее, совсем нет. ⑩

22 Это я про будущего папу: у него от разговоров об эпидуралке и кесаревом сечении на нервной почве токсикоз и головокружение.

23 Мне его так жалко, что я пытаюсь всячески поддерживать его в такой ответственный для него момент! ⑪

ПРОИЗНОШЕ́НИЕ – AUSSPRACHE

[**22** … *ÅBlePlDURrALKle… KJEßARrlWÅM…*]

ПРИМЕЧАНИЕ

⑨ Beachten Sie die Konstruktion **спасибо за** "danke für ...". Sicher verstehen Sie nun auch, warum die Antwort darauf lautet: **не за что** "nichts zu danken".

Первое задание: Вы понимаете эти предложения?

❶ Скажите, этот термометр можно использовать для определения температуры воды? ❷ В такой ответственный момент её необходимо всячески поддерживать. ❸ Мне сказали, что надо иметь при себе одноразовые подгузники и спальный конверт. ❹ Я очень переживаю из-за родов. – Не волнуйся: ты со всем справишься. ❺ У меня несколько вопросов к акушерке по первым дням после родов.

17 – Dies sind die normalen Sorgen und Ängste jeder jungen Mutter (beliebiger junger Mutter):

18 Machen Sie sich keine Sorgen, bereiten Sie vor, was Sie können, den Rest (bleibendem) können Sie später erledigen.

19 – Danke für die Beratung, ich werde [gleich] nach Hause laufen, um mein Baby zu beruhigen, er macht sich mehr Sorgen als ich ...

20 – Sie haben also bereits (So bei Ihnen schon ist) ein Kind?

21 – Nein, eigentlich nicht ... oder besser gesagt (richtiger), überhaupt nicht.

22 Ich spreche (Das-ist ich) über den werdenden Papa: Bei [all den] Gesprächen über Epiduralanästhesie und Kaiserschnitt bekommt er vor lauter Nervosität (auf nervlich Boden) Übelkeit (Toxikose) und Schwindelgefühle.

23 Er tut mir so leid, dass ich versuche, ihn in dieser für ihn so wichtigen (verantwortlichen) Zeit auf jede erdenkliche Weise zu unterstützen!

⑩ Hier sehen wir ein perfektes Beispiel dafür, wie die Wortstellung die Bedeutung eines Satzes verändern kann: **Я не совсем вас понимаю** "Ich verstehe Sie nicht so ganz" und **Я совсем вас не понимаю** "Ich verstehe Sie überhaupt nicht".

⑪ **жалко** und **жаль** sind Synonyme, die gleichermaßen verwendet werden.

Решение первого задания: Вы поняли?

❶ Sagen Sie, kann man dieses Thermometer zur Bestimmung der Wassertemperatur verwenden? ❷ In einer so wichtigen Zeit muss man sie auf jede erdenkliche Weise unterstützen. ❸ Mir wurde gesagt, ich solle Wegwerfwindeln und einen Schlafsack mitbringen. ❹ Ich mache mir Sorgen wegen der Geburt. – Keine Sorge: Du wirst es schon schaffen. ❺ Ich habe einige Fragen an die Hebamme über die ersten Tage nach der Geburt.

Второе задание: Вставьте пропущенные слова!

❶ Er fühlt sich nicht besonders gut: Er ermüdet sehr stark und seine Beine schwellen an.

Он ____ себя ____: сильно ____, да и ____ ____.

❷ Wo kann ich [feuchte] Babyreinigungstücher und eine Creme gegen Windelausschlag kaufen?

Где я могу купить ____ очищающие ____ и ____ от ____?

❸ Was für einen dicken Bauch Sie haben! In welchem Monat sind Sie?

Какой у вас большой ____! ____ ____ же вы ____?

❹ Wo ist Ihr Koffer? Sie müssen bald zum Bahnhof fahren, Sie müssen sofort Ihren Koffer packen.

Где ваш ____? ____ уже ____ ехать на ____, ____ всё ____ прямо сейчас.

❺ Warum hast du Babystrampelanzüge in verschiedenen Größen gekauft? – Aber wir wissen [doch] nicht, welches Gewicht unser Baby bei der Geburt hat.

Почему ты купила ____ нескольких ____? – Ну мы же не знаем, с каким ____ ____ наш ____.

Решение второго задания: Пропущенные слова.

❶ – неважно – чувствует – устаёт – ноги отекают ❷ – детские – салфетки – крем – опрелостей ❸ – живот – На каком – месяце ❹ – чемодан – Вам – скоро – вокзал, надо – собирать – ❺ – боди – размеров – весом родится – малыш

Krankenhausgeburten

Russische Frauen entbinden gewöhnlich in einem staatlichen Entbindungskrankenhaus oder in einer staatlichen Klinik, falls eine Erkrankung vorliegt. Während der Schwangerschaft wird die Frau in einer staatlichen **женская консультация** „Mütterberatungsstelle" kostenlos medizinisch versorgt und überwacht. Dort wird auch ein **сертификат** ausgestellt, eine Art Scheck, der an die Entbindungsklinik geschickt wird, um die Entbindung zu bezahlen. Alle Leistungen sind für die Familien kostenlos, hingegen gibt es eine Vielzahl zusätzlicher, kostenpflichtiger Angebote in Entbindungskliniken und Krankenhäusern, darunter Einzelzimmerunterbringung, Periduralanästhesie, Anwesenheit des Vaters während der Entbindung und sogar die Möglichkeit von Familienbesuchen nach der Entbindung, denn Besuche auf Geburtsstationen, wo Mütter sich ein Zimmer mit zwei bis sechs anderen teilen, sind streng verboten, und im Regelfall sehen russische Väter ihre Babys erst, wenn die Mutter die Entbindungsklinik verlässt. Qualitativ hochwertige, kostenpflichtige private Entbindungskliniken findet man v. a. in Großstädten. Sie sind oft an internationale Kliniken und Krankenhäuser angeschlossen, in denen Ausländer oder reiche russische Familien behandelt werden.

44 Сорок четвёртый урок

Горящая путёвка

1 – Впервые еду в отпуск в феврале, очень обеспокоена вопросом погоды. ① ②

2 – Ты будешь заказывать в Интернете или через агентство? ③

3 – Хотелось бы в Интернете, но я, честно говоря, в этом не сильна, да и кредитной картой онлайн ни разу не платила. Поможешь? ④

4 – Конечно помогу, только сейчас же, а то мне надо бежать.

5 Открывай любой поисковый сервер, набирай в поисковой строке «горящие туры».

6 Во, выбирай вторую ссылку – «Магазин горящих путёвок», я уже через них не раз летал. ⑤ ⑥

7 Не загружается? Нажми ещё раз. Вот, а теперь выбирай по разным критериям: дайвинг, семейный отдых, скалолазание, горные лыжи… ⑦

ПРОИЗНОШЕ́НИЕ

[**7** … *ßKALÅLASA**N**Ie* …]

ПРИМЕЧАНИЕ

① **Впервые** "zum ersten Mal" ist ein Adverb und wird als ein Wort geschrieben. Nicht zu verwechseln mit **в первые дни сентября** "in den ersten Septembertagen".

② Das kurze Adjektiv **обеспокоен** [*ÅBIßPÅK**O**JEN*] "beunruhigt" behält in allen Formen seine Betonung: **обеспокоена** [*ÅBIßPÅK**O**JENA*], **обеспокоены** [*ÅBIßPÅK**O**JENÏ*].

44. Lektion

Last-Minute-Reise (brennend Reise)

1 – Ich fahre im Februar zum ersten Mal in den Urlaub und mache mir große Sorgen (beunruhigt) wegen (Frage-mit) des Wetters.

2 – Wirst du online (in Internet) buchen (reservieren) oder über ein Reisebüro (Agentur)?

3 – Ich würde [es] gerne online [machen], aber um ehrlich zu sein, bin ich nicht sehr gut (stark) darin, und ich habe noch nie online mit Kreditkarte bezahlt. Kannst du mir helfen?

4 – Natürlich helfe ich, nur muss es sofort sein, denn ich muss aufbrechen (laufen).

5 Öffne eine beliebige Suchmaschine und gib "Last-Minute-Reise" (brennend Tour) in das Suchfeld ein.

6 So, wähle [dann] den zweiten Link: "Last-Minute-Shop", ich bin schon mehrmals (schon über ihnen nicht Mal) über sie verreist (geflogen).

7 Es lädt (startet) nicht? Klick noch einmal. Hier kannst du nun nach verschiedenen Kriterien auswählen: Tauchen, Familienurlaub, Klettern, Abfahrtsski …

③ Beachten Sie, dass man **Интернет** "Internet" großschreibt, es sich also um einen Eigennamen handelt und nicht nur um ein einfaches Substantiv.

④ In **ни разу не платила** "ich habe [noch] nie bezahlt" verwendet man das unvollendete Verb **платить** "(be)zahlen", da die Handlung zwar in der Vergangenheit nicht stattgefunden hat, dies aber nicht bedeutet, dass sie in der Zukunft nicht stattfinden wird: Die Handlung gilt daher als nicht abgeschlossen und ohne konkretes Ergebnis.

⑤ **Во** gehört zur Umgangssprache und ist ein Synonym von **вот**.

⑥ **не раз летал** "bin mehrmals geflogen": Obwohl die Handlung als abgeschlossen gilt, verwendet man den unvollendeten Aspekt, da sie wiederholt wurde.

⑦ **скалолазание** "Klettern" setzt sich aus dem Substantiv **скала** "Fels" und dem Verb **лазить** "klettern" zusammen.

8 – Мне главное подешевле… ⑧

9 – Так бы сразу и сказала. Тогда жми на «Горящие туры». ⑨

10 Вот тебе и Бали, и Доминикана, и Вьетнам, и Мальдивы… а самый дешёвый, как ни крути, выходит Египет. ⑩

11 – Ну и зашибись! Я ни разу там не была, а тур действительно за копейки. ⑪ ⑫

12 – Подожди, не горячись, давай посмотрим, что в этот копеечный тур входит. ⑬

13 Так-так: питание не включено, только завтрак, страховка, перелёт и трансфер из аэропорта – дороговато, ведь всё остальное тебе в копеечку выльется. ⑭

14 Давай ещё покопаемся, время терпит, я могу задержаться как минимум минут на тридцать.

ПРИМЕЧАНИЕ

⑧ **подешевле** "billiger": Beachten Sie, dass es sich hier um einen Komparativ handelt, wir es aber mit "billig" übersetzen. Im Russischen gibt es keine konkreten Vergleiche: Es muss insgesamt billiger sein, d. h. so billig wie möglich!

⑨ **жать** hat die Bedeutungen "drücken, klicken, pressen", aber im übertragenen Sinne auch "zu eng sein" für ein Paar Schuhe: **Эти сапоги мне жмут** "Diese Stiefel drücken (= sind mir zu eng)".

⑩ Sie haben das Verb **выходить** (uv.) "hinausgehen" schon in vielen Bedeutungen kennengelernt. Hier zwei weitere: **Выходит, что он их не пригласил** "Tatsächlich (wörtl. "geht hinaus") hat er sie nicht eingeladen"; **Это не выходит у меня из головы** "Ich bin davon besessen" (wörtl. "Es geht mir nicht aus dem Kopf").

8 – Mir ist das Wichtigste, [dass] es billig (billiger) ist …

9 – Das hättest du gleich sagen sollen. Klicke dann auf "Last-Minute-Touren" (brennend Touren).

10 Hier gibt es Bali, die Dominikanische Republik, Vietnam, die Malediven ... und das billigste, egal wie man es betrachtet (wie nicht dreht), ist Ägypten.

11 – Na, das ist ja toll (und sich-verletzt)! Ich war noch nie dort, und die Tour ist wirklich geschenkt (wirklich für Kopeken).

12 – Warte, ereifere dich nicht [zu sehr] (nicht dich-erhitzt), mal sehen, was diese Billigtour (Kopeken-Tour) beinhaltet.

13 Mal sehen (So-so): Die Mahlzeiten sind nicht inbegriffen, nur das Frühstück, die Versicherung, der Flug und die Flughafentransfers – [das ist] teuer, denn alles andere kostet eine Stange Geld (dir in Kopekchen ausgießt).

14 Lass uns weitersuchen (wir-graben), es ist noch Zeit (Zeit erträgt), ich kann [noch] mindestens dreißig Minuten bleiben.

(11) **зашибись** "toll, wunderbar" (von **зашибиться** "sich verletzen") gehört ebenfalls zur Umgangssprache. Vermeiden Sie es möglichst, diesen Ausdruck aktiv zu verwenden.

(12) Es gibt gleich mehrere Ausdrücke mit dem Wort **копейка** "Kopeke", die alle ausdrücken, dass etwas günstig bzw. billig ist: **за копейки** "für ein paar Cent", **копеечный** "billig, geschenkt". Doch **вылиться в копеечку** drückt das Gegenteil aus: "viel/eine Stange Geld kosten".

(13) Das Adjektiv **копеечный** spricht sich [*KÅPJ**E**ÍSCHNÏJ*], umgangssprachlich aber auch [*KÅPJ**E**ÍTSCHNÏJ*].

(14) Für dieses Adjektiv gibt es nur eine mögliche Form der Betonung, nämlich die Endbetonung in allen Formen: **включён** [*FKLJUTSCHJ**O**N*], **включено** [*FKLJUTSCHÍN**O***], **включена** [*FKLJUTSCHÍN**A***], **включены** [*FKLJUTSCHÍNÏ*].

15 – Вот, смотри, всё включено: и виза, и все экскурсии, и питание, да к тому же есть дополнительная скидка до 10%. ⑮ ⑯

16 – Как-то подозрительно дёшево для четырёх звёзд, тем более, что тебе обещают бассейн, водные горки, тренажёрный зал, Интернет и 4 ресторана.

17 Что-то здесь нечисто, но не пойму, где собака зарыта...

18 – А может, мне просто несказанно повезло? Мой день, так сказать...

19 – Не верю я в подобное везение, что-то тут неладно.

20 Во! Нашёл! Смотри, под описанием тура маленькими-маленькими буковками написано, что в него не включены билеты... ⑰

21 – Ну совсем обнаглели!

22 Я лучше пойду в агентство, полистаю там каталог туров, спокойно, без спешки, в бумажном варианте как-то надёжнее... ⑱

23 А ты не мог бы пойти туда со мной?

24 Мало ли что, вдруг опять я просмотрю такую малюсенькую строчку, которая испортит мне весь отпуск!

ПРИМЕЧАНИЕ

⑮ **всё включено** kann auch mit "alles ist eingeschaltet" übersetzt werden.

⑯ Da auch die Zahlen dekliniert werden, sagt man: **до 10% – до десяти процентов** [*DÅ DÍßÍTİ PRrÅTßJENTÅF*] "bis 10 %".

15 – Schau, hier ist alles inbegriffen: das Visum, alle Ausflüge und Mahlzeiten sowie (ja zu dem) ein zusätzlicher Rabatt von (bis) 10 %.

16 – Das sieht mir verdächtig billig für ein Vier-Sterne[-Hotel] aus (wie-das verdächtig billig), vor allem, wenn man dir einen Swimmingpool, Wasserrutschen, einen Fitnessraum, Internet und vier Restaurants verspricht.

17 Irgendetwas ist hier faul (nicht-sauber), aber ich kann nicht sehen (nicht verstehe), wo der Haken ist (wo Hund begraben) …

18 – Oder habe ich vielleicht einfach nur unsagbares Glück? Mein Tag, sozusagen …

19 – Ich glaube nicht an diese Art von Glück (ähnlicher Erfolg), da stimmt etwas nicht.

20 Da! Ich habe es gefunden! Schau [mal], unter der Beschreibung der Tour steht in kleinen Buchstaben (kleinen-kleinen Buchstaben-mit), dass die [Flug-]Tickets nicht inbegriffen sind …

21 – Na, das ist ja ganz [schön] dreist!

22 Ich gehe lieber in ein Reisebüro (Agentur) und blättere dort den Reisekatalog (Katalog Touren) in aller Ruhe durch, ohne Hektik, die Papierversion ist irgendwie zuverlässiger …

23 Könntest du nicht mit mir dorthin gehen?

24 Wer weiß (Wenig ob was), vielleicht (plötzlich) übersehe ich ja wieder diesen winzigen Satz (Zeile), der mir den ganzen Urlaub vermiest!

⑰ **буковка** ist das Diminutiv von **буква** "Buchstabe".

⑱ **агентство** [*AGJENßTWÅ*]: Das erste **т** wird nicht gesprochen. **каталог** [*KATALOK*]: Viele Russischsprecher sprechen es falsch aus; die Betonung liegt auf dem **о**. **без спешки** spricht sich [*B/S ßPJESCHK/*].

Первое задание: Вы понимаете эти предложения?

1 Подожди, не горячись, давай посмотрим, сколько стоит «горящий тур» на Бали. 2 Давай ещё покопаемся: у нас как минимум минут тридцать, что-нибудь найдём! 3 Нам несказанно повезло: в этом агентстве нам сделают дополнительную скидку. 4 По каким критериям ты выбрал этот тур? – Я просто взял самый дешёвый. 5 Сходи в агентство, полистай каталог туров, а можешь и в Интернете посмотреть.

Второе задание: Вставьте пропущенные слова!

1 Worüber machst du dir Sorgen? – Hier muss man mit einer Kreditkarte bezahlen und die habe ich nicht dabei.

Чем ты ___ ? – Здесь надо платить ___ ___ , а у меня ___ с ___ нет.

2 Das ist verdächtig: Sie versprechen dir viel, aber der Aufenthalt kostet [fast] nichts …

Как-то ___ : тебе ___ ___ всего, а тур ___ ___ …

3 In unserem Hotel gibt es ein Schwimmbad, Wasserrutschen, einen Fitnessraum und vier Restaurants.

В нашей гостинице есть ___ , ___ ___ , ___ зал и 4 ___ .

4 Was ist in dieser Reise enthalten? – Der Flug, die Versicherung, das Frühstück und sogar Ausflüge.

Что ___ в тур? – ___ , ___ , ___ и даже ___ .

Решение первого задания: Вы поняли?

❶ Warte, ereifere dich nicht [zu sehr], mal sehen, was eine "Last-Minute-[Reise]" nach Bali kostet. ❷ Lass uns weitersuchen: Wir haben mindestens dreißig Minuten Zeit, wir werden schon etwas finden! ❸ Wir haben unsagbares Glück: In diesem Reisebüro gibt (macht) man uns einen zusätzlichen Rabatt. ❹ Nach welchen Kriterien hast du diese Reise ausgewählt? – Ich habe einfach die billigste genommen. ❺ Geh in ein Reisebüro, blättere den Reisekatalog durch, du kannst auch im Internet schauen.

❺ Irgendetwas ist hier faul. Also gut, wir sehen uns das später an, denn ich muss [jetzt] aufbrechen.

Что-то здесь ________ . ______ , потом ___________ , а то мне _____ _______ .

Решение второго задания: Пропущенные слова.

❶ – обеспокоен – кредитной картой – её – собой –
❷ – подозрительно – обещают – столько – стоит копейки
❸ – бассейн, водные горки, тренажёрный – ресторана
❹ – входит – Перелёт, страховка, завтрак – экскурсии
❺ – нечисто – Ладно – посмотрим – надо бежать

45 Сорок пятый урок

Дизайн интерьера

1 – Чтобы обустроить квартиру или дом, большого ума не надо – были бы деньги. ①

2 – Ну, не скажи, ещё как минимум нужны вкус и воображение.

3 Хороший дизайнер зайдёт в какое-нибудь помещение – жилое или пустующее – и сразу увидит его потенциал. ②

4 Мы вот с мужем сами обставили свою квартиру, но планировку доверили всё-таки архитектору и не прогадали. ③

5 – Что же он вам такое невероятное сделал?

6 – Во-первых, без него бы мы точно повредили несущую стену,

7 а во-вторых, он не только посоветовал, какой материал и где будет лучше смотреться, но и помог его выбрать.

8 Он, например, нашёл гениальное решение, которое обошлось нам дешевле, чем то, что мы планировали изначально:

ПРИМЕЧАНИЕ

① Bei dieser Satzkonstruktion drückt die Partikel **бы** aus, dass etwas erwünscht ist. Ebenso: **Было бы желание, а остальное получится!** "Wenn man will, kann man auch!"; **Ты бы позвонил ему!** "Du solltest ihn anrufen!"

Innenarchitektur (Design Innenraum)

1 – Es braucht nicht viel Intelligenz (großen Verstand), um eine Wohnung oder ein Haus einzurichten – [alles, was es braucht,] ist Geld.

2 – Nun, das würde ich nicht sagen (nicht sag), man braucht zumindest (noch wie Minimum) Geschmack und Fantasie.

3 Ein guter Designer betritt irgendeinen Raum – bewohnt oder leer (leerstehend) – und erkennt sofort dessen Potenzial.

4 Mein Mann und ich (Wir das-ist mit Ehemann selbst) haben unsere Wohnung selbst eingerichtet, aber die Planung haben wir dennoch (alles-doch) einem Architekten anvertraut, und wir haben es nicht betreut.

5 – Was hat er für euch getan, das so unglaublich ist?

6 – Zum einen hätten wir ohne ihn mit Sicherheit (genau) die tragende Wand beschädigt,

7 und zweitens hat er [uns] nicht nur beraten [hinsichtlich der Frage], welches Material wo am besten aussehen [würde], sondern auch bei der Auswahl geholfen (aber und geholfen ihn auswählen).

8 Er hat zum Beispiel eine geniale Lösung gefunden, die uns weniger kostete, als wir ursprünglich geplant hatten:

② **помещение – жилое или пустующее –** : Zwischen den Bindestrichen wird eine zusätzliche Information eingeschoben, die das zuvor Gesagte verdeutlicht, aber für das allgemeine Verständnis des Satzes nicht notwendig ist: Diese Information kann auch entfallen, ohne dass der Gesamtsinn des Satzes verloren geht. Diese Konstruktion wird durch Bindestriche oder – wie im Deutschen – durch Kommas vom Rest des Satzes abgetrennt.

③ Die Partikel **таки** "doch" wird mit einem Bindestrich geschrieben, wenn sie auf das Wort **всё** "alles" folgt: **всё-таки** " dennoch, trotzdem". Mehr dazu in der Wiederholungslektion.

9 нас когда-то давно затопили соседи, и потолок в кухне так и не отремонтировали с тех самых пор. ④

10 Он предложил его почистить, а потом сделать такой цивильный подвесной потолок, что мы и сделали.

11 А какую он нам сделал ванную! Душевая кабина с гидромассажем, мойся и расслабляйся… ⑤

12 Хромовая душевая колонна – с верхним и ручным душем, с четырьмя типами струй.

13 Напольную плитку купили в Интернете по очень низкой цене, что и позволило нам потратить больше денег на мозаику в серых и бежевых тонах. ⑥

14 Всё это создаёт неповторимую атмосферу тепла и уюта.

15 Коридор он нам сделал с арками и всевозможными нишами, что облагораживает это унылое и пустое пространство, ⑦

16 так как коридор у нас узкий и длинный, в нём не поместилась бы никакая мебель, даже декоративная вдоль стены.

ПРОИЗНОШЕ́НИЕ

[**12** *CHRr***O***MÅWAJA DUSCHIeW***A***JA …*]

ПРИМЕЧАНИЕ

④ Einige weitere Ausdrücke mit **пора** "Zeit, Jahreszeit, Saison": **с этих / тех пор** "seit damals, seither"; **с каких пор?** "seit wann?"; **с давних пор** "seit langer Zeit".

⑤ **с гидромассажем** [*SGÍDRrÅM***A***ßßAĴIeM*]: Das **с** wird stimmhaft, wenn es vor **г** steht.

9 Wir wurden einmal vor Längerem [durch einen Wasserschaden der] Nachbarn überflutet, und die Küchendecke (Decke in Küche) wurde seither (mit diesen selben Zeiten) nicht repariert.

10 Er schlug vor, sie zu reinigen und dann so eine abgehängte Zwischendecke (zivilisierte gehängt Decke) zu machen, was wir auch taten …

11 Und was für ein Bad hat er für uns gemacht! Duschkabine mit Hydromassage, [so dass man] sich waschen und [sich gleichzeitig] entspannen [kann] …

12 Eine Chrom-Duschsäule – mit Kopf- und Handbrause, mit vier Strahlarten.

13 Wir haben die Bodenfliesen online zu einem sehr niedrigen Preis gekauft, was es uns ermöglichte, mehr Geld für Mosaikfliesen in Grau- und Beigetönen auszugeben.

14 All das schafft eine einzigartige Atmosphäre von Wärme und Gemütlichkeit.

15 Er hat uns einen Flur (Korridor) mit Bögen und Nischen aller Art gemacht, die diesen tristen und leeren Raum verschönern,

16 da unser Flur schmal und lang ist, würden keine Möbel, nicht einmal dekorative an der Wand, dort hineinpassen.

⑥ **настенный** "Wand-" und **настольный** "Tisch-" folgen demselben Muster wie **напольный** "Boden-": **настенное зеркало** "Wandspiegel"; **настольная лампа** "Tischlampe".

⑦ **ниша** [*NÍSCHA*] "Nische" behält seine Betonung in allen Beugungsformen: **нишами** [*NÍSCHAMÍ*].

17 А теперь в нишах стоят вазы, статуэтки и всякие симпатичные безделушки; ⑧

18 арки пропускают свет и создают иллюзию огромного пространства.

19 В конце коридора мы повесили зеркало на всю стену, но и оно не простое, а фактически – произведение искусства.

20 Это зеркало сделано каким-то дизайнером, по словам нашего архитектора, известным на весь мир. ⑨

21 Оно улавливает и отражает во всех направлениях свет, проникающий через арки.

22 – Слушай, а у вас не создаётся впечатление, что вы живёте в музее современного искусства со всеми этими инсталляциями?!

ПРИМЕЧАНИЕ

⑧ **статуэтка** "Statue" ist eine Entlehnung aus dem Französischen. Wie bei Lehnwörtern üblich, wird der Buchstabe **э** nach einem Vokal in der Wortmitte geschrieben. Wir sind in Lektion 35 darauf eingegangen.

⑨ In **по словам нашего архитектора** sehen Sie nochmals einen Fall, wo eine Information durch Kommata vom Rest des Satzes abgetrennt wird. Ebenso: **По-моему, они уже пришли** "Meiner Meinung nach sind sie bereits angekommen."

Первое задание: Вы понимаете эти предложения?

❶ На мозаику и плитку мы потратили значительно больше денег, чем планировали изначально. ❷ В магазине на углу продаются вазы, статуэтки и всякие симпатичные безделушки. ❸ Вы уже были в новом музее современного искусства? Там такие сумасшедшие инсталляции! ❹ Где ты купил душевую колонну для твоей новой ванной? – В Интернете, в магазинах просто не нашёл. ❺ Ремонт был просто ужасный – для начала рабочие повредили несущую стену, а потом потолок…

17 Und nun stehen Vasen und Statuen in den Nischen und allerlei hübscher Schnickschnack;

18 Bögen lassen Licht herein und schaffen die Illusion eines riesigen Raumes.

19 Am Ende des Flurs haben wir einen wandfüllenden Spiegel aufgehängt, aber auch dies ist kein einfacher Spiegel, sondern wirklich ein Kunstwerk.

20 Dieser Spiegel wurde von einem Designer angefertigt, so [sagte] (auf Wörtern) unser Architekt, der weltberühmt ist.

21 Er fängt das durch die Bögen einfallende Licht ein und reflektiert es in alle Richtungen.

22 – Hör [mal], habt ihr nicht (nicht entsteht) den Eindruck, dass ihr mit all diesen Installationen in einem Museum für moderne Kunst lebt?!

Решение первого задания: Вы поняли?

❶ Wir haben wesentlich mehr Geld für Mosaike und Fliesen ausgegeben, als wir ursprünglich geplant hatten. ❷ Der Laden an der Ecke verkauft Vasen, Statuen und allerlei hübschen Schnickschnack. ❸ Waren Sie schon im neuen Museum für moderne Kunst? Dort sind so verrückte Installationen! ❹ Wo hast du die Duschsäule für dein neues Bad gekauft? – Im Internet, ich konnte sie einfach nicht in den Geschäften finden. ❺ Die Renovierung (Reparatur) war einfach [nur] schrecklich – erst beschädigten die Arbeiter die tragende Wand und dann die Decke …

Второе задание: Вставьте пропущенные слова!

1. Wir werden uns beschweren: Wir hatten vor Längerem Ihretwegen einen Wasserschaden (überschwemmt Sie uns), Sie versprechen uns nur, [eine] Renovierung vorzunehmen, aber nichts ist passiert (nicht angefangen).

   Мы будем ____: ____ вы нас ____, ____ только ____, а ничего даже и не начали.

2. Alles, was er in unserer Wohnung gemacht hat, ist einfach genial, und es hat uns nicht viel gekostet.

   ____, что он сделал в нашей ____ просто ____, да и ____ это ____.

3. Ihre Wohnung ist klein, aber die Spiegel, die praktisch an allen Wänden hängen, schaffen die Illusion eines großen Raumes.

   Квартира у них ____, но ____ ____ на всех ____ создают ____ большого ____.

46 Сорок шестой урок

Информационный выпуск

1 Добрый вечер, в эфире вечерние новости.

2 В ближайшие 40 минут о важнейших новостях дня вам расскажут мои коллеги и я, Ирина Кручинина.

3 Досрочная отставка губернатора: Евгений Земцов, руководивший Архангельской областью, был освобождён от должности Президентом РФ.

❹ Sie haben einen leeren (leerstehenden) Raum im Stadtzentrum gekauft und meiner Ansicht nach werden sie dort Renovierung[sarbeiten] durchführen.

Они купили ______ ______ в ______ города и, по-моему, будут ______ там ______.

❺ Mein Mann ist Architekt, er kann Sie hinsichtlich einer (ammeisten) optimalen Raumaufteilung Ihrer Wohnung beraten.

Мой муж ______, он может ______ вам наиболее ______ ______ для вашей ______.

Решение второго задания: Пропущенные слова.

❶ – жаловаться – затопили – давно, ремонт – обещаете – ❷ Всё – квартире – гениально – стоило – копейки ❸ – маленькая – зеркала практически – стенах – иллюзию – пространства ❹ – пустующее помещение – центре – делать – ремонт ❺ – архитектор – посоветовать – оптимальную планировку – квартиры

46. Lektion

Newsticker (Informations- Ausgabe)

1 Guten Abend, hier sind die Abendnachrichten (in Äther abendliche Nachrichten).

2 In den nächsten 40 Minuten werden meine Kollegen und ich, Irina Krutschinina, Sie über die wichtigsten Nachrichten des Tages informieren.

3 Vorzeitiger Rücktritt des Gouverneurs:
Jewgeni Semzow, der Leiter der Region Archangelsk, wurde vom russischen Präsidenten seines Amtes enthoben (war befreit von Amt).

4 В Указе Президента говорится, что отставка была принята с формулировкой «по собственному желанию»,

5 однако в близких бывшему губернатору кругах ползут слухи о том, что чиновник был замешан в нескольких тёмных делах.

6 К разговорам о его причастности к крупным коррупционным процессам прибавляется недовольство правительства довольно низким социально-экономическим развитием региона. ①

7 Теперь о других новостях: Россия и Германия подписали ряд соглашений в различных областях, от финансов до промышленного сектора и энергетики.

8 Целый пакет соглашений подписан сегодня в Кремле в присутствии лидеров двух стран.

9 Канцлер Германии, прибывший в Россию с официальным визитом в среду, в ходе переговоров основное внимание уделил перспективам взаимодействия в торгово-экономической сфере. ②

10 Ещё обсуждаются поставки газа и нефти по выгодным для обеих стран ценам, ③

11 условия контракта сейчас находятся в стадии согласования, ④

ПРИМЕЧАНИЕ

① Wie häufig bei der Silbe **стн** wird hier das **т** nicht gesprochen: **причастности** [*PRrITSCHAßNÁßTI*].

② Zusammengesetzte Wörter – wie **социально-экономический** "soziоökonomisch" (Satz 6) und **торгово-экономический** "handels-wirtschaftlich" – werden meist mit einem Bindestrich geschrieben oder einfach miteinander verbunden. Mehr dazu in der Wiederholungslektion.

4 Im Präsidialdekret heißt es, dass der Rücktritt mit der Formulierung "auf eigenen Wunsch" angenommen wurde,

5 in Kreisen, die dem ehemaligen Gouverneur nahe stehen, kursieren jedoch Gerüchte, wonach der Beamte in mehrere zwielichtige Geschäfte verwickelt war.

6 Zu den Gerüchten (Gesprächen) über seine Beteiligung an größeren Korruptionsprozessen kommt die Unzufriedenheit der Regierung mit der eher geringen sozioökonomischen Entwicklung der Region hinzu.

7 Und nun weitere Nachrichten: Russland und Deutschland haben eine Reihe von Abkommen auf verschiedenen Gebieten wie (von) Finanzen, (bis) Industrie (Sektors) und Energie unterzeichnet.

8 Ein Paket von Vereinbarungen (Ganzes Paket Vereinbarungen) wurde heute im Kreml in Anwesenheit der beiden Staatsoberhäupter unterzeichnet.

9 Der deutsche Bundeskanzler, der am Mittwoch zu einem offiziellen Besuch in Russland eintraf, legte im Zuge der Verhandlungen den wesentlichen Schwerpunkt (Aufmerksamkeit) auf die Perspektiven der Zusammenarbeit im Bereich Handel und Wirtschaft (Handels-wirtschaftliche Sphäre).

10 Gas- und Erdöllieferungen zu für beide Länder günstigen Preisen sind noch in der Diskussion,

11 die Vertragsbedingungen sind derzeit in der Abstimmungsphase,

③ **обеих** ist der Genitiv von **обе**, der femininen Form von **оба** "beide".

④ In diesem Satz können zwei mögliche Präpositionen gebraucht werden: **контракт находится в** (aber auch **на**) **стадии согласования** "Der Vertrag ist in der Abstimmungsphase". In der Aussage macht es keinen Unterschied, ob man die eine oder die andere Präposition verwendet.

12 но уже понятно, что подобное долгосрочное соглашение обеспечит стабильность и прочную базу для сотрудничества между двумя партнёрами.

13 Жители села Озёрки Оренбургской области ждут прихода весны всё с нарастающей тревогой:

14 зима была к ним особо щедра на снег, и двухметровые сугробы лежат повсюду. ⑤ ⑥

15 Школьный автобус не может прорвать эту снежную блокаду, таким образом юные сельчане уже больше двух месяцев вынужденно находятся на каникулах. ⑦

16 Пытаясь избежать обвала крыш, жители села ежедневно очищают их от снега, используя для этого пилы и лопаты.

17 Местные власти беспрестанно обещают помочь, но, по свидетельствам людей, пока они даже не соблаговолили посетить забытое село. ⑧

18 Новости спорта: чемпионат России по футболу продолжается матчем команд второй восьмёрки, встречей футбольных клубов «Факел» и «Динамо».

ПРИМЕЧАНИЕ

⑤ Die Betonung in **щедр** [*SCHJEDRr*] "großzügig" wechselt häufig den Platz: **щедра** [*SCHİeDRr**A***] und **щедро** [*SCHJ**E**DRrÅ*]. Im Plural gibt es zwei mögliche Formen: **щедры** [*SCHJ**E**DRrÏ*] oder [*SCHİeDRr**Ï***].

⑥ Beziehen sich zwei oder mehr Subjekte auf zwei oder mehr verschiedene Verben, werden die entsprechenden Teilsätze durch Kommata voneinander getrennt: **Олег пел песню, Коля рисовал, а Маша читала** "Oleg sang ein Lied, Kolja malte und Mascha las".

12 aber es ist bereits klar, dass ein solches langfristiges Abkommen die Stabilität und eine solide Grundlage für die Zusammenarbeit zwischen den beiden Partnern sicherstellen wird.

13 Die Bewohner des Dorfes Osjorki in der Region Orenburg erwarten den (Ankunft) Frühling mit wachsender Besorgnis:

14 Der Winter war (bei ihnen) besonders schneereich (großzügig auf Schnee), überall liegen zwei Meter hohe Schneeberge (Schneeverwehungen).

15 Der Schulbus kann diese Schneeblockade nicht durchbrechen, so dass die jungen Dorfbewohner seit mehr als zwei Monaten gezwungenermaßen (gezwungen befinden-sich) in den Ferien sind.

16 In dem Versuch, den Einsturz von Dächern zu verhindern, räumen die Dorfbewohner täglich mit Sägen und Schaufeln den Schnee [von ihren Dächern].

17 Die örtlichen Behörden versprechen immer wieder, zu helfen, aber nach den Aussagen der Menschen haben sie sich bisher nicht einmal die Mühe gemacht, das vergessene Dorf zu besuchen.

18 Sportnachrichten: Die russische Fußballmeisterschaft wird mit einem Spiel der Mannschaften, die in der Rangliste auf den Positionen 8 bis 16 sind, fortgesetzt, bei dem die Fußballvereine FC Fakel und FC Dynamo aufeinandertreffen (Treffen-mit Fussball-Clubs).

⑦ Das Substantiv **сельчанин** "Dorfbewohner" verliert die Endung -**ин** im Plural und nimmt im Nominativ Plural die Endung **е** an: **сельчане**. Wir haben diese Regel in Lektion 42 kennengelernt.

⑧ Das Verb **соблаговолить** (v.) "geruhen etw. zu tun" bzw. "sich die Mühe machen" gilt als veraltet und wird v. a. mit leicht ironischem Unterton verwendet.

19 Уже на пятнадцатой минуте игры был назначен пенальти и удалён с поля нападающий «Факела»; таким образом был открыт счёт 1:0.

20 За десять минут до окончания игры счёт сравнял Горюнов: 2:2.

21 В финальной схватке борцов наш соотечественник Лебедев стал серебряным призёром чемпионата Европы по греко-римской борьбе.

22 Первый день чемпионата мира по биатлону не принёс победы россиянкам:

23 наша команда не попала в число призёров, финишировав шестой. ⑨

24 Программу продолжит прогноз погоды, а я прощаюсь с вами до завтра.

Первое задание: Вы понимаете эти предложения?

① Лидеры двух стран подписали целый пакет соглашений в Кремле в присутствии главы правительства. ② Жители нашего села очень ждут прихода весны, так как зима в этом году была особо щедра на снег. ③ Сейчас много говорят о причастности бывшего губернатора к нескольким крупным коррупционным процессам. ④ Вы уже подписали контракт? – Ещё нет, сейчас его условия находятся на стадии согласования. ⑤ Этот регион известен своим низким социально-экономическим развитием и коррупцией властей.

19 Bereits in der 15. Spielminute wurde ein Elfmeter verhängt und der Stürmer von Fakel des Spielfeldes verwiesen; somit stand es (war geöffnet Spielstand) 1:0.

20 Zehn Minuten vor Schluss glich Gorjunow zum 2:2 aus.

21 Im finalen Ringkampf gewann unser Landsmann Lebedew Silber (wurde silbern Medaillengewinner) bei der Europameisterschaft im griechisch-römischen Ringen.

22 Der erste Tag der Biathlon-Weltmeisterschaft brachte keinen Sieg für die Russinnen:

23 Unser Team war nicht unter (in Zahl) den Gewinnern, [sondern] wurde (durchs-Ziel-gehen) Sechster.

24 Die Sendung wird mit der Wettervorhersage fortgesetzt, und ich verabschiede mich bis morgen von Ihnen.

ПРИМЕЧАНИЕ

⑨ **финишировав**: Adverbialpartizip der Vorzeitigkeit des Verbs **финишировать** "ins Ziel einlaufen, durchs Ziel gehen", dessen Formen im vollendeten und unvollendeten Aspekt identisch sind. Wir sind in Lektion 42 auf das Adverbialpartizip eingegangen, und auch in der nächsten Wiederholungslektion gibt es dazu noch Informationen.

Решение первого задания: Вы поняли?

① Die beiden Staatsoberhäupter unterzeichneten im Kreml im Beisein des Regierungschefs ein ganzes Paket von Vereinbarungen. ② Die Einwohner unseres Dorfes freuen sich sehr auf die Ankunft des Frühlings, denn der diesjährige Winter war besonders schneereich. ③ Es wird nun viel über die Verwicklung des ehemaligen Gouverneurs in mehrere große Korruptionsfälle gesprochen. ④ Haben Sie den Vertrag schon unterschrieben? – Noch nicht, die Bedingungen werden gerade noch ausgehandelt (jetzt seine Bedingungen befinden-sich auf Stadium Abstimmung). ⑤ Diese Region ist bekannt für ihre schlechte sozioökonomische Entwicklung und die Korruption bei den Behörden.

Второе задание: Вставьте пропущенные слова!

❶ Wissen Sie denn nicht, dass Ihr Landsmann bei dieser Meisterschaft Silber gewonnen hat?

Вы ____ не знаете, что ваш ____ стал ____ ____ чемпионата?

❷ Um zu verhindern, dass die Dächer einstürzen, räumen die Bewohner der Stadt täglich den Schnee [von den Dächern].

____ избежать ____ ____, ____ города ____ очищают их от ____.

❸ In der 15. Minute wurde ein Elfmeter verhängt und der Stürmer wurde des Spielfeldes verwiesen.

____ был ____ на пятнадцатой минуте ____, а ____ был ____ с ____.

❹ Ein solches langfristiges Abkommen über Gas- und Erdöllieferungen ist für beide Länder von Vorteil.

Подобное ____ ____ по ____ газа и ____ выгодно для обеих ____.

❺ Der Schulbus hat eine Panne und die jungen Dorfbewohner sind seit mehr als zwei Monaten gezwungenermaßen in den Ferien.

____ автобус ____, и юные ____ уже больше двух месяцев ____ находятся на ____.

Решение второго задания: Пропущенные слова.

❶ – разве – соотечественник – серебряным призёром –
❷ Пытаясь – обвала крыш, жители – ежедневно – снега
❸ Пенальти – назначен – игры – нападающий – удалён – поля
❹ – долгосрочное соглашение – поставкам – нефти – стран
❺ Школьный – сломан – сельчане – вынужденно – каникулах

Минутка для шутки

Я большой романтик. Отправил девушке смс: «Этот абонент просит Вас выйти за него замуж»... Получил ответ «Уважаемый абонент! На вашем счёте недостаточно средств для данной операции»...,

Eine Minute für einen Witz

Ich bin ein großer Romantiker. Ich schickte eine SMS an ein Mädchen: "Dieser Abonnent bittet Sie, ihn zu heiraten" ... Ich erhielt eine Antwort: "Lieber Abonnent! Das Guthaben auf Ihrem Konto reicht für diesen Vorgang nicht aus" ...

47 Сорок седьмой урок

Москва златоглавая ①

1 – Люблю бродить по утренней Москве, когда ещё можно найти уголки, где не слышно визга шин и скрежета тормозов...

2 – И где же ты находишь подобные уголки? Поделись секретом с приезжим! ②

3 – На рассвете особо приятно ощутить летнюю прохладу в одном из умиротворяющих мест – на Патриарших прудах.

4 – Что-то знакомое... а так это тот самый парк, где начинается действие в Москве в романе Булгакова «Мастер и Маргарита»?

5 – Какой ты начитанный иностранец! Ну раз и книгу читал, тебе сам бог велит прогуляться по Патриаршим. ③

6 – Не подскажешь, как туда добраться? Может, я дойду до них пешком? ④

7 – Дорогой мой, слово «пешком» для Москвы ты можешь просто вычеркнуть из своего лексикона: туда надо ехать на метро.

ПРИМЕЧАНИЕ

① Moskau wird oft als **златоглавая** "(mit) goldenen Kuppeln" beschrieben. Das Wort setzt sich aus den veralteten Wörtern **златой** "golden" und **глава** "Kopf, Kuppel" zusammen und bezieht sich natürlich auf die goldenen Kuppeln der Kirchen, die man vielerorts in der Stadt sieht.

② **найти** "finden" und **находить** "finden" sind die vollendete und die unvollendete Variante desselben Verbs.

47. Lektion

Moskau der goldenen Kuppeln

1 – Ich liebe es, morgens durch Moskau zu spazieren, wenn man noch Ecken finden kann, in denen man das Quietschen der Reifen und das Kreischen der Bremsen nicht hört ...

2 – Und wo findest du solche Ecken? Teile das Geheimnis mit einem Fremden [wie mir]!

3 – In der Morgendämmerung ist es besonders angenehm, die Kühle des Sommers an einem der ruhigen Plätze an den Patriarchenteichen zu spüren.

4 – Irgendwie kommt mir das bekannt vor (Was-das bekannt) ... ist das derselbe Park, in dem die Handlung von Bulgakows "Meister und Margarita" in Moskau beginnt?

5 – Was du doch für ein belesener Ausländer bist! Wo du [nun schon] einmal das Buch gelesen hast, solltest du unbedingt (dir selbst Gott befiehlt) einen Spaziergang zu den Patriarchenteichen machen.

6 – Kannst du mir sagen, wie ich dorthin komme? Kann ich das zu Fuß erreichen?

7 – Mein Lieber, du kannst das Wort "zu Fuß " für Moskau einfach aus deinem Wortschatz streichen: Du musst mit der Metro dorthin fahren.

③ **Патриаршие пруды** oder **Патриаршие** bezeichnet das Stadtviertel in Moskau, wo es früher die sog. "Patriarchenteiche" gab, von denen heute nur noch einer existiert.

④ Oft "verdoppelt" das Präfix eines Verbs die Präposition, die danach steht. In **дойти до** "(bis) gehen" drückt die Vorsilbe **-до** die Idee der Vollendung der Handlung und die Präposition die Idee der Ankunft am Endpunkt aus.

8 У тебя есть план метрополитена? Давай, покажу, как дотуда доехать. ⑤ ⑥

9 Мы сейчас находимся на Октябрьской, а тебе надо на Маяковскую, это на зелёной ветке, которая называется «Замоскворецкая».

10 Вообще, все линии метро имеют своё название: оранжевая – калужско-рижская, серая – серпуховско-тимирязевская, красная – сокольническая и т.д.

11 А кольцо посередине карты – это и есть кольцевая линия, которая очень удобна, когда надо пересесть с одной ветки на другую и «срезать» дистанцию.

12 Так вот на Октябрьской тебе надо сесть на оранжевую линию в направлении Медведково,

13 на платформе будет указан список станций для правого и левого путей. ⑦

14 Ты поедешь до Третьяковской, на ней, кстати, находится знаменитая Третьяковка.

15 На Третьяковской будет переход на станцию Новокузнецкую, это на Замоскворецкой линии, ну, а потом тебе надо доехать до Маяковской.

16 – А от метро далеко идти? Я боюсь заблудиться.

ПРОИЗНОШЕ́НИЕ

[**14** … *TRrÍTJÍKOFKA*]

8 Hast du einen Metro-Plan? Ich zeige dir, wie du dorthin gelangst.

9 Wir sind jetzt an der [Station] Oktjabrskaja, aber du musst zur [Station] Majakowskaja fahren, die auf der grünen Linie liegt, sie heißt "Samoskworetskaja".

10 Im Allgemeinen haben alle Metrolinien ihre eigenen Namen: [die] orangene [Linie heißt] Kaluschsko-Rischskaja, [die] graue [Linie] Serpuchowsko-Timirjasewskaja, [die] rote [Linie] Sokolnitscheskaja, usw.

11 Und der Ring in der Mitte der Karte ist die Ringlinie, die sehr praktisch ist, wenn man von einer Linie (Zweig) zu einer anderen umsteigen und die Strecke "abkürzen" muss.

12 An [der Station] Oktjabrskaja musst du also die orangene Linie in Richtung Medwedkowo nehmen,

13 auf dem Bahnsteig gibt es eine Liste der Stationen für [die Züge auf dem] rechten und linken Gleis.

14 Du fährst bis zur [Station] Tretjakowskaja, wo sich übrigens die berühmte Tretjakow-Galerie befindet.

15 An der [Station] Tretjakowskaja steigst du um (wird-sein Übergang), [um zur] Station Nowokusneskaja auf der Samoskworezkaja-Linie zu fahren, und fährst dann bis zur [Station] Majakowskaja.

16 – Und ist es weit von der U-Bahn entfernt (weit gehen)? Ich habe Angst, mich zu verlaufen.

ПРИМЕЧАНИЕ

⑤ Das sehr lange Wort **метрополитен** "Untergrundbahn" wird in der gesprochenen Sprache nicht oft gebraucht, man hört eher nur **метро** "U-Bahn".

⑥ **дотуда** "(bis) dorthin" gehört zur gesprochenen Sprache. Man kann auch sagen: **Как туда доехать?** "Wie kommt man dorthin?"

⑦ Bei **путей** handelt es sich um den Genitiv Plural von **путь** "Weg, Pfad, Gleis".

17 – Нет, там близко, как выйдешь из метро, иди на Большую Садовую, а с неё свернёшь налево на Малую Бронную – а уж там точно мимо не пройдёшь!

18 Я тебе это место очень советую: в самом саду достаточно спокойно, можно на скамейке посидеть, насладиться тишиной. ⑧ ⑨

19 А вокруг парка есть несколько интересных с архитектурной точки зрения зданий, как например дом со львами, который был построен для военно-командного состава СССР. ⑩

20 И обязательно погуляй в ближайших переулках, в этих местах можно учуять запах старинной Москвы. ⑪

21 – А давай пойдём туда вместе? Ты заразил меня идеей прогулки по переулкам,

22 где я точно потеряюсь, если со мной не будет такого ценного гида, как ты! ⑫

ПРОИЗНОШЕ́НИЕ

[*20* … *BLÍ***Ĵ***AJSCHÍCH* …]

ПРИМЕЧАНИЕ

⑧ **самом** [*ßAMOM*]: Achten Sie auf die korrekte Aussprache dieses Wortes, das der Lokativ von **сам** ist, um eine Verwechslung mit **самом** [***ßA****MOM*], dem Präpositiv der Superlativform von **самый** "der aller ...", zu vermeiden.

17 – Nein, es ist [ganz] in der Nähe. Wenn du aus der Metro aussteigst, gehst du zur Bolschaja Sadowaja [-Straße] und biegst von dort aus links in die Malaja Bronnaja [-Straße] ein – dort kannst du es nicht verfehlen (dort genau vorbei nicht kommst).

18 Ich empfehle dir diesen Ort sehr: Der Garten selbst ist ruhig genug, man kann sich auf eine Bank setzen und die Stille genießen.

19 Und rund um den Park gibt es einige in architektonischer Hinsicht interessante Gebäude, wie etwa das Haus mit den Löwen, das für sowjetische Militärkommandeure (für Kriegs-Kommando-Personal UdSSR) gebaut wurde.

20 Und spaziere unbedingt durch die nahegelegenen Gassen, dort (in diesen Orten) kannst du den Duft des alten Moskau riechen.

21 – [Und] wenn wir gemeinsam dorthin gehen? Du hast mich mit der Idee überzeugt (angesteckt), durch die Gassen zu spazieren (Spaziergang auf Gassen),

22 wo ich mich definitiv verirre, wenn ich nicht einen wichtigen (wertvollen) Stadtführer wie dich dabeihabe!

⑨ **саду** erinnert Sie vielleicht daran, dass einige maskuline Formen ihren Lokativ auf **у** bilden? Hier sind einige weitere Beispiele: **аэропорт** "Flughafen"; **год** "Jahr"; **лес** "Wald"; **мост** "Brücke"; **нос** "Nase"; **пол** "Boden"; **угол** "Ecke"; **шкаф** "Schrank".

⑩ **со львами:** Die Präposition **с** wird vor Wörtern, die mit **ль-** beginnen, zu **со**.

⑪ Man hätte auch **близлежащих** "nahe" sagen können. Das Adjektiv **близлежащий** ist zusammengesetzt aus **близко** "nah" und **лежащий** "liegend" und bedeutet "nahegelegen".

⑫ Vor **как** wird ein Komma gesetzt, wenn das Wort **такой** im Hauptsatz steht: **Хочу такого мужа, как ты!** "Ich will einen Mann wie dich!"

Первое задание: Вы понимаете эти предложения?

❶ Давай пойдём туда вместе, а то я боюсь заблудиться в переулках. ❷ Это крайне интересное с архитектурной точки зрения здание. Оно к тому же очень известное. ❸ Как добраться до Маяковской? – Это через 3 станции отсюда на Замоскворецкой линии. ❹ Думаю, тебе надо в больницу вместе со мной: по-моему, я заразил тебя гриппом… ❺ Что это за песня? что-то знакомое… – Конечно, это гимн Российской Федерации!

Второе задание: Вставьте пропущенные слова!

❶ Meiner Ansicht nach haben sie beschlossen, eine Buchhandlung zu eröffnen. – Na, das sollten sie auch unbedingt, sie hat [ja] so einen belesenen Ehemann!

По-моему, они ______ открыть ______ ______. – Ну, им сам бог ______ у неё такой ______ муж!

❷ Na gut, ich fahre auch in den Kaukasus! Du hast mich mit deiner verrückten Idee überzeugt (angesteckt).

Всё, я тоже ______ ______ ______! Ты ______ меня своей ______ идеей.

❸ Komm [schon], du wirst dich nicht verirren! Es ist [ganz] in der Nähe: Sobald du aus der Metro aussteigst, biegst du sofort rechts ab.

Да ______, не ______! Там ______ как ______ ______ метро, ______ сверни ______.

❹ Hast du einen Metroplan? – Ich habe den Plan, aber wir haben keine Zeit, mit der Metro dorthin zu fahren: Nehmen wir ein Taxi!

У тебя ______ план ______? – План есть, но ______ ехать ______ ______ ______ нет: берём ______!

Решение первого задания: Вы поняли?

❶ Lass uns gemeinsam dorthin gehen, denn ich habe Angst, mich in den Gassen zu verlaufen. ❷ Dies ist ein in architektonischer Hinsicht sehr interessantes Gebäude. Es ist auch sehr berühmt. ❸ Wie komme ich zur [Station] Majakowskaja? – Sie ist von hier aus drei Stationen auf der Samoskworezkaja-Linie entfernt. ❹ Ich glaube, du solltest mit mir ins Krankenhaus kommen: Meiner Ansicht nach habe ich dich mit der Grippe angesteckt ... ❺ Was ist das für ein Lied? [Das] kommt mir bekannt vor ... – Natürlich, es ist die Hymne der Russischen Föderation!

❺ Setzen wir uns auf eine Bank, ruhen wir uns aus, genießen wir die Frische des Morgens.

Давай ________ на ________ ,
________ , насладимся
________ прохладой.

Решение второго задания: Пропущенные слова.

❶ – решили – книжный магазин – велит – начитанный – ❷ – еду на Кавказ – заразил – безумной – ❸ – ладно – потеряешься – близко – выйдешь из – сразу – направо ❹ – есть – метрополитена – времени – туда на метро – такси ❺ – посидим – скамейке, отдохнём – утренней –

LEKTION 47

48 Сорок восьмой урок

По залам Третьяковки ①

1 Практически до конца XVII века в искусстве преобладали образы религиозного характера, так как Россия находилась в некой культурной изоляции, ②

2 но Пётр Первый, поставивший себе целью «прорубить окно в Европу», стал приобщать российскую общественность к культурному наследию Европы.

3 Он не только приглашал иностранных мастеров в Россию,

4 но и посылал за границу молодых художников и скульпторов, чтобы они перенимали опыт великих артистов. ③

5 Оставаясь очень важной для русского человека, икона потеснилась, уступив место портрету, который занял центральную позицию в живописи второй половины XVII века.

6 Мастерами живописного портрета этой эпохи стали русские художники Левицкий, Рокотов и Боровиковский. ④

ПРИМЕЧАНИЕ

① Die Präposition **по**, gefolgt vom Dativ Plural, vermittelt die Idee eines "Raums in seiner Gesamtheit" und wird meist mit "durch" übersetzt. **По залам** beschreibt z. B. die Durchquerung aller Räume des Museums.

② Substantive, die auf -**ия** enden, haben eine etwas andere Deklination als Substantive auf -**я**: Ihre Dativ- und Präpositiv-Endung lautet -**ии**, und die Endung des Genitiv Plural ist -**ий**.

Durch die Säle der Tretjakow-Galerie

1 Praktisch bis zum Ende des 17. Jahrhunderts dominierten in der Kunst Bilder [mit] religiösen Sujets (religiösen Charakters), da sich Russland in einer Art kultureller Isolation befand,

2 doch Peter der Große (Peter Erster) setzte sich das Ziel, "ein Fenster nach Europa zu öffnen (durchbrechen)" und begann, das russische Publikum (Öffentlichkeit) mit dem kulturellen Erbe Europas vertraut zu machen (heranzuführen).

3 Er lud nicht nur ausländische Meister nach Russland ein,

4 sondern schickte auch junge Kunstmaler und Bildhauer ins Ausland, um von namhaften (großen) Künstlern zu lernen (aneignen Erfahrung).

5 Die Ikone, die für die Russen (russischen Menschen) weiterhin sehr wichtig war, wurde verdrängt und machte dem Porträt Platz, das in der zweiten Hälfte des 17. Jahrhunderts in den Mittelpunkt der Malerei rückte (einnahm zentrale Stellung).

6 Die Meister der Porträtmalerei in dieser Epoche waren die russischen Maler Lewitsky, Rokotow und Borowikowsky.

③ **за границу** und **заграницу**: Mit der Präposition bedeutet dieses Wort "im Ausland, außerhalb des Heimatlandes" bzw. "jenseits der Grenzen". In einem Wort geschrieben hat es eine ähnliche Bedeutung, aber als weibliches Substantiv bedeutet es einfach "Ausland". Vergleichen Sie **Я люблю жить за границей** "Ich mag es, im Ausland zu leben" und **Я люблю заграницу** "Ich liebe das Ausland".

④ Beachten Sie die Wortstellung in diesem Satz: Das Subjekt steht ganz am Satzende.

7 В первой половине XIX века одними из самых ярких имён в живописи можно назвать Тропинина, Венецианова, Кипренского и Брюллова. ⑤

8 Интересен тот факт, что Тропинин родился в семье крепостного крестьянина и лишь в 47 лет получил долгожданную свободу. ⑥ ⑦ ⑧

9 Живопись этого периода ориентировалась на античное наследие и героическую тематику, но несмотря на это, бытовой сюжет стал появляться в работах многих ярких художников. ⑨

10 Реалистичные работы Федотова, пронизанные тонкой сатирой, отражают самодовольство и глупость чиновничества («Сватовство майора», «Свежий кавалер»), ⑩

11 а поздние работы навевают мысли об абсурде бытия («Вдовушка», «Игроки»).

12 Благодаря этим чертам часто Федотова в живописи сравнивают с Гоголем в литературе.

ПРИМЕЧАНИЕ

⑤ Es ist nicht immer einfach, Eigennamen richtig zu betonen. Hier ist eine kleine Hilfe: **Левицкий** [*LleWl***İ***TßKlJ*], **Рокотов** [*RrO***KÅTÅF*], **Боровиковский** [*BÅRrÅWlK***O***FßKlĬ*], **Тропинин** [*TRrÅP***İ***NlN*], **Венецианов** [*WleNleTßJ***A***NÅF*], **Кипренский** [*KlPRrJ***E***NßKlJ*] und **Брюллов** [*BRJUL***O***F*].

⑥ Beachten Sie den häufig gehörten Ausdruck **интересен тот факт, что...** "interessanterweise ..." oder "es ist interessant festzustellen, dass ...". Mit dieser Konstruktion wird eine Aussage eingeleitet, auf die man aufmerksam machen möchte.

7 In der ersten Hälfte des 19. Jahrhunderts gehörten (man-kann nennen) Tropinin, Wenetsianow, Kiprensky und Brjullow zu den bekanntesten Malern.

8 Interessanterweise (Interessant jener Fakt) wurde Tropinin in eine Leibeigenenfamilie hineingeboren und erhielt seine lang ersehnte (lang-erwartete) Freiheit erst mit 47 Jahren.

9 Die Gemälde dieser Epoche orientieren sich am antiken Erbe und an heroischen Themen, aber trotzdem (abgesehen auf dieses) taucht [auch] das häusliche Sujet in den Werken vieler brillanter Künstler auf.

10 Fedotows realistische, von subtiler Satire durchdrungene Werke spiegeln die Selbstgefälligkeit und Einfältigkeit des Beamtentums wider ("Die Brautwerbung des Majors", "Der frischgebackene Ordensträger"),

11 und spätere Werke rufen Gedanken an die Absurdität des Seins wach ("Junge Witwe", "Die Spieler").

12 Dank dieser Eigenschaften (Striche) wird Fedotow in der Malerei oft mit Gogol in der Literatur verglichen.

⑦ **крепостного** [*KRrlePÅßNOWÅ*]: Das Suffix **стн** spricht sich [*ßN*].

⑧ Hier ist noch ein maskulines Nomen auf **-ин: крестьянин** "Bauer" bzw. im übertragenen Sinne auch "Leibeigener". Auf die Deklination sind wir in Lektion 42 eingegangen.

⑨ Die Konstruktion mit **стать** "werden", gefolgt von einem unvollendeten Verb im Infinitiv, lässt sich mit "anfangen zu" bzw. "beginnen zu" übersetzen. Sehen Sie dazu diese Beispiele: **После родительского собрания, он стал лучше учиться** "Nach dem Elternabend hat er angefangen besser zu lernen"; **И вдруг они стали собирать коллекцию марок** "Und plötzlich begannen sie, Briefmarken zu sammeln."

⑩ **Сватовство** [*ßWATÅFßTWO*]: Es gibt nur wenige lange Wörter wie dieses, die auf der letzten Silbe betont werden.

13 В живописи второй половины XIX века преобладало реалистическое направление, и значимым являлось движение «Передвижников».

14 Оно было образовано молодыми художниками, взбунтовавшимися против канонов Академии:

15 они отказывались писать в классическом стиле на мифологические сюжеты, предпочитая им бытовой и портретный жанры, а также пейзажи и исторические картины.

16 Среди пейзажистов самыми знаменитыми певцами русских просторов, пожалуй, являются Левитан («Золотая осень»), Шишкин («Рожь») и Саврасов («Грачи прилетели»). ⑪

17 Это также время расцвета творчества Репина, бесподобного мастера, оставившего свой след во всех жанрах живописи и ставшего одной из ключевых фигур « Передвижников ». ⑫

18 Общеизвестными являются его полотна: «Бурлаки на Волге», «Не ждали», «Иван Грозный и сын его Иван 16 ноября 1581 года».

19 Позже (конец XIX-начало XX века) становится известной кисть Михаила Врубеля, талантливого художника-модерниста, ⑬

ПРОИЗНОШЕ́НИЕ

[***16*** … *PRrÅßTORrÅF* … ***18*** … *BURrLAKİ* …]

13 In der Malerei herrschte in der zweiten Hälfte des 19. Jahrhunderts ein Trend zum Realismus vor, und die "Peredwischniki"-Bewegung war bedeutend.

14 Sie wurde von jungen Künstlern gegründet, die gegen den Kanon der [Kaiserlichen Kunst-]Akademie aufbegehrten:

15 Sie lehnten es ab, mythologische Themen im klassischen Stil zu malen, und zogen ihnen Genres des Alltagslebens und des Porträts sowie von Landschaften und historischen Gemälden vor.

16 Unter den Landschaftsmalern sind Lewitan ("Goldener Herbst"), Schischkin ("Roggen") und Sawrassow ("Die Saatkrähen kehren zurück") wohl die berühmtesten Meister (Sänger) der russischen Weite.

17 Dies war auch die Blütezeit der Werke von Repin, einem unvergleichlichen Meister, der alle Gattungen der Malerei prägte (hinterlassend seine Spur) und zu einer der Schlüsselfiguren der Peredwischniki wurde.

18 Bekannt sind [vor allem] seine Gemälde "Die Wolgatreidler", "Unerwartete Heimkehr" und "Iwan der Schreckliche und sein Sohn Iwan am 16. November 1581".

19 Später (Ende des 19. bis Anfang des 20. Jahrhunderts) wurde Michail Wrubel, ein begabter modernistischer Maler, für seine Pinselführung berühmt (wird bekannt Pinsel),

ПРИМЕЧАНИЕ

⑪ **рожь** "Roggen" ist ein Femininum.

⑫ **оставившего** und **ставшего** sind jeweils die Partizip-Perfekt-Aktiv-Formen der Verben **оставить** "lassen" und **стать** "werden". Wenn Sie die Bildung der Aktiv-Partizipien der Vergangenheit wiederholen möchten, gehen Sie zurück zu Lektion 21.

⑬ **Позже** "später" ist der Komparativ von **поздно** "spät", aber es gibt auch eine zweite Komparativform: **позднее**. Beide Varianten haben die gleiche Bedeutung.

20 творчество которого имеет черты зарождающегося в России символизма, одним из родоначальников которого стал Борисов-Мусатов.

21 Его кисти принадлежат не только картины, но и иллюстрации и эскизы театральных декораций.

22 Этот период в истории русской культуры называют «Серебряным веком».

23 Начинается он с деятельностью организации «Мир искусства», в которую входили Бенуа, Бакст, Врубель, Серов, Левитан, Нестеров, Кустодиев, Рерих, Петров-Водкин и другие. ⑭

24 Именно в этот период русское искусство узнают на Западе благодаря «Русским сезонам» Сергея Дягилева. ⑮

ПРОИЗНОШЕ́НИЕ

[**20** … *RrÅDÅNATSCH***A***LNÍKÅF* …]

Первое задание: Вы понимаете эти предложения?

① Говорят, что Пётр Первый прорубил окно в Европу. Что это значит? ② Её творчество ориентируется на античное наследие и героическую тематику. ③ Я предпочитаю мифологические сюжеты, а также пейзажи и исторические картины. ④ Благодаря специфике творчества этого художника, его знают на западе. ⑤ Интересен тот факт, что его картины совсем не были известны при его жизни.

20 dessen Werk Merkmale des in dieser Zeit in Russland aufkommenden Symbolismus aufweist (besitzt), zu dessen Begründern Borisow-Musatow gehörte.

21 Er malte (Seinem Pinsel gehört) nicht nur Gemälde, sondern auch Illustrationen und Skizzen von Bühnenbildern.

22 Diese Periode der russischen Kulturgeschichte wird als das „Silberne Zeitalter“ bezeichnet.

23 Sie beginnt mit den Aktivitäten der Organisation "Welt der Kunst", der Benois, Bakst, Wrubel, Serow, Levitan, Nesterow, Kustodiew, Roerich, Petrow-Wodkin und andere angehörten.

24 Genau zu dieser Zeit wurde die russische Kunst im Westen dank der [Ausstellung] "Russische Jahreszeiten"[, einer Schau russischer Künstler im Pariser Herbstsalon 1906,] von Sergej Djaghilew bekannt.

ПРИМЕЧАНИЕ

⑭ Normalerweise folgt auf das Verb **начинаться с** "beginnen mit" der Genitiv. Hier steht jedoch der Instrumental, so dass das Verb durch die Präposition **с** auch die Bedeutung **параллельно с** "zusammen, parallel zu/mit" erhält.

⑮ Die Namen der Himmelsrichtungen werden mit einem Kleinbuchstaben geschrieben, es sei denn, sie beziehen sich auf ein geografisches Gebiet. Vergleichen Sie: **Солнце садится на западе** "Die Sonne geht im Westen unter"; **Он уехал жить на Запад лет десять назад** "Er ist vor zehn Jahren in den Westen gezogen (abreiste leben)".

Решение первого задания: Вы поняли?

① Es heißt, dass Peter der Große (Peter Erster) ein Fenster nach Europa geöffnet hat. Was bedeutet das? ② Ihr Werk orientiert sich am antiken Erbe und an heroischen Themen. ③ Ich bevorzuge mythologische Sujets, aber auch Landschaften und historische Gemälde. ④ Dank der Besonderheit seines Werks ist dieser Künstler im Westen bekannt (ihn kennen auf Westen). ⑤ Interessanterweise waren seine Gemälde zu seinen Lebzeiten (bei sein Leben) überhaupt nicht bekannt.

Второе задание: Вставьте пропущенные слова!

1. Die Ikone war für die Russen immer von großer Bedeutung und blieb mehrere Jahrhunderte im Mittelpunkt ihrer Aufmerksamkeit.

   _____ всегда была _____ _____ для русского _____ и _____ в центре _____ в течение многих _____.

2. Das Werk dieses Malers weist Merkmale des in dieser Zeit aufkommenden Symbolismus auf.

   _____ этого _____ имело _____ зарождающегося в _____ время _____.

3. Er malte (Seinem Pinsel gehört) nicht nur Gemälde, sondern auch Illustrationen und Skizzen.

   Его _____ _____ не только _____, но и _____ и _____.

Минутка для шутки

Ты где? – Я уже подъезжаю! – Не говори ерунды, я тебе на домашний звоню!

Eine Minute für einen Witz

"Wo bist du?" – "Ich bin gleich da!" – "Red keinen Unsinn, ich rufe dich auf dem Festnetz an!"

❹ Die Periode des "Silbernen Zeitalters" der russischen Kultur begann in Russland mit den Aktivitäten der Organisation "Welt der Kunst".

Период « века»
русской
в России с
организации « ».

❺ Die Arbeiten vieler brillanter Maler dieser Zeit (Periode) rufen Gedanken an die Absurdität des Seins wach.

многих ярких
того
мысли
бытия.

Решение второго задания: Пропущенные слова.

❶ Икона – крайне важной – человека – оставалась – внимания – веков ❷ Творчество – художника – черты – то – символизма ❸ – кисти принадлежат – картины – иллюстрации – эскизы ❹ – Серебряного – культуры начался – деятельностью – Мир искусства – ❺ Работы – художников – периода навевают – об абсурде –

Tempel der bildenden Kunst

Die **Государственная Третьяковская галерея** "Staatliche Tretjakow-Galerie" ist eines der größten Kunstmuseen Russlands. Neben der **Эрмитаж** "Eremitage" in St. Petersburg ist die Tretjakow-Galerie das wohl berühmteste Ausstellungshaus des Landes. Wer sie besuchen möchte – man zählt sie zu den absoluten Highlights einer Moskaureise – sollte Zeit mitbringen, denn sie bietet eine atemberaubend vielfältige Sammlung, bestehend aus rund 140.000 Werken aus Bildhauerei, Grafik und natürlich Malerei. Viele der rund 15.000 Gemälde wurden von den namhaftesten Künstlern des Landes gemalt. Die ausgestellten Stücke stammen zum Teil aus der privaten Kollektion des Kunstmäzens Pawel Michailowitsch Tretjakow (1832–1898) und wurden im Laufe der Jahre durch weitere Zukäufe erweitert. Heutzutage finden sich hier Kunstgegenstände, die den Zeitraum vom 11. bis zum 20. Jahrhundert umfassen – ein faszinierender Blick in die reiche Geschichte Russlands.

49 Сорок девятый урок

Повторение – Wiederholung

1. Phonetik und Schreibung

1.1 таки: Schreibung

Die Partikel **таки** "doch, dennoch, schon" drückt aus, dass eine Handlung vollendet wird, obwohl es ein Hindernis gibt, der Wille zur Ausführung fehlt oder die Ausführung aus einem anderen Grund nicht möglich ist. In den folgenden Fällen wird **таки** mit einem Bindestrich geschrieben:

– wenn ein Verb vorangeht:
Уехал-таки! А я просила нас подождать…
"Er ist dennoch weggefahren! Und ich bat [ihn], auf uns zu warten ...";

– wenn ein Adverb vorangeht:
А мы живём довольно-таки хорошо
"Aber wir leben doch ziemlich gut";

– in den folgenden Ausdrücken:
всё-таки "trotzdem";
так-таки, "doch, dennoch, trotzdem".

In allen anderen Fällen schreibt man **таки** ohne Bindestrich:
Таки приехал! А я просила не приезжать
"Er ist doch gekommen! Und ich bat [ihn], nicht zu kommen".

1.2 Komma vor как

• Ein Komma steht vor **как** wenn:

– in der Hauptaussage **такой** vorkommt:
В это время стали известными такие художники, как Левицкий и Рокотов
"Zu dieser Zeit wurden solche Künstler wie Lewitsky und Rokotow berühmt".

– ein Vergleich ausgedrückt wird:
Ты такой, как мой отец "Du bist so wie mein Vater".

• Ein Komma steht vor dem Demonstrativpronomen, nicht jedoch vor **как**:

– wenn vor einer Aufzählung ein Wort steht, das die Elemente der Aufzählung zusammenfasst und auch **такие как** vorangeht:
В это время стали известными русские художники, такие как Левицкий, Боровиковский, Рокотов
"Zu dieser Zeit wurden russische Künstler wie Lewitsky, Borowikowsky und Rokotow berühmt".

– wenn sich das Demonstrativpronomen auf das vor ihm stehende Adjektiv bezieht:
У них животные дрессированные, такие как в цирке
"Sie haben dressierte Tiere, wie im Zirkus".
(Aber: **У них животные, как в цирке** "Sie haben Tiere, wie im Zirkus" → Vergleich.)

2. Sonderformen von Substantiven

• Das Femininum **рожь** "Roggen" wird nur im Singular verwendet, weil es ein nicht zählbares Substantiv darstellt. Bei seiner Deklination verschwindet das **o** im Genitiv, Dativ und Präpositiv:

Nom.	**рожь**	Akk.	**рожь**
Gen.	**ржи**	Instr.	**рожью**
Dat.	**ржи**	Präp.	**ржи**

Das abgeleitete Adjektiv lautet **ржаной** "Roggen-".

• **лев** "Löwe" verliert bei der Deklination in allen Fällen das **e**:

Nom.	**лев**	**львы**	Akk.	**льва**	**львов**
Gen.	**льва**	**львов**	Instr.	**львом**	**львами**
Dat.	**льву**	**львам**	Präp.	**льве**	**львах**

• Substantive auf -**ия** haben eine etwas andere Deklination als Substantive auf -**я**: Ihre Dativ- und Präpositivendung lautet -**ии**, die Genitiv-Plural-Endung lautet -**ий**:
иллюстрация "Illustration";
декорация "Bühnenbild";
изоляция "Isolation".

3. Zusammengesetzte Begriffe

3.1 Substantive

- **Substantivkomposita, die zusammengeschrieben werden**

– Substantivkomposita werden als ein Wort geschrieben, wenn sie mit einem Verbindungsvokal gebildet werden (siehe Lektion 28): **скалолазание** "Klettern";

– Substantivkomposita werden als ein Wort geschrieben, wenn sie mit bestimmten Vorsilben beginnen (eine vollständige Liste finden Sie im grammatikalischen Anhang): **авто-**, **агро-**, **вело-**, **кино-**, **теле-**, **фото-**, **электро-**, etc. Zum Beispiel:
автосалон "Autosalon"; **велоспорт** "Radsport";
кинотеатр "Film(theater)"; **фотосессия** "Fotosession".

- **Zusammengesetzte Substantive mit Bindestrich**

– Zusammengesetzte Substantive, die aus unabhängigen Wörtern ohne Verbindungsvokal bestehen:
премьер-министр "Premierminister";

– Zusammengesetzte Substantive, die politische Parteien oder Bewegungen sowie deren Anhänger bezeichnen:
социал-демократ "Sozialdemokrat";

– Zusammengesetzte Himmelsrichtungen:
северо-запад "Nordosten".

3.2 Adjektive

- **Adjektivkomposita, die zusammengeschrieben werden**

– Adjektivkomposita werden als ein Wort geschrieben, wenn eines ihrer Elemente vom anderen abhängt bzw. sich direkt auf das andere bezieht:
железнодорожный путь "Eisenbahngleis"
(von **железная дорога** "Eisenbahn");

– Zusammengesetzte Adjektive, die in der wissenschaftlichen oder literarischen Sprache verwendet werden, werden ebenfalls als ein Wort geschrieben:
вечнозелёный "immergrün";
хлопчатобумажный "Baumwoll-";

– Zusammengesetzte Adjektive werden als ein Wort geschrieben, wenn einer der beiden Teile nicht allein verwendet werden kann:
бледнолицый "blass, bleich, mit blassem Gesicht, Bleichgesicht"
(das Adjektiv **лицый** "Gesichts-" existiert nicht alleine);

– Zusammengesetzte Adjektive, die mit bestimmten Vorsilben wie **верхне-**, **древне-**, **нижне-**, **обще**, **средне-** beginnen, werden ebenfalls als ein Wort geschrieben:
общеизвестный "allgemein bekannt".

• Zusammengesetzte Adjektive, die mit Bindestrich geschrieben werden

– Adjektive, die aus zwei Wörtern bestehen, die unabhängig voneinander existieren, werden mit einem Bindestrich geschrieben:
социально-экономический "sozioökonomisch";

– Dies gilt auch für zusammengesetzte Adjektive, die Farb-, Duft-, Geschmacksnuancen usw. ausdrücken:
тёмно-синий "dunkelblau";

– Schließlich findet sich der Bindestrich auch bei zusammengesetzten Adjektiven, die auf der Grundlage eines Adjektivs und eines Substantivs entstanden sind, wobei die Reihenfolge meist umgedreht wird:
литературно-художественный кружок
"literarisch-künstlerischer Zirkel, Belletristik-Zirkel", gebildet aus **художественная литература** "Belletristik".

4. Zahlwörter

Die Zahlwörter **оба** (Maskulinum und Neutrum) und **обе** (Femininum) "beide" werden wie folgt dekliniert und bestimmen die Deklination der nachfolgenden Wörter.

Nom.	**оба**	**обе**	Akk.	für unbelebt = Nom. / für belebt = Gen.	
Gen.	**обоих**	**обеих**	Instr.	**обоими**	**обеими**
Dat.	**обоим**	**обеим**	Präp.	**обоих**	**обеих**

Wie die Zahlwörter „zwei“, „drei“ und „vier“ folgt auch auf **оба** und **обе** der Genitiv Singular:
оба ученика (m.) "beide Schüler";
оба дерева (n.) "beide Bäume";
обе девочки (f.) "beide Mädchen".

Ergänzt man ein Adjektiv, steht es für die männliche und sächliche Form im Genitiv Plural und für die weibliche Form im Nominativ Plural:
оба хороших ученика (m.) "beide guten Schüler";
обе милые девочки (f.) "beide netten Mädchen".

In allen anderen Fällen ist die Deklination einheitlich:
обеим милым девочкам (die drei Wörter stehen alle im Dativ).

5. Verben

5.1 Verben mit zwei Aspekten

Wir sind bereits in Lektion 21 auf die vier wichtigsten Arten der Bildung von verbalen Aspektpaaren eingegangen. Merken Sie sich jedoch, dass es im Russischen Verben gibt, die beide Aspekte in sich vereinen. Diese Verben werden in komplett identischer Weise für den vollendeten oder den unvollendeten Aspekt verwendet, nur der Kontext gibt Aufschluss über die genaue Aussage. Einige Beispiele:

– **женить** "verheiraten (mit einer Frau)":
Он недавно женил своего сына
"Er hat kürzlich seinen Sohn verheiratet" (v.);
Он хотел женить сына, но не получилось
"Er wollte seinen Sohn verheiraten, aber es ist ihm nicht gelungen" (uv.).

– **финишировать** "ins Ziel einlaufen, durch's Ziel gehen":
Каждый раз он финиширует третьим
"Jedes Mal läuft er als Dritter ins Ziel ein" (uv.);
Как всегда он финишировал третьим
"Wie immer ist er als Dritter ins Ziel eingelaufen" (v.).

5.2 Konjugation von жать

Sie wissen bereits, dass sich russische Verben bei der Konjugation stark verändern. Dies zeigt sich besonders gut bei dem unvollendeten Verb **жать** "drücken, klicken, pressen", im übertragenen Sinne "zu eng sein" (für Schuhe): **жму**, **жмёшь**, **жмёт**, **жмём**, **жмёте**, **жмут**.

6. Präpositionen

Wir sind bereits auf Präpositionen eingegangen, an die ein **о** angehängt wird (Lektion 14). Die Präposition **с** z. B. wird zu **со**:

– vor einem Wort, das mit **щ** beginnt:
со щенком "mit dem/einem Welpen";

– vor einem Wort, das mit den Buchstaben **с**, **з**, **ш** bzw. **ж** + Konsonant beginnt:
со звонком "mit der Klingel/Glocke";
со шнуром "mit der Schnur";

– vor einem Wort, das mit den Buchstaben **в**, **л**, **м**, **р** oder der Kombination **ль** + Konsonant beginnt:
со мной "mit mir";
со льдом "mit Eis(würfeln)".

Заключительный диалог – Wiederholungsdialog

1 – Еду в отпуск, чему очень рад: так здорово в конце февраля оказаться на Бали!

2 – Ух ты! Где ты купил путёвку, в каком-нибудь агентстве?

3 – Нет, случайно в Интернете нашёл отличное предложение среди горящих туров, заплатил кредитной картой и всё.

4 – А мы этой зимой никуда не едем: денег совсем нет.

5 Мы ведь только что ремонт закончили, и вылился он нам в копеечку.

6 – Почему? Вроде бы вам надо было только кухню отремонтировать, вас же, помню, соседи затопили.

7 – Мы решили сразу всё сделать, а ремонт доверить одному знакомому архитектору – да, дороже, но мы не прогадали.

8 Он нам такую ванную сделал: с хромовой душевой колонной, с гидромассажем, сделал неповторимую мозаику на стене.

9 – Ну значит будете отпуск проводить в Москве, гуляя среди двухметровых сугробов!

10 – Смейся-смейся… Действительно на улицах кошмар какой-то: ни на машине не проехать, ни пешком не пройти.

11 Ползут слухи, что в одном соседнем регионе снега ещё больше, чем у нас.

12 Местные власти там в полной панике, пытаются избежать обвала крыш, но ничего не могут сделать,

13 поэтому люди сами ежедневно очищают их от снега, используя для этого пилы и лопаты.

14 – В этом регионе всегда был довольно низкий социально-экономический уровень, поэтому меня не удивляет, что именно там сейчас такая ситуация.

15 – Ладно, хватит о грустном. Расскажи лучше, что у тебя включено в тур.

16 – Всё включено: и виза, и все экскурсии, и питание, да к тому же есть дополнительная 10% скидка, а ещё гостиница – 4 звезды!

17 И всё это за копейки!

18 – Как здорово! А когда вы едете?

19 – Вылетаем 29 февраля.

20 – Не может быть…

21 – Как это не может? Вот смотри, здесь написано.

22 – В этом году в феврале 28 дней…

23 Так вот в чём дело: ты просмотрел вот эту малюсенькую строчку… это тур на следующий год!

Übersetzung

1 – Ich fahre in den Urlaub, worauf ich mich sehr freue: Es ist toll, Ende Februar auf Bali zu sein! **2** – Wow! Wo hast du deine Reise gebucht (gekauft), bei irgendeinem Reisebüro? **3** – Nein, ich habe ein ausgezeichnetes Angebot im Internet bei (unter) den Last-Minute-Reisen gefunden, mit Kreditkarte bezahlt, und das war's (alles). **4** – Und wir fahren diesen Winter nirgendwohin: [Wir haben] überhaupt kein Geld mehr. **5** Wir sind nämlich gerade mit der Renovierung fertig geworden, und das kostet uns eine Stange Geld (in Kopekchen). **6** – Warum? Ich dachte, ihr bräuchtet nur die Küche instand zu setzen, ich erinnere mich, dass ihr [durch einen Wasserschaden] der Nachbarn überflutet wurdet. **7** – Wir haben beschlossen, alles auf einmal zu machen und einen uns bekannten Architekten mit den Reparaturen zu beauftragen; ja, [es war] teurer, aber wir haben nichts bereut. **8** Er hat uns so ein Bad gemacht: mit einer Chrom-Duschsäule, mit Hydromassage [und] er machte [auch] ein einzigartiges Mosaik an der Wand. **9** – Nun, das heißt: Ihr werdet euren Urlaub in Moskau verbringen und durch zwei Meter hohe Schneeberge (Schneewehen) wandern! **10** – Lach nur, lach nur ... Es ist in der Tat ein Albtraum auf den Straßen: Man kommt weder mit dem Auto noch zu Fuß durch. **11** Es kursieren Gerüchte, dass in einer benachbarten Region sogar mehr Schnee liegt als in unserer. **12** Die örtlichen Behörden sind in völliger Panik und versuchen, den Einsturz der Dächer zu verhindern, aber sie können nichts tun, **13** deswegen räumen die Leute den Schnee jeden Tag selbst mit Sägen und Schaufeln [von den Dächern]. **14** – Diese Region hatte schon immer ein eher niedriges sozioökonomisches Niveau, deshalb erstaunt es mich nicht, dass die Situation dort eben jetzt so ist. **15** – In Ordnung, genug der Wehmut (über traurig). Erzähl [mir] besser, was in deiner Tour inbegriffen ist. **16** – Alles [ist] inbegriffen: Visum, alle Ausflüge und Mahlzeiten, und außerdem 10 % Rabatt und ein 4-Sterne-Hotel! **17** Und das alles für ein paar Cent (für Kopeken)! **18** – Wie toll! Wann fahrt ihr? **19** – Wir fliegen am 29. Februar ab. **20** – Das kann nicht sein ... **21** – Was meinst du mit "das kann nicht sein"? Schau, hier steht es geschrieben. **22** – Der Februar hat in diesem Jahr 28 Tage ... **23** Also, die Sache ist die: Du hast diese winzige Zeile hier [wohl] überlesen ... das ist die Tour im nächsten Jahr!

50 Пятидесятый урок

In dieser Lektion lernen Sie viele Redewendungen kennen. In der Regel geben wir eine wörtliche Übersetzung an, jedoch gibt es Fälle, in denen dies nicht möglich ist und wir nur eine ungefähre deutsche Entsprechung nennen können. Versuchen Sie, sich die allgemeine Bedeutung der russischen

Любовь зла, полюбишь и козла ①

1 В каждом языке существует пласт лексики, отличный от других – устойчивые выражения и словосочетания. ② ③

2 В разных языках по-разному выражают недовольство и радость, а также используют порой странные, на взгляд иностранцев, уменьшительно-ласкательные слова. ④ ⑤ ⑥

3 Русские называют ласково своих детей «золотко, солнышко, рыбка, ласточка или котёнок».

ПРИМЕЧАНИЕ

① Die Redewendung **Любовь зла, полюбишь и козла** entspricht von der Aussage her dem deutschen "Liebe macht blind".

② Folgt auf **отличный** "ausgezeichnet, hervorragend" die Präposition **от**, erhält es die Bedeutung "sich unterscheiden von, verschieden von". Somit sagt man **отличная от всех остальных** "sich von allen anderen unterscheidend".

③ **словосочетания** [*ßLOWÅßÅTSCHIeT***A***NIJA*]: Anders als die Regel besagt, wird hier das erste **о**, obwohl es unbetont ist, [O] gesprochen.

50. Lektion

Formulierung zu erschließen, ohne sich allzu sehr an die wörtliche Übersetzung zu klammern. Mit dem hohen Niveau, das Sie erreicht haben, wird Ihnen dies problemlos gelingen. Und aufgepasst: Sie finden hier mehrere Verben, in deren Konjugation ein ë vorkommt!

Liebe macht blind (Liebe böse, liebst und Ziegenbock)

1 In jeder Sprache gibt es einen Teil (Schicht) des Wortschatzes, der sich von den anderen unterscheidet (sich-unterscheidend) – [es handelt sich um] feste Ausdrücke und Redewendungen.

2 Verschiedene Sprachen drücken Unzufriedenheit und Freude auf unterschiedliche Weise aus, ebenso mag die Verwendung von Verniedlichungsformen (Verkleinerungs-zärtliche Wörter) Ausländern mitunter seltsam vorkommen (auf Blick Ausländern).

3 Russen nennen ihre Kinder liebevoll "Goldchen, Sonnenschein, Fischchen, Schwalbe oder Kätzchen".

④ **недовольство** "Unzufriedenheit" wird aus dem Adjektiv **недовольный** "unzufrieden", gefolgt von dem gängigen Suffix **-ств-** und der Endung **-о**, gebildet. Wörter mit dieser Endung sind Neutra und bezeichnen gewöhnlich eine Eigenschaft oder einen Zustand: **детство** "Kindheit"; **упрямство** "Hartnäckigkeit, Sturheit" usw.

⑤ **..., на взгляд иностранцев,...**: Hier ist ein Einschub durch zwei Kommas vom Rest des Satzes getrennt. Diese Struktur wird bei Ausdrücken verwendet, die die Quelle einer Aussage, einer Meinung usw. angeben. Zum Beispiel: **По-моему, он живёт в Москве** "Meiner Meinung nach lebt er in Moskau".

⑥ **уменьшительно-ласкательные** [*UMİNjSCHİTJELjNÅ-LAßK***A***TĬLjNĬJE*]: Jedes Wort behält seine ihm eigene Betonung.

4 Как ни странно, но именно названия животных присутствуют в очень многих выражениях, описывающих человека или какие-либо из характеризующих его качеств. ⑦ ⑧

5 Так, ругаясь на глупого человека, говорят, что он глуп как баран, а иногда добавляют, что у него куриные мозги. ⑨ ⑩

6 Представьте, что он к тому же упрям как осёл или назойлив как муха, и портрет данного индивида получится явно непривлекательный.

7 Кстати, баран вообще пользуется спросом в мире крылатых выражений: не идущему на уступки говорят, что он упёрся как баран;

8 толпа, слепо следующая за кем-то, не задавая себе вопросов, ведёт себя как стадо баранов; ⑪

9 а вот скрутить в бараний рог значит – подчинить себе кого-либо жёсткими методами, используя угрозы и силу. ⑫

ПРОИЗНОШЕНИЕ

[**6** *PRrIeTßT***A***FjTJE*…]

ПРИМЕЧАНИЕ

⑦ Teilen Sie **присутствуют** [*PRrIß***U***TßT-WU-JUT*] in die einzelnen Silben auf, um es besser aussprechen zu können.

⑧ Steht ein Partizip nach dem Wort, auf das es sich bezieht, wird es von diesem durch ein Komma getrennt; steht es davor, wird kein Komma gesetzt. Vergleichen Sie: ... **выражениях, описывающих его**... "Ausdrücke, die ihn beschreiben ..." (das Partizip steht nach dem Wort: Komma) und **какие-либо из характеризующих его качеств** "eine seiner charakteristischen Eigenschaften" (das Partizip steht vor dem Wort: kein Komma).

4 Merkwürdigerweise (Wie nicht seltsam, aber) sind es die Namen von Tieren, die in so vielen Ausdrücken vorkommen, die den Menschen (Ausdrücke, beschreibend Mensch) oder eine seiner charakteristischen Eigenschaften beschreiben.

5 Also (So), wenn man einen dummen Menschen beschimpft (beschimpfend auf dummen Menschen), sagt man, er [sei] dumm wie ein Schaf (Hammel), und manchmal fügt man hinzu, er habe ein Spatzenhirn (Huhn- Gehirn).

6 Stellen Sie sich vor, dass er auch (zu das) noch stur wie ein Esel oder lästig wie eine Fliege ist, und das Bild einer solchen Person ist eindeutig unattraktiv (Porträt gegebenen Individuums gelingt sichtlich reizlos).

7 Übrigens ist das Schaf allgemein in der Welt der geflügelten Ausdrücke gefragt: Eine [Person], die keine Zugeständnisse macht, gilt als bockig wie ein Schaf (sagen-sich dass er stoßend wie Hammel);

8 eine Menschenmenge, die jemandem blindlings folgt, ohne sich Fragen zu stellen, verhält sich wie eine Herde von Schafen;

9 aber "jemanden zu einem Widderhorn zusammenzurollen" bedeutet, jemanden [mit] brutalen Methoden, durch Anwendung von Drohungen und Gewalt, zu unterdrücken (unterwerfen sich).

⑨ **баран** ist das Wort für "Widder, Hammel" oder "Schafbock", das "Schaf" heißt auf Russisch **овца**. In unserer Übersetzung passt jedoch meist "Schaf" besser.

⑩ Beachten Sie, dass die Konjunktion **а** neben "aber, sondern" auch "und" bedeuten kann.

⑪ Im Russischen steht die Partikel **-ся** am Ende reflexiver Verben. Dies ist nicht der Fall in einer Konstruktion, in der die Partikel durch ein Pronomen nach dem Verb ersetzt wird: **задавать себе вопросы** "sich (selbst) Fragen stellen".

⑫ Das maskuline **рог** "Horn" bildet seinen Plural auf **-а**: **рога**.

10 Когда кто-то смотрит с недоумением, ничего не понимая, мы говорим, что он уставился как баран на новые ворота. ⑬ ⑭

11 Ах, это удивительное существо – человек: он вкалывает как ломовая лошадь, вынослив или здоров как бык и нагружен как ишак.

12 Он топает как слон, бывает неуклюжим как медведь или трусливым как заяц.

13 От него может быть проку как от козла молока, например, когда он гол как сокол и бьётся как рыба об лёд. ⑮ ⑯

14 Если человек молчалив, то мы скажем, что он нем как рыба, а если у него неразборчивый почерк, то он пишет как курица лапой. ⑰

15 А ещё он может оказать вам медвежью услугу, и при этом вы будете отдавать себе отчёт, что ему всё как с гуся вода. ⑱ ⑲

ПРОИЗНОШЕНИЕ

[**11** … *ßUSCHIeßtW**O*** … *LÅMÅW**A**JA* … **12** … *NJEUKLJ**U**JÎIM* … **14** … *P**O**TSCHIeRrK* …]

ПРИМЕЧАНИЕ

⑬ Leitet **как** "wie" einen Vergleich ein, geht ihm ein Komma voran. Das Komma entfällt, wenn **как** Teil eines festen Ausdrucks ist. Sie sehen dies in dieser Lektion an zahlreichen Stellen.

⑭ Verwechseln Sie **ворота** [*WÅRr**O**TA*] "Tor" nicht mit dem Genitiv Singular von **ворот** [*W**O**RrÅT*] "Kragen": **ворота** [*W**O**RrÅTÅ*]. **ворота** "Tor" findet sich nur im Plural.

⑮ Um den Reim zu ermöglichen, liegt die Betonung von **сокол** [*ß**O**KÅL*] im Ausdruck **гол как сокол** [*GOL KAK ßÅK**O**L*] nicht an der üblichen Stelle.

10 Wenn jemand erstaunt dreinblickt und nichts versteht (nicht verstehend), sagen wir, dass er wie ein Schaf auf ein neues Tor starrt.

11 Ach, der Mensch, dieses wunderbare Wesen: Er ackert wie ein Lastpferd, ist ausdauernd oder gesund wie ein Ochse und belastbar wie ein Esel.

12 Er stapft wie ein Elefant, [kann] so ungeschickt wie ein Bär oder so feige wie ein Hase sein.

13 Er kann zum Beispiel zu nichts nutze sein (Von ihm kann sein Nutzen wie von Ziegenbock Milch), wenn er nackt ist wie ein Falke und zappelt wie ein Fisch auf dem Eis.

14 Wenn ein Mensch schweigsam ist, dann sagen wir, dass er stumm wie ein Fisch ist; und wenn seine Handschrift unleserlich ist, schreibt er wie ein Huhn mit seiner Kralle (Pfote).

15 Er kann Ihnen auch einen Bärendienst erweisen, und Sie werden sich bewusst werden (abgeben sich Rechenschaft), dass an ihm alles abprallt (ihm alles wie mit Gans Wasser).

⑯ Die Redewendung **биться как рыба об лёд** bedeutet, dass man sich wegen etwas nach Kräften abmüht, jedoch die Anstrengung vergebens ist.

⑰ Verwechseln Sie **нем** [*NJEM*] "stumm" nicht mit dem Personalpronomen der 3. Person Singular im Präpositional **нём** [*NIOM*].

⑱ Das Adjektiv **медвежий** (Bär-/Bären-) verändert komplett die Bedeutung des Satzes! In Verbindung mit der Wendung **оказать кому-то услугу** "einen Dienst erweisen" bezieht sich dies dann auf einen nutzlosen Dienst, der nur Unannehmlichkeiten verursacht: **Не оказывай мне медвежьих услуг, пожалуйста** "Bitte erweise mir keinen schlechten Dienst".

⑲ **как с гуся вода**: Wir kennen das Phänomen, dass Wasser am Gefieder fast aller Wasservögel abperlt und der Vogel auf diese Weise darunter trocken bleibt. Man bezeichnet mit diesem Ausdruck also jemanden, der die extremsten Situationen ohne größere Probleme oder negative Nachwirkungen übersteht.

16 И если кривляются как обезьяна, что впрочем вполне понятно, то почему спит человек как сурок?

17 Интересно, кто-то констатировал, что несчастное животное дрыхнет больше других или это клевета?

18 Что говорить – все выражения субъективны: на выбор – злой или же преданный как собака?

19 Даже человеческую жизнь сравнивают с животным.

20 Встречаются два приятеля, давно не виделись:

21 – Как дела, дружище?

22 – Жена бросила, машину разбил, с работы выгнали, документы спёрли, а сейчас и бумажник потерял… ⑳

23 – Не грусти: жизнь ведь как зебра – полоса чёрная, полоса белая. Всё наладится, вот увидишь.

24 Через год приятели встречаются снова:

25 – Помнишь, год назад ты говорил, что жизнь – как зебра? Так вот тогда у меня была белая полоса…

ПРОИЗНОШЕНИЕ

[***17*** … *NiSCH**A**ßNÅJE* … *KLieWieT**A***]

ПРИМЕЧАНИЕ

⑳ Die Verben **дрыхнуть** "pennen" (uv., Satz 17) und **спёрли** von **спереть** "klauen" (v.) gehören zur Umgangssprache.

16 Und wenn man wie ein Affe Faxen macht, was im Übrigen durchaus verständlich ist, warum schläft jemand dann wie ein Murmeltier?

17 Man fragt sich (Interessant), ob jemand festgestellt hat, dass das arme Tier mehr pennt als andere, oder ob dies eine Verleumdung ist?

18 Was soll man sagen? Alle Ausdrücke sind subjektiv: Hat man zur (auf) Auswahl, ob man bösartig oder treu wie ein Hund ist?

19 Sogar das menschliche Leben wird mit einem Tier verglichen.

20 Zwei Freunde treffen sich, die sich schon lange nicht [mehr] gesehen haben:

21 – Wie geht's [dir], Kumpel?

22 – Meine Frau hat [mich] verlassen, mein Auto ist kaputtgegangen, ich wurde entlassen (aus Arbeit hinausgeworfen), meine Papiere wurden geklaut, und jetzt habe ich auch noch meine Brieftasche verloren …

23 – Sei nicht traurig: Das Leben ist wie ein Zebra – ein schwarzer Streifen, ein weißer Streifen. Die Dinge werden besser werden, du wirst (hier) sehen.

24 Ein Jahr später treffen sich die Freunde wieder:

25 – Erinnerst du dich noch, wie du vor einem Jahr sagtest, das Leben [sei] wie ein Zebra? Also, damals hatte ich einen weißen Streifen …

Первое задание: Вы понимаете эти предложения?

❶ Я пыталась его убедить, но это невозможно – он упёрся, как баран. ❷ Ты хочешь выйти замуж за этого человека с куриными мозгами? Да ты шутишь! ❸ Ну и пара: она бьётся как рыба об лёд, а от него толку как от козла молока. ❹ Уставился на меня как баран на новые ворота: как всегда, ничего не понимает! ❺ Не ругайся на меня, ты сам никогда не идёшь на уступки, мне это очень не нравится.

Второе задание: Вставьте пропущенные слова!

❶ Bitte hilf mir, ich bin beladen wie ein Esel. Ich war auf dem Markt und habe Produkte für eine Woche gekauft.

___ мне, пожалуйста, я ___ как ___. Был на ___, купил ___ на ___.

❷ Psst (Leise), [unser] Kind schläft, und du stapfst wie ein Elefant. – Keine Sorge, er schläft wie ein Murmeltier.

___, ребёнок ___, а ты ___ как ___.
– Не ___, он ___ как ___.

❸ Ist dir etwas zugestoßen? Den ganzen Abend warst du stumm wie ein Fisch. – Ich wurde entlassen …

У тебя что-то ___? Ты весь ___ ___ как ___.
– Меня с ___ ___ …

Решение первого задания: Вы поняли?

➀ Ich habe versucht, ihn zu überzeugen, aber es ist unmöglich – er ist so stur wie ein Schaf. ➁ Du willst diesen Mann mit dem Spatzenhirn heiraten? Das soll wohl ein Scherz sein (Ja du scherzt)! ➂ Was für ein Paar: Sie müht sich nach Kräften, aber vergeblich, ab (zappelt wie Fisch auf Eis), und er ist zu nichts nutze (von ihm Nutzen wie von Ziegenbock Milch). ➃ Er starrt mich an wie ein Schaf auf ein neues Tor: Er versteht wie immer nichts! ➄ Schimpf nicht mit mir, du machst selbst nie Zugeständnisse, das mag ich überhaupt nicht.

❹ Unterschiedliche Menschen drücken Unzufriedenheit und Freude unterschiedlich aus. – Aber manche Leute drücken sie meiner Meinung nach zu laut aus!

_____ люди по-разному _____ _____ и _____. – Но некоторые _____ их _____ _____, на мой взгляд!

❺ Hat er denn eine unleserliche Handschrift? – Ja, er hat eine Sauklaue (schreibt wie Huhn Pfote-mit), du wirst absolut nichts verstehen!

Разве у него _____ _____? – Да, он _____ как _____ лапой, _____ _____ не разберёшь!

Решение второго задания: Пропущенные слова.

❶ Помоги – нагружен – ишак – рынке – продуктов – неделю ❷ Тихо – спит – топаешь – слон – переживай – спит – сурок ❸ – случилось – вечер нем – рыба – работы выгнали ❹ Разные – выражают недовольство – радость – выражают – слишком громко – ❺ – неразборчивый почерк – пишет – курица – совершенно ничего –

Die nächsten drei Lektionen sind etwas "anders" als die bisherigen. Sie sind ein wenig wie in einem Reiseführer oder einem Text formuliert, in dem sich die Sprache vom gesprochenen Idiom unterscheidet. Die Sätze sind länger, die Strukturen komplex. Sie finden Adverbialpartizipien, Aufzählungen und die Inversion von Subjekt und Verb. Lesen Sie die Sätze mehrfach und "vereinfachen" Sie sie nötigenfalls.

Tipp: Suchen Sie zunächst das Subjekt des Satzes und dann das zugehörige Verb und verbinden Sie beides mit allen weiteren Wörtern, die einen Bezug zu den beiden haben.

51 Пятьдесят первый урок

Музей музею рознь

1 Пожалуй, самыми известными столичными музеями можно назвать Государственный музей изобразительных искусств им. Пушкина, Третьяковскую галерею, музеи Кремля, ① ②

2 Исторический музей, а также Московский музей современного искусства и «Гараж» – Центр современной культуры.

3 Сама Третьяковка и её постоянная экспозиция «Искусство XX века» (последняя расположена в здании Центрального Дома Художника) ③

ПРИМЕЧАНИЕ

① Das Adjektiv **столичный** wird aus dem Substantiv **столица** "Hauptstadt" gebildet. Beachten Sie das Phänomen der Palatalisierung in **столичный**: **ц** wird zu **ч**. Ebenso verhalten sich **конец** "Ende" → **конечный** "End-, final" und **огурец** "Gurke" → **огуречный** "Gurken-".

уставиться

Die Wendung **уставиться** oder **смотреть как баран на новые ворота** "erstaunt/befremdet auf etwas starren, ohne es zu verstehen" basiert auf dem Ausdruck **смотреть как баран** "dumm gucken, stumpfsinnig starren" und ist aus der Tatsache entstanden, dass Schafe in Russland als sehr dumme Tiere gelten, die nicht in der Lage sind, ihren Heimathof wiederzuerkennen, wenn das Tor sich verändert hat. Bauern erklären den Ursprung dieses Ausdrucks anhand einer Anekdote: Eine Schafherde, die zum Grasen auf eine Wiese gelassen wurde, erkannte bei ihrer abendlichen Rückkehr "ihren" Hof nicht wieder, nachdem das Tor tagsüber neu gestrichen worden war. Ein altes Schaf musste mit Gewalt hineingetrieben werden, damit die ganze Herde ihm folgen und in den Schafstall zurückkehren konnte.

51. Lektion

Es gibt Museen und Museen (Museum Museum Zwist)

1 Die vielleicht bekanntesten Museen der Hauptstadt sind das Staatliche Museum für Bildende Künste A. S. Puschkin, die Tretjakow-Galerie und die Kreml-Museen,

2 das Historische Museum und auch das Moskauer Museum [für] zeitgenössische Kunst und die "Garage", das Zentrum [für] zeitgenössische Kultur.

3 Die Tretjakow[-Galerie] selbst und ihre Dauerausstellung "Kunst des 20. Jahrhunderts" (Letztere befindet sich im Gebäude des Zentralen Hauses der Künstler)

② Die Abkürzung **им.** "namentlich" spricht sich [*ÍM/eN/*].

③ **сам**, **сама** bedeutet in der Ukraine "allein, selbst", während in Russland das Adjektiv **один**, **одна** für "allein" verwendet wird. Vergleichen Sie: **Я это сделал сам!** "Ich habe das selbst gemacht!" und **Я еду в отпуск сама** "Ich fahre allein in den Urlaub" (in der Ukraine gesagt).

4 представляют вниманию посетителей одну из богатейших коллекций отечественной живописи за 10 веков, от икон до авангарда.

5 В коллекции музея им. Пушкина – одного из крупнейших в России – представлены работы мастеров европейского и мирового искусства от античности до XX века. ④ ⑤

6 В 2008 году на территории бывшего автобусного парка, построенного русским архитектором К. Мельниковым, расположился «Гараж».

7 «Гараж» организует не только выставки и культурные мероприятия, но также образовательные дискуссии, лекции и всевозможные занятия для детей и взрослых.

8 А ещё в Москве можно найти уйму маленьких малоизвестных музеев по любой тематике; существует даже Музей истории водки! ⑥

9 На ВДНХ, само по себе являющимся местом, по которому интересно побродить, вы сможете ознакомиться с экспонатами Музея космонавтики. ⑦ ⑧

ПРОИЗНОШЕНИЕ

[**8** … *MALÅ-ÍSWJE**ß**NĬCH* … **9** … *WE-DE-EN-CH**A*** …]

ПРИМЕЧАНИЕ

④ Wie Sie bei **… коллекции музея им. Пушкина – одного из крупнейших в России –**, sehen, kann ein Einschub auch mit zwei Bindestrichen vom Hauptsatz getrennt werden. Weitere Informationen finden Sie in der Wiederholungslektion.

⑤ **представлены** "zeigt": Partizip Perfekt Passiv in der kurzen Pluralform des vollendeten Verbs **представить** "zeigen, präsentieren".

4 präsentieren der Aufmerksamkeit der Besucher eine der reichsten Sammlungen russischer (vaterländischer) Malerei aus zehn Jahrhunderten, von Ikonen bis zur Avantgarde.

5 Die Sammlung des Puschkin-Museums – eines der größten Museen Russlands – zeigt Werke von Meistern der europäischen und internationalen (weltweit) Kunst von der Antike bis zum 20. Jahrhundert.

6 Im Jahr 2008 wurde an der Stelle eines ehemaligen Busdepots, das vom russischen Architekten K. Melnikow gebaut worden war, die "Garage" errichtet.

7 Die "Garage" organisiert nicht nur Ausstellungen und kulturelle Veranstaltungen, sondern auch pädagogische (Bildungs-) Diskussionen, Vorträge (Vorlesungen) und verschiedene Arten von Kursen für Kinder und Erwachsene.

8 Und (noch) man kann in Moskau eine Vielzahl (Unmenge) von kleinen, wenig bekannten Museen zu allen Themen finden; es gibt sogar ein Museum zur Geschichte des Wodkas!

9 Im (Auf) WDNCH, das selbst (selbst auf sich) ein Ort für einen interessanten Spaziergang ist (durch welchen interessant umherstreifen), können Sie die Exponate des Kosmonautenmuseums kennenlernen.

⑥ Das weibliche **уйма** "Unmenge" bezeichnet eine größere Anzahl. Ihm folgt daher entweder der Genitiv Singular (für ein unzählbares oder abstraktes Substantiv) oder der Genitiv Plural (für ein konkretes Substantiv). Vergleichen Sie: **уйма народа** "eine Unmenge von Menschen" und **уйма солдат** "eine Unmenge von Soldaten".

⑦ Die **ВДНХ**, **выставка достижений народного хозяйства** "Ausstellung der Errungenschaften der Volkswirtschaft der UdSSR" wird heute oft als **ВВЦ, Всероссийский Выставочный Центр** "Gesamtrussisches Ausstellungszentrum" bezeichnet.

⑧ Die unvollendete Form von **побродить** "umherstreifen, herumschlendern" lautet **бродить**.

10 Вы сможете также посетить мемориальный комплекс на Поклонной горе, в который входит музей Великой Отечественной войны 1941-45 гг., раскинувшийся на площади 135 гектаров.

11 Там на площади Победителей возвышается обелиск высотой 141,8 метра, что напоминает нам о 1418 днях войны. ⑨

12 Помимо крупных музеев существуют музеи-квартиры, такие как Государственный музей В.В. Маяковского, музей М.А. Булгакова в Москве и музеи-квартиры А.С. Пушкина, Ф.М. Достоевского и И.А. Бродского в Петербурге. ⑩

13 Такого рода музеи интересны тем, что в них сохранены личные вещи великих людей и запечатлены кусочки их жизни. ⑪

14 Санкт-Петербург, кстати, тоже изобилует музеями: Эрмитаж – один из самых известных и богатейших музеев мира; ⑫

ПРОИЗНОШЕНИЕ

[***10*** *... TÏßÏTSCHÍ DÍeWÍTßO**T** ßORrÅKPJ**E**RrWÅWÅ ßORrÅKPJ**A**TÅWÅ ...* ***11*** *... ßTO ß**O**RrAK ÅDN**A** Tß**E**LÏCH W**O**ßÍeMÍ DÍeßJ**A**TÏCH*]

ПРИМЕЧАНИЕ

⑨ In Satz 10 haben Sie ebenfalls **на площади** angetroffen. Es handelt sich jedoch nicht um dasselbe Wort, sondern um sein Homonym (Wort mit identischer Form, aber anderer Bedeutung). In Satz 10 bedeutet das weibliche **площадь** "Fläche, Oberfläche", während es hier der "Platz" ist. Nur der Kontext hilft dabei, die korrekte Bedeutung zu erkennen.

10 Sie können auch die Gedenkstätte (Komplex) auf dem Poklonnaja-Hügel besuchen, zu dem (in dem hineingeht) auch das [Zentral-]Museum des Großen Vaterländischen Krieges 1941–45 gehört, das sich über eine Fläche von 135 Hektar erstreckt.

11 Dort, im Park (auf Platz) des Siegers, erinnert uns der 141,8 Meter in die Höhe ragende Obelisk an die 1418 Kriegstage.

12 Neben den großen Museen (Abgesehen-von große Museen) gibt es auch Museumswohnungen wie das (Staatliche) W. W. Majakowski-, das M.A. Bulgakow-Museum in Moskau und die Museumswohnungen von A.S. Puschkin, F.M. Dostojewski und I.A. Brodski in St. Petersburg.

13 Diese Art von Museen ist interessant, weil (jenem, dass in ihnen) sie persönliche Gegenstände (Aufbewahrungen persönliche Dinge) großer Persönlichkeiten (Menschen) aufbewahren und Abschnitte ihres Lebens darstellen.

14 St. Petersburg hat übrigens auch eine Fülle von Museen: Die Eremitage ist eines der berühmtesten und reichsten Museen der Welt;

⑩ In schriftlichen Texten oder offiziellen Schreiben werden Initialen, Vornamen und Nachnamen in abgekürzter Form mit einem Punkt nach jedem Buchstaben verwendet. Beim Sprechen werden die Initialen hingegen weggelassen.

⑪ Nach **тем** (**то** "jenes" im Instrumental) folgt der Instrumental: **Он гордился всем тем, чем гордилась она сама** "Er war stolz auf alles, worauf sie selbst stolz war". Andererseits leitet **тем** hier einen Nebensatz und kein Substantiv ein, weshalb wir die Struktur mit **что** verwenden: **Он гордится тем, что так молод** "Er ist stolz darauf, so jung zu sein".

⑫ **изобиловать** "reich sein an, im Überfluss haben" (uv.) verliert ebenso wie **организовать** "organisieren" (Satz 7) das Suffix -**ова**- bei der Konjugation.

15 Государственный Русский музей – первый в России государственный музей русского изобразительного искусства, где собраны произведения всех направлений и течений.

16 Нельзя не упомянуть о Музее антропологии и этнографии, известном под названием Кунсткамеры.

17 Кунсткамера была построена в начале XIX века по указу Петра Великого, который хотел сосредоточить в ней различные «странности природы»,

18 и изначально в коллекции присутствовали живые экспонаты – карлики и великаны, которые жили при музее.

19 Музеи-заповедники, находящиеся в пригородах Санкт-Петербурга, тоже достойны внимания.

20 «Петергоф», роскошная царская резиденция, является одной из самых ярких реализаций Петра Первого.

21 Построенный в рекордные сроки, дворцово-парковый ансамбль поражает своими фонтанами и водными каскадами, величием взмывающих в небо водных струй.

22 Царь мечтал построить резиденцию, не уступающую по величию и красоте французскому Версалю, и лично участвовал в планировке парка и фонтанов.

ПРОИЗНОШЕНИЕ

[*18 … KARrLÍKÍ … WÍeLÍKANÏ* **22** *… FRraNTßUßKÅMU WÍeRrßALJU …*]

15 das Staatliche Russische Museum ist Russlands erstes staatliches Museum für russische bildende Kunst, in dem (wo) Werke aller Richtungen und Strömungen vereint (versammelt) sind.

16 Nicht unerwähnt bleiben darf (Man-darf-nicht nicht erwähnen) das Museum für Anthropologie und Völkerkunde, bekannt unter dem Namen Kunstkamera.

17 Die Kunstkamera wurde Anfang des 19. Jahrhunderts im Auftrag von Peter dem Großen errichtet, der in ihr verschiedene "Absonderlichkeiten" zeigen (konzentrieren) wollte,

18 und zunächst enthielt die Sammlung lebende Exponate – Zwerge und Riesen, die im (bei) Museum lebten.

19 Auch die in den Vororten von St. Petersburg gelegenen Freilichtmuseen (Museen-Nationalpark) sind einen Besuch (Aufmerksamkeit) wert.

20 Der "Peterhof", die zaristische Prunkresidenz, ist (erscheint) eines der eindrucksvollsten Bauwerke (leuchtendsten Realisierungen) Peters des Großen.

21 Das in Rekordzeit (-frist) errichtete Schloss- und Parkensemble beeindruckt (verblüfft) mit seinen Springbrunnen und Wasserkaskaden, mit der Höhe (Größe) der in den Himmel emporschießenden Wasserstrahlen.

22 Der Zar träumte [davon], eine Residenz zu bauen, die in [ihrer] Erhabenheit und Schönheit dem französischen Versailles [in] nichts nachsteht, und [er] beteiligte sich persönlich an der Planung des Parks und der Springbrunnen.

23 Некоторые фонтаны-ловушки, задуманные Петром Великим, веселят посетителей и по сей день.

24 Например, множество струй брызжут из земли, когда нога переступает через определённую невидимую границу, оставляя попавшего в ловушку человека мокрым до нитки… ⑬

Первое задание: Вы понимаете эти предложения?

① Всегда мечтал посетить Эрмитаж. По-моему, это один из самых известных и богатейших музеев мира. ② В этом музее находится одна из богатейших коллекций отечественной живописи от икон до авангарда. ③ Центр современной русской культуры расположился на территории бывшего автобусного парка. ④ Построенная в рекордные сроки резиденция раскинулась на площади 35 гектаров. ⑤ В этом городе столько известных музеев! – А знаешь, я предпочитаю маленькие малоизвестные музеи.

Второе задание: Вставьте пропущенные слова!

① Neben den großen Museen gibt es auch Museumswohnungen, in denen die persönlichen Gegenstände der großen Künstler aufbewahrt werden.

_______ крупных _______ _______ музеи-квартиры, в которых _______ личные _______ _______ людей.

② Es ist unmöglich, nicht die Scherzfontänen zu erwähnen, die noch heute die Besucher unterhalten.

Нельзя не _______ о фонтанах-_______, которые _______ _______ и по _______ день.

23 Einige der von Peter dem Großen erdachten Scherzfontänen (Fontänen-Fallen) unterhalten noch heute die Besucher (heitern-auf Besucher und auf dieser Tag).

24 Zum Beispiel spritzen unzählige [Wasser-]Strahlen aus dem Boden, wenn ein Fuß eine bestimmte unsichtbare Grenze überschreitet, [so dass] die Person in die Falle gerät und nass bis auf die Haut wird (zurücklassend geratene in Falle Menschen nass bis Garn) …

ПРИМЕЧАНИЕ

⑬ **брызжут** ist die 3. Person Plural des unvollendeten Verbs **брызгать** "spritzen, sprudeln". Interessant ist, dass es für dieses Verb eine Variante gibt: Anstelle von **брызжут** kann man auch **брызгают** sagen. Weitere Einzelheiten finden Sie in der Wiederholungslektion.

Решение первого задания: Вы поняли?

❶ Ich habe schon immer davon geträumt, die Eremitage zu besuchen. Meiner Meinung nach ist sie eines der berühmtesten und reichsten Museen der Welt. ❷ In diesem Museum findet sich eine der reichhaltigsten Sammlungen heimischer Malerei, von Ikonen bis zur Avantgarde[kunst]. ❸ Das Zentrum für zeitgenössische russische Kultur wurde auf dem Gelände eines ehemaligen Busdepots errichtet. ❹ Die in Rekordzeit errichtete Residenz erstreckt sich über eine Fläche von 35 Hektar. ❺ Es gibt so viele berühmte Museen in dieser Stadt! – Weißt du, ich bevorzuge die kleinen, weniger bekannten Museen.

❸ Das Zentrum für zeitgenössische Kultur organisiert pädagogische Diskussionen, Vorträge und verschiedene Arten von Kursen für Kinder und Erwachsene.

.... культуры .... образовательные ...., ... и всевозможные .... для детей и ....

❹ Diese prunkvolle zaristische Residenz ist eines der eindrucksvollsten Bauwerke (Realisierungen) des Architekten.

Эта .... царская .... одной из самых .... реализаций ....

52 Пятьдесят второй урок

Искусство xx века

1 На рубеже XIX-XX веков преобразования охватили все виды искусства, от архитектуры и живописи до литературы и театра. ①

2 На стыке веков созрели предпосылки для становления, как часто говорят, различных «измов» последующих десятилетий – фовизма, экспрессионизма, кубизма, сюрреализма.

ПРОИЗНОШЕНИЕ

[*1 NA RrUBIeĴ**E** …*]

❺ In unserem Park gibt es prächtige Springbrunnen und die Besucher bewundern stundenlang eine Vielzahl von [Wasser-] Strahlen, die in den Himmel emporschießen.

В нашем ______ есть ______ ______, и ______ часами ______ множеством ______, которые взмывают в ______.

Решение второго задания: Пропущенные слова.

❶ Помимо – музеев существуют – сохранены – вещи великих – ❷ – упомянуть – ловушках – веселят посетителей – сей – ❸ Центр современной – организует – дискуссии, лекции – занятия – взрослых ❹ – роскошная – резиденция является – ярких – архитектора ❺ – парке – шикарные фонтаны – посетители – любуются – струй– небо

52. Lektion

Die Kunst des 20. Jahrhunderts

1 An der Wende (Auf Grenze) vom 19. zum 20. Jahrhundert umfasste der Wandel alle Genres der Künste, von der Architektur und Malerei bis hin zu Literatur und Theater.

2 Um die Jahrhundertwende waren die Bedingungen reif für die Entstehung dessen, was oft als die verschiedenen "-ismen" der nachfolgenden Jahrzehnte [bezeichnet wird], [wie] der Fauvismus, der Expressionismus, der Kubismus und der Surrealismus.

ПРИМЕЧАНИЕ

① Vergessen Sie nicht, dass auch die Zahlen konjugiert werden! So sagt man für "19.–20." **девятнадцатого-двадцатого**.

3 В первые годы XX века сложилось множество различных кружков и группировок, которые проповедовали каждый своё видение искусства и настоящего художника, зачастую напрочь отвергая наследие предыдущих лет.

4 После [19]17 года волна эмиграции насчитывала в своих рядах артистов и художников, но большинство представителей авангарда приняли революцию и стали её духовными наставниками, «певцами свободы».

5 Именно в это время оказали огромное влияние на русскую культуру Шагал, Кандинский, Степанова и другие.

6 Василий Кандинский был удивительным человеком с многогранными способностями: он занимался музыкой, теорией искусства, поэзией, графикой и живописью. ②

7 В этот период творил символист Петров-Водкин («Купание красного коня»), создавший принцип «сферической перспективы». ③

8 Восторг и убеждённость, что новая власть несёт свободу творчеству, рассеялись достаточно быстро, буквально в первые послереволюционные годы. ④

[*4 ... NASCHÍTÏWALA ...*]

ПРИМЕЧАНИЕ

② **заниматься** "sich beschäftigen mit": Trotz der Tatsache, dass die Handlung abgeschlossen ist (der erwähnte Künstler ist schon lange tot), verwendet man den unvollendeten Aspekt, da das Interesse nicht dem Ergebnis der Handlung gilt, sondern ihrer Beschreibung: Die bloße Aufzählung der Themen unterstreicht die Bedeutung ihrer Anzahl.

3 In den ersten Jahren des 20. Jahrhunderts entstanden viele (Menge) verschiedene Kreise und Gruppen, die [jeweils] ihre eigene Vision der Kunst und des wahren Künstlers verkündeten und das Erbe der vorangegangenen Jahre oft gänzlich ablehnten.

4 Der Emigrationswelle nach 1917 gehörten (zählten zu ihren Reihen) Künstler und Maler an, doch die meisten (Mehrheit) Repräsentanten der Avantgarde schlossen sich der Revolution an und wurden zu deren geistigen Mentoren, zu [sog.] "Freiheitssängern".

5 Genau zu dieser Zeit hatten Chagall, Kandinsky, Stepanowa und andere einen großen Einfluss (erwiesen enormen Einfluss) auf die russische Kultur.

6 Wassily Kandinsky war ein erstaunlich vielseitig begabter Mensch (war erstaunlicher Mensch mit vielseitigen Fähigkeiten): Er beschäftigte sich mit Musik, Kunsttheorie, Poesie, Grafik und Malerei.

7 In dieser Zeit (Periode) wirkte (schuf) der Symbolist Petrow-Wodkin ("Das Bad des roten Pferdes"), der das Prinzip der "Sphärischen Perspektive" entwickelte.

8 [Doch] der Enthusiasmus und die Überzeugung, dass das neue Regime der Kreativität Freiheit brachte, verflüchtigten sich ziemlich schnell, buchstäblich in den ersten Jahren nach der Revolution (in ersten nach-revolutionären Jahren).

③ Hier ist der Zeitraum klar definiert, da er mit dem Ausklingen der Handlung endet. Da dieser Satz jedoch die Beschreibung des im vorhergehenden Satz erwähnten Zeitraums vervollständigt, ist er die Fortsetzung des letzteren und verwendet daher den unvollendeten Aspekt.

④ **в первые** [*FPJERrWÏJE*] "in den ersten" sollte nicht mit dem Adverb **впервые** [*FPIeRrWÏJE*] "zum ersten Mal" verwechselt werden.

9 В начале 30-х годов единственным официальным течением стал социалистический реализм, который «верно» показывал революционную действительность и отражал нужные партии события.

10 Александр Герасимов является ярким примером художника, писавшего в стиле соцреализма, с его известными картинами «В.И. Ленин на трибуне», «И.В. Сталин у гроба А.А. Жданова» и др. ⑤

11 В эпоху хрущёвской «оттепели» цензура была ослаблена и некоторые неформальные художники стали заявлять о себе.

12 «Шестидесятники», так называли новую волну творческой интеллигенции, которая стала представлять собой настоящую оппозицию официальному, «политически корректному» искусству.

13 С приходом к власти Брежнева усилилась цензура, и культурная оппозиция вновь ушла в подполье, а выставки стали проводиться на частных квартирах. ⑥

14 1974 год стал известен «Бульдозерной выставкой» – выставкой нонконформистского искусства на пустыре в районе Беляево, которая была разогнана при помощи бульдозеров.

ПРИМЕЧАНИЕ

⑤ **соцреализм** ist eine aus **социалистический реализм** "sozialistischer Realismus" gebildete Kurzform.

9 In den frühen 30er Jahren war die einzige offizielle Strömung der sozialistische Realismus, der die revolutionäre Realität "getreu" wiedergab und die Ereignisse widerspiegelte, die die Partei braucht[e] (widerspiegelte notwendige der-Partei Ereignisse).

10 Alexander Gerasimow ist mit seinen berühmten Gemälden "Lenin auf dem Podium", "I.W. Stalin am Sarg von A.A. Schdanow" und anderen ein Paradebeispiel für einen Künstler (leuchtendes Beispiel Künstlers), der (malend) im Stil des Sozialistischen Realismus malte.

11 Während des Chruschtschow-Tauwetters (In Epoche Chruschtschow-"Tauwetter") wurde die Zensur gelockert (abgeschwächt) und einige unkonventionelle Künstler begannen, sich zu manifestieren (mitteilen über sich).

12 Die "Sechziger", so nannte man die neue Welle der kreativen Intelligenz, die begann, eine echte Opposition zur offiziellen, [also] "politisch korrekten" Kunst zu bilden.

13 Mit der Machtübernahme von Breschnew verschärfte sich die Zensur [wieder], und die kulturelle Opposition ging erneut in den Untergrund, [während] (und) die Ausstellungen in Privatwohnungen stattfanden.

14 Das Jahr 1974 war geprägt (bekannt) von der "Bulldozer-Ausstellung", einer Ausstellung nonkonformistischer Kunst auf einer Brachfläche im Bezirk Beljajewo, die mithilfe (über Hilfe) von Bulldozern [gewaltsam] geräumt wurde (war vertrieben).

⑥ Der Lokativ von **квартира** "Wohnung" kann mit den Präpositionen **на** oder **в** stehen. Die folgenden Beispiele illustrieren die Bedeutungsnuancen bei der Übersetzung: **Он жил в квартире отца** "Er wohnte in der Wohnung seines Vaters" (= er ist in dieser Wohnung wohnhaft); **Выставки проводились на квартирах** "Die Ausstellungen wurden in Wohnungen abgehalten" (= sie finden nur vorübergehend statt). Im zweiten Fall könnte man auch die Präposition **в** verwenden.

15 Благодаря присутствию иностранных журналистов происшествие получило международную огласку, а самые крупные фигуры неформального искусства эмигрировали. ⑦

16 С горбачёвской Перестройкой гонения на неугодных власти художников прекратились, они получили свободу творчества. ⑧

17 В России проводятся разнообразные выставки, в том числе и когда-то запрещённых авторов.

18 Появляются и артисты, пытающиеся подражать манере художников-нонконформистов, но у многих не хватает того внутреннего конфликта, который выражали через своё искусство их предшественники. ⑨

19 Предлагаем вам анекдот на тему:

20 Любитель живописи беседует с художником, продающим свои картины, и наконец решает купить у него одну.

21 Художник радостно восклицает:

22 – Великолепный выбор: я посвятил этой картине 10 лет!

ПРОИЗНОШЕНИЕ

[**18** … *PRrIeDSCH**E**ßTWIeNNIKI*]

ПРИМЕЧАНИЕ

⑦ **эмигрировали** "(sie) emigrierten, (sie) wanderten aus" und auch das Verb **констатировал** "stellte fest, konstatierte" (Lektion 50) kennen nur eine Form, die beide Aspekte ausdrückt.

15 Dank der Anwesenheit ausländischer Journalisten wurde der Vorfall international bekannt (erhielt internationale Bekanntmachung), und die bedeutendsten Persönlichkeiten (Figuren) der informellen Kunst emigrierten.

16 Mit Gorbatschows Perestroika endete die Verfolgung von Künstlern, die dem Regime unbequem waren, und sie erhielten kreative Freiheit (Freiheit Schaffens).

17 In Russland finden zahlreiche Ausstellungen statt, darunter (in diesem) auch solche von einst verbotenen Künstlern (Autoren).

18 Es gibt auch (erscheinen) Künstler, die versuchen, den Stil (Manier) der nonkonformistischen Künstler zu imitieren, aber vielen fehlt (nicht genügt) die innere Zerrissenheit (Konflikt), die ihre Vorgänger durch ihre Kunst zum Ausdruck brachten.

19 Wir bieten Ihnen einen Witz zu diesem Thema an:

20 Ein Liebhaber der Malerei spricht mit einem Künstler, der seine Bilder verkauft, und beschließt schließlich, ihm eines abzukaufen.

21 Der Maler ruft freudig aus:

22 – Exzellente Wahl: Ich habe diesem Bild 10 Jahre gewidmet!

⑧ Sie finden in diesem Text zwei Adjektive, die aus Eigennamen gebildet werden: **горбачёвской** aus dem Nachnamen **Горбачёв** "Gorbatschow" und **хрущёвской** (Satz 11) von **Хрущёв** "Chruschtschow".

⑨ **пытающиеся**: Partizip Präsens Aktiv des unvollendeten reflexiven Verbs **пытаться** "versuchen". Es wird auf dieselbe Weise gebildet wie das Partizip Präsens eines nicht-reflexiven Verbs und es wird die Reflexivpartikel **-ся** (oder **-сь**) angehängt. Eine Übersicht über die Bildung der Partizipien finden Sie in Lektion 14.

23 – Вы писали её целых 10 лет? Вот это да! Невероятно! ⑩

24 – Нет, писал я её один день, а всё остальное время я пытался её продать…

Первое задание: Вы понимаете эти предложения?

① На стыке веков всегда появляются группировки, проповедующие каждая своё видение настоящего художника. ② Она интересовалась всеми видами искусства: от архитектуры и живописи до литературы и театра. ③ Первая волна эмиграции насчитывала в своих рядах артистов и художников, различных представителей авангарда. ④ Благодаря присутствию иностранных журналистов происшествие получило международную огласку. ⑤ Его творчество оказало огромное влияние на русскую культуру конца XX века и последующие десятилетия.

Второе задание: Вставьте пропущенные слова!

① Man sagt, dein Bruder spielt Gitarre, beschäftigt sich mit Malerei und [mit] Grafik und auch [mit] Poesie ... – Ja, er ist ein erstaunlicher Mann.

Говорят, что твой брат играет ___ ___, занимается ___ и ___, а также ___ … – Да, он ___ человек.

② Buchstäblich in den ersten Jahren nach der Revolution verflüchtigte sich die Begeisterung der Intelligentsia für die Revolution und die neue Macht.

Буквально в ___ послереволюционные годы ___ ___ по поводу ___ и новой ___ ___.

23 – Sie malten (geschrieben) ganze 10 Jahre daran? Alle Achtung! Unglaublich!

24 – Nein, ich habe es an einem Tag gemalt (geschrieben), und den Rest der Zeit habe ich versucht, es zu verkaufen ...

ПРИМЕЧАНИЕ

⑩ **Вы** "Sie" wird großgeschrieben, wenn man sich respektvoll und förmlich an eine Person wendet. Es wird kleingeschrieben, wenn eine Gruppe von Personen – "ihr" – oder eine Person in der Alltagssprache angesprochen wird.

Решение первого задания: Вы поняли?

❶ Um die Jahrhundertwende gibt es immer Gruppen, die jeweils ihre eigene Vision des wahren Künstlers verkünden. ❷ Sie interessierte sich für alle Arten von Kunst, von Architektur und Malerei bis hin zu Literatur und Theater. ❸ Der ersten Emigrationswelle gehörten (zählten zu ihren Reihen) Künstler und Maler an, verschiedene Vertreter der Avantgarde. ❹ Dank der Anwesenheit ausländischer Journalisten wurde der Vorfall international bekannt. ❺ Sein Werk hatte einen enormen Einfluss auf die russische Kultur am Ende des 20. Jahrhunderts und in den Jahrzehnten danach.

❸ Sind Sie ein Liebhaber der Malerei? Ich sehe Sie immer wieder in dieser Ausstellung. – Man könnte es so sagen: Ich bin Maler und dies sind meine Bilder.

Вы ____ живописи? Я постоянно ____ вас на этой ____. – Можно ____ и так: я ____, а это – мои ____.

❹ An der Wende vom 19. zum 20. Jahrhundert reiften die Voraussetzungen für die Entstehung neuer Strömungen in der Malerei: Fauvismus, Expressionismus, Kubismus, Surrealismus.

На ____ XIX-XX веков созрели ____ для становления новых ____ в ____: ____, ____, ____, ____.

❺ Während des Chruschtschow-"Tauwetters", als die Zensur gelockert wurde, begannen unkonventionelle Maler sich zu manifestieren.

Неформальные ____ стали ____ о ____ в эпоху хрущёвской « ____ », когда ____ была ____.

53 Пятьдесят третий урок

Меньше знаешь, лучше спишь!

1 – Гадание, хиромантия, толкование снов, персонализированные гороскопы: не упустите уникальный шанс узнать всё о вашем будущем!

Решение второго задания: Пропущенные слова.

❶ – на гитаре – живописью – графикой – поэзией – удивительный – ❷ – первые – энтузиазм интеллигенции – революции – власти исчез ❸ – любитель – вижу – выставке – сказать – художник – картины ❹ – рубеже – предпосылки – направлений – живописи – фовизма, экспрессионизма, кубизма, сюрреализма ❺ – художники – заявлять – себе – оттепели – цензура – ослаблена

Художник спросил у хозяина галереи, интересовался ли кто-нибудь его полотнами:
– О, да! Один человек интересовался, поднимутся ли картины в цене после вашей смерти. Я сказал, что несомненно поднимутся, и тогда он купил сразу 15 картин.
– Отлично! Кто же этот человек?
– Если я не обознался, это ваш лечащий врач…

Der Künstler fragte den Besitzer der Galerie, ob jemand an seinen Bildern interessiert war:
– Oh ja! Ein Mann hat mich gefragt, ob die Preise für die Bilder nach Ihrem Tod steigen würden. Ich sagte ihm, dass der Preis sicher steigen würde, und da kaufte er gleich 15 Bilder.
– [Das ist] großartig! Wer ist denn dieser Mann?
– Wenn ich mich nicht irre, ist es Ihr Hausarzt (behandelnder Arzt) …

53. Lektion

Je weniger du weißt, desto besser schläfst du!

1 – Wahrsagerei, Handlesekunst, Traumdeutung (Auslegung Träume), persönliche Horoskope: Verpassen Sie nicht diese einzigartige Gelegenheit (Chance), alles über Ihre Zukunft zu erfahren!

2 На этой неделе Овнам предстоит выбор между карьерой и личной жизнью, но если они выберут карьеру, то им гарантировано продвижение по службе. ①

3 Для Тельца неделя окажется крайне удачной во всех начинаниях, но берегитесь проблем со здоровьем, не увлекайтесь спиртным и жирной пищей.

4 В ближайшее время вам стоит поубавить пыл и вести спокойный образ жизни без каких-либо излишеств. ②

5 А вот Близнецам наоборот можно увеличить количество прогулок, бесед и поездок. ③

6 Всю неделю им будет улыбаться удача, они смогут наладить прекрасные отношения с друзьями и близкими, даже если в недалёком прошлом они сильно испортились.

7 У Раков появится возможность забыть о текущих проблемах, насладиться достигнутым и помечтать о будущих завоеваниях.

ПРОИЗНОШЕНИЕ

[**4** … *ISLÍSCHIeßTF*]

ПРИМЕЧАНИЕ

① Achten Sie auf den beweglichen Vokal in **Овен** "Widder": Das **e** verschwindet bei der Deklination. Ist das Tierkreiszeichen gemeint, wird das Wort mit einem Großbuchstaben geschrieben. In der gesprochenen Sprache wird es im Plural verwendet, wenn von Menschen die Rede ist, die in diesem Sternzeichen geboren sind.

2 In dieser Woche steht der Widder vor der Wahl zwischen Karriere und Privatleben, aber wenn er (sie) sich für die Karriere entscheidet (wählt), ist ihm (ihnen) eine Beförderung sicher (Aufstieg auf Dienst).

3 Für den Stier wird sich die Woche bei allen Unternehmungen als äußerst erfolgreich erweisen, aber hüten Sie sich vor gesundheitlichen Problemen (Problemen mit Gesundheit) und lassen Sie sich nicht von Alkohol und fettigem Essen verführen (begeistern).

4 In nächster Zeit sollten Sie (Ihnen steht) Ihren Eifer zügeln (vermindern) und ein ruhiges (Art) Leben ohne Exzesse führen.

5 Zwillinge hingegen sollten mehr spazieren gehen, Gespräche führen und Ausflüge machen (erhöhen Anzahl Spaziergänge, Gespräche und Ausflüge).

6 Die ganze Woche über wird ihnen das Glück hold sein (lächeln), und sie werden gute Beziehungen (organisieren großartige Beziehungen) zu Freunden und Verwandten (Nahen) aufbauen können, selbst wenn es in der nahen Vergangenheit größere Konflikte gegeben hat (stark verdorben).

7 Der Krebs wird die Möglichkeit haben, die aktuellen Probleme zu vergessen, das Erreichte zu genießen und von zukünftigen Errungenschaften zu träumen.

② **поубавить** "vermindern": Die Vorsilbe **по-** hat die Funktion des sog. Partitivs oder drückt eine geringe Intensität aus. Somit ist **поубавить** für Ratschläge geeigneter als das perfektive Verb **убавить** "verringern", da die Vorsilbe die kategorische Bedeutung des Verbs abschwächt.

③ **Близнецы** mit Großbuchstabe geschrieben bezeichnet das Tierkreiszeichen "Zwilling". Mit Kleinbuchstabe geschrieben sind es allgemeinsprachlich die "Zwillinge, Zwillingsgeschwister". In diesem Sinne steht es meist im Plural, es wird aber manchmal auch im Singular verwendet: **близнец** "der Zwilling".

8 Несмотря на то, что Лев – царь зверей, на этой неделе ему придётся смириться со многими притеснениями, ④

9 затратить немало энергии для решения чужих проблем и выслушать упрёки своих детей или родителей.

10 Стремление к стабильности в личных отношениях в начале недели может исчезнуть без следа уже к среде.

11 Деве гарантированы романтические встречи, возможно, вы встретите будущего спутника жизни или же просто пойдёте на поводу у своих эмоций.

12 Для людей, рождённых под знаком Весы, неделя начнётся с тревожных новостей, но всё удачно разрешится уже к середине недели. ⑤ ⑥

13 Во второй её половине Весам будут обеспечены гармония и благоденствие, они могут получить повышение по службе, но столкнуться с завистью своих коллег.

14 При правильно принятых решениях Скорпиону удастся получить большую выгоду и может быть даже заложить основы для получения стабильного дохода на долгое время.

ПРОИЗНОШЕНИЕ

[*8* … *PRrITIeßNJENIJAMI*]

ПРИМЕЧАНИЕ

④ Bei der Deklination des Maskulinums **лев** "Löwe" taucht ein Weichheitszeichen in allen Deklinationsformen auf: **льва** (Gen. und Akk. Sing.), **львы** (Nom. Pl.), **львам** (Dat. Pl.) usw.

8 Obwohl der Löwe der König der Tiere (Zar Raubtiere) ist, muss er sich diese Woche eine Menge Schikanen gefallen lassen (sich-ergeben mit vielen Unterdrückungen),

9 viel (nicht-wenig) Energie aufwenden, um die Probleme anderer Leute zu lösen (Lösung fremder Probleme) und sich die Vorwürfe seiner Kinder oder Eltern anhören.

10 Das Streben nach Stabilität in den persönlichen Beziehungen zu Beginn der Woche könnte (kann) schon am Mittwoch spurlos (ohne Spur) verschwinden.

11 Der Jungfrau sind romantische Begegnungen garantiert, vielleicht (möglich) treffen Sie den zukünftigen Lebenspartner (Begleiter) oder folgen einfach Ihren Gefühlen (auf Anlass bei eigene Emotionen).

12 Für Menschen, die im Zeichen der Waage geboren sind, beginnt die Woche mit besorgniserregenden Nachrichten, aber schon [um die] Mitte der Woche wird alles erfolgreich gelöst sein (aber alles erfolgreich löst-sich schon zu Mitte Woche).

13 In der zweiten [Wochen]hälfte wird Waagen Harmonie und Wohlstand garantiert sein und sie erhalten vielleicht (können erhalten) eine Beförderung, werden aber die Missgunst ihrer Kollegen zu spüren bekommen (zusammenstoßen mit Missgunst).

14 Mit den richtigen Entscheidungen (Bei richtig getroffenen Lösungen) gelingt es dem Skorpion, sich bedeutende Vorteile zu sichern (erhalten) und vielleicht sogar den Grundstein für (Erhalt) ein stabiles Einkommen für (auf) eine lange Zeit zu legen.

⑤ **рождённых** ist das Partizip Perfekt Passiv von **родиться** "geboren werden" (v.). Sie merken selbst, dass diese Form nicht leicht zu erkennen ist.

⑥ **середине** [*ßJERrleDİNJE*]: In der Alltagssprache wird dies oft [*ßRrlDİNJE*] ausgesprochen.

15 Стрелец удачлив, тем не менее у него могут возникнуть трудности в своей семье, поэтому избегайте мелких ссор и выяснений отношений.

16 Лучше подарите великолепный букет любимой или же приготовьте чудесный ужин вашему спутнику.

17 Козерогу самое время подумать об устройстве своего жилища: не скупитесь на уют, вы ни о чём не пожалеете. ⑦ ⑧

18 Наверняка шикарный велюровый диван на 3 персоны является неоспоримой альтернативой раздавленному скрипучему креслу в гостиной. ⑨

19 Упорство Водолеев принесёт свои плоды, но им надо опасаться людей, которые легко поддаются панике и раздувают из мухи слона.

20 Спокойствие и холодный расчёт принесут им больших результатов, чем бесконечные истерики и обиды. ⑩

21 Рыбам надо научиться называть вещи своими именами, недомолвки и невысказанное заведут вас в тупик. ⑪

ПРОИЗНОШЕНИЕ

[**19** *UP**O**RrßTWÅ* …]

ПРИМЕЧАНИЕ

⑦ Dem Verb **скупиться** "geizen" folgen die Präposition **на** und der Akkusativ.

⑧ **пожалеете** [*PÅJĬLJ**E**íeTJE*]: Im Allgemeinen wird das **a** vor einer betonten Silbe wie [*í*] gesprochen; wegen des stets harten **ж** lautet die Aussprache hier jedoch [*Ĭ*]. Speziell im Süden des Landes wird das **a** [*A*] gesprochen: [*PÅJÂLJ**E**íeTJE*].

15 Der Schütze wird vom Glück begleitet, dennoch (jener nicht weniger) könnten Schwierigkeiten in seiner Familie auftreten, also vermeiden Sie kleinliche Streitereien und Auseinandersetzungen (Klärungen Verhältnisse).

16 Verschenken Sie lieber (Besser) einen prächtigen Blumenstrauß an Ihre Liebste oder kochen Sie ein leckeres Essen für Ihren Partner.

17 Für Steinböcke ist es höchste Zeit, um über die Einrichtung ihres Zuhauses nachzudenken: Geizen Sie nicht an der Gemütlichkeit, Sie werden es nicht bereuen (Sie nicht über was nicht bereuen).

18 Ein schickes dreisitziges Velourssofa (für drei Personen) ist sicherlich eine unbestreitbare Alternative zum abgewetzten, knarrenden Sessel im Wohnzimmer.

19 Die Beharrlichkeit der Wassermänner wird sich auszahlen (bringt-ein seine Früchte), aber sie sollten sich vor Menschen in Acht nehmen, die leicht in Panik geraten und aus einer Mücke (Fliege) einen Elefanten machen.

20 Ruhe und kalte Berechnung werden ihnen mehr (größere Resultate) bringen als endlose Wutausbrüche und Kränkungen.

21 Fische müssen lernen, die Dinge beim Namen zu nennen, Andeutungen und Unausgesprochenes führen (hinbringen) Sie [nur] in eine Sackgasse.

⑨ Heutzutage bedeutet **персона** in einem eher ironischen Kontext "Person" oder "Individuum". Es kann auch eine "wichtige Person" bezeichnen (meist auch ironisch) oder die Personen, die an einem Tisch bedient werden: **стол на пять персон** "Tisch für fünf Personen".

⑩ **больших** [*BOLjSCHĬCH*] "größere": Die Betonung macht den Unterschied zu **больших** [*BÅLjSCHĬCH*] "große".

⑪ Ändert man einen einzigen Buchstaben im Stamm dieses Verbs der Bewegung, ändert dies die Art der Fortbewegung: **заведут** ist die 3. Person Singular des vollendeten Verbs **завести** "(zu Fuß) hinbringen", nicht zu verwechseln mit **завезёт** von **завезти** "(mit einem Transportmittel) hinbringen".

22 Мужчина, не проходите мимо! Вы кто по гороскопу? Не хотите узнать, что ждёт вас на следующей неделе или в следующем году?

23 – Нет, не хочу! Я сам издаю сонники, поэтому не надо пытаться меня одурачить: я прекрасно знаю, как вы эти персональные гороскопы сочиняете!

Первое задание: Вы понимаете эти предложения?

❶ Ну почему ты не хочешь рассказать мне о своей новой работе? – Зачем? Меньше знаешь, лучше спишь! ❷ Они затратили столько энергии для решения чужих проблем, что теперь у них нет ни сил, ни времени, чтобы заняться своими. ❸ У тебя наконец-то появилась возможность насладиться достигнутым, поэтому остановись и успокойся! ❹ Я не могу уйти с работы сейчас. Если я буду много работать в этом месяце, мне гарантировано продвижение по службе. ❺ Я не ищу романтических встреч, не хочу идти на поводу у своих эмоций. Я уже готова к стабильным отношениям на всю жизнь.

Второе задание: Вставьте пропущенные слова!

❶ Ich weiß, dass [du dir] viele Schikanen gefallen lassen musstest, aber ich bin sicher, dass deine Beharrlichkeit sich auszahlen wird.

Я знаю, что ______ ______ со многими ______, но я уверена, что твоё ______ ______ свои ______ .

22 [Mein] Herr, gehen Sie nicht [einfach] vorbei! Was ist Ihr Sternzeichen (Sie was auf Horoskop)? Wollen Sie nicht wissen, was nächste Woche oder nächstes Jahr auf Sie zukommt (was erwartet Sie auf nächste Woche oder in nächstem Jahr)?

23 – Nein, will ich nicht! Ich veröffentliche selbst Traumdeutungsbücher, also (deswegen) versuchen Sie nicht, mich zum Narren zu halten: Ich weiß sehr gut, wie Sie Ihre persönlichen Horoskope zusammenstellen!

Решение первого задания: Вы поняли?

❶ Warum willst du mir nicht von deinem neuen Job erzählen? – Warum? Je weniger du weißt, desto besser schläfst du! ❷ Sie haben so viel Energie darauf verwendet, die Probleme anderer zu lösen, dass sie nun weder Energie noch Zeit haben, sich um ihre eigenen zu kümmern. ❸ Du bekommst endlich die Möglichkeit, das Erreichte zu genießen, also hör auf und beruhige dich! ❹ Ich kann meinen Job jetzt nicht aufgeben. Wenn ich diesen Monat hart arbeite, werde ich garantiert befördert. ❺ Ich suche keine romantischen Begegnungen, ich will nicht blind meinen Gefühlen folgen (gehen auf Anlass bei eigenen Gefühlen). Ich bin schon bereit für eine feste Beziehung fürs Leben.

❷ Wenn man meinem Horoskop Glauben schenkt, wird uns das Glück die ganze Woche hold sein (wird lächeln Glück).

Если ______ моему __________, всю неделю нам будет ________ удача.

❸ Mit den richtigen Entscheidungen wirst du in der Lage sein, Beziehungen zu deinen Freunden und Verwandten aufzubauen; du wirst lernen, kleinliche Streitigkeiten zu vermeiden.

... правильно принятых ... ты сможешь ... ... с друзьями и ..., и ты научишься ... мелких ... .

❹ Geize nicht an der Gemütlichkeit! Wie lange willst du noch mit dem knarrenden, abgewetzten Sessel im Wohnzimmer leben? – Wir haben kein Geld.

Не ... на ... ! Сколько можно ... с этим ... скрипучим ... в ... ? – У нас нет ... .

54 Пятьдесят четвёртый урок

Ученье – свет ①

1 – Мы едем на выставку научно-технического творчества молодёжи в Москву.

2 Я про неё читала, в этом году там очень насыщенная программа.

3 – А что это за выставка? Расскажи, пожалуйста: я о ней вскользь как-то слышал, но толком не знаю, что это.

ПРОИЗНОШЕНИЕ

[*3 … FßKOLSj …*]

❺ Diese Woche steht mir eine wichtige Wahl zwischen meiner Karriere und meinem Privatleben bevor.

___ этой неделе мне ___ важный ___ между ___ и личной ___ .

Решение второго задания: Пропущенные слова.

❶ – пришлось смириться – притеснениями – упорство принесёт – плоды ❷ – верить – гороскопу – улыбаться ❸ При – решениях – наладить отношения – близкими – избегать – ссор ❹ – скупись – уют – жить – раздавленным – креслом – гостиной – денег ❺ На – предстоит – выбор – карьерой – жизнью

54. Lektion

Lernen ist Licht (Lernen Licht)

1 – Wir besuchen (fahren auf) die Ausstellung für wissenschaftliche und technische Kreativität der Jugend in Moskau.

2 Ich habe darüber (über sie) gelesen, dieses Jahr ist das Programm dort sehr voll.

3 – Um welche Art von Ausstellung handelt es sich? Bitte erzähle [es mir]: Ich habe flüchtig davon gehört, aber ich weiß nicht wirklich, was es ist.

ПРИМЕЧАНИЕ

① Der vollständige Ausdruck lautet **Ученье – свет, а неученье – тьма** "Lernen ist Licht, Unwissenheit ist Finsternis". Das veraltete **ученье** wird heutzutage durch **учение** ersetzt. Häufig wird ein Wortspiel mit **тьма** gemacht, das auch "Unmenge, Haufen" bedeuten kann: **Ученье свет, а неучёных тьма** "Lernen ist Licht, aber es gibt einen Haufen von Unwissenden".

4 – Обычно её называют интерактивной площадкой для презентации и оценки молодёжных проектов в научно-технической сфере.

5 Это государственная программа, которая нацелена на выявление и воспитание кадрового резерва инновационных предпринимателей нашей страны. ② ③

6 Она предусматривает финансирование проекта участника-победителя в течение двух лет, что даст ему возможность полностью реализоваться.

7 – Кто является организатором этого мероприятия?

8 – Министерство образования и науки, а также пара частных организаций при поддержке Департамента образования г. Москвы. ④

9 – И каковы результаты этой выставки? Молодёжь ею действительно интересуется?

10 – Да, конечно, причём, каждый год количество предлагаемых на рассмотрение проектов неуклонно растёт. ⑤

11 Это свидетельствует об интересе к выставке со стороны молодёжи.

ПРОИЗНОШЕНИЕ

[***11*** *... ßWÍDJETÍLjßTWUJET ...*]

ПРИМЕЧАНИЕ

② **нацелена** ist das Partizip Perfekt Passiv des vollendeten Verbs **нацелить** "abzielen" in der femininen Form. Beide Formen stehen mit dem Akkusativ und erfordern die Präposition **на**.

4 – In der Regel (Gewöhnlich) handelt es sich (bezeichnen) um eine interaktive Plattform zur Präsentation und Bewertung von Jugendprojekten in den Bereichen Wissenschaft und Technik.

5 Das ist ein staatliches Programm, das darauf abzielt, einen Pool (Personal Reserve) von innovativen Unternehmern in unserem Land zu identifizieren (Erkennung) und zu fördern (Erziehung).

6 Es sieht vor, das Projekt des Gewinners (Teilnehmers-Sieges) zwei Jahre lang zu finanzieren und gibt ihm die Möglichkeit, vollständig realisiert zu werden.

7 – Wer sind die Organisatoren dieser Veranstaltung?

8 – Das Ministerium für Bildung und Wissenschaft sowie eine Reihe (Paar) privater Organisationen mit Unterstützung der Moskauer Bildungsministeriumsabteilung.

9 – Und was sind die Ergebnisse dieser Ausstellung? Sind junge Menschen wirklich daran interessiert?

10 – Ja, natürlich, und dabei nimmt die Zahl der zur Prüfung eingereichten Projekte jedes Jahr stetig zu (wächst).

11 Dies bezeugt das Interesse (über Interesse) an der Ausstellung seitens der jungen Menschen.

③ **выявление** [*WÏIWLJENÍJE*]: Steht **я** – ebenso wie **а** (Lektion 53) – vor einer betonten Silbe, wird es [*I*] gesprochen. In Südrussland ist die Aussprache von **я** hingegen [*A*]: [*WÏJAWLJENÍJE*].

④ **пара** "Paar" kann in der gesprochenen Sprache eine unbestimmte Menge im Sinne von "mehr als eines" meinen.

⑤ Die Wurzel **раст-** des unvollendeten Verbs **расти** "wachsen, zunehmen" wird im Perfekt zu **рос-**. Dies gilt für alle Ableitungsformen: **Они выросли вместе, а теперь и их дети растут в одном доме** "Sie sind zusammen aufgewachsen, und jetzt wachsen ihre Kinder im selben Haus auf".

12 А некоторые молодые учёные участвуют в выставке по несколько раз, предлагая каждый год новые темы и надеясь на победу. ⑥

13 Но помимо победы само участие помогает конкурсантам понять, сможет ли их научная работа коммерциализоваться.

14 – Логично, не из всех тем получится создать бизнес.

15 – Именно. Поэтому конкурс помогает участникам осознать, что необходимо доработать и развить по предложенной теме.

16 В этом году на выставке будет представлено 970 оригинальных проектов, от идей до готовых к реализации бизнес-разработок.

17 Если тебе интересно, я могу дать тебе почитать прошлогоднюю брошюру выставки с описанием процедуры записи и подготовки к конкурсу. ⑦

18 – Нет, спасибо, я в Интернете поищу информацию о выставке этого года.

19 Скажи, а какого типа проекты побеждают? ⑧

ПРОИЗНОШЕНИЕ

[**17** … *BRrÅSCH**U**RrU* …]

ПРИМЕЧАНИЕ

⑥ **(…), предлагая каждый год новые темы и надеясь на победу**: Das Adverbialpartizip und die Wortgruppe, die es bestimmt, werden immer durch Kommas oder, wenn der Satzteil am Satzende steht, durch ein Komma vom Rest des Satzes getrennt.

12 Und einige junge Wissenschaftler nehmen mehrmals (auf einige Mal) an der Ausstellung teil [und] schlagen jedes Jahr ein neues Thema vor und hoffen, zu gewinnen (hoffend auf Sieg).

13 Aber neben dem Gewinn hilft auch die bloße Teilnahme den Wettbewerbern zu verstehen, ob ihre Forschungsarbeit (wissenschaftliche Arbeit) vermarktet werden kann (kommerzialisiert-sich).

14 – [Es ist] logisch, dass es nicht bei allen Themen gelingt, ein Geschäft daraus zu machen.

15 – Genau. Deshalb hilft der Wettbewerb den Teilnehmern zu erkennen, was (was ist-notwendig) an dem vorgeschlagenen Thema nachgebessert und verfeinert werden muss.

16 In diesem Jahr werden bei der Ausstellung 970 originelle Projekte vorgestellt, von den Ideen bis zu den (zur Realisierung) fertigen Geschäftskonzepten.

17 Wenn du Interesse hast (dir interessant), kann ich dir die Ausstellungsbroschüre des letzten Jahres geben (lesen), in der das Anmeldeverfahren und die Vorbereitung auf den Wettbewerb beschrieben sind.

18 – Nein danke, ich werde im Internet nach Informationen über die diesjährige Ausstellung suchen.

19 Sag [mir], welche Art von Projekten gewinnt?

⑦ **брошюра** "Broschüre"; **брошюрка** "Broschürchen": Obwohl nach **ш** ein deutliches [ʃ] zu hören ist, wird dieses aus dem Französischen entlehnte Wort (sowie seine Ableitungen) mit dem Buchstaben **ю** geschrieben.

⑧ **побеждают:** 3. Person Plural von **побеждать** "gewinnen, siegen" (uv.). Merkwürdigerweise hat die perfektive Variante **победить** keine Form der 1. Person Singular; sie wird ersetzt durch **одержу победу** "ich werde gewinnen, ich werde siegen" (wörtl. "erringe Sieg").

20 – Разнотипные: в прошлом году, например, одним из победителей стал проект по созданию хирургических инструментов нового поколения. ⑨

21 Он меня очень впечатлил, ты же знаешь, это моя область.

22 Проект был действительно сумасшедший, оставалось только восхищаться представлявшим его восемнадцатилетним мальчишкой! ⑩

ПРОИЗНОШЕНИЕ

[**22** … *ßUMASCH***E***DSCHĬĬ* …]

Первое задание: Вы понимаете эти предложения?

❶ Выявление и воспитание кадрового резерва предпринимателей является приоритетом правительства нашей страны. ❷ Проект этого молодого учёного победил на выставке научно-технического творчества молодёжи в прошлом году. ❸ Вы очень сильно впечатлили меня своей работой! Остаётся только восхищаться вашим умом. ❹ В этом году у нас очень насыщенная программа в школе. – Да, я что-то вскользь об этом слышала. ❺ Скажите, какова процедура записи в университет? Есть экзамены? – Поищите эту информацию в Интернете!

Второе задание: Вставьте пропущенные слова!

❶ Junge Leute sind wirklich an dieser Ausstellung interessiert; außerdem nehmen einige junge Wissenschaftler mehrmals daran teil.

………… действительно ………… этой …………, ………… некоторые молодые ………… ………… в ней по ………… раз.

20 – Es gibt viele Arten (Verschiedenen-Typs): Letztes Jahr war zum Beispiel ein Projekt über die Entwicklung einer neuen Generation von chirurgischen Instrumenten unter den Gewinnern.

21 Das hat mich sehr beeindruckt, [wie] du weißt, ist das mein Fachgebiet.

22 Das Projekt war wirklich verrückt, und ich konnte das achtzehnjährige Jungchen, das es vorstellte, nur bewundern!

ПРИМЕЧАНИЕ

⑨ **например** "zum Beispiel" wird stets durch Kommas vom Rest des Satzes getrennt.

⑩ **мальчишка** "Jungchen, Jünglein" hat einen etwas negativen Beiklang. Dieses Substantiv ist trotz der Endung **a** männlich.

Решение первого задания: Вы поняли?

❶ Die Identifizierung und Förderung eines Pools (Personal Reserve) von Unternehmern ist eine Priorität für die Regierung unseres Landes. ❷ Das Projekt dieses jungen Wissenschaftlers gewann letztes Jahr auf der Ausstellung für wissenschaftlich-technische Kreativität von Jugendlichen. ❸ Sie haben mich mit Ihrer Arbeit sehr stark beeindruckt! Ich kann Ihre Intelligenz nur bewundern. ❹ Wir haben dieses Jahr ein sehr volles Programm in der Schule. – Ja, ich habe schon flüchtig etwas darüber gehört. ❺ Sagen Sie, wie schreibt man sich (welche Prozedur Anmeldung) an einer Universität ein? Gibt es Prüfungen? – Suchen Sie im Internet nach diesen Informationen!

❷ Sie müssen erkennen, dass Sie aus Ihrem Projekt heute noch kein Geschäft machen können und [es] unbedingt nachgebessert werden muss.

___ необходимо _________, что сегодня __ вашего проекта не может __________ ______, его надо ___________ ___________.

❸ Wer ist der Organisator dieser Veranstaltung? – Wenn ich mich nicht irre, ist es das Ministerium für Bildung und Wissenschaft.

Кто ___ ___ этого ___ ? – Если я не ошибаюсь, ___ ___ и науки.

❹ Wenn wir die Finanzierung für unser Projekt finden, kann es in maximal zwei Jahren vollständig realisiert werden.

Если мы ___ ___ для нашего ___ , то у него ___ ___ полностью ___ максимум ___ два ___ .

❺ In welchem Bereich bist du tätig? – Ich bin an der Entwicklung von chirurgischen Instrumenten der neuen Generation beteiligt.

В ___ ___ ты работаешь? – Я ___ ___ хирургических ___ нового ___ .

55 Пятьдесят пятый урок

Неделя моды

1 – Простите, я с большим опозданием: встречи одна на другую наслаиваются, а тут ещё и демонстрации какие-то, такси долго не мог поймать. ①

ПРОИЗНОШЕНИЕ

[*1 … ÅPÅSDANÍJEM …*]

Решение второго задания: Пропущенные слова.

❶ Молодёжь – интересуется – выставкой, причём – учёные участвуют – несколько – ❷ Вам – осознать – из – получиться бизнес – обязательно доработать ❸ – является организатором – мероприятия Министерство образования – ❹ – найдём финансирование – проекта – будет возможность – реализоваться – за – года ❺ – какой области – занимаюсь созданием – инструментов – поколения

55. Lektion

Die Woche der Mode

1 – Entschuldigung, ich bin sehr spät dran (mit großer Verspätung): Die Sitzungen häuften sich (eine auf andere) und es gab einige (und dort noch auch) Demonstrationen, so dass ich lange Zeit kein Taxi bekommen konnte.

ПРИМЕЧАНИЕ

① **с большим** [*SBÅLSCHÏM*] "mit einem/dem großen ...": Vorsicht, wenn Sie die Betonung verändern, erhält das Wort eine andere Bedeutung und das Adjektiv wird zu einem Komparativ (**с бóльшим** [*SBOLSCHÏM*] "mit einem/dem größeren ...").

2 В конце концов решил добираться на метро, а так как я его плохо знаю, я ещё и заблудился. ②

3 – Не волнуйтесь, я совсем недавно закончила с предыдущим клиентом, едва успела привести в порядок шоурум.

4 – Разрешите представиться – я байер, владелец, а иногда и продавец бутика «Лёгкий шаг». ③

5 Можно попросить у вас негазированной воды со льдом и кофе ристретто, а моему ассистенту – американо.

6 – Да, конечно. Устраивайтесь поудобнее.

7 – Скажите, могу я воспользоваться вашим туалетом? ④

8 – Да, прямо по коридору первая дверь налево, свет включается внутри. ⑤

9 Ну что ж, если вы готовы, я начну рассказывать вам о нашей круизной коллекции, о том, что у нас нового.

ПРОИЗНОШЕНИЕ

[*3 … SCHOURrUM 4 … BAJERr … 5 … RrIßTRJETTO … AMIeRrIKANO*]

ПРИМЕЧАНИЕ

② Folgt auf **в конце концов** "schließlich" ein Verb, muss dieses im vollendeten Aspekt stehen, da ein Ergebnis impliziert wird.

③ Das Russische hat zwar Begriffe aus anderen Sprachen entlehnt, doch gibt es meistens auch eine "original" russische Entsprechung. Die Situation entscheidet darüber, welche Form benutzt wird. So wird der Begriff **байер** "Käufer" (vom engl. "buyer") nur in der Modewelt verwendet und kann nicht grundsätzlich **покупатель** "Käufer" ersetzen.

2 Schließlich (In Ende Enden) beschloss ich, mit der Metro zu kommen, aber da ich [das System] nicht sehr gut (schlecht) kenne, habe ich mich verfahren.

3 – Keine Sorge, ich bin gerade eben erst mit einem früheren Kunden fertig geworden und habe es vorher kaum geschafft, den Ausstellungsraum aufzuräumen (kaum mitkam versetzen in Ordnung Showroom).

4 – Erlauben Sie mir, mich vorzustellen – ich bin Einkäufer (Buyer), Eigentümer und manchmal auch Verkäufer der Boutique "Leichter Schritt".

5 Darf ich Sie um ein Wasser ohne Kohlensäure mit Eis (nicht-gasig Wasser mit Eis) und einen [Espresso] Ristretto bitten, und für meinen Assistenten einen [Kaffee] Americano.

6 – Ja, natürlich. Machen Sie es sich bequem (bequemer).

7 – Sagen Sie, kann ich bitte Ihre Toilette benutzen?

8 – Ja, am Ende des Ganges ist [es] die erste Tür links, das Licht geht innen an.

9 Nun, wenn Sie bereit sind, erzähle (beginne erzählen) ich Ihnen von unserer Kreuzfahrtkollektion und den Neuheiten (was bei uns neu).

④ Sie wissen, dass das Verb **воспользоваться** den Instrumental erfordert: **туалетом**. Was das Thema **туалет** "Toilette" betrifft, so ist es den Russen oft peinlich, nach der Toilette zu fragen. Wenn Ihnen also eine seltsame Frage gestellt wird wie **где интересное место?** "Wo ist der interessante Ort?", können Sie davon ausgehen, dass das WC gemeint ist.

⑤ **внутри** "innen" ist das Gegenteil des Adverbs **снаружи** "außen" und klingt ähnlich wie **изнутри** "von innen". Achten Sie jedoch auf den Unterschied! Vergleichen Sie: **Свет включается внутри туалета** "Das Licht geht in der Toilette an", aber **Дверь закрыта изнутри** "Die Tür wird von innen geschlossen".

10 – Да, пожалуйста, и указывайте модели, ставшие бестселлерами в вашей коллекции. ⑥

11 – Номер один в наших продажах – эта классическая лодочка из водной змеи; обращаю ваше внимание на то, что на неё не надо делать сертификатов…

12 – Ой, простите, что прерываю, но я вижу эти балетки и просто уверен, что их надо брать!

13 Запишите, пожалуйста, модель, а потом посмотрим, какого они ещё могут быть цвета и из какого материала.

14 – Да, конечно, а параллельно я буду озвучивать цены – цену в закупке, а также рекомендуемую для магазинов.

15 – Давайте и размеры запишем сейчас, чтобы не забыть, к какой модели они относятся,

16 а подтверждение я пришлю вам после сравнения заказа с результатами наших продаж.

17 С тридцать шестого по сорок первый со всеми половинками, кроме сорок с половиной, а тридцать восьмой давайте задвоим. ⑦

ПРОИЗНОШЕНИЕ

[**10** … *BJEßTß**E**LLJERr* …]

10 – Ja, bitte, und geben Sie die Modelle an, die zu Bestsellern in Ihrer Sammlung geworden sind.

11 – Nummer eins in unserem Verkauf sind diese klassischen Pumps aus Schlangenleder (aus Wasser-Schlange); ich mache Sie darauf aufmerksam (richte Ihre Aufmerksamkeit auf das), dass Sie dafür keine Zertifikate ausstellen müssen ...

12 – Oh, entschuldigen Sie, dass ich [Sie] unterbreche, aber ich sehe diese Ballerinas und weiß einfach (sicher), dass ich sie nehmen muss!

13 Bitte schreiben Sie das Modell auf, dann sehen wir [nach], in welcher Farbe und in welchem Material wir sie noch haben.

14 – Ja, natürlich, und parallel [dazu] werde ich die Preise angeben – [sowohl] den Einkaufspreis (Preis in Ankauf) als auch den empfohlenen Verkaufspreis (für Geschäfte).

15 – Wir sollten auch jetzt die Größen aufschreiben, damit wir nicht vergessen, zu welchem Modell sie gehören,

16 ich werde Ihnen eine Bestätigung schicken, nachdem ich die Bestellung mit unseren Verkaufsergebnissen (Resultate unserer Verkäufe) verglichen habe.

17 [Wir nehmen] von den Größen 36 bis 41 inklusive aller Zwischengrößen, außer 40 1/2, und von 38 [nehmen wir die] doppelte Menge.

ПРИМЕЧАНИЕ

⑥ Wie im Deutschen wird **бестселлер** "Bestseller" normalerweise in Bezug auf ein Buch oder einen Tonträger verwendet, es wird aber auch in der Modebranche benutzt, um die meistverkauften Modelle zu bezeichnen.

⑦ Hier sehen Sie eine neue Bedeutung der Präposition **с**: "ab, von ... an". Zum Beispiel: **Я буду дома с пяти вечера** "Ich werde ab 5 Uhr abends zu Hause sein".

18 – Если желаете посмотреть модели на манекенщице, ставьте их сюда, а потом мы их сразу померим. ⑧

19 – А одежду будет мерить та же манекенщица?

20 – Нет, об одежде вам расскажут мои коллеги в соседнем зале.

21 – Боже, если не ошибаюсь, то человек в рваном джемпере, который только что зашёл в шоурум, и есть дизайнер этой коллекции?

22 Какая идея, какой минимализм: джемпер весь в дырах, такое ощущение, что он изношен и потёрт! Гениально! ⑨

23 – Нет, вы ошиблись, это не дизайнер, а его брат, скандально известный тем, что живёт на улице и устраивает разные акции против работающих в индустрии моды.

24 Он отказывается покупать даже самую дешёвую одежду в магазинах и носит только то, что ему вяжет или шьёт его старая няня. ⑩

25 Что касается свитера в дырах, насколько я знаю, он достался ему от покойного дедушки…

ПРОИЗНОШЕНИЕ

[*18 … MANÍKJENSCHÍTẞA …*]

ПРИМЕЧАНИЕ

⑧ **померить** "(an)probieren" kann auf zwei Arten konjugiert werden: **померю**, **померишь**, **померят** oder **померяю**, **померяешь**, **померяют**. Wie Sie sehen, folgen die beiden Konjugationen verschiedenen Mustern. In der Vergangenheit ist das Verb regelmäßig: **померил**, **померила**, **померили**.

18 – Wenn Sie die Modelle an einem Model sehen wollen, stellen Sie sie hierher, dann probieren wir sie gleich an.

19 – Und wird dasselbe Model auch die Kleidung tragen (messen)?

20 – Nein, über die Kleidung werden Ihnen meine Kollegen im nächsten Raum erzählen.

21 – [Mein] Gott, wenn ich mich nicht irre, ist der Mann mit dem zerrissenen Pullover (zerfetzten Jumper), der gerade den Ausstellungsraum betreten hat, der Designer dieser Kollektion, [oder]?

22 Was für eine Idee, was für ein Minimalismus: Der Pullover ist voller Löcher (alles in Löcher), er wirkt (so Empfindung, dass er) abgenutzt und schäbig! [Das ist] genial!

23 – Nein, Sie irren sich, es ist nicht der Designer, sondern sein Bruder, der berüchtigt (skandalös bekannt) dafür ist, dass er auf der Straße lebt und verschiedene Aktionen gegen die Beschäftigten der Modeindustrie organisiert.

24 Er weigert sich, selbst die billigste Kleidung in Geschäften zu kaufen und trägt nur das, was seine ehemalige (alte) Babysitterin für ihn strickt oder näht.

25 Was den durchlöcherten Pullover betrifft, so hat er ihn meines Wissens (soviel ich weiß) von seinem verstorbenen Großvater bekommen …

⑨ Das Verbpräfix **из-** (bzw. **ис-**) vermittelt die Idee, dass etwas bis zur Erschöpfung bzw. bis zu dem Punkt gemacht wird, an dem etwas komplett aufgebraucht ist: **износить** "abnutzen, abtragen"; **испить** "austrinken"; **исходить** "durchwandern, durchstreifen" (z. B. eine Stadt).

⑩ **вяжет** und **шьёт** sind die Formen der 3. Person Singular der Verben **вязать** "stricken" (uv.) und **шить** "nähen" (uv.). Sie sind nicht leicht zu erkennen, nicht wahr?

Первое задание: Вы понимаете эти предложения?

1 Вы заблудились в метро? Не может быть! Оно такое простое. – Да, но я его плохо знаю. 2 Вы не могли бы параллельно озвучивать цены, чтобы мы сразу понимали, сколько данная модель будет стоить в магазине? 3 Будете кофе? – Да, с удовольствием. А можно ещё негазированной воды со льдом? 4 Я видела классическую лодочку из водной змеи совершенно сумасшедшего зелёного цвета. 5 Во время недели моды здесь очень сложно поймать такси. – Надо заранее вызывать его.

Второе задание: Вставьте пропущенные слова!

1 Können Sie mir sagen, wo die Toilette ist? – Geradeaus den Korridor entlang, erste Tür links, das Licht geht innen an.

Скажите, где ... ? – ... по ... первая ... налево, ...

2 Was machen Sie beruflich? – Ich bin Inhaber eines Damenschuhgeschäfts, aber auch Einkäufer und Verkäufer.

Кем вы ... ? – Я ... бутика ... ..., а также ... и ... .

3 In diesem Laden wird sehr seltsame Kleidung verkauft: Als ich das letzte Mal dort war, sah ich einen zerrissenen Pullover (Jumper). Ich übertreibe nicht – [sie war] voller Löcher!

В этом магазине ... очень ... ... : ... раз я видел там ... . Я не ... – весь в ... !

4 Welche Größen soll ich für Sie aufschreiben? – Von 35 bis 41 mit allen Zwischengrößen.

... вам ... ... ? – ... тридцать ... ... сороковой ... всеми ... .

Решение первого задания: Вы поняли?

❶ Haben Sie sich in der Metro verlaufen? Das kann nicht sein! Es ist ganz einfach. – Ja, aber ich kenne [das System] nicht sehr gut. ❷ Könnten Sie uns die Preise parallel angeben, damit wir gleich wissen, wie viel dieses (gegebene) Modell im Geschäft kosten wird? ❸ Möchten Sie einen Kaffee? – Ja, sehr gerne. Kann ich noch ein Wasser ohne Kohlensäure mit Eis bekommen? ❹ Ich sah klassische Pumps aus Schlangenleder (aus Wasser-Schlange) in einer absolut verrückten grünen Farbe. ❺ Während der Modewoche ist es sehr schwer, hier ein Taxi zu bekommen. – Sie müssen im Voraus eines bestellen.

❺ Was für Kleidung du hast! Man merkt sofort, dass du in der Modebranche arbeitest ... – Eigentlich nähe ich alle meine Sachen selbst.

Какая у тебя ______! Сразу видно, что ты ______ в ______ ____ ... – Честно ______, я все ____ вещи ___ сама.

Решение второго задания: Пропущенные слова.

❶ – туалет – Прямо – коридору – дверь – свет включается внутри ❷ – работаете – владелец – женской обуви – байер – продавец ❸ – продаётся – странная одежда – последний – рваный джемпер – преувеличиваю – дырах ❹ Какие – писать размеры – С – пятого по – со – половинками ❺ – одежда – работаешь – индустрии моды – говоря – свои – шью –

56 Сорок девятый урок

Повторение – Wiederholung

1. Satzzeichen

1.1 Adverbialpartizip

In der Regel wird das Adverbialpartizip durch Kommas vom Rest des Satzes getrennt. Dennoch gibt es einige Ausnahmen:

– Adverbialpartizipien, die Teil eines festen Ausdrucks sind:
Олег всё делает спустя рукава
"Oleg macht alles nachlässig" (wörtl. Ärmel runterlassend).

– Adverbialpartizipien, die einer Handlung eine bestimmte Eigenschaft zuordnen, verhalten sich wie Adverbien und antworten auf die Frage "wie?". Normalerweise steht diese Art von Adverbialpartizipien am Ende des Satzes:
Она смотрела телевизор лёжа
"Sie hat im Liegen ferngesehen".

– Konstruktionen mit Adverbialpartizipien, die zu Präpositionen geworden sind:
Начиная с 6 марта наш банк будет находится по другому адресу "Ab dem 6. März wird unsere Bank sich an einer anderen Adresse befinden".

Um ein Adverbialpartizip richtig zu definieren und es nicht mit einer Präposition oder einer anderen ähnlichen Form zu verwechseln, sollte es vom Rest des Satzes getrennt werden. Dies sollte das Satzverständnis nicht beeinflussen, denn das Adverbialpartizip drückt stets eine Handlung aus, die parallel zur Haupthandlung des Satzes verläuft.

1.2 Partizip

– Ein Partizip (oder eine Partizipialstruktur) muss durch Kommas vom Rest des Satzes getrennt werden …

– … wenn es nach dem Wort steht, auf das es sich bezieht:
Наш телевизор, купленный пять лет назад, барахлит
"Unser Fernseher, den wir vor fünf Jahren gekauft haben, funktioniert nicht richtig (stottert)".

– ... wenn das Wort, auf das es sich bezieht, ein Personalpronomen ist (unabhängig von der Stellung):
Рождённая в деревне, она никогда не видела города
"Auf dem Land geboren, hat sie die Stadt nie gesehen".

– ... wenn das vorangestellte Partizip eine Umstandsbestimmng enthält und sich logisch auf den gesamten Satz bezieht:
Привлечённый красотой Марии, Павел стал приглашать её в кино каждый день
"Angezogen von Marias Schönheit, hat Paul begonnen, sie jeden Tag ins Kino einzuladen." (Warum lädt er sie ein? Weil er sich von ihrer Schönheit angezogen fühlt.)

– wenn es von dem Wort, auf das es sich bezieht, durch andere Wörter getrennt ist (und ihm nicht direkt vorausgeht):
Приготовленный вчера, на плите всё ещё стоял рыбний суп.
"Gestern gekocht, stand die Fischsuppe immer noch auf dem Herd."

1.3 Einschübe

Wir haben bereits mehrfach Einschübe angetroffen. Es handelt sich dabei um Wörter oder Wortgruppen, die eine Aussage vervollständigen, indem sie die Meinung einer Person über das Gesagte wiedergeben bzw. Informationen über die Quelle einer Aussage oder über die Verbindung zwischen dem Gesagten und einem bestimmten Kontext liefern. Einschübe werden fast immer durch Kommas oder Bindestriche vom Rest des Satzes getrennt.

Bestimmte Wörter oder Wendungen werden immer in Kommas eingefasst (**по-моему** "meiner Meinung nach"; **во-первых** "für's Erste, zuerst"; **с позволения сказать** "wenn ich sagen darf, mit Verlaub", usw.) sowie Strukturen mit Adverbialpartizipien.

2. Orthografie – Vokalwechsel im Verbstamm: рос/раст

• An der unbetonten Position dieses Stamms schreibt man **а**, wenn auf das **с** ein **т** folgt:
расти "wachsen, zunehmen";
растить "züchten, großziehen, erziehen";
вырастать "wachsen, aufwachsen, anwachsen";

нарастать "anwachsen, zunehmen";
растение "Pflanze, Gewächs";
произрастание "Wachstum";
возраст "(Lebens-)Alter".

Ausnahmen sind **отрасль** "Branche" (in der Industrie);
отраслевой "fachbezogen, Branchen-".

• Steht **с** ohne darauffolgendes **т**, schreibt man davor **о**:
рос, **росла**, **росло**, **росли** (Vergangenheit von **расти**),
росший (Partizip Perfekt von **расти**),
водоросль "Alge",
заросли "Dickicht" etc.

Die Ausnahmen sind:
росток "Keim";
ростовщик "Wucherer, Kredithai";
Ростов "Rostow" (Stadt);
Ростислав "Rostislaw" (Vorname).

3. Verben

3.1 Aspektpaare mit nur einer Form

Wir haben bereits einige Verben kennengelernt, die in beiden Aspektformen nur eine Variante kennen:

– **эмигрировать** "emigrieren, auswandern":
Он всегда хотел эмигрировать и наконец эмигрировал
"Er wollte immer auswandern (uv.) und ist schließlich ausgewandert (v.)".

– **констатировать** "konstatieren, feststellen":
Это была его работа: он приезжал на место после аварии и констатировал факты
"Es war seine Aufgabe, nach einem Unfall am Ort [des Geschehens] einzutreffen und den Sachverhalt (Fakten) festzustellen (uv.)";
Не переживай, я уже констатировал, что здесь всё верно
"Sorge dich nicht, ich habe bereits festgestellt (v.), dass hier alles richtig ist".

– **характеризовать** "charakterisieren":
Его всегда характеризовали как глупого человека
"Man hat ihn immer als einen dummen Mann charakterisiert (uv.)";

Он сам так характеризовал своего друга
"Er selbst hat seinen Freund auf diese Art charakterisiert (v.)".

– **организовать** "organisieren":
Вы сами организуете праздник?
"Organisieren Sie die Feier selbst? (uv.)";
А кто же всё это организовал?
"Wer hat das denn alles organisiert? (v.)".

Dieses Verb ist in der Vergangenheit immer vollendet.

3.2 Besonderheiten bei der Konjugation

• Palatalisierung

– **вязать** "stricken" (uv.): Bei der Konjugation dieses Verbs erkennt man die Auswirkungen der sog. Palatalisierung. Der Buchstabe **з** wird in allen Formen zu **ж**:
вяжу, **вяжешь**, **вяжет**, **вяжем**, **вяжете**, **вяжут**;

– **беречься** (uv.) "vorsichtig sein, sich in Acht nehmen". Der Buchstabe **ч** wird in der 1. Person Singular und 3. Person Plural zu **г** und in allen anderen Personen zu **ж**:
берегусь, **бережёшься**, **бережётся**, **бережёмся**, **бережётесь**, **берегутся**.

Im Perfekt überwiegt **г**:
берёгся, **береглась**, **береглись**;

– **брызгать** "spritzen, sprudeln, bespritzen, besprengen": Das **г** wird zu **ж**: **брызжут**.

Beachten Sie, dass es eine abweichende Konjugation für dieses Verb gibt: **брызгают**, ohne Konsonantenwechsel im Wortstamm.

Diese zweite Verwendung gilt nur, wenn das Verb im Sinne von "bespritzen, besprengen" verwendet wird. Beispiele:
Фонтан брызжет во все стороны
"Die Fontäne spritzt in alle Richtungen";
Не брызгай на меня водой!
"Bespritze mich nicht mit Wasser!"

• Verben, die bei der Konjugation ihre Form ändern

Im Russischen ist es nicht ungewöhnlich, dass sich ein Verb im Laufe der Konjugation so stark verändert, dass sein Infinitiv mitunter nicht mehr zu erkennen ist. Hier sind einige dieser Verben aufgeführt:

шить (uv.), "nähen"	**шью**, **шьёшь**, **шьёт**, **шьём**, **шьёте**, **шьют**
биться (uv.), "sich schlagen, sich abmühen"	**бьюсь**, **бьёшься**, **бьётся**, **бьёмся**, **бьётесь**, **бьются**
начаться (v.), "anfangen, beginnen"	**начнусь**, **начнёшься**, **начнётся**, **начнёмся**, **начнётесь**, **начнутся**
упереться (v.) "sich widersetzen, sich sträuben"	**упрусь**, **упрёшься**, **упрётся**, **упрёмся**, **упрётесь**, **упрутся**. Beachten Sie, dass dieses Verb das **ё** auch im Perfekt behält: **упёрся**, **упёрлась**, **упёрлись**.

• **Das vollendete Verb упомянуть**

Dieses Verb, das "erwähnen" bedeutet, ist interessant, weil sich seine Betonung je nach Konjugationsform verschiebt. Wir kennzeichnen sie in blau:
упомянуть, **упомяну**, **упомянешь**, **упомянет**, **упомянем**, **упомянете**, **упомянут**, **упомянутый**, **упомянут**, **упомянута**, **упомянуты**.

Заключительный диалог – Wiederholungsdialog

1 – Всю неделю не могла наладить отношения с мужем.

2 – А что у вас случилось?

3 – Я хотела пойти в Третьяковку или в «Гараж» с коллегой, потому что он интересуется искусством и в особенности живописью.

4 Как ни странно, мой муж сказал, что пойдёт с нами, но я ведь знаю, что ему ни крупные, ни мелкие музеи никогда не были интересны…

5 – На мой взгляд, ты преувеличиваешь: помнишь, когда мы все вместе ездили в Петергоф, ему очень там понравилось.

6 – Конечно! Особенно ему было смешно, когда я не заметила одного фонтана и осталась мокрой до нитки.

7 – Ну, дорогая моя, я помню, ещё в начале недели предупредила тебя, что тебе надо беречься любых прогулок и поездок...

8 – Я скорее опасаюсь твоих глупых гороскопов, и даже твоё упорство не принесёт никаких результатов – я не буду их читать.

9 – Хорошо, хорошо, рассказывай дальше про вашу культурную программу в музее.

10 – Пошли мы в «Гараж», там была выставка современного искусства и экспозиция какого-то неформального автора, который уже давно получил мировую известность.

11 Он меня очень впечатлил: в его картинах так чувствуется тот внутренний конфликт, который выражали через свои работы его предшественники в 60-е годы.

12 А мой муж довольно громко, при всех начал говорить, что он бы такую картину написал за один день, что даже и ребёнок мог бы её нарисовать...

13 К моему ужасу, в зале был сам художник, он услышал, что говорил мой муж и тут такое началось!

14 Я вообще не из тех, кто легко поддаётся панике, но художник начал кричать, что муж мой и не знает, что такое искусство,

15 что попросит организаторов мероприятия выгнать его с выставки.

16 Ну, а мне оставалось только устроить истерику мужу дома.

17 – Да, не надо тебе было с мужем туда идти…

18 – Нет, не надо было приглашать туда моего коллегу. Если бы муж меня не заревновал, то он никогда бы не пошёл в музей!

Übersetzung

1 – Die ganze Woche konnte ich mich mit meinem Mann nicht versöhnen (organisieren Beziehungen mit Mann). **2** – Was ist [mit] euch passiert? **3** – Ich wollte mit einem Kollegen in die Tretjakow[-Galerie] oder die "Garage" gehen, weil er sich für Kunst und insbesondere für Malerei interessiert. **4** Seltsamerweise hat mein Mann gesagt, er würde mit uns gehen, aber ich weiß, dass er sich nie für große oder kleine Museen interessiert hat. **5** – Ich glaube, du übertreibst: Erinnerst du dich, als wir alle zusammen im Peterhof waren (gefahren), hat es ihm dort sehr gut gefallen. **6** – Natürlich! Er war besonders amüsiert, als ich eine Fontäne nicht bemerkte und bis auf die Haut nass wurde. **7** – Nun, meine Liebe, ich erinnere mich, dass ich dich zu Beginn der Woche gewarnt habe, dich vor allen Arten von Spaziergängen oder Reisen in Acht zu nehmen … **8** – Ich hüte mich eher vor deinen albernen Horoskopen, und selbst deine Beharrlichkeit wird nichts

57 Пятьдесят седьмой урок

Всякий кулик своё болото хвалит

1 У каждой нации есть свои представления о близких соседях и прочих народах, населяющих планету.

2 Русские – народ миролюбивый, гостеприимный, безгранично щедрый, но также шутник и насмешник. ①

ПРОИЗНОШЕНИЕ

[… *KULÍK* … *BÅLOTÅ* …]

nützen – ich werde sie nicht lesen. **9** – Schon gut, schon gut, erzähl [nur] weiter von eurem Kulturprogramm im Museum. **10** – Wir waren (Gegangen wir) in der "Garage", wo es eine Ausstellung zeitgenössischer Kunst und eine Ausstellung eines informellen Autors gab, der seit Langem weltberühmt ist (erhielt weltweit Berühmtheit). **11** Er hat mich sehr beeindruckt: In seinen Bildern spürt man die innere Zerrissenheit (Konflikt), die in den Werken seiner Vorgänger in den Sechzigerjahren zum Ausdruck kam. **12** Und mein Mann fing an, ganz laut und vor allen Leuten zu sagen, dass er an einem Tag ein solches Bild malen kann, und dass das sogar ein Kind malen könne ... **13** Zu meinem Entsetzen war der Maler selbst im Raum (Saal), er hörte, was mein Mann sagte, und dann ging es los! **14** Normalerweise gehöre ich nicht zu denen, die leicht in Panik geraten, aber der Künstler fing an zu schreien, mein Mann wisse nicht, was Kunst sei, **15** und dass er die Organisatoren der Veranstaltung bitten werde, ihn der Ausstellung zu verweisen. **16** Nun, es blieb mir nicht anderes übrig, als zu Hause [vor] meinem Mann einen Wutanfall zu bekommen. **17** – Ja, du hättest nicht mit deinem Mann [dorthin] gehen sollen ... **18** – Nein, ich hätte meinen Kollegen nicht einladen sollen. Wenn mein Mann nicht eifersüchtig auf mich gewesen wäre, wäre er nie ins Museum gegangen!

57. Lektion

Jedem Vogel gefällt sein Nest
(Jede Schnepfe eigenen Sumpf lobt)

1 Jede Nation hat ihre eigenen Vorstellungen von [ihren] nächsten Nachbarn und anderen Völkern, [die den] Planeten bewohnen (bewohnend Planet).

2 Die Russen sind ein friedliebendes, gastfreundliches [und] grenzenlos großzügiges Volk, aber [sie sind] auch Spaßvögel und Spötter.

ПРИМЕЧАНИЕ

① Das Adjektiv **гостеприимный** "gastfreundlich" wird aus **гость** "Gast" und **принимать** "aufnehmen" gebildet. Versuchen Sie, bei längeren Wörtern nach den Bestandteilen zu suchen: Das hilft oft, die Bedeutung eines unbekannten Wortes zu verstehen.

3 Наверное, самый простой способ понять, что русские думают о той или иной нации – это посмотреть на анекдоты о ней.

4 Например, они обожают французов и представляют их себе крайне галантными, утончёнными и модными, а главное – очень романтичными и красивыми. ②

5 Жена интересуется у уезжающего в командировку мужа: «Дорогой, а меня ты в Париж не возьмёшь?» ③ ④

6 В ответ слышит: «Если бы это была поездка в Баварию, ты, наверное, предложила бы мне взять с собой ящик пива?»

7 Англичане в глазах русских – культурны, начитанны, необычайно вежливы, тактичны и спокойны…

8 Лондон. Кабинет английского джентльмена. Распахивается дверь, вваливается дворецкий: «Наводнение!» ⑤

9 – «Что вы себе позволяете? Выйдите и доложите, как положено», – отвечает джентльмен. ⑥

ПРОИЗНОШЕНИЕ

[**7** … *TAKT**Í**TSCHNÏ* … **8** … *WW**A**LÍWAleTßJA DWÅRrJ**E**TßKÍJ NAWÅDNJ**E**NÍJE*]

ПРИМЕЧАНИЕ

② Beachten Sie bei **представляют их себе** "(sie) stellen sie sich vor" die Verwendung des Reflexivpronomens **себе**. Wir sind in Lektion 42 bereits darauf eingegangen.

3 Der einfachste Weg, um zu verstehen, was Russen über eine (jener oder anderer) Nation denken, [ist es] sicherlich, sich Witze über sie anzuschauen.

4 Zum Beispiel verehren sie die Franzosen und stellen sie sich als äußerst galant, vornehm und modisch und vor allem als sehr romantisch und hübsch vor.

5 Eine Frau fragt (interessiert-sich) ihren Mann, der auf eine Geschäftsreise geht: "Schatz, nimmst du mich nicht mit nach Paris?"

6 Als Antwort hört sie: "Wenn es eine Reise nach Bayern wäre, würdest du wahrscheinlich vorschlagen, einen Kasten Bier mitzunehmen (nehmen mit sich)?"

7 Die Engländer sind in den Augen der Russen kultiviert, belesen, außerordentlich höflich, taktvoll und ruhig …

8 London. Das Büro (Arbeitszimmer) eines englischen Gentleman. Die Tür geht auf (stößt-sich-auf) und der Butler stürmt herein: "[Eine] Flutkatastrophe!"

9 – "Was erlauben Sie sich? Gehen Sie [noch einmal] hinaus und melden Sie [es] ordnungsgemäß", antwortet der Gentleman.

③ **интересуется** ist die 3. Person Singular des unvollendeten Verbs auf **-ова интересоваться** "sich interessieren". Vergessen Sie also nicht, in der Vergangenheit das Suffix einzufügen!

④ Wie im Deutschen schreibt man in der direkten Rede nach der einleitenden Konstruktion einen Doppelpunkt, und die folgende direkte Rede steht in Anführungszeichen und beginnt mit einem Großbuchstaben.

⑤ Man hört das aus dem Englischen entlehnte **джентльмена** in den Varianten [*DĴENTLMJ***E***NA*] oder [*DĴENTLM***E***NA*].

⑥ Steht die direkte Rede vor der sie einleitenden Konstruktion, wird sie in Anführungszeichen gesetzt und es wird ein Bindestrich vorangesetzt; ein weiterer Bindestrich steht außerdem vor der einleitenden Konstruktion.

10 Дворецкий выходит, закрывает за собой дверь, а через несколько минут чинно распахивает её со словами: «Темза, сэр!»

11 Но русские любят смеяться и над собой, своими дурными привычками и слабыми местами.

12 Например, русский человек либо очень хорошо говорит на каком-нибудь иностранном языке, либо совсем не говорит на нём (это особенно верно для глубинки).

13 Из записей в жалобной книге небольшого курортного отеля в Испании. ⑦

14 Американцы: «Ужасный отель. Здесь в лифтах накурено!»

15 Русские: «Странный отель. В лифтах почему -то запрещается ездить в смокинге. ⑧

16 Всюду висят таблички: "NO SMOKING!". Хорошо, хоть курить можно!» ⑨

17 Насмехаются они и над всем известной чертой русского характера – отсутствием чувства меры…

18 Когда они любят, то до гробовой доски; когда несчастны, то весь мир рушится; если же что-то празднуют, то закатывают пир на весь мир!

ПРОИЗНОШЕНИЕ

[*10* … *TEMSA* … *12* … *GLUBİNKİ* *13* *İSSAPİßEJ* … *14* … *WLİFTACH* … *17* … *ÅTßUTßTWİJEM TSCHUßTWA* …]

10 Der Butler geht hinaus, schließt die Tür hinter sich und öffnet sie nach einigen Minuten manierlich wieder mit den Worten: "Die Themse, Sir!"

11 Aber Russen lachen auch gerne über sich selbst, ihre schlechten Angewohnheiten und Schwächen (schwachen Stellen).

12 Zum Beispiel spricht ein Russe (russischer Mann) eine Fremdsprache entweder sehr gut oder gar nicht (überhaupt nicht spricht auf ihm) (dies gilt vor allem für die Provinz).

13 Aus dem Beschwerdebuch (Aufzeichnung in klagend Buch) eines kleinen Kurhotels (Kurort-Hotel) in Spanien.

14 Amerikaner: "[Ein] schreckliches Hotel. In den Aufzügen hier ist es verraucht!"

15 Russen: "Seltsames Hotel. Aus irgendeinem Grund ist es verboten, in den Aufzügen einen Smoking zu tragen (fahren in Smoking).

16 Überall stehen Schilder: NO SMOKING! Wenigstens darf man rauchen!"

17 Sie verhöhnen auch (lachen und über) die allen bekannte Eigenschaft des russischen Charakters – die Maßlosigkeit (Fehlen Gefühl Maß) …

18 Wenn sie lieben, lieben sie bis ins Grab (Grab- Brett); wenn sie unglücklich sind, bricht die ganze Welt zusammen; wenn sie etwas feiern, organisieren (rollen) sie ein Fest für die ganze Welt!

ПРИМЕЧАНИЕ

⑦ Neben **жалобная книга** findet man für "Beschwerdebuch" auch den Ausdruck **книга жалоб и предложений**, in etwa "Beschwerde- und Anregungsbuch".

⑧ Hier wäre auch die Präposition **на** zulässig: **ездить на лифте** "den Aufzug nehmen, mit dem Aufzug fahren".

⑨ Auf Russisch bezeichnet **смокинг** nur den Smoking als Abendanzug. Es hat nichts mit dem englischen Wort für "Rauchen" zu tun.

19 Очень часто эту идею выражают анекдоты про новых русских, которые, впрочем, действительно известны на Западе своими чудаческими выходками. ⑩

20 В салоне авиалайнера пассажир с удивлением смотрит в иллюминатор и в испуге подзывает стюардессу:

21 «Мы сбились с курса? Под нами снег, тайга, а должны быть Канары!» ⑪

22 «Это и есть Канары, сэр, – отвечает стюардесса, – просто там русские Новый год празднуют…» ⑫ ⑬

23 Но знайте, что смеясь над подобными чертами характера, русские в тайне ими гордятся…

ПРОИЗНОШЕНИЕ

[*21* … *KANARrÏ*]

Первое задание: Вы понимаете эти предложения?

❶ Обожаю французов: они крайне галантные, красивые и очень романтичные. – Ну конечно! ❷ Ты что-то написал в жалобной книге магазина? – Да, я написал, что это ужасный магазин и что у них никто не говорит ни на каком иностранном языке. ❸ Откуда этот тип? И одет он странно, и разговаривает он на непонятном мне языке… – Он из глубинки! ❹ Что ты себе позволяешь? Ну-ка выйди и зайди опять, как положено. – Ты преувеличиваешь. ❺ Вы любите смеяться над ним, его дурными привычками и слабыми местами. Подумали бы сначала о своих…

19 Diese Idee kommt sehr oft in Witzen über die Neureichen (neue Russen) zum Ausdruck, die jedoch im Westen eigentlich für ihre absonderlichen Eskapaden bekannt sind.

20 In der Kabine eines Linienflugzeugs schaut ein Passagier erstaunt aus dem Bullauge und ruft der Stewardess erschrocken zu:

21 "Sind wir vom Kurs abgekommen? Unter uns [liegt] Schnee und die Taiga, aber es sollten die Kanaren sein!"

22 "Das sind die Kanaren, Sir", antwortet die Stewardess, "(einfach) die Russen feiern dort [gerade] Neujahr ..."

23 Aber [Sie müssen] wissen, dass die Russen, wenn sie über derartige Charaktereigenschaften lachen, insgeheim (in Geheimnis) stolz darauf sind ...

ПРИМЕЧАНИЕ

⑩ **известны** [*ISWJEßNÏ*]: Auch hier wird das **т** wieder nicht gesprochen.

⑪ **сбились** [*SBİLIßj*]: Folgt **б** auf das stimmlose **c**, wird dieses stimmhaft gesprochen.

⑫ Steht die die wörtliche Rede einleitende Konstruktion innerhalb der direkten Rede, wird sie in Kommas eingeschlossen, und am Satzbeginn und -ende werden Anführungszeichen gesetzt.

⑬ In **празднуют** [*PRrASNUJUT*] wird das **д** nicht gesprochen.

Решение первого задания: Вы поняли?

❶ Ich liebe die Franzosen: Sie sind sehr galant, hübsch und sehr romantisch. – Natürlich [sind sie das]! ❷ Hast du etwas in das Beschwerdebuch des Geschäfts geschrieben? – Ja, ich habe geschrieben, dass es ein schrecklicher Laden ist und dass dort niemand eine Fremdsprache spricht. ❸ Woher kommt dieser Typ? Und er ist seltsam gekleidet und spricht eine Sprache, die ich nicht verstehe ... – Er ist aus der Provinz! ❹ Was erlaubst du dir? Geh [wieder] hinaus und komm manierlich wieder hinein. – Du übertreibst. ❺ Sie machen sich gerne über ihn, seine schlechten Angewohnheiten und Schwächen lustig. Denken Sie zuerst [einmal] über Ihre eigenen nach ...

Второе задание: Вставьте пропущенные слова!

1. Ich dachte immer, dass er ein höflicher und vornehmer Mann ist, aber heute ist er in mein Büro gestürmt und hat angefangen, irgendeinen Unsinn zu reden.

   Я всегда ___, что он ___ и ___ человек, а он сегодня ___ в мой ___ и начал говорить какую-то ___.

2. Ich habe mich auf den ersten Blick in ihn verliebt und ich bin mir sicher, dass das bis ins Grab der Fall ist! – Trotz seiner absonderlichen Eskapaden?

   Я ___ его с первого ___ и, уверена, что это до ___ ___!
   – ___ на ___ чудаческие ___?

3. Die Aufzüge in diesem Hotel sind verraucht, obwohl überall Schilder hängen, die auf das Rauchverbot hinweisen.

   В ___ этой гостиницы ___, хотя везде ___ ___, на которых ___, что курить ___.

❹ Ich bin so stolz auf dich: Du hast [uns] ein Festmahl für die ganze Welt organisiert! – Ich habe lediglich einen Kasten Bier gekauft ...

Я так ________ ________ : ты ________ ____ на весь мир! – Я всего лишь ______ ____ ____ ...

❺ Wir flogen über die Taiga und sahen aus dem Bullauge nichts außer Schnee, aber irgendwann wurde uns trotzdem klar, dass das Flugzeug vom Kurs abgekommen war.

Мы летели над ________ и не видели в ______________ ничего, кроме ______ , но в какой-то ________ мы всё-таки ________ , что ________ сбился с ______ .

Решение второго задания: Пропущенные слова.

❶ – думала – вежливый – утончённый – ввалился – офис – ерунду ❷ – полюбила – взгляда – гробовой доски – Несмотря – его – выходки ❸ – лифтах – накурено – висят таблички – написано – запрещается ❹ – тобой горжусь – закатил пир – купил ящик пива ❺ – тайгой – иллюминаторе – снега – момент – поняли – самолёт – курса

Курортная гостиница. Мужик пришёл в ресторан позавтракать: «Мне, пожалуйста, два варёных яйца. Одно недоваренное, почти жидкое, а другое очень крутое. А также жареной колбаски, но уже остывшей, парочку сгоревших гренок и маслица из морозилки.» Удивленный официант: «Это довольно сложный заказ. Не могу сказать, сколько вам придётся ждать.» Мужик: «Правда? А вчера мне это принесли в считанные минуты...»

[In einem] Kurhotel. Ein Mann geht in das Restaurant, um zu frühstücken: "Ich hätte gerne zwei gekochte Eier, bitte. Das eine nicht gar, fast flüssig, das andere sehr hart. Außerdem ein Bratwürstchen, das schon kalt geworden ist, zwei verbrannte Brotscheiben und Butter aus der Tiefkühltruhe." Der erstaunte Kellner [sagt]: "Das ist eine ziemlich komplizierte Bestellung. Ich kann Ihnen nicht sagen, wie lange Sie [darauf] warten müssen." [Der] Mann: "Wirklich? Gestern hat man mir [genau] das in wenigen Minuten (gezählt) gebracht ..."

58 Пятьдесят восьмой урок

В здоровом теле здоровый дух ①

1 – Наконец-то я записалась в спортзал: время поджимало – мне давно надо бороться с лишним весом и целлюлитом! ②

2 – Где ж ты у себя нашла целлюлит?

3 – Не издевайся, я так давно собой не занималась, что настал момент, когда его только слепой не увидит. ③

4 Я хочу подкачать живот, убрать жировые складки под ягодицами, да и просто быть в тонусе. ④

5 – Ну это имеет смысл, а то твоя история с целлюлитом ни в какие ворота не входила!

6 Я уже давно хожу в тренажёрный зал, так как у меня долго болела спина, и мой лечащий врач посоветовал мне тренировать мышцы спины. ⑤ ⑥

ПРОИЗНОШЕНИЕ

[*4 … JİGÅDİTßAMİ … 6 … MÏSCHTßÏ …*]

ПРИМЕЧАНИЕ

① Diese Redewendung des lateinischen Dichters Juvenal bedeutet, dass in einem gesunden Körper ein gesunder Geist steckt, obwohl sie ursprünglich auf einer lateinischen Volksweisheit beruhte, die besagte, dass ein gesunder Körper keine Garantie für einen gesunden Geist ist! Die Redewendung hat also eine ungewöhnliche Entwicklung durchgemacht.

② Bei **бороться с** "bekämpfen, kämpfen mit, ankämpfen gegen" ist die Präposition **с** zwingend. Vergessen Sie nicht, dass viele russische Verben anders konstruiert werden als im Deutschen. Weitere Informationen finden Sie in der Wiederholungslektion.

58. Lektion

In einem gesunden Körper steckt ein gesunder Geist

1 – Ich habe mich endlich in einem Fitnessstudio angemeldet (eingetragen): Es ist [höchste] Zeit (Zeit drängte), dass ich (seit-Langem) das Übergewicht und die Cellulitis bekämpfe!

2 – Wo hast du denn bei dir (selbst) Cellulitis entdeckt?

3 – Mach dich nicht lustig, ich habe mich schon so lange nicht um mich selbst gekümmert, dass der Moment gekommen ist, wo (wenn) nur ein Blinder es nicht sieht.

4 Ich möchte meinen Bauch etwas trainieren (aufpumpen), Fettfalten unter dem Gesäß entfernen und einfach straffer werden (sein in Tonus).

5 – Das macht Sinn (hat Sinn), denn deine Cellulitis-Geschichte war nicht glaubhaft (nicht in welches Tor nicht eingetreten)!

6 Ich gehe schon seit Langem ins Fitnessstudio, weil ich schon ewig (lange) Rückenschmerzen habe und mein behandelnder Arzt mir geraten hat, meine Rückenmuskeln zu trainieren.

③ Das Verb **заниматься** kann sehr verschiedene Bedeutungen haben, darunter **заниматься собой** "sein eigenes Ding machen", **заниматься спортом** "Sport treiben", **заниматься делами** "Dinge erledigen, sich mit Dingen beschäftigen".

④ **подкачать**: Das Präfix **под-** drückt aus, dass die Handlung nicht komplett ausgeführt wird, von geringer Intensität ist oder im Verborgenen stattfindet. Beispiele: **подделать** "ein wenig ausbessern"; **подслушать** "(heimlich) lauschen".

⑤ Verwechseln Sie nicht diese beiden ähnlichen Adverbien: **давно** "seit Langem, vor langer Zeit" und **долго** "lang, langwierig".

⑥ In einem komplexen Satz werden die beiden Subjekt-Verb-Kombinationen durch ein Komma voneinander getrennt: **У меня** болела спина**, и мой** врач посоветовал **мне...** "Ich hatte Rückenschmerzen und mein Arzt riet mir ..."

7 Теперь я занимаюсь плаванием один раз в неделю, раз в неделю хожу на пилатес, и один раз в зал, где мною занимается личный тренер. ⑦ ⑧

8 С ним я не сачкую, а целый час добросовестно потею, причём делаю только те упражнения, которые мне действительно необходимы. ⑨ ⑩

9 – Ну я бездельничать в зале и сама не собираюсь, он столько стоит, что если уж заплатил, то ходить надо постоянно!

10 – Настрой правильный. Только ты не тяни кота за хвост, а то потом закрутишься и передумаешь. ⑪ ⑫

11 – Нет-нет, что ты! Не передумаю: я уже отложила денег на абонемент и договорилась с начальством раз в неделю уходить раньше с работы.

12 Я, кстати, уже сейчас занялась стимуляцией мышц – у нас ещё на прошлой неделе в доме лифт сломался,

ПРОИЗНОШЕНИЕ

[*7 ... PİLATEß ... 8 ... ßATSCHKUJU ... DÅBRÅßOWİßNÅ PÅTJEJU ...*]

ПРИМЕЧАНИЕ

⑦ Bei **плаванием** [*PLAWANİJEM*] hört man mitunter auch [*PLAWANJEM*].

⑧ Dem Adverb **где** geht ein Komma voran, wenn es einen Relativsatz einleitet. Beispiel: **Вы не сказали ему, где вы были?** "Ihr habt ihm nicht gesagt, wo ihr wart?"

⑨ **сачкую** ist die 1. Person Singular von **сачковать**, das zur Umgangssprache gehört und neben "faulenzen" auch im Sinne von "schwänzen" oder "blaumachen" verwendet wird.

7 Einmal pro Woche schwimme ich jetzt, einmal gehe zum Pilates und einmal ins Fitnessstudio, wo sich ein Personal Trainer um mich kümmert.

8 Mit ihm faulenze ich nicht, sondern schwitze gewissenhaft eine ganze Stunde lang und mache dabei nur die Übungen, die wirklich für mich notwendig sind.

9 – Nun, ich habe auch nicht vor, im Fitnessstudio untätig zu sein, das kostet so viel, dass man, wenn man [erst einmal] bezahlt hat, ständig hingehen muss!

10 – Das ist die richtige Einstellung. Aber zögere nur nicht (Nur du nicht zieh Katze an Schwanz), sonst wirst du wieder viel zu tun haben (rollst-dich-ein) und du änderst deine Meinung.

11 – Nein, nein, nicht doch! Ich werde meine Meinung nicht ändern: Ich habe bereits Geld für meine Mitgliedschaft (Abonnement) beiseitegelegt und mit meinem Vorgesetzten vereinbart, dass ich einmal pro Woche früher von der Arbeit weggehe.

12 Ich mache übrigens schon jetzt ein bisschen Muskelaufbau (Stimulation Muskeln) – letzte Woche ist bei uns zu Hause der Aufzug kaputt gegangen,

⑩ Verwechseln Sie nicht die Konjunktion **причём** "dabei, sogar" mit dem Fragewort **при чём?** "weswegen?". Vergleichen Sie: **Я уже видел этот фильм, причём два раза** "Ich habe den Film schon gesehen, sogar zweimal"; **При чём тут я?** "Was geht mich das an?" ("Weswegen bin ich hier?").

⑪ Das vollendete Verb **закрутиться** "sich winden, sich einrollen" wird umgangssprachlich in der übertragenen Bedeutung "(zu) viel zu tun haben" verwendet: **Я так закрутился, что забыл о нашей встрече** "Ich hatte so viel zu tun, dass ich unser Treffen vergessen habe."

⑫ Das Präfix **пере-** vermittelt die Idee des Übergangs von einem Zustand in einen anderen: **передумать** "seine Meinung ändern"; **перевести**, "übersetzen" etc.

13 так я на девятый этаж после работы из магазина с полными сумками легко так взлетаю, как бабочка! ⑫

14 – О, вот мой муж. Сейчас увидишь, что у спортзала есть и свои недостатки.

15 – Боже мой, Юрий! Что у тебя с лицом?

16 – Вчера ходил в тренажёрный зал, хотел себя в форму привести…

17 Так вот… один качок гирю уронил…

18 – Тебе на лицо?

19 – Нет! Себе на ногу.

20 – При чём тут твоё лицо?

21 – Ну так, а мое лицо решило, что это смешно… и качку это не понравилось.

ПРОИЗНОШЕНИЕ

[*19* … *NANÅGU*]

Первое задание: Вы понимаете эти предложения?

❶ Ты думаешь, имеет смысл записаться в спортзал? – Конечно! В здоровом теле здоровый дух. ❷ У нас в доме лифт ещё на прошлой неделе сломался, моя бедная соседка поднимается каждый вечер по лестнице после работы, а ей 65 лет… ❸ Не сачкуй! Ты знаешь, сколько стоит абонемент в этот зал? Если уж заплатил, то ходить надо постоянно. ❹ Сначала мы не были уверены, что он влюблён в неё, но в какой-то момент этого мог не увидеть только слепой. ❺ Боже, что у тебя с ногой? – Да вот вчера бегал в парке и не заметил стоящего у дерева велосипеда, ну и упал…

13 deshalb schwebe ich nach der Arbeit mit vollen Taschen aus dem Geschäft leicht wie ein Schmetterling in den neunten Stock!

14 – Oh, da ist mein Mann. Jetzt wirst du sehen, dass das Fitnessstudio auch seine Nachteile hat.

15 – Mein Gott, Juri! Was ist mit deinem Gesicht passiert?

16 – Ich war gestern im Fitnessstudio, um in Form zu kommen …

17 Ja und ... ein Muskelprotz hat ein Gewicht fallen lassen …

18 – Dir ins Gesicht?

19 – Nein! Sich auf sein Bein.

20 – Was hat das mit deinem Gesicht zu tun?

21 – Nun, mein Gesicht fand es lustig (entschieden, dass dies lustig) ... und dem Muskelprotz hat das nicht gefallen.

ПРИМЕЧАНИЕ

⑫ Enthält ein Satz einen Vergleich, setzt man vor **как** ein Komma.

Решение первого задания: Вы поняли?

❶ Glaubst du, dass es Sinn macht, sich in einem Fitnessstudio anzumelden? – Natürlich! In einem gesunden Körper steckt ein gesunder Geist. ❷ Der Aufzug in unserem Gebäude ist schon (noch) letzte Woche kaputtgegangen, [und] meine arme Nachbarin nimmt (steigt) jeden Abend nach der Arbeit die Treppe, und sie ist 65 Jahre alt … ❸ Faulenze nicht! Weißt du, wie viel eine Mitgliedschaft für dieses Fitnessstudio kostet? Wenn man [es] einmal bezahlt hat, muss man [auch] immer gehen. ❹ Zuerst waren wir uns nicht sicher, ob (dass) er in sie verliebt war, aber irgendwann konnte es nur noch ein Blinder nicht sehen. ❺ Gott, was ist mit deinem Bein passiert? – Ich bin gestern im Park gelaufen und habe das Fahrrad neben dem Baum nicht gesehen, deshalb bin ich gestürzt …

Второе задание: Вставьте пропущенные слова!

1. Er schwimmt [und] einmal pro Woche macht er Yoga und Pilates. – Wie schafft er das nur alles?

   Он ___ ___, раз в ___ ходит на ___ и на ___. Когда он только всё ___?

2. Sie hat sich schon lange nicht mehr um sich gekümmert: [Sie hat] Fettfalten unter dem Gesäß, einen riesigen Bauch und [hat] Übergewicht ... Sie sollte auf sich aufpassen!

   Она так давно ___ не ___: жировые ___ под ___, огромный ___, ___ ___ ... Ей надо обратить на себя ___!

3. Unser behandelnder Arzt hat meiner Tochter geraten, ihre Rückenmuskulatur zu trainieren, weshalb sie sich in einem Fitnessstudio angemeldet hat und ich habe beschlossen, mit ihr schwimmen zu gehen.

   Наш ___ врач ___ моей ___ тренировать ___ ___, поэтому она ___ в спортзал, ну и я ___ ходить с ней ___ плавание.

4. Warum bist du unzufrieden? – Wir müssen diese Arbeit bis Donnerstag gemeinsam erledigen. Ich schwitze gewissenhaft, während sie faulenzt.

   Почему ты ___?
   – Мы должны вместе сделать эту ___ к ___. Я ___ ___, а она ___.

❺ Albina sagt, sie habe Cellulitis und Übergewicht; deshalb hat sie angefangen, mit einem Personal Trainer Sport zu treiben.

Альбина говорит, что у неё ________ и ______ ___, поэтому она ________ ________ с личным ________.

> **Lerntipp:** *Sie können den Lernerfolg noch steigern, indem Sie mit der Sprache und den Texten spielen. Lesen Sie laut, als würden Sie die Texte auf der Bühne vortragen, bilden Sie eigene Sätze, und hören Sie immer wieder die Tonaufnahmen an. Wenn Ihnen etwas unklar ist, versuchen Sie, es anhand des grammatikalischen Anhangs zu klären.*

Решение второго задания: Пропущенные слова.

❶ – занимается плаванием – неделю – йогу – пилатес – успевает ❷ – собой – занималась – складки – ягодицами – живот, лишний вес – внимание ❸ – лечащий – посоветовал – дочери – мышцы спины – записалась – решила – на – ❹ – недовольна – работу – четвергу – добросовестно потею – бездельничает ❺ – целлюлит – лишний вес – занялась спортом – тренером

59 Пятьдесят девятый урок

Детективный роман (часть первая)

1 – Дорогая, всё, что я тебе сейчас расскажу, должно остаться между нами, это совершенно конфиденциальная информация…

2 – Какая муха тебя укусила? Что ещё стряслось?

3 – Я слежу за подозрительным субъектом, пытаюсь узнать, что это за гусь.

4 В полицию я решил пока не звонить, а то если будет много шума, упустим голубчика.

5 – Ты что, белены объелся? Что ты несёшь?

6 – Погоди, я тебе сейчас всё объясню. ①

7 Уже два дня я наблюдаю за одним типом, который ошивается у нашего дома.

8 Вчера он вообще долго искал наш подъезд, потом, видишь ли, вспоминал код входной двери. ②

9 Но меня не проведёшь: я сразу понял, что ничего он не вспоминает, а просто делает вид.

ПРОИЗНОШЕНИЕ

[*1* … *KÅNFİDENTßJALjNAJA* … *3* … *ßUBJEKTÅM* … *4* … *GÅLUPTSCHİKA* *5* … *BleLleNÏ* … *8* … *PÅDJESD* …]

Ein Kriminalroman (erster Teil)

1 – Liebling, alles was ich dir jetzt sage, sollte unter uns bleiben, es ist absolut vertraulich (vertrauliche Information) ...

2 – Was für eine Laus (Fliege) hat dich gebissen? Was ist [dir denn schon wieder] (noch) passiert?

3 – Ich verfolge einen verdächtigen Typen und versuche herauszufinden, wer das ist (was dies für Gans).

4 Ich habe beschlossen, vorläufig noch nicht die Polizei zu rufen, denn wenn man zu viel Lärm macht, geht er uns durch die Lappen (verpassen Täubchen).

5 – Bist du komplett verrückt geworden (Du was, Bilsenkraut gegessen)? Was faselst du da?

6 – Warte, ich erkläre es dir jetzt alles.

7 Seit zwei Tagen beobachte ich einen Typ, der sich um unser Haus herumtreibt.

8 Gestern hat er ganz lange (eigentlich lange) nach unserem Hauseingang gesucht, und dann – weißt du – ist ihm der Code für die Haustür [lange nicht] eingefallen (erinnerte sich).

9 Aber mir kann man nichts vormachen (nicht machst-vor): Ich wusste sofort, dass er sich nicht erinnerte, sondern nur so tat, als ob.

ПРИМЕЧАНИЕ

① Heutzutage wird das Verb **погодить** "warten, Geduld haben" vor allem im Imperativ verwendet: **погоди**, **погодите**. Der Imperativ kann einen zweifelnden oder überraschten Unterton haben: **Погоди, он же в Москве живёт...** "Warte mal, wohnt er nicht in Moskau?". Er kann auch eine Drohung ausdrücken: **Ну, погоди!** "Du wirst schon sehen!"

② In **подъезд** "Hauseingang" steckt das Präfix **под-**, das auch mit Verben der Fortbewegung verwendet wird: **подходить** "zu Fuß ankommen/(sich) zu Fuß nähern"; **подъезжать** "mit einem Fortbewegungsmittel ankommen/(sich) ... nähern"; **подлетать** "mit einem Flugzeug ankommen" etc.

10 Так и топтался он у двери, пока ему тётя Даша с пятого не открыла, ну он в подъезд и шмыгнул. ③ ④

11 Затем он уходил и возвращался 4 добрых раза, да всё с маленькими такими свёрточками, не иначе, как дилер!

12 Эх, я б его ещё вчера вычислил бы, да у меня, как нарочно, рагу кипело… а ты ведь сказала – как закипит, чтоб ни на шаг… ⑤

13 Ну вот я у кастрюли и дежурил, а через десять минут типчик уже смотался, не пойму как, шустро так улизнул.

14 – Пойду посмотрю, у нас там успокоительное какое-нибудь осталось или нет… Тебе даже укол успокоительный не помешал бы… ⑥

15 Вместо того, чтобы непонятно чем заниматься, картошки бы почистил.

16 – Что ты, что ты! Сейчас не могу: я пообещал одному доровому мальчишке 100 рублей,

17 чтобы он дал мне знать, когда вновь увидит нашего подозрительного индивидуума неподалёку.

ПРОИЗНОШЕНИЕ

*[**10** … SCHMÏGN**U**L **11** … D**Ï**LIeRr **12** … RrAG**U** … **16** … DWÅRr**O**WÅMU … **17** … ÏNDÏW**Ï**DUUMA …]*

ПРИМЕЧАНИЕ

③ Merken Sie sich zu dem unvollendeten Verb **топтаться** "stampfen, herumtrampeln" auch das Wort, das lautlich das Geräusch von Schritten nachahmt: **топ-топ** "tapptapp".

④ Informell bezeichnet man Personen, die älter sind als man selbst, zu denen aber keine verwandtschaftliche Beziehung besteht, häufig als "Tante" bzw. "Onkel" (oftmals gefolgt vom entsprechenden Vornamen).

10 So stapfte er vor der Tür herum, bis ihm Tante Dascha aus dem fünften [Stock] öffnete, und er huschte durch den Hauseingang.

11 Dann ging er weg und kam gut viermal zurück, immer mit kleinen Päckchen, das kann nichts anderes als ein Dealer sein!

12 Ach, ich hätte es gestern herausgefunden (errechnet), aber da hat ausgerechnet der Eintopf (Ragout) gekocht ... und du hast doch gesagt, ich soll mich nicht wegbewegen (nicht auf Schritt), wenn er kocht ...

13 Ich war also am Kochtopf und passte auf, und zehn Minuten später war der Kerl schon verschwunden, ich weiß nicht wie, er schlich sich so schnell davon (flink so abgehauen).

14 – Ich gehe nachsehen, ob wir noch irgendwelche Beruhigungsmittel haben oder nicht ... Du könntest sogar eine Beruhigungsspritze gebrauchen (Dir sogar Spritze beruhigend nicht gestört würde) ...

15 Anstatt dich mit undurchschaubaren Dingen zu beschäftigen, könntest du Kartoffeln schälen.

16 – Du machst Scherze (Was du, was du)! Ich kann jetzt nicht: Ich habe einem Jungen vom Hof 100 Rubel versprochen,

17 damit er mir Bescheid sagt, wenn er unser verdächtiges Individuum wieder in der Gegend (nicht-weit) sieht.

⑤ **нарочно** [*NARrOSCHNÅ*]: Diese Aussprache ist korrekt, sie wird aber mitunter durch das umgangssprachliche [*NARrOTSCHNÅ*] ersetzt.

⑥ Sie wissen, wie man aus Adjektiven Substantive bildet: **успокоительный** "beruhigend" (Adj.) ergibt das Substantiv **успокоительное** (**средство**) "Beruhigungsmittel" (n.). Ebenso: **слабительный** "abführend" → **слабительное** (**средство**) "Abführmittel"; **мороженый** "(tief)gefroren" → **мороженое** "Eis" ...

18 Вот он флажком машет и в свисток дует, значит подозреваемый находится в зоне видимости.

19 – Ай да молодец! Ты не только в детство впал, но ещё и соседским детишкам голову ерундой забиваешь.

20 – Хммм... Были люди, которые не верили в гений Шерлока Холмса!.. Ты ещё раскаешься. ⑦ ⑧

21 – Мама дорогая! Ты и правда спятил. Хоть к ужину вернись, Шерлок!

Первое задание: Вы понимаете эти предложения?

① Он и правда спятил: уже неделю он следит за каким-то подозрительным субъектом. – Мама дорогая! ② Никак не пойму: какая муха вас укусила так со мной разговаривать? ③ Вместо того, чтобы непонятно чем заниматься, почистила бы картошки. Я не могу готовить ужин на десять персон одна. ④ Я не могу рассказать тебе то, что знаю о них: это конфиденциальная информация, которую я смогу дать только полиции. ⑤ Не забивай себе голову подобной ерундой и успокойся. Если хочешь, я сделаю тебе успокоительный укол.

18 Er schwenkt ein Fähnchen und pfeift (in Pfiff bläst), sobald (das-bedeutet) der Verdächtige in Sichtweite (Zone Sicht) ist.

19 – Na Bravo! Du bist nicht nur in die Kindheit zurückgefallen, sondern füllst (erschlägst) auch noch die Köpfe der Nachbarskinder mit Unsinn.

20 – Hm ... Es gab Leute, die nicht an die Genialität von Sherlock Holmes glaubten ...! Du wirst es noch bereuen.

21 – Ach herrjemine (Mama lieb)! Du bist wirklich verrückt geworden. Komm wenigstens zum Abendessen wieder, Sherlock!

ПРИМЕЧАНИЕ

⑦ **гений** kann wie hier die "Genialität", aber auch das "Genie" bezeichnen: **Его гений был признан всеми** "Seine Genialität wurde von allen anerkannt", aber auch **Он действительно великий гений** "Er ist wirklich ein großes Genie".

⑧ **раскаешься** ist die 2. Person Singular des vollendeten Verbs **раскаяться** "bereuen, bedauern". Achtung: Das Verb ist im Russischen rückbezüglich.

Решение первого задания: Вы поняли?

❶ Er ist wirklich verrückt geworden: Seit einer Woche verfolgt er irgendeinen verdächtigen Typ (Subjekt). – Ach herrjemine! ❷ Ich verstehe das nicht: Welche Laus (Fliege) hat Sie gebissen, dass Sie so mit mir reden? ❸ Anstatt dich mit undurchschaubaren Dingen zu beschäftigen, könntest du Kartoffeln schälen. Ich kann nicht allein ein Abendessen für zehn Personen kochen. ❹ Ich kann dir nicht sagen, was ich über sie weiß: Das sind vertrauliche Informationen, die ich nur der Polizei geben kann. ❺ Fülle (Erschlage) deinen Kopf nicht mit solchem Unsinn und beruhige dich. Wenn du willst, gebe ich dir eine Beruhigungsspritze.

Второе задание: Вставьте пропущенные слова!

❶ Du täuschst mich nicht: Du tust so, als würdest du dich an die Regel erinnern, die dir aufgegeben wurde, aber ich sehe, dass du sie nicht gelernt hast.

Меня не … : ты делаешь … , что … … , которое тебе задали, но я ведь … , что ты … не … .

❷ Wohin gehst du den ganzen Tag mit deinen kleinen Päckchen? – Wir spielen mit den Jungen vom Hof.

Куда это ты … … день со своими … … ? – Да это мы … с … мальчишками.

❸ Warte, mein Eintopf kocht im Kochtopf, ich kann mich nicht (auf Schritt) wegbewegen. – Kein Problem, ich rufe dich nach dem Abendessen zurück.

… , у меня … рагу в … , я сейчас не … … на … отойти. – Без … , я перезвоню тебе … … .

60 Шестидесятый урок

Детективный роман (часть вторая)

1 – Ну что, не задержал своего особо опасного преступника? Кто же он – террорист, убийца, вор?

❹ Was ist das für ein Typ? – Ich werde dir alles erklären. Bitte nimm (trink) nur zuerst was vom Beruhigungsmittel ...

Это ещё что за ___? – Я ___ сейчас всё ___. Только ___ ___, пожалуйста, ___ ...

❺ Wenn sich der Verdächtige in Sichtweite befindet, pfeifen Sie, ansonsten schwenken Sie nur das Fähnchen.

Если ___ находится в зоне ___, вы ___ в ___, если нет, просто ___ ___.

Решение второго задания: Пропущенные слова.

❶ – проведёшь – вид – вспоминаешь правило – вижу – его – выучил ❷ – ходишь целый – маленькими свёрточками – играем – дворовыми – ❸ Погоди – кипит – кастрюле – могу ни – шаг – проблем – после ужина ❹ – гусь – тебе – объясню – сначала выпей – успокоительного ❺ – подозреваемый – видимости – дуете – свисток – машете флажком

Für **подъезд** gibt es keine eindeutige Übersetzung. In Russland hat ein Gebäude eine einzige Hausnummer, aber häufig mehrere zugehörige Eingänge, die mit unterschiedlichen Nummern versehen sind. So lautet die Adresse z. B. **дом номер 20, 1, 2, 3 подъезд** "Gebäude Nr. 20, Eingang 1, Eingang 2, Eingang 3" ...

60. Lektion

Ein Kriminalroman (zweiter Teil)

1 – Na und, hast du deinen außerordentlich gefährlichen Verbrecher nicht gefasst? Wer ist er denn – ein Terrorist, ein Mörder, ein Dieb?

2 – Смейся, потешайся... Я ведь должен понять, кто этот субъект, расследовать это тёмное дело.

3 В любом случае я зашёл слишком далеко, мне теперь ни шагу назад.

4 – Ты не забыл, что ты бухгалтер? По-моему, ты и вправду возомнил себя частным детективом.

5 – Ха-ха-ха! Первой будешь мне рукоплескать, когда об этом случае напишут все газеты, а моя фотография будет на первой полосе! ① ②

6 Ничего, сегодня я его упустил, но он был практически в моих руках.

7 Преступник как раз выходил из подъезда, нервный такой, явно спешил куда-то.

8 Сразу видно – совесть у человека нечиста. И всё делает он не как нормальный человек. ③

9 Ну, а я – тут как тут! Может, заметил, что я у него на хвосте, а может это привычное преступное поведение, ④

10 но он перешёл на другую сторону дороги и засеменил по противоположному тротуару.

ПРОИЗНОШЕНИЕ

[*4* ... *BUGALTIeRr* ... *TSCHAßNÏM* ... *9* ... *PÅWIeDJENIJE* *10* ... *SAßIeMIeNÍL* ...]

ПРИМЕЧАНИЕ

① Nach dem vollendeten Verb **рукоплескать** "applaudieren" steht – wie im Deutschen – der Dativ.

2 – Mach dich nur lustig (Lache, belächle) … Ich muss herausfinden (verstehen), wer diese Person (Subjekt) ist [und] diesen obskuren Fall lösen (untersuchen).

3 Wie auch immer, ich bin zu weit gegangen, ich kann jetzt keinen Schritt mehr zurückgehen (mir jetzt nicht Schritt zurück).

4 – Hast du (nicht) vergessen, dass du Buchhalter bist? Ich glaube, du hältst dich wirklich für einen Privatdetektiv.

5 – Hahaha! Du wirst die Erste sein, die mir applaudiert, wenn der Fall in allen Zeitungen steht und mein Bild auf der Titelseite (auf erster Seite) zu sehen ist!

6 Na ja egal (Nichts), ich habe ihn heute verpasst, aber er war praktisch in meinen Händen.

7 Der Täter kam gerade aus dem Hauseingang, nervös, offensichtlich in Eile irgendwohin.

8 Es ist offensichtlich (sofort sichtbar), dass das Gewissen des Mannes nicht rein ist. Und alles, was er tut, ist nicht wie bei einem normalen Menschen.

9 Und ich war gleich da! Vielleicht hat er bemerkt, dass ich ihm auf den Fersen (auf Schwanz) war, oder es lag an seinem gewohnten kriminellen Verhalten,

10 aber er wechselte auf die andere Straßenseite und lief (trippelte) auf dem gegenüberliegenden Gehweg weiter.

② Bei **случае** handelt es sich um den Präpositiv des männlichen Substantivs auf **-й**: **случай** "Fall, Gelegenheit, Anlass, Zufall".

③ Vor **как** wird kein Komma gesetzt, wenn dem Vergleich die Verneinung mit **не** vorausgeht: **Они все делают не как соседи!** "Sie machen nichts wie die Nachbarn!"

④ Dieser Ausdruck kommt mit verschiedenen Verben vor: **быть/висеть/сидеть на хвосте у кого-то** "jmdm. auf den Fersen sein".

11 Я за ним, а он раз – и шаг ускорил, почти бегом побежал; и я не отстаю, хоть нога и ноет после перелома. ⑤

12 Так он захотел с толпой смешаться, в ней раствориться, исчезнуть...забежал в супермаркет, и там я его потерял.

13 Но я не вешаю нос: завтра я взял день без содержания, попрошу шурина, чтобы подсобил в моём расследовании. ⑥

14 Вдвоём мы его, голубчика, в угол загоним!

15 – Загоните, загоните... А в ожидании твоих ратных подвигов, открой, пожалуйста, дверь, звонит кто-то. ⑦ ⑧

16 Только в глазок не забудь посмотреть, а то вдруг это твой Джек Потрошитель наведался к нам.

17 – О Боже, а ведь это действительно он! Глазам не верю – он сам приплыл в мои сети. ⑨

18 Значит план такой: я открываю дверь, а ты тихо и незаметно звонишь в полицию.

ПРОИЗНОШЕНИЕ

[*13 ... SCHURrINA ... PÅTßÅBIL ... 18 ... SWÅNISCH ...*]

ПРИМЕЧАНИЕ

⑤ **ноет** ist die 3. Person Singular des unvollendeten Verbs **ныть** "quengeln, jammern", das im übertragenen Sinne auch "schmerzen, wehtun" bedeutet: **ною**, **ноешь**, **ноют**.

⑥ **подсобить** "helfen" (v.) gehört zur Umgangssprache und wird vor allem auf dem Land oder ironisch verwendet: **Ну что ты на меня смотришь? Подсоби!** "Warum schaust du mich so an? Hilf [mir lieber]!"

11 Ich folgte ihm (Ich hinter ihm), doch er beschleunigte seine Schritte, rannte fast (fast Lauf gerannt), und ich hielt mit, obwohl mein Bein schmerzt (quengelt), [seit] ich es mir gebrochen habe (nach Bruch).

12 Nun, er wollte in der Menge untertauchen (sich-vermischen), verschwinden (in ihr sich-auflösen), abhauen ... [er] lief in einen Supermarkt, und dort verlor ich ihn.

13 Aber ich lasse den Kopf (Nase) nicht hängen: Morgen nehme ich mir einen Tag frei (Tag ohne Gehalt) [und] bitte meinen Schwager, mir bei meinen Ermittlungen zu helfen.

14 Gemeinsam (Zu-zweit) treiben wir den Kerl (Täubchen) in die Enge (in Ecke jagen)!

15 – Genau das ist es (Treibt-hinein, treibt-hinein) ... Und in Erwartung deiner Heldentaten (kämpferische Tat), öffne bitte die Tür, jemand klingelt.

16 Vergiss nur nicht, durch das Guckloch zu schauen, vielleicht besucht uns [ja] plötzlich dein Jack the Ripper!

17 – Oh, mein Gott, er ist es wirklich! Ich kann [meinen] Augen nicht trauen, er ist mir ins Netz gegangen (er selbst schwimmend-gekommen in meine Netze).

18 Also (das-heißt), das ist der Plan: Ich öffne die Tür und du rufst leise und unauffällig die Polizei.

⑦ **Загоните**: Achtung! Liegt die Betonung auf der zweiten Silbe ([*SAGONİTJE*]), so ist es das Futur der 2. Person Plural. Betont man hingegen das **и** ([*SAGÅNİTJE*]), erhält man den Imperativ Plural.

⑧ Ein Satz voller Kommas! Zunächst einmal steht die Umstandsbestimmung vor dem Verb und wird durch ein Komma vom Rest des Satzes getrennt. Auf **пожалуйста** folgt immer ein Komma, und schließlich wird jedem neuen Subjekt mit seinem Verb ein Komma vorangestellt.

⑨ **сети** ist der Akkusativ Plural des weiblichen Substantivs **сеть** "Netz".

19 – Добрый вечер! У вас не найдётся немного соли?

20 Я ваш новый сосед снизу, мы только переселились, и я уже замучился в магазин по мелочам мотаться. ⑩

21 Уже пять раз сегодня бегал за всякой всячиной, а вот соль опять забыл...

Первое задание: Вы понимаете эти предложения?

① Ты чего так поздно? – Я забежал в супермаркет, надо было купить муки, но сразу её не нашёл: там столько отделов! ② Не вешай нос: всё обязательно будет хорошо. Я попрошу моего шурина, он тебе поможет. ③ Она захотела смешаться с толпой и, перейдя на противоположный тротуар, быстро засеменила к вокзалу. ④ Сразу видно – совесть у человека не чиста: всё он делает нервно и не как нормальные люди. ⑤ Кто это к нам наведался? Глазам не верю – неужели это ты. Сколько лет, сколько зим!

Второе задание: Вставьте пропущенные слова!

① Es klingelt an der Tür, mach bitte auf, aber vergiss nicht, durch das Guckloch zu schauen. – Mama, aber ich bin doch nicht mehr klein, hör auf, mich an so offensichtliche Dinge zu erinnern.

В дверь . . . . , открой, пожалуйста, но не . . . . . . посмотреть в . . . . – Мам, ну я же не . . . . , хватит уже . . . . , такие . . . .

19 – Guten Abend, haben Sie [vielleicht] etwas Salz?

20 Ich bin Ihr neuer Nachbar von unten, wir sind gerade eingezogen und ich bin es leid, [ständig] für Kleinkram zum Laden zu laufen.

21 Ich war heute schon fünfmal für allen möglichen Klimbim draußen, aber ich habe schon wieder das Salz vergessen ...

ПРИМЕЧАНИЕ

⑩ Das unvollendete Verb **мотаться** "baumeln" bedeutet in der Umgangssprache auch "[ständig] hin- und herlaufen".

Решение первого задания: Вы поняли?

① Warum bist du so spät dran? – Ich bin kurz in den Supermarkt gegangen, ich musste Mehl kaufen, aber ich habe es nicht gleich gefunden: Es gibt so viele Abteilungen! ② Lass den Kopf nicht hängen (Nicht hänge Nase): Es wird bestimmt alles gut werden. Ich werde meinen Schwager bitten, dir zu helfen. ③ Sie wollte in der Menge untertauchen und trippelte, indem sie zum gegenüberliegenden Gehweg wechselte, schnell in Richtung Bahnhof. ④ Es ist offensichtlich, dass das Gewissen des Mannes nicht rein ist: Er macht alles nervös und nicht wie normale Menschen. ⑤ Wer ist gekommen, um uns zu besuchen? Ich traue [meinen] Augen nicht, dass du es bist. Es ist schon so lange her (wie-viele Jahre, wie-viele Winter)!

❷ Wer wird diesen obskuren Fall untersuchen? – Ich bin mir nicht sicher, aber meiner Meinung nach ein Privatdetektiv.

Кто же будет ___ это ___ дело? – Я не ___, но по-моему, какой-то ___ ___.

❸ Ich habe deinen Bruder schon seit Ewigkeiten nicht mehr gesehen. – Ich habe ihn gestern zufällig gesehen, als er aus unserem Hauseingang kam und es wie immer eilig hatte.

Сто ___ не ___ твоего ___. – Я вот его вчера ___: он выходил из ___, как ___ куда-то ___.

❹ Achtung! Wir suchen einen besonders gefährlichen Verbrecher. Prägen Sie sich das Gesicht dieses Terroristen ein.

___! Мы ___ особо опасного ___. ___ лицо этого ___.

61 Шестьдесят первый урок

Дачники

1 – Молодцы, что приехали! Мы уже три недели одни на даче, соскучились по вас. ① ②

2 – Ну и славно, а то мы в городе запарились, с такой жарой дышать нечем, пыльно, душно, все в поту…

ПРИМЕЧАНИЕ

① Es mag seltsam erscheinen, dass das Zahladjektiv "eins" auch im Plural existiert. Tatsächlich ändert sich seine Bedeutung dabei: **одни** bedeutet "allein".

❺ Mein Bein tut weh, seit ich es mir gebrochen habe. – Nun, du hättest es mir gleich sagen sollen, ich wusste es nicht, ich habe meine Schritte beschleunigt und nicht bemerkt, dass du nicht mitgekommen bist …

У меня ____ ____ после ________. – Ну сразу бы ________, я ведь не знал, шаг ________ и не ________, что ты ________ …

Решение второго задания: Пропущенные слова.

❶ – звонят – забудь – глазок – маленький – напоминать – очевидные вещи ❷ – расследовать – тёмное – уверен – частный детектив ❸ – лет – видел – брата – видел – подъезда – всегда – спешил ❹ Внимание – ищем – преступника – Запомните – террориста ❺ – нога ноет – перелома – сказал – ускорил – заметил – отстаёшь

61. Lektion

Die Datscha-Urlauber

1 – Toll, dass ihr gekommen seid! Wir sind jetzt seit drei Wochen allein im Landhaus (auf Datscha), wir haben euch vermisst (gesehnt auf euch).

2 – Umso besser, denn wir haben geschwitzt (gedampft) in der Stadt, bei dieser Hitze kann man nicht atmen, es ist staubig, stickig, alle schwitzen (in Schweiß) …

② Selbst viele Muttersprachler wissen nicht, welche Variante richtig ist: **скучать/соскучиться по вас** oder **по вам**. Beide Formen existieren in der heutigen Sprache jedoch parallel.

3 Хорошо было, пока в офисе был кондиционер, но на прошлой неделе и он сломался, так что мы просто вешались на работе! ③

4 – Значит так, смотрите, я вам сейчас всё объясню и покажу, чтобы вы чувствовали себя действительно как дома. ④ ⑤

5 – Я думала, у вас дача в дачном посёлке находится…

6 – Нет, мы специально настоящий домик в деревне купили, это ведь здорово – возвращение к корням, так сказать.

7 – М-да, экзотика: птицы галдят, гуси гогочут, коровы мычат, куры кудахчут… как повезло: когда сюда ехали, даже стадо овец видели.

8 – Ага, а вот пойдём на луг гулять, так там увидите коз, они там на пастбище всегда пасутся с утра до вечера. ⑥

9 Только, думаю, тебе придётся снять твои двенадцатисантиметровые каблуки и обуть резиновые сапоги на плоской подошве…

ПРОИЗНОШЕНИЕ

[**5** … *NACHODÍTßA*]

ПРИМЕЧАНИЕ

③ Das unvollendete Verb **мы вешались** "wir erhängten uns, wir hängten uns auf" wird hier für einen abgeschlossenen Zeitraum – **на прошлой неделе** "letzte Woche" – verwendet, da nicht das Ergebnis der Handlung, sondern die Handlung selbst hervorgehoben wird.

3 Alles war gut, solange es im Büro die Klimaanlage gab, aber letzte Woche ging auch diese kaputt, sodass wir es bei der Arbeit einfach kaum ausgehalten haben (erhängten auf Arbeit)!

4 – Also (das-heißt so), schaut, ich werde euch jetzt alles erklären und zeigen, damit ihr euch wirklich wie zu Hause fühlt.

5 – Ich dachte, eure Datscha wäre in einer Datscha-Siedlung ...

6 – Nein, wir haben absichtlich ein richtiges Häuschen auf dem Land gekauft – es ist toll (gesund), wieder zu den Wurzeln zurückzukehren (Rückkehr zu Wurzeln), sozusagen.

7 – Tja, exotisch: Die Vögel schreien, die Gänse schnattern, die Kühe muhen, die Hühner gackern ... und wie es der Zufall will (wie Glück-gehabt), haben wir auf unserem Weg hierher sogar eine Schafherde gesehen.

8 – Aha, und wenn wir auf der Wiese spazieren gehen, werdet ihr dort Ziegen sehen, die sind immer auf der Weide und grasen von morgens bis abends.

9 Aber ich glaube, du musst deine [Schuhe mit] zwölf Zentimeter hohen Absätzen ausziehen und Gummistiefel mit flachen Sohlen anziehen ...

④ **смотрите**: Die Betonung liegt bei der 2. Person Plural Präsens auf der ersten Silbe ([*ßMOTRrITJE*]) und im Imperativ Plural auf der zweiten Silbe: [*ßMÅTRrITJE*].

⑤ Man setzt kein Komma vor **как** "wie", wenn es Teil eines festen Ausdrucks ist: **чувствовали себя как дома** "sie fühlten sich wie zu Hause".

⑥ **пастбище** "Weide" kann auf zwei Arten ausgesprochen werden: [*PAßTBISCHJE*] und [*PAßBISCHJE*].

10 – Да они удобные, у них внутри платформа почти 3 сантиметра, поэтому я в них могу ходить часами. ⑦

11 – Нам надо будет идти по болотистой местности, через мостик, через камыши, по настоящей грязюке! ⑧

12 Горожанка ты моя конченая, это тебе не через лужу в городе перепрыгнуть. ⑨

13 Тебе обязательно пойдёт на пользу твоё пребывание в деревне: узнаешь, как выглядит колодец, сеновал, как делается сыр и как куры несут яйца! ⑩

14 Ну, а пока давай объясню тебе, как у нас работает унитаз,

15 там сломан смыв и надо краник подкручивать каждый раз.

16 Зато с душем проблем нет: вода горячая и холодная помечены соответственно на кране красным и синим,

17 а чтобы переключить на душ, надо потянуть рычажок на себя.

18 На кухне раковину лучше пока не использовать, там труба засорилась, но мы вызвали сантехника, должны в течение дня починить.

ПРОИЗНОШЕНИЕ

[***11*** *... GRrISJ**U**KJE* ***16*** *... SD**U**SCHIeM ...* ***17*** *... RrÏTSCHIĴ**O**K ...*]

ПРИМЕЧАНИЕ

⑦ Bei **часами** handelt sich nicht um das Pluralwort "Uhren" von **часы**, sondern um das Adverb **часами** "stundenlang": **Он мог читать часами** "Er konnte stundenlang lesen".

⑧ **местности** [*MJEßNÅßTI*]: Das erste **т** wird nicht gesprochen.

10 – Aber (Ja), sie sind bequem, sie haben innen ein Plateau von fast drei Zentimetern, sodass ich stundenlang in ihnen herumlaufen kann.

11 – Wir müssen durch sumpfiges Gelände laufen, über eine Brücke, durch Schilf, in echtem Schlamm!

12 Du bist ein richtiger Stadtmensch (Städterin du meine heruntergekommene), das ist nicht so, als würdest du in der Stadt über eine Pfütze springen.

13 Du wirst auf jeden Fall von deinem Aufenthalt auf dem Lande profitieren (Dir unbedingt losgeht auf Nutzen): Du wirst erfahren, wie ein Brunnen [oder] ein Heuboden aussieht, wie (macht-sich) Käse hergestellt wird und wie Hühner Eier legen!

14 In der Zwischenzeit möchte ich dir erklären, wie bei uns die Toilette funktioniert,

15 die Spülung ist [nämlich] defekt und man muss den Wasserhahn jedes Mal aufdrehen.

16 Dafür gibt es mit der Dusche kein Problem: Warmes und kaltes Wasser sind auf dem Wasserhahn [mit] Rot bzw. [mit] Blau markiert,

17 und um auf die Dusche umzuschalten, muss man den Hebel zu sich ziehen.

18 In der Küche benutzt man das Waschbecken am besten vorläufig nicht, weil das Rohr verstopft ist, aber wir haben einen Klempner angerufen, der es im Laufe des Tages repariert haben müsste (müssen in Verlauf Tag reparieren).

⑨ Das Präfix **пере-** vermittelt das Bild einer Überquerung. Es kommt entsprechend v. a. mit Verben der Bewegung vor: **перепрыгнуть** "überspringen"; **переехать** "überqueren (mit einem Fahrzeug)"; **перейти** "überqueren (zu Fuß)"; **переплыть** "durchschwimmen" etc.

⑩ **как делается сыр и как куры несут яйца**: Trotz der zwei Subjekte mit ihren Verben steht hier kein Komma, da sie als Fortsetzung der Aufzählung im ersten, vor dem Doppelpunkt stehenden Satzteil, gelten.

19 – А где же баня? Или в вашем настоящем деревенском доме нет настоящей русской бани?

20 – Есть конечно! Пойдём, проведу экскурсию, покажу, чем сегодня будем париться. ⑪

21 Вот у меня в ведёрке и берёзовый веник заготовлен, а дубовый лежит отмокает в предбаннике. ⑫

22 Ой, Танюша уже на стол накрыла. Пойдём детвору собирать, да за стол, а потом уже и на луг, а вечерком и в баньку!

Первое задание: Вы понимаете эти предложения?

① Я ехала на велосипеде мимо пастбища, видела, там пасётся стадо, но не знаю, это были овцы или козы... ② Приезжайте к нам в деревню. Мы очень соскучились по вашему сыну и по бабушке. – Я тоже соскучилась по вас! ③ Они купили настоящий домик в деревне, говорят, что для них это очень важно – возвращение к корням, так сказать. ④ Не понимаю, как работает твой душ. – Смотри, всё очень просто: горячая вода помечена на кране красным, а холодная – синим. ⑤ Я вызвал сантехника ещё вчера, причём указал, что это срочно, так как у меня дома засорилась труба. – Ждите, он будет в течение дня.

19 – Und wo ist die Banja (Dampfbad)? Oder hat dein echtes Dorfhaus kein echtes russisches Dampfbad?

20 – Ja, natürlich gibt [es das]! Gehen wir, ich führe [euch] herum (Ausflug) und zeige [euch], wie die Sauna funktioniert (was heute werden dampfen).

21 Ich habe einen Birkenbesen in einem Eimer vorbereitet und ein Eichenbesen ist im Saunavorraum eingeweicht.

22 Oh, Tanjalein hat den Tisch schon gedeckt. Lasst uns die Kinder rufen (einsammeln) und essen (ja zu Tisch), dann auf die Wiese gehen und am Abend [gehen wir] ins Dampfbad!

ПРИМЕЧАНИЕ

⑪ **париться** "dampfen" (uv.; von **пар** "Dampf") wird im übertragenen Sinne für "in die Sauna gehen, ein Dampfbad nehmen" verwendet. Die zugehörige vollendete Form lautet **запариться** "schwitzen" (Satz 2). Beide Formen haben umgangssprachlich auch die Bedeutung "sich den Kopf zerbrechen" bzw. "(über etw.) brüten".

⑫ Das männliche Nomen **предбанник** bezeichnet den Vorraum einer russischen Sauna. Es setzt sich aus der reduzierten Präposition **перед** "vor" und dem Femininum **баня** "Badehaus, Banja" zusammen.

Решение первого задания: Вы поняли?

❶ Ich bin an einer Weide vorbeigeradelt [und] ich habe dort eine Herde grasen sehen, aber ich weiß nicht, ob es Schafe oder Ziegen waren … ❷ Kommt uns auf dem Land (in Dorf) besuchen. Wir haben euren Sohn und eure Großmutter sehr vermisst. – Ich habe euch auch vermisst! ❸ Sie haben ein richtiges Häuschen auf dem Land gekauft und sagen, dass es ihnen sehr wichtig sei, sozusagen zu ihren Wurzeln zurückzukehren. ❹ Ich verstehe nicht, wie deine Dusche funktioniert. – Schau, es ist alles ganz einfach: Heißes Wasser ist auf dem Wasserhahn rot und kaltes Wasser blau markiert. ❺ Ich habe noch gestern einen Klempner angerufen und ihm (dabei) gesagt, es sei dringend, weil ein Rohr in meinem Haus verstopft ist. – Warten Sie, er wird im Laufe des Tages kommen (sein).

Второе задание: Вставьте пропущенные слова!

❶ Heute Abend gehen wir (dampfen) in ein echtes russisches Badehaus! Unsere Freunde haben bereits einen tollen Eichenbesen vorbereitet.

____ вечером мы идём ____ в ____ русскую ____ ! У наших друзей уже ____ ____ дубовый ____ .

❷ Ich sehe dich zum ersten Mal ohne (nicht auf) Absätze ... – Wir sind durch richtigen Schlamm gelaufen, deshalb musste ich Gummistiefel mit flachen Sohlen anziehen.

____ вижу тебя ____ на ____ … – Мы ____ по настоящей ____ , поэтому пришлось ____ ____ сапоги на плоской ____ .

❸ Ach herrjemine, wir waren auf einem Bauernhof auf dem Land, da ist es so laut: Die Gänse schnattern, die Kühe muhen und die Hühner gackern ...

Мама дорогая, мы были на ____ в деревне, там так ____ : ____ гогочут, ____ ____ , ____ ____ …

❹ Du bist ein richtiger Stadtmensch, du weißt nicht einmal, wie ein Brunnen und eine Scheune aussehen, wie man Käse herstellt und wie Hühner Eier legen!

____ ты моя ____ , даже не знаешь, как ____ ____ и ____ , как делается ____ и как ____ несут ____ !

❺ In der Datscha haben wir ein Problem mit der Dusche, in der Toilette ist die Spülung kaputt und das Spülbecken in der Küche ist verstopft ... Wir warten auf den Klempner.

У нас на ▒▒▒▒ проблема с ▒▒▒▒▒, в туалете ▒▒▒▒▒▒ ▒▒▒▒, и ▒▒▒▒▒▒▒▒ на кухне ▒▒▒▒▒▒▒▒▒▒ ... Ждём ▒▒▒▒▒▒▒▒▒.

Решение второго задания: Пропущенные слова.

❶ Сегодня – париться – настоящую – баню – заготовлен отличный – веник ❷ Впервые – не – каблуках – шли – грязюке – обуть резиновые – подошве ❸ – ферме – шумно – гуси – коровы мычат, куры кудахчут ❹ Горожанка – конченая – выглядят колодец – сеновал – сыр – куры – яйца ❺ – даче – душем – сломан смыв – раковина – засорилась – сантехника

дача "Datscha"

Eine **дача** "Datscha" kann sich in einem Dorf befinden oder aber in einer **дачный посёлокг** "Datscha-Siedlung", also auf einem großen Grundstück auf dem Land, auf dem es nur Datschas mit kleinen Gemüsegärten gibt. Normalerweise kommen die Stadtbewohner im Sommer hierher, um der Hitze in den Städten zu entfliehen. Manchmal fahren sie auch wegen ihrer **баня** genannten "Sauna" dorthin. Wie Sie im Dialog gesehen haben, gibt es für das Verb **париться** keine eindeutige deutsche Entsprechung: Es bedeutet u. a. "saunieren" bzw. "dampfbaden". Wenn Sie die Gelegenheit dazu haben, sollten Sie unbedingt selbst einmal eine **баня** ausprobieren.

62 Шестьдесят второй урок

Милые ругаются – только тешатся

1 – Ах, Анна Павловна, здравствуйте! Чего это вы так надулись?

2 – Да в магазин иду за покупками.

3 На самом деле, я туда послала мужа, надо было купить средство для стирки, продукты и немного бытовой химии.

4 – Ну, а он не захотел идти, сел футбол смотреть или кроссворды разгадывать, угадала?

5 – Нет, такого у нас не бывает, я ведь обладаю большим талантом убеждать: как гаркнула, побежал как миленький, только пятки засверкали… ① ②

6 Два часа его не было, а тут вернулся, с полными сумками, довольный как слон, ухмыляется.

7 Собственно говоря, я сразу поняла, что чего-то тут не так, но смотрю, авоська вроде бы полная.

8 А вот как начала выгружать сумки, так и обомлела: катастрофа! Тихий ужас!

9 Этот изверг понабрал такого… Там тебе и конфеты, и газировка, и жвачки какие-то… ③

ПРИМЕЧАНИЕ

① In diesem Satz steht kein Komma vor **как**, da es Teil eines festen Ausdrucks ist: **как миленький** "ohne Widerrede".

Was sich liebt, das neckt sich

(Lieblinge zanken-sich – nur belustigen-sich)

1 – Ach, Anna Pawlowna, guten Tag! Warum machen Sie so ein Gesicht (Sie so aufgeblasen)?

2 – Ach ja, ich gehe ins Geschäft einkaufen.

3 Eigentlich habe ich meinen Mann dorthin geschickt, es mussten Waschpulver, Lebensmittel und einige Reinigungsprodukte (Haushalts-Chemikalien) gekauft werden.

4 – Nun, er wollte nicht gehen, er hat sich hingesetzt und Fußball geschaut oder Kreuzworträtsel gelöst, richtig (erraten)?

5 – Nein, das passiert bei uns nicht, ich habe ein großes Überredungstalent (ich doch besitze großes Talent überreden): Als ich schrie, lief er ohne Widerrede wie ein Wiesel (wie gekreischt, gelaufen wie lieb, nur Fersen aufgeblitzt) ...

6 Er war zwei Stunden lang weg, dann kam er zurück, mit vollen Taschen, glücklich wie ein Elefant und grinsend.

7 Ehrlich gesagt wusste ich sofort, dass etwas nicht stimmte (hier nicht so), aber ich schaute nach, das Einkaufsnetz schien voll zu sein.

8 Aber als ich anfing, die Taschen auszupacken, war ich fassungslos (erstarrt): eine Katastrophe! Das absolute (stille) Grauen!

9 Dieser Unhold hatte alles Mögliche gekauft (eingesammelt) ... Da waren (Dort dir) irgendwelche Süßigkeiten, Limonade und Kaugummi ...

② **гаркнуть** "schreien, kreischen, keifen" gehört zur Umgangssprache.

③ **жвачка** "Kaugummi" gehört zur gesprochenen Sprache und entspricht dem stilistisch neutraleren **жевательная резинка**.

10 Вместо стирального порошка он купил пять килограммов средства для посудомоечной машины,

11 так как на него была скидка, и он подумал, что это одно и то же. Ну не идиот?

12 Сказано ему было: купить гигиенические прокладки и тампоны, а он взял подгузники и ватные палочки…

13 Я просила его купить овощей, а он принёс кукурузы, стручковой фасоли и зелёного горошка в банках!

14 А отговорка одна – он, видите ли, потерял листочек, на котором я составила список покупок.

15 Вот он по памяти и пытался всё купить, да с непривычки и понабрал непонятно чего!

16 А вы далеко торопитесь? ④ ⑤

17 – В Гостиный. ⑥

18 – Тоже за покупками?

19 – Какое! Забыла, понимаете ли, в одном магазине зонтик!

20 – В этой предпраздничной сутолоке неудивительно и забыть… Да и дождя нет, как вы ещё вспомнили!

ПРОИЗНОШЕНИЕ

[***13*** *… KUKURrUSÏ … GÅRrOSCHKA …* ***20*** *… ßUTÅLÅKJE …*]

ПРИМЕЧАНИЕ

④ Sie kennen das Adverb **далеко** "weit". Hier hat es die Bedeutung des Frageworts "wohin". Viele Russen sind abergläubisch und befürchten, dass es Unglück bringen könnte, wenn sie jemanden nach seinem Ziel fragen. Daher versuchen sie, das Schicksal zu überlisten, indem sie stattdessen fragen, ob ihr Ziel weit entfernt ist …

10 Anstelle von Waschpulver kaufte er fünf Kilo [Spül-]Mittel für die Geschirrspülmaschine,

11 weil es im Angebot war (auf ihm war Ermäßigung) und er dachte, es sei dasselbe. Ist er nicht ein Idiot?

12 Ich sagte ihm, er solle Binden und Tampons kaufen, aber er brachte (genommen) Windeln und Wattestäbchen ...

13 Ich bat (gefragt) ihn, Gemüse zu kaufen, und er brachte Mais, grüne Bohnen und Erbsen in Dosen!

14 Und die einzige Ausrede war, dass er – denken Sie [nur] – den Zettel, auf dem ich eine Einkaufsliste geschrieben hatte, verloren hat.

15 Er versuchte also, alles aus dem Gedächtnis zu kaufen, aber er war nicht daran gewöhnt (ja mit nicht-Gewohnheit) und nahm alles Mögliche (unklar was) mit!

16 Und wohin sind Sie in [so] großer Eile unterwegs (weit beeilen-sich)?

17 – Ins Gostiny Dwor.

18 – Auch zum Einkaufen?

19 – Gar nicht (Welche)! Wissen Sie, ich habe meinen Regenschirm in einem Geschäft vergessen!

20 – Bei dieser Hektik in der Zeit vor den Feiertagen (In diesem vor-festlichen Getümmel) ist es nicht verwunderlich, dass man [etwas] vergisst ... Es regnet nicht einmal, und Sie haben sich trotzdem erinnert!

⑤ **торопитесь**: Hier gilt, dass die Betonung in der 2. Person Plural Präsens auf der zweiten Silbe liegt ([*TÅRrOPİTJEßj*]) und im Imperativ Plural auf der dritten Silbe ([*TÅRrÅPİTJEßj*]).

⑥ **Гостиный Двор**, wörtlich "Gasthof", ist ein großes Einkaufszentrum westlicher Prägung in Sankt Petersburg. Es liegt am Newski-Prospekt im historischen Zentrum und hat eine Fassadenlänge von mehr als einem Kilometer. Das Gebäude ist Teil des UNESCO-Weltkulturerbes St. Petersburg, das ca. 2.300 Bauten umfasst. Im Inneren des Warenhauses befindet sich einer der beiden Eingänge zur 1967 eröffneten U-Bahn-Station Gostiny Dwor.

21 – Если бы он не потребовался, мне ни за что бы не вспомнить!..

22 К счастью, это моё оружие, которое я использую, когда хочу убедить мужа сходить за покупками…

23 И вот в критический момент я хотела схватить зонтик и предъявить его в качестве аргумента, а его и нет!…

Первое задание: Вы понимаете эти предложения?

① Они купили три килограмма стирального порошка и другой бытовой химии: в магазине в этом отделе сегодня была дополнительная скидка. ② У неё всегда какие-то отговорки, и я не могу рассчитывать на неё в критический момент. ③ Я знаю их лет десять, и они всегда выясняют отношения… – Ну, знаешь, милые ругаются – только тешатся. ④ В этой предпраздничной сутолоке я тебя и не заметила. – Неудивительно, в этой толпе я тебя тоже не увидел. ⑤ Ты действительно обладаешь талантом убеждать: я совсем не хотела туда идти, а после твоего звонка побежала как миленькая.

Второе задание: Вставьте пропущенные слова!

① Ich fahre zum Geschäft, brauchst du zufällig etwas? – Ja (Notwendig)! Bitte kaufe mir Binden, Tampons und Wattestäbchen.

Я в ________ еду, тебе ничего ________ не нужно? – Нужно! ____ мне, пожалуйста, гигиенические ________, ________ и ______ ________.

21 – Wenn ich ihn nicht gebraucht hätte, wäre es mir nicht [einmal] eingefallen ...!

22 Zum Glück ist es meine Waffe, die ich benutze, wenn ich meinen Mann zum Einkaufen (hineingehen hinter Einkäufe) überreden will ...

23 Und so wollte ich in einem kritischen Moment nach dem Regenschirm greifen und ihn als Argument vorbringen, und er war nicht da!

Решение первого задания: Вы поняли?

❶ Sie haben drei Kilo Waschpulver und andere Reinigungsprodukte gekauft: Im Geschäft gab es in dieser Abteilung heute eine zusätzliche Ermäßigung. ❷ Sie hat immer eine Ausrede, und in einem kritischen Moment kann ich nicht auf sie zählen. ❸ Ich kenne sie seit zehn Jahren, und sie haben immer Auseinandersetzungen ... – Na ja, weißt du, was sich liebt, das neckt sich! ❹ Bei dieser Hektik in der Zeit vor den Feiertagen habe ich dich nicht bemerkt. – Kein Wunder, ich habe dich in dieser Menschenmenge auch nicht gesehen. ❺ Du hast wirklich ein Überredungstalent: Ich wollte da gar nicht hin, aber nach deinem Anruf bin ich wie ein Wiesel hingelaufen.

❷ Warum machst du so ein Gesicht? – Nun, mein Mann wollte nicht mit mir ins Kino gehen, weil im Fernsehen Fußball läuft …

Ты чего ___ ? – Да ___ не ___ идти со мной в ___ , потому что по ___ ___ …

❸ Ich habe ein neues, superwirksames Produkt für den Geschirrspüler gekauft. – Wozu? Wir haben doch keinen Geschirrspüler …

Я купил новое супер ___ ___ для ___ ___ .
– Зачем? У нас ведь ___ нет…

❹ Und was hattest du vor zuzubereiten? Ich sehe, dass du nur Konserven gekauft hast: Mais, grüne Bohnen und Erbsen in der Dose.

Ну и что ты собралась ___ ?
Я вижу ты купила одни ___ :
___ , стручковую ___ и ___ ___ в ___ .

63 Сорок девятый урок

Повторение – Wiederholung

1. Satzzeichen

1.1 Komma vor как

Vor **как** wird in den folgenden Fällen ein Komma gesetzt:

– Es verbindet als Konjunktion zwei Teile eines komplexen Satzes:
Все видели, как он вышел из комнаты
"Alle haben gesehen, wie er aus dem Zimmer gegangen ist".

❺ Bist du es nicht leid, [ständig] für Kleinkram in den Laden zu laufen? Schreib dir eine Einkaufsliste, damit du genau weißt, was du brauchst.

Ты не ________ в магазин по ________ ________? Напиши себе ________ ________, чтобы точно ________, что тебе ________.

Решение второго задания: Пропущенные слова.

❶ – магазин – случайно – Купи – прокладок, тампонов – ватных палочек ❷ – надулась – муж – захотел – кино – телевизору футбол ❸ – эффективное средство – посудомоечной машины – её – ❹ – готовить – консервы – кукурузу – фасоль – зелёный горошек – банке ❺ – замучился – мелочам мотаться – список покупок – знать – нужно

– Извини, я не слышала, что ты звонил.
– Да мне всё равно.
– Да, я так сразу и подумала, когда увидела 43 пропущенных звонка…
– Tut mir leid, ich habe nicht gehört, dass du angerufen hast.
– Das ist mir piepegal.
– Ja, das habe ich auch sofort gedacht, als ich die 43 verpassten Anrufe gesehen habe …

63. Lektion

– Die Umstandsbestimmung (Adverb) wird durch einen Vergleich mit **как** ausgedrückt:
Она вошла тихо и плавно, как кошка
"Sie kam leise und geschmeidig herein, wie eine Katze".

Beachten Sie: Steht der Vergleich in der Mitte des Satzes, wird er vom Rest des Satzes jeweils durch ein Komma davor und dahinter abgetrennt. Leitet der Vergleich den Satz ein, wird ein Komma dahinter gesetzt.

– **как** ist Teil einer eingeschobenen adverbialen Bestimmung:
как правило "in der Regel, üblicherweise";
как назло "ausgerechnet, zu allem Unglück";

как всегда "wie immer, wie gewöhnlich";
как например "wie zum Beispiel", etc.

1.2 Direkte Rede

Die direkte Rede ist die beste Möglichkeit, die Äußerungen einer Person unverfälscht zu übermitteln. Je nach ihrer Stellung im Satz wird sie von einer bestimmten Zeichensetzung "eingerahmt":

– Steht die direkte Rede vor der sie einleitenden Konstruktion, wird sie in Anführungszeichen eingeschlossen und ein Gedankenstrich wird vor die einleitende Konstruktion gesetzt, die somit nicht mit einem Großbuchstaben beginnt:
"Никогда не пойму его", – сказала она задумчиво
"Ich werde ihn nie verstehen", sagte sie nachdenklich.

Beachten Sie, dass man in diesem Fall ein Fragezeichen, ein Ausrufezeichen, einen Punkt oder ein Komma vor den Gedankenstrich setzt:
"Уходи!" – крикнул он изо всех сил
"Geh weg!", schrie er aus Leibeskräften.

– Steht die direkte Rede nach der sie einleitenden Konstruktion, geht ihr ein Doppelpunkt voraus, sie wird in Anführungszeichen gesetzt und mit einem Großbuchstaben begonnen:
Мальчик сказал еле слышно : «Я здесь один»
Der Junge sagte kaum hörbar: "Ich bin allein hier".

– Steht die einleitende Konstruktion innerhalb der direkten Rede, werden am Anfang und am Ende des kompletten Satzes Anführungszeichen gesetzt und die beiden Teile der direkten Rede werden auf beiden Seiten der einleitenden Konstruktion durch Kommas und Bindestriche abgetrennt:
«Я не хочу тебя видеть, – опустила она глаза,
– и говорить с тобой не хочу»
"Ich will dich nicht sehen", sie senkte den Blick, "und ich will nicht mit dir reden".

2. Verben, Präpositionen und Deklination

2.1 Häufige Verbalkonstruktionen

Sie wissen, dass manche Verben mit einer Präposition stehen, die wiederum einen bestimmten Fall verlangt. Dies gilt auch für die unvollendeten Verben **грустить**, **скучать** und **тосковать**, die alle in etwa "sich nach jemandem sehnen" bedeuten, ebenso für die vollendeten Verben **соскучиться** "sich nach jemandem sehnen" und **истосковаться** "jemanden stark vermissen". Diese stellen selbst für Muttersprachler häufig ein Problem dar, wenn sie mit einem Personalpronomen gebraucht werden.

Merken Sie sich, dass ihnen die Präposition **по** + Dativ folgt – z. B. **он скучает по мне** "er sehnt sich nach mir". Ausnahmen sind die Pronomen der 1. und 2. Person Plural, die im Präpositiv stehen:
он скучает по вас; **она грустит по нас**.

Dennoch: In diesem speziellen Fall könnten Sie auch den Dativ verwenden:
он скучает по вам; **она грустит по нам**.

Die erste Form ist älter und wird immer noch als korrekter angesehen, während die zweite Form häufig in der gesprochenen Sprache vorkommt. Beachten Sie hingegen, dass die Form **скучать за кем-то**, die Sie in der gesprochenen Sprache hören können, nicht korrekt ist.

2.2 Präpositionen mit dem Verb бороться

Das unvollendete Verb **бороться** "kämpfen, bekämpfen" kann mit mehreren Präpositionen stehen:

– ohne oder mit der Präposition **с** im Sinne von "(gegen jemanden/etwas) kämpfen", aber auch "ringen" (Sport):
Они боролись на полу
"Sie kämpften/rangen auf dem Boden";
Олег боролся какое-то время с усталостью, но в конце концов всё же уснул на диване.
"Oleg kämpfte eine Zeit lang gegen die Müdigkeit, aber letztendlich schlief er doch auf dem Sofa ein."

– mit der Präposition **за** in der Bedeutung "für etwas kämpfen" oder "jemanden/etwas verteidigen":
Дети борются за титул чемпиона по фигурному катанию
"Die Kinder kämpfen um den Meistertitel im Eiskunstlauf."

– mit der Präposition **против** im Sinne von "gegen jemanden/etwas kämpfen", aber auch "sich gegen jemanden/etwas stellen":
Я всегда буду бороться против коррупции!
"Ich werde immer gegen die Korruption kämpfen!"

3. Konjugationen und Änderungen in der Orthografie

3.1 Palatalisierung

– **гордиться** (uv.) "stolz sein" und **следить** (uv.) "achten auf, folgen": Konjugiert man diese Verben, bemerkt man die Auswirkungen der sog. Palatalisierung. Der Buchstabe **д** wird – allerdings nur in der 1. Person Singular – zu **ж**:
горжусь, **гордишься**, **гордятся**;
слежу, **следишь**, **следят**.

– **закрутиться** (v.) "sich kringeln, sich winden, sich einrollen": Bei der Konjugation im Präsens wird der Buchstabe **т** nur in der 1. Person Singular in **ч** umgewandelt:
закручусь, **закрутишься**, **закрутятся**;
закрутились.

– **упустить** (v.) "entkommen lassen": Bei der Konjugation im Präsens wird **ст** nur in der 1. Person Singular zu **щ**:
упущу, **упустишь**, **упустят**;
упустили.

3.2 Besonderheiten bei der Konjugation

– **приплыть** (v.) "schwimmend ankommen":
приплыву, **приплывёшь**, **приплывёт**, **приплывут**;
приплыли.
Die Betonung liegt bei allen Präsensformen auf der letzten Silbe.

– **торопиться** (uv.) "sich beeilen". Im Präsens erscheint ein **л** in der 1. Person Singular:
тороплюсь, **торопишься**, **торопится**, **торопятся**.
Die Betonung liegt bei allen Formen außer der 1. Person Singular auf der zweiten Silbe.

– **убрать** (v.) "aufräumen, weglegen". In der Präsenskonjugation erscheint ein beweglicher Vokal:
уберу, **уберёшь**, **уберёт**, **уберут**.
Die Betonung liegt bei allen Formen auf der Endsilbe.

Заключительный диалог – Wiederholungsdialog

1 – Мама дорогая, отпуск у меня получился тихий ужас!

2 – Почему? Ты ведь был у друзей на даче, разве нет?

3 – Да, но они сказали, что у них там всё супер, а я когда приехал, то увидел, что там всё сломано.

4 Кран на кухне не работает, смыв сломан, раковину трогать нельзя, потому что труба засорилась.

5 Сказали, вызвали сантехника, но ждали мы его почти неделю...

6 Они мне так надоели: постоянно забивают себе голову всякой ерундой.

7 – Ну, как говорится, милые ругаются – только тешатся.

8 – Она ноет, что ей в спортзал надо, что у неё целлюлит и лишний вес, а вечером ест за пятерых!

9 А он говорит, что хочет в отпуск на Канары или с друзьями на праздник пива в Баварию...

10 Нет, правда, я с ними чуть не спятил: всё успокоительное, которое у меня с собой было, выпил.

11 А тут ещё кондиционер сломался, дышать нечем – хоть вешайся.

12 – Тебя в магазин ходить не заставляли?

13 – Нет, он сам туда ходил, но каждый раз забывал список продуктов, которые ему надо было купить.

14 Вот и мотался туда по мелочам пять раз в день, покупал всякую всячину, а жена его дома ругала, что не то, что надо купил...

15 – Ну, а что же ты у них так долго был? Взял бы и уехал!

16 – Знаешь, я вежливый и тактичный человек: не мог же я так поступить с этими гостеприимными и безгранично щедрыми людьми.

17 Вот и терпел их чудаческие выходки почти два месяца.

18 Да и как вспомнишь, что дома своя жена, курить запрещено и в магазин бегать надо,

19 так сразу и жизнь на даче не такой плохой кажется...

Übersetzung

1 – Ach herrjemine, mein Urlaub war ein absoluter Albtraum! **2** – Warum? Du warst doch bei deinen Freunden im Landhaus, nicht wahr? **3** – Ja, aber sie sagten, dort sei alles super, aber als ich dort ankam, sah ich, dass alles kaputt war. **4** Der Wasserhahn in der Küche funktioniert nicht, die [Toiletten-]Spülung ist

64 Шестьдесят четвёртый урок

Фокус-покус!

1 – Я купил нам билеты в московский цирк – обожаю цирковые представления.

2 В программе холодящий душу номер эквилибристов с прыжком из-под купола цирка без страховки! ①

ПРОИЗНОШЕНИЕ

[*1 ... TßÏRrKÅWÏJE ...*]

kaputt, das Waschbecken darf nicht berührt werden, weil das Rohr verstopft ist. **5** Sie sagten, sie hätten einen Klempner gerufen, aber wir warteten fast eine Woche lang auf ihn ... **6** Ich habe die Schnauze voll von ihnen: Sie reden sich ständig allen möglichen Unsinn ein. **7** – Nun, wie man sagt, was sich liebt, das neckt sich. **8** – Sie jammert, dass sie ins Fitnessstudio gehen muss, dass sie Cellulitis und Übergewicht hat, und am Abend isst sie für fünf! **9** Und er sagt, er wolle in den Urlaub auf die Kanarischen Inseln fahren oder mit seinen Freunden auf ein Bierfest nach Bayern ... **10** Nein, wirklich, ich bin fast verrückt geworden mit ihnen: Ich habe alle Beruhigungsmittel genommen (getrunken), die ich dabei hatte. **11** Und dann ging da auch noch die Klimaanlage kaputt, man konnte nicht mehr atmen – kaum auszuhalten. **12** – Sie haben dich doch nicht dazu gezwungen, einkaufen zu gehen? **13** – Nein, er ging selbst dorthin, aber jedes Mal vergaß er die Liste der Produkte, die er kaufen musste. **14** So ging er fünfmal am Tag dorthin, um allen möglichen Klimbim zu kaufen, und seine Frau schimpfte ihn zu Hause aus, weil er die falschen Sachen einkaufte ... **15** – Warum warst du so lange bei ihnen? Du hättest einfach wegfahren sollen! **16** – Weißt du, ich bin ein höflicher und taktvoller Mensch: So könnte ich mit diesen gastfreundlichen und unglaublich großzügigen Menschen nicht umgehen. **17** Also ertrug ich ihre absonderlichen Eskapaden fast zwei Monate lang. **18** Und wenn ich daran denke, dass zu Hause meine Frau ist, dass das Rauchen verboten ist und ich einkaufen gehen muss (in Geschäft laufen man-muss), **19** dann scheint das Leben in der Datscha gar nicht so schlecht zu sein ...

64. Lektion

Hokuspokus!

1 – Ich habe uns Karten für den Moskauer Zirkus gekauft; ich liebe (schwärme-für) Zirkusvorstellungen.

2 Auf dem Programm steht eine atemberaubende (kühlend Seele) Gleichgewichtsnummer mit einem Sprung oben aus der Zirkuskuppel ungesichert (ohne Versicherung)!

ПРИМЕЧАНИЕ

① **эквилибристов**: Man hört die Ausspachevarianten [*IKWILIBRrIßTÅF*] und [*ÄKWILIBRrIßTÅF*]. Der Unterschied ist klein, aber er existiert!

3 Я слышал, у них в этом сезоне работают знаменитые в Европе гимнасты, которые выполняют совершенно невероятные трюки.

4 Мой одноклассник Алёшка на прошлой неделе ходил на них посмотреть, так он даже потом в социальной сети установил статус:

5 «Гимнасты и акробаты словно парили в воздухе, ловкости их не было предела, а зал рукоплескал без остановки больше пятнадцати минут!» ②

6 – Да ты что! А мне рассказывали, что там бесподобные дрессированные животные и очень смешные клоуны.

7 – Кстати, о клоунах: я видел по телевизору номер – обхохочешься. ③

8 Два клоуна изображали из себя дрессировщиков собак, и каждый хвастался своим сокровищем.

9 Ну и они рассказывали, какие фокусы умеет делать их питомец, а в какой-то момент начали спорить, у кого собака умнее.

10 Первый клоун и говорит: «Моя дрессированная собака сама ходит на прогулку, выгуливать её не надо.

ПРИМЕЧАНИЕ

② Achtung: **словно** kann auch verwendet werden, um zwei Teile eines Satzes mit einem Vergleich zu verbinden. In diesem Fall kann es durch **как** "wie" oder **как будто** "als ob" ersetzt werden, und es wird ein Komma davor gesetzt: **Он поёт, словно в опере** "Er singt wie in der Oper".

3 Ich habe gehört, dass in dieser Saison berühmte europäische Turner (Gymnasten) [dort] sind (arbeiten), die absolut unglaubliche Kunststücke (Tricks) ausführen.

4 Mein Klassenkamerad (ein-Klässler) Aljoschka hat sie letzte Woche gesehen und danach sogar einen Beitrag (Status) in den sozialen Medien veröffentlicht:

5 "Die Turner und Akrobaten schienen in der Luft zu schweben, ihre Beweglichkeit war grenzenlos (nicht war Grenze), und das Publikum (Saal) applaudierte mehr als fünfzehn Minuten lang ununterbrochen!"

6 – Na sowas (Ja du was)! Man hat mir erzählt, dass es dort großartige (unvergleichliche) dressierte Tiere und sehr lustige Clowns gibt.

7 – Apropos Clowns: Ich habe im Fernsehen eine Nummer gesehen, die zum Totlachen war.

8 Zwei Clowns gaben sich als Hundedresseure aus und prahlten jeweils mit ihrem Schatz.

9 Ja, [und] sie erzählten, welche Tricks ihr Zögling machen kann, und irgendwann fingen sie an zu streiten, wer den klügeren Hund hat.

10 Der erste Clown sagte (sagt): "Mein dressierter Hund geht von selbst Gassi (auf Spaziergang), du brauchst ihn nicht auszuführen.

③ Die Basis des vollendeten Verbs **обхохотаться** ist das unvollendete **хохотать** "(schallend) lachen". Die Vorsilbe **об-** verleiht dem Verb die Idee des Überflusses: **есть** "essen" – **объесться** "zu viel essen, sich überfressen".

11 А когда возвращается, то просто подходит к двери, садится на коврик, звонит, и я её впускаю».

12 А второй и отвечает: «Какая у тебя глупая собака, моя меня так не тревожит: у неё свои ключи, поэтому и звонить ей не надо».

13 – Да, действительно весёлый номер. А вот я видел около цирка реальную сцену.

14 Клоун, видать, после представления выбегает к своим детишкам и жене. ④

15 Стоит такой в рыжем парике с красным носом, ругает своих деток за какой-то проступок, а они валяются от смеха.

16 Ну, а жена ему и говорит: «Ты, прежде чем детей ругать, снял бы грим».

17 – Прикольно. Слушай, а фокусники в программе есть?

18 – Да, причём в этом сезоне у них заморский гость – знаменитый чародей и маг из Нидерландов.

19 Он и фокусы показывает, и голубей из шляпы достаёт, и даже напополам тётечку какую-то распиливает… ⑤ ⑥

20 – Как это распиливает? Чем?

21 – Чем-чем – пилой! Чем ещё пилят… ⑦

ПРИМЕЧАНИЕ

④ Das zur Umgangssprache gehörende **видать** ist ein Einschub und wird vom Rest des Satzes durch Kommas abgetrennt. Es wird mit "anscheinend, scheinbar" oder mitunter mit dem Konjunktiv II übersetzt: **видать, он уже ушёл** "scheinbar ist er schon weggegangen" oder "er wäre schon weggegangen".

⑤ **напополам** "in zwei Hälften, entzwei, mittendurch" ist ein Adverb und wird immer zusammengeschrieben.

11 Und wenn er zurückkommt, geht er einfach zur Tür, setzt sich auf die Fußmatte, klingelt, und ich lasse ihn hinein."

12 Und der andere (zweiter) antwortet: "Was für einen dummen Hund du hast, meiner stört mich nicht so: Er hat seinen eigenen Schlüssel, also muss er auch nicht klingeln."

13 – Ja, eine wirklich lustige Nummer. Aber ich sah eine echte (reale) Szene in der Nähe des Zirkus.

14 Ein Clown läuft nach der Show anscheinend zu seinen Kindern und seiner Frau.

15 Er steht da mit roter Perücke und roter Nase und schimpft mit seinen Kindern wegen irgendeiner Dummheit (Vergehen), und sie kringeln sich vor Lachen (wälzen von Gelächter).

16 Da sagt seine Frau zu ihm: "Du solltest dich abschminken (abgenommen würdest Schminke), bevor du [mit] den Kindern schimpfst ..."

17 – [Das ist] lustig. Hey (Hör), gibt es auch Zauberer in der Vorstellung (Programm)?

18 – Ja, und in dieser Saison (dabei in dieser Saison) haben sie einen ausländischen (überseeischen) Gast, einen berühmten Zauberer und Magier aus den Niederlanden.

19 Er macht (zeigt) Zaubertricks, holt Tauben aus einem Hut hervor und sägt sogar eine Frau in zwei Hälften ...

20 – Was heißt (Wie) er sägt? Womit?

21 – Womit wohl? Mit einer Säge! Mit was man halt so sägt (Was noch sägt) ...

⑥ Das Verbpräfix **рас-** (bzw. **раз-**) drückt aus, dass etwas zerlegt, ausgebreitet oder verteilt wird: **дать** "geben" – раз**дать** "austeilen"; **пилить** "sägen" – рас**пилить** "in Stücke zersägen"; **лить** "schütten" – раз**лить** "verschütten, ausgießen".

⑦ **Чем-чем**: Empfindet man eine Frage als überflüssig, so wiederholt man in der Umgangssprache das Fragewort: **Кто-кто? Он, конечно!** "Wer [denn sonst]? Er natürlich!"

22 – Это шоу ужасов какое-то. Пожалуй, я лучше посмотрю его по телеку: хоть канал переключить можно, если приспичит. ⑧

Первое задание: Вы понимаете эти предложения?

❶ Ты опять в цирк? Ты ведь уже ходил на прошлой неделе. – Да, я обожаю цирковые представления! ❷ Это у неё свои рыжие волосы? – Нет, не думаю, скорее всего она носит парик. ❸ У них в программе бесподобный клоун! Он ещё и фокусы показывает – обхохочешься. ❹ Они сделали безумный номер: прыжок из-под купола цирка без страховки. – Да, я видел его. Они выполняют совершенно невероятные трюки. ❺ Ерунда это шоу! Я и сам не хуже их заморского гостя-мага: тоже могу фокусы разные показывать.

Второе задание: Вставьте пропущенные слова!

❶ Hast du den Status auf seiner Seite gesehen? Meiner Meinung nach hat er geheiratet ... – Na sowas! Ich dachte, er würde sein ganzes Leben lang bei seiner Mutter leben.

Ты видел _____ на его страничке? Он, по-моему, _____ ... – _____ ты _____ ! А я думал, что он всю _____ у _____ _____ будет.

22 – Das ist eine Horrorshow. Ich würde mir das wahrscheinlich lieber im Fernsehen ansehen: Wenigstens kann ich den Kanal wechseln, wenn es unbedingt notwendig ist.

ПРИМЕЧАНИЕ

⑧ Das vollendete Verb **приспичить** gehört zur gesprochenen Sprache und hat keine direkte Entsprechung im Deutschen. Man übersetzt es mit "unbedingt notwendig sein" oder "dringend brauchen" und auch "dringend auf die Toilette müssen".

Решение первого задания: Вы поняли?

❶ Gehst du wieder in den Zirkus? Du warst doch schon letzte Woche dort, oder? – Ja, ich schwärme für Zirkusvorstellungen! ❷ Ist sie von Natur aus rothaarig (bei ihr eigene rote Haare)? – Nein, das glaube ich nicht, sie trägt wahrscheinlich eine Perücke. ❸ Sie haben einen großartigen Clown im Programm! Er macht (zeigt) auch Zaubertricks. Er ist zum Totlachen. ❹ Sie führten (machten) eine verrückte Nummer auf: Sie sprangen ungesichert oben aus der Zirkuskuppel hinunter. – Ja, ich habe es gesehen. Sie zeigen (führen-durch) absolut unglaubliche Kunststücke (Tricks). ❺ Diese Show ist Mist (Unsinn)! Ich bin nicht schlechter als ihr ausländischer Gastmagier: Ich kann auch verschiedene Zaubertricks zeigen.

❷ Warum schimpfst du so mit deinen Kindern? – Sie haben meine Säge genommen und angefangen, einen Stuhl zu zersägen …

__ что ты так _____ своих _____ ? – Они _____ мою _____ и начали _____ _____ …

❸ Wenn du zurückkommst, klingele nicht an der Tür, denn mein Sohn schläft. Ich lege dir die Schlüssel unter die Fußmatte.

Когда ___ , не ___ в ___ , а то у меня сын ___ . Я тебе оставлю ___ под ___ .

❹ Und was kann dein Zögling alles machen? – Na (Aber) alles: Mein Hund geht sogar allein spazieren, ich muss es nicht selbst machen.

А что ___ делать твой ___ ? – Да ___ : моя ___ сама ___ даже на ___ , ___ её не надо.

❺ Aber warum willst du jetzt unbedingt zu dieser Horrorshow gehen? Sie ist sehr teuer und in einer Woche können wir sie im Fernsehen sehen …

И чего тебе ___ срочно ___ на это ___ ___ ? Оно очень ___ , а ___ неделю его можно будет ___ по ___ …

65 Шестьдесят пятый урок

Попробуй спеть вместе со мной ①

1 – Мой иностранный друг по переписке просит меня подготовить ему обзор современной российской музыки.

2 – Ничего себе задачка! Представляю, как ты ломаешь голову:

Решение второго задания: Пропущенные слова.

❶ – статус – женился – Да – что – жизнь – мамы жить – ❷ За – ругаешь – деток – взяли – пилу – распиливать стул ❸ – вернёшься – звони – дверь – спит – ключи – ковриком ❹ – умеет – питомец – всё – собака – ходит – прогулку, выгуливать – ❺ – приспичило – пойти – шоу ужасов – дорогое – через – посмотреть – телеку

Директор цирка, глядя на выступление пьяного жонглёра-эквилибриста:
«Выступать после него клоуну – только позориться».

Der Zirkusdirektor, der den Auftritt eines betrunkenen Jongleurs und Balancierkünstlers beobachtet:
"Der Clown, der nach ihm auftritt, wird sich [komplett] blamieren ..."

65. Lektion

"Versuche, mit mir zu singen"

1 – Ein (Mein) ausländischer Brieffreund (auf Briefwechsel) bittet mich, für ihn einen Überblick über die zeitgenössische russische Musik zu verfassen (vorzubereiten).

2 – Was für eine Aufgabe (Wie sich Aufgabe)! Ich kann mir vorstellen, wie du dir den Kopf zerbrichst:

ПРИМЕЧАНИЕ

① Bei **Попробуй спеть вместе со мной** handelt sich um eine Textzeile eines Liedes von Wiktor Zoi, dem Sänger der später im Dialog erwähnten Band Kino.

3 как выбрать между звёздами-однодневками или теми, кто без папиных миллионов никогда бы не запел...

4 Расскажи ему про корифеев русской эстрады, типа Аллы Пугачёвой или Филиппа Киркорова. ②

5 Их можно любить или смеяться над ними, но эти люди сделали свою карьеру сами.

6 Если твой товарищ тащится от попсы, то посоветуй ему послушать Диму Билана, Ёлку или Жанну Фриске. ③ ④

7 Для общего развития можно ещё и русский шансон с тошнотворными уголовно-блатными песнями послушать на одноимённом радио...

8 Несколько в новом для российской эстрады стиле поют Иван Дорн, группа «Градусы», ну и кто-нибудь там типа группы «Баста».

9 Только, пожалуйста, не рассказывай ему о вульгарной Распутиной с пропитым голосом или Сенчуковой со своими глупыми и более чем банальными песенками. ⑤ ⑥

ПРИМЕЧАНИЕ

② Die Umgangssprache verwendet **типа** in der Bedeutung "wie, in der Art von": **кто-нибудь типа меня** "jemand wie ich".

③ Die Kurzform **попса** steht in der Umgangssprache für **поп-музыка** "Popmusik".

④ **Ёлка** ist das Pseudonym der russisch-ukrainischen Sängerin Elisaweta Iwantsiw. **Ёлка** bedeutet "Tanne".

3 Wie unterscheidet (wählen) man zwischen den Eintagsfliegen und denjenigen, die ohne Papas Millionen nie singen würden ...

4 Erzähle ihm von den Koryphäen des russischen Pop (Bühne), wie Alla Pugatschowa oder Filipp Kirkorow.

5 Man kann sie lieben oder über sie lachen, aber diese Menschen haben ihre Karrieren selbst geschaffen (gemacht).

6 Wenn dein Kumpel auf Popmusik steht, empfiehl ihm, er soll Dima Bilan, Yolka oder Schanna Friske hören.

7 Interessehalber (generelle Entwicklung) kann [er] auch [den] russischen Chanson[-Musikstil] mit seinen anrüchigen Gaunerliedern (ekelerregend kriminell-Gauner-Lieder) auf dem gleichnamigen Radio[sender] hören ...

8 Einige der neuen Stile in der russischen Popmusik sind (singen) Iwan Dorn, die Band (Gruppe) Gradusy, und so jemand wie Basta.

9 Erzähle ihm nur bitte nichts von der ordinären Rasputina mit ihrer versoffenen Stimme oder von Sentschukowa mit ihren albernen und mehr als banalen Liedchen.

⑤ **пропитым**: Die Betonung dieses Wortes variiert. Handelt es sich wie hier um ein Adjektiv (**пропитой**), liegt die Betonung auf der letzten Silbe: [*PRrÅPİT***Ï***M*]. Handelt es sich hingegen um ein Partizip Perfekt (**пропитый**), liegt der Akzent auf der 1. oder 2. Silbe: [*PRr***O***PİTÏM*] oder [*PRrÅP***İ***TÏM*].

⑥ In **глупыми и более чем банальными** steht kein Komma vor **чем**, da es sich nicht um einen Vergleich handelt. **Более чем** "mehr als" ist ein unteilbares Wortkonstrukt, das wie ein Adverb verwendet wird. Es ist daher nicht möglich, ein Komma einzufügen.

10 – Нет конечно! Я хотел упомянуть о Надежде Бабкиной и её тёзке Надежде Кадышевой. ⑦

11 они, в моих глазах, представляют русский фольклор на вполне современном уровне. ⑧

12 Ещё я напишу ему о «ЧАЙФе», «ДДТ» и «Алисе», которые известны всем независимо от музыкальных пристрастий. ⑨

13 – И не забудь про Виктора Цоя из группы «Кино»: он хоть и погиб в 1990 году, но его песни всё ещё звучат под гитару во дворе или же со сцены. ⑩

14 Его памяти посвящаются концерты, а моя любимица Земфира, например, перепела его знаменитую «Кукушку» и «Печаль».

15 А вообще, на твоём месте, я рассказал бы ему о таких великих певцах, как Булате Окуджаве и Владимире Высоцком.

16 – Да, и в особенности о Высоцком – проклятом поэте, алкоголике, с несчастной судьбой. ⑪

17 Когда его песни были запрещены, мой отец слушал переписанные у друзей кассеты потихоньку на кухне.

ПРИМЕЧАНИЕ

⑦ **тёзка** bedeutet "Namensvetter/in", bezieht sich dabei aber nur auf den denselben Vornamen.

⑧ Bei **фольклор** gibt es zwei mögliche Aussprachevarianten: [*FÅLKLJORr*] oder [*FÅLKLORr*].

⑨ Bei **ЧАЙФе** ist **ЧАЙФ** der Name der Band und das abschließende **e** das Zeichen für die Deklination.

10 – Natürlich nicht! Ich möchte Nadeschda Babkina und ihre Namensvetterin Nadeschda Kadyschewa erwähnen.

11 Sie repräsentieren in meinen Augen russische Folklore auf einem recht modernen Niveau.

12 Ich werde ihm auch über Tschaif, DDT und Alisa schreiben, die jeder kennt, unabhängig von seinen musikalischen Vorlieben.

13 – Und vergiss nicht Wiktor Zoi von der Band Kino: Obwohl er 1990 verstarb, ertönen seine Lieder noch immer auf der Gitarre in den Straßen (in Hof) oder auf manchen Bühnen.

14 Es gibt Konzerte, die seinem Andenken gewidmet sind, und meine Lieblings[sängerin] Zemfira zum Beispiel sang seine berühmten [Lieder] "Kuckuck" und "Traurigkeit".

15 Und überhaupt, wenn ich an deiner Stelle wäre, würde ich ihm von solch bedeutenden Sängern wie Bulat Okudschawa und Wladimir Wyssozki erzählen.

16 – Ja, und vor allem über Wyssozki – ein verdammt guter (verfluchter) Dichter, ein Alkoholiker, mit einem unglücklichen Schicksal.

17 Als seine Lieder verboten waren, hörte mein Vater [seine] bei Freunden überspielten Kassetten leise in der Küche.

⑩ Das vollendete Verb **погибнуть** "ums Leben kommen" drückt einen Fremdeinfluss aus im Vergleich zum allgemeineren Verb **умереть** "sterben". Beide haben eine unregelmäßige Vergangenheit: **погиб**, **погибла**; **умер**, **умерла**.

⑪ **проклятом**: Die Betonung des Partizip Perfekts von **проклятый** liegt auf der ersten Silbe [*PRrOKLJATÅM*]. Würde es sich um das formgleiche Adjektiv **проклятый** handeln, läge die Betonung auf dem **я**: [*PRrÅKLJ***A***TÅM*].

18 Обожаю его песню «Я не люблю», особенно этот куплет:

19 «Я не люблю уверенности сытой,

20 Уж лучше пусть откажут тормоза! ⑫ ⑬

21 Досадно мне, что слово “честь” забыто

22 И что в чести наветы за глаза».

23 – О да, эту песню надо слушать, а ещё лучше смотреть запись, как её поёт автор: от его исполнения у меня всегда мороз по коже…

Первое задание: Вы понимаете эти предложения?

① На мой взгляд, этих певцов уважают все, независимо от музыкальных пристрастий или возраста. ② Откуда у тебя эта песня? – О! Это ещё отец мой переписал с кассеты своих друзей, когда песня была запрещена. ③ Я бы, на твоём месте, не рассказывал этому алкоголику с несчастной судьбой о том, как тебе удалось купить ящик шампанского… ④ Он погиб, но его песни всё ещё поют, а его памяти посвящаются концерты. ⑤ Я вижу, ты забыл слово «честь», раз рассказываешь мне такие вещи о человеке, который так много для тебя сделал.

18 Ich liebe sein Lied "Ich mag nicht", besonders diese Strophe:

19 "Ich mag die gesättigte Selbstsicherheit nicht (Ich nicht liebe Selbstsicherheit satt),

20 Ich lasse lieber die Bremsen versagen (Wirklich besser lassen verweigern Bremsen)!

21 Es ist schade (Lästig mir), dass das Wort "Ehre" in Vergessenheit geraten ist.

22 Und dass eine Verleumdung hinter dem Rücken (den Augen) verehrt wird (Und dass in Ehre geführt hinter Augen).

23 – Oh ja, man sollte sich dieses Lied anhören oder besser noch das Video (Aufzeichnung) ansehen, in dem der Autor es singt: Seine Interpretation verursacht mir immer eine Gänsehaut (Frost auf Haut) …

ПРИМЕЧАНИЕ

⑫ Bei **отказать** "verweigern, ablehnen" (v.) verwandelt sich das **з** in allen Formen des Präsens in **ж**: **откажу**, **откажешь**, **откажут**. Das Perfekt ist regelmäßig: **отказал**, **отказала**.

⑬ Das maskuline Substantiv **тормоз** "Bremse" bildet seinen Plural auf **-а**: **тормоза**.

Решение первого задания: Вы поняли?

❶ Meiner Meinung nach werden diese Sängerinnen und Sänger von allen geschätzt, unabhängig von ihren musikalischen Vorlieben oder ihrem Alter. ❷ Woher hast du dieses Lied? – Oh, das hat noch mein Vater von der Kassette bei seinen Freunden überspielt, als das Lied verboten war. ❸ An deiner Stelle würde ich dem Alkoholiker mit dem unglücklichen Schicksal nicht erzählen, wie du es geschafft hast, eine Kiste Champagner zu kaufen … ❹ Er ist ums Leben gekommen, aber seine Lieder werden immer noch gesungen und es gibt Konzerte, die seinem Andenken gewidmet sind. ❺ Ich sehe, du hast das Wort "Ehre" vergessen, wenn du mir solche Dinge über einen Mann erzählst, der so viel für dich getan hat.

Второе задание: Вставьте пропущенные слова!

❶ Ich schwärme für dieses Lied. – Ich auch. Ich bekomme immer eine Gänsehaut, wenn ich mir die Aufzeichnung der Interpretation durch den Autor ansehe.

______ эту песню. – Я ______ . У меня всегда ______ по ______ , когда я ______ ______ исполнения её самим ______ .

❷ Wer hat diese ordinäre Person mit der versoffenen Stimme auf unsere Party gebracht? – Niemand kennt sie.

Кто привёл к нам на ______ этого ______ человека с ______ ______ ? – Его ______ не ______ .

❸ Ich möchte in einer Band singen, die russische Folklore auf moderne Weise und nicht [durch] banale Liedchen präsentiert.

Я хочу ______ в группе, которая ______ бы русский ______ на ______ уровне, а не этими ______ ______ .

66 Шестьдесят шестой урок

Bestimmt kennen Sie die Fabel "Der Rabe und der Fuchs" von Jean de La Fontaine. Der folgende Text ist die russische Fassung von Iwan Krylow (1769-1844), der einige Werke von La Fontaine auf seine Weise interpretiert hat. Bei der Über-

Ворона и лисица

1 Уж сколько раз твердили миру, что лесть гнусна, вредна;

❹ Zerbrich dir nicht den Kopf: Erzähle ihnen von den Koryphäen unserer [russischen] Bühne [und] von denen, die ihre Karriere selbst geschaffen haben.

Не ______ себе ______ : ______ им про ______ нашей ______ , ______ , кто сделал свою ______ сам.

❺ Oh Gott, was hörst du dir da an? – Du kannst über mich lachen, aber ich stehe auf Popmusik.

Боже ______ , что ты ______ ? – Можешь ______ надо ______ , но я ______ от ______ .

Решение второго задания: Пропущенные слова.

❶ Обожаю – тоже – мороз – коже – смотрю запись – автором ❷ – вечеринку – вульгарного – пропитым голосом – никто – знает ❸ – петь – представляла фольклор – современном – банальными песенками ❹ – ломай – голову – расскажи – корифеев – эстрады, тех – карьеру – ❺ – мой – слушаешь – смеяться – мной – тащусь – попсы

66. Lektion

setzung haben wir uns einige Freiheiten erlaubt, um den Geist dieses Gedichts besser wiederzugeben: Sie haben inzwischen das sprachliche Niveau, um die russischen Konstruktionen in ihrer Fülle zu verstehen. Viel Spaß!

Der Rabe und der Fuchs

1 Man hat schon so oft vor der Welt behauptet, dass Schmeicheleien verabscheuenswert und schändlich sind;

2 Но только всё не впрок, и в сердце льстец всегда отыщет уголок. ① ②

3 Вороне где-то бог послал кусочек сыру;

4 На ель Ворона взгромоздясь, позавтракать совсем уж собралась, ③

5 Да призадумалась, а сыр во рту держала.

6 На ту беду Лиса близёхонько бежала;

7 Вдруг сырный дух Лису остановил:

8 Лисица видит сыр, – Лисицу сыр пленил. ④

9 Плутовка к дереву на цыпочках подходит;

10 Вертит хвостом, с Вороны глаз не сводит ⑤

11 И говорит так сладко, чуть дыша:

12 «Голубушка, как хороша! Ну что за шейка, что за глазки!

13 Рассказывать, так, право, сказки!

14 Какие пёрушки! Какой носок! ⑥ ⑦

ПРИМЕЧАНИЕ

① Das Adverb **впрок** "zum Nutzen" wird in einem Wort geschrieben und basiert auf **прок** "Nutzen, Vorteil". Es wird in der Regel mit der Negativpartikel **не** verwendet.

② Beim vollendeten Verb **отыскать** "(nach langem Suchen) finden" wird die Kombination **ск** in allen Personen zu **щ**, jedoch bleibt **ск** in der Vergangenheit stehen: **отыщу**, **отыщешь**, **отыскал**.

③ Beachten Sie die Palatalisierung des Verbs **взгромоздиться** "sich niederlassen, sich werfen" im Präsens der 1. Person Singular: **взгромозжусь**, **взгромоздишься**, **взгромоздятся**.

④ **пленить** "faszinieren, fesseln, in den Bann ziehen" ist in beiden Aspekten identisch. Unvollendet: **В течение долгих лет они пленили нас своими спекталями** "Im Laufe der Jahre haben sie uns mit ihren Auftritten fasziniert". Vollendet: **Она пленила его в один миг** "Sie faszinierte ihn sofort".

2 Aber es nützt alles nichts, und der Schmeichler findet immer eine Ecke in seinem Herzen.

3 Gott hat dem Raben ein Stück Käse geschickt;

4 Der Rabe ließ sich auf der Tanne nieder und wollte gerade (ganz wirklich) sein Frühstück einnehmen.

5 Aber er wurde nachdenklich (nachgedacht) und behielt den Käse im Schnabel (Mund).

6 Unglücklicherweise (Auf jenes Unglück) kam der Fuchs vorbei;

7 Plötzlich hielt der Käsegeruch (Geist) den Fuchs auf:

8 Der Fuchs sieht den Käse [und] er (Fuchs) ist von ihm (Käse) fasziniert.

9 Der Schurke schleicht auf Zehenspitzen zum Baum;

10 Er bewegt (dreht) den Schwanz und behält den Raben im Auge (Auge nicht entfernt)

11 Und sagt so zuckersüß, kaum atmend:

12 "Liebes Schätzchen (Täubchen), wie schön (gut) [du bist]! Was für ein Hals, was für Augen!

13 [Nur davon zu] erzählen ist schon märchenhaft (so, genau, Märchen)!

14 Was für ein Gefieder! Was für ein Schnabel (Nase)!

⑤ Bei **вертеть** "schwenken, drehen" verändert sich der Stammkonsonant nur in der 1. Person Singular: **верчу**, **вертишь**, **вертят**. Normalerweise wird dieses unvollendete Verb in der 3. Person Singular auf der ersten Silbe betont, aber in diesem Gedicht wird es [*WIRrTIT*] ausgesprochen.

⑥ **пёрушки**: Verwenden Sie dieses Wort nicht, denn es ist veraltet! In der modernen Sprache schreibt man bei Diminutivsuffixen neutraler Substantive nach harten Konsonanten **ы** (**пёрышки** "Federn, Gefieder").

⑦ **носок** ist die recht ungewöhnliche Diminutivform von **нос** "Nase" und hat nichts mit **носок** "Socke" zu tun! In der heutigen Sprache wird als Verkleinerungsform von **нос** gewöhnlich **носик** benutzt.

15 И, верно, ангельский быть должен голосок!

16 Спой, светик, не стыдись!

17 Что, ежели, сестрица, при красоте такой и петь ты мастерица, ⑧

18 Ведь ты б у нас была царь-птица!»

19 Вещуньина с похвал вскружилась голова,

20 От радости в зобу дыханье спёрло, – ⑨

21 И на приветливы Лисицыны слова

22 Ворона каркнула во всё воронье горло, – ⑩

23 Сыр выпал – с ним была плутовка такова.

24 Иван Крылов.

ПРИМЕЧАНИЕ

⑧ Das veraltete **ежели** "wenn" wird in der gesprochenen Sprache mit derselben Bedeutung wie **если** "wenn" verwendet und führt eine Bedingung ein.

⑨ **спереть** "klauen, stibitzen" kommt auch in einigen festen Ausdrücken vor: **спереть дыхание** "den Atem rauben". Seine Konjugation enthält den Buchstaben **ё**: **сопру**, **сопрёшь**, **сопрём**; **спёр**, **спёрли**.

Первое задание: Вы понимаете эти предложения?

① Что это с ним? Кричит во всё горло… – По-моему, у него телефон из кармана выпал, когда он шёл через мост. ② Сколько тебе не тверди, что лучше делать это через агенство, тебе всё не впрок… ③ Она так хороша, что у неё должен быть и ангельский голосок. – Ерунда какая: она вообще петь не умеет. ④ Он пленил меня своими словами. – Конечно, льстец всегда отыщет уголок в сердце женщины… ⑤ Ах, плутовка! Я совсем уж собралась позавтракать, а она сказала, что кофе больше нет, так как хотела оставить его себе.

15 Und sicher [hast du] die Stimme eines Engels (Engels-sein muss Stimme)!

16 Sing, mein Liebling (Licht), schäme dich nicht!

17 Denn wenn du (Was, wenn), mein Freund (kleine-Schwester), bei solcher Schönheit auch noch so gut singst (so und singen du Meisterin),

18 dann wärst du ja hier bei uns der Vogelkönig (bei uns warst Zar-Vogel)!"

19 Das Lob ließ ihm den Kopf verdrehen (des-Wahrsagers mit Lobworten verdrehte-sich Kopf),

20 [und] aus Freude wurde [dem Raben] der Atem geraubt.

21 Und auf des Fuchses freundliche Worte hin

22 krächzte der Rabe aus vollem Halse (Rabe gekrächzt in ganzer Raben- Kehle).

23 Der Käse fiel heraus [und] der Gauner war fort damit.

24 Iwan Krylow

⑩ Das Adjektiv **вороний** wird ausgehend von **ворона** "Krähe" gebildet und zeigt den früheren Irrglauben, dass es sich bei Krähe und Rabe um ein und denselben Vogel handelt. Wie alle aus Tiernamen gebildeten Adjektive wird es nach dem Muster der Ordinalzahl **третий** "dritter" dekliniert.

Решение первого задания: Вы поняли?

① Was ist los mit ihm? Er schreit aus vollem Hals ... – Ich glaube, sein Handy (Telefon) ist ihm auf dem Weg über die Brücke aus der Tasche gefallen. ② Man kann dir endlos oft sagen (Wie-viele dir nicht wiederhole), dass es von einer Agentur gemacht werden muss, aber es nützt alles nichts ... ③ Sie ist so schön (gut), sie muss die Stimme eines Engels haben. – Was für ein Unsinn: Sie kann überhaupt nicht singen. ④ Er faszinierte mich mit seinen Worten. – Natürlich findet ein Schmeichler immer einen Platz (Eckchen) im Herzen einer Frau ... ⑤ Ah, diese Gaunerin! Ich wollte gerade frühstücken, da sagte sie, es gäbe keinen Kaffee mehr, weil sie ihn für sich aufheben wollte.

Второе задание: Вставьте пропущенные слова!

1. Wie lustig der Hund ist: Ich esse Käse und er denkt, dass ich ihm etwas davon gebe, er wedelt mit dem Schwanz [und] lässt mich nicht aus den Augen.

   Какая _____ собака: ем _____, а она _____, что я _____ дам, _____ хвостом, _____ с меня не _____.

2. Ich weiß, dass du die Meisterin im Suppenkochen bist, aber warum hast du drei Töpfe voll Suppe gekocht? Wer wird [das] essen?

   Знаю, что ты _____ суп _____, только _____ же ты _____ три _____? Кто _____ _____ будет?

3. Den ganzen Morgen über krächzen heute die Raben, der Himmel ist grau und es regnet – man merkt, dass der Herbst da ist.

   Всё _____ сегодня _____ _____, _____ _____ и дождик – чувствуется, что _____ _____.

67 Шестьдесят седьмой урок

Одна книга тысячи людей учит

1 – Валер, посоветуй мне, пожалуйста, какую-нибудь книгу на русском, только классики не надо – я уже начиталась.

2 Некоторые вещи очень понравились, типа Булгакова, Толстого, Чехова и Достоевского, но были и трудные тексты.

❹ Warum gehst du auf Zehenspitzen? – Pst (Leise), ich versuche, mein Kätzchen zu finden, das sich irgendwo versteckt hat.

___ ты ___ на ___? – ___, я ___ моего котёнка, он куда-то ___.

❺ Haben Sie die Fabel "Der Rabe und der Fuchs" von Iwan Krylow gelesen? – Ja, sie war Pflicht[lektüre] in unserem Lehrplan.

Вы ___ ___ Ивана Крылова « ___ и ___ »? – Да, ___ была ___ в нашей школьной ___.

Решение второго задания: Пропущенные слова.

❶ – смешная – сыр – думает – ей – вертит – глаз – сводит ❷ – мастерица – варить – зачем – приготовила – кастрюли – его есть – ❸ – утро – каркают вороны, серое небо – пришла осень ❹ Почему – ходишь – цыпочках – Тихо – пытаюсь найти – спрятался ❺ – читали басню – Ворона – Лисица – она – обязательной – программе

67. Lektion

Ein Buch unterrichtet Tausende von Menschen

1 – Valer[i], empfiehl mir bitte ein Buch auf Russisch, aber keine Klassiker – ich habe schon zu viele [davon] gelesen.

2 Einige haben mir sehr gut gefallen, wie Bulgakow, Tolstoi, Tschechow und Dostojewski, aber es gab auch einige schwierige Texte.

3 Например, Пушкин – и стихи, и проза –, Гоголь и Некрасов со своим «Кому на Руси жить хорошо»: мне было сложновато, я со словарём не расставалась… ①

4 – Всё понял: в классике ты уже спец, теперь тебе надо почитать современников. Кого уже читала? ②

5 – Читала Сорокина «День опричника» – книга сложная, там много сленга, нецензурной лексики, но мне понравилась. ③

6 – Уважаю! Тогда можешь полистать Пелевина «Из жизни насекомых» – если крыша не поедет, то понравится… ④ ⑤

7 У него вообще книги очень специфические, но есть своя публика, которая их читает и считает их настоящей литературой.

8 Если любишь детективы, то смело можешь купить Дашкову, Донцову, Устинову или Маринину.

9 Их очень активно уже несколько лет читают: можно поспорить, что в метро найдёшь хоть одного человека с их детективом!

ПРИМЕЧАНИЕ

① Das Diminutivsuffix -**оват**- schwächt die Bedeutung eines Wortes ab: **грязновато** (weniger schmutzig als **грязный** "schmutzig"), **сладковатый** (weniger süß als **сладкий** "zuckersüß").

② **спец** ist die umgangssprachliche Kurzform von **специалист** "Spezialist".

3 Zum Beispiel Puschkin – sowohl [seine] Lyrik als auch [seine] Prosa – , Gogol und Nekrassow mit seinem "Wer lebt glücklich (gut) in Russland": Das war ein bisschen schwierig für mich, ich habe mein Wörterbuch nicht weglegen können (mit Wörterbuch nicht getrennt) …

4 – Ich verstehe: Du bist bereits ein Experte für die Klassiker, jetzt musst du auch die zeitgenössischen [Werke] lesen. Wen hast du schon gelesen?

5 – Ich habe Sorokins "Der Tag des Opritschniks" gelesen. Es ist ein kompliziertes Buch mit viel Slang und obszönem Wortschatz, aber es hat mir gefallen.

6 – Respekt (Respektiere)! Dann kannst du Pelewins "Das Leben der Insekten" lesen – wenn du nicht durchdrehst (wenn Dach nicht wegfährt), wirst du es lieben …

7 Seine Bücher sind im Allgemeinen sehr spezifisch, aber es gibt ein (sein) Publikum, das sie liest und sie als echte Literatur betrachtet.

8 Wenn du Kriminalromane (Detektive) magst, kannst du [dir] ohne Weiteres (kühn) Daschkowa, Dontsowa, Ustinowa oder Marinina besorgen (kaufen).

9 Sie werden seit einigen Jahren sehr aktiv gelesen: Du kannst [darauf] wetten, dass du in der U-Bahn mindestens eine Person mit ihrem Detektivbuch findest!

③ Als die **опричник** "Opritschniki" wurden die Mitglieder einer Art Staatspolizei zu Zeiten Iwans des Schrecklichen bezeichnet, die dem Zaren treu ergeben war. Die **опричники** waren in dunkle Gewänder gekleidet, die wie Mönchskutten aussahen. Sie befestigten einen Hundekopf und einen Besen an ihren Sätteln; sie waren grausam und in der Bevölkerung sehr gefürchtet.

④ **Уважаю** von **уважать** "respektieren" (uv.) wird in der gesprochenen Sprache verwendet, um Zustimmung auszudrücken.

⑤ Diese Wendung ist sehr umgangssprachlich! Sie sollten sie kennen, aber nicht benutzen: **У тебя крыша поехала?** "Spinnst du?"

10 – Ой, нет, спасибо, это совсем не моё. Я уж лучше фантастику почитаю, братьев Стругацких или какого-нибудь Лукъяненко…

11 – Ну, кстати да, у него есть неплохие забавные произведения, есть даже совсем коротенькие.

12 – Посоветуй мне что-нибудь такое задушевное…

13 – Знаю! Тебе нужна Улицкая, у неё очень много разного чтива, а уж на счёт задушевности – слёзы гарантирую. ⑥ ⑦

14 Она – доступна, понятна, а книги её – про жизнь.

15 Из недавнего прошлого могу посоветовать Довлатова, Набокова и Зощенко.

16 А из совсем современных и любимых мною назову два имени – Борис Акунин и Евгений Гришковец.

17 Акунина обожаю, он страшно продуктивен: каждый год что-то выпускает, причём пишет под двумя разными именами!

18 Его цикл книг про Фандорина смаковал до последней строчки – сюжет отменный и язык великолепный! ⑧

19 А у Гришковца – актёра, режиссёра и писателя – очень разнообразная деятельность: он ещё и клипы записывает с некоторыми группами.

ПРИМЕЧАНИЕ

⑥ **чтиво** "Schmöker" (n.) bezeichnet wie im Deutschen ein dickeres Buch mit eher trivialem Inhalt und wenig geistigem Tiefgang, das den Leser über einen längeren Zeitraum fesselt.

10 – Oh nein, danke, das ist nicht mein Ding (komplett nicht meines). Ich lese lieber [Science-]Fiction (Fantastik), die Strugatzki-Brüder oder einen Lukjanenko …

11 – Ach ja, übrigens, von ihm gibt es gute (nicht-schlechte) lustige Werke, sogar einige ganz kurze.

12 – Empfiehl mir etwas Sentimentales (was-etwas so herzlich) …

13 – Jetzt hab ich's (Weiß)! Du brauchst Ulitzkaja, sie hat viele verschiedene Bücher (Schmöker) [geschrieben], und was die Herzensangelegenheiten (Herzlichkeiten) angeht, garantiere ich Tränen.

14 Ihre Texte sind (Sie ist) eingängig und verständlich und ihre Bücher [handeln] vom Leben.

15 Aus der jüngeren Vergangenheit kann ich Dowlatow, Nabokow und Soschtschenko empfehlen.

16 Und unter (von) den ganz modernen und von mir geliebten [Autoren] nenne ich zwei Namen: Boris Akunin und Jewgeni Grischkowez.

17 Ich schwärme für Akunin, er ist ungeheuer produktiv: Er produziert jedes Jahr etwas, und er schreibt unter zwei verschiedenen Namen!

18 Seine Fandorin-Reihe (Sein Zyklus Bücher über Fandorin) habe ich bis zur letzten Zeile genossen – die Handlung ist hervorragend und die Sprache großartig!

19 Und Grischkowez – Schauspieler, Regisseur und Drehbuchautor – hat eine sehr vielseitige Tätigkeit: Er nimmt auch [Video]clips mit einigen Bands auf.

⑦ **слеза** "Träne": In diesem weiblichen Nomen taucht der Buchstabe **ё** im Nominativ, Genitiv und Akkusativ Plural auf: **слёзы**, **слёз**, **слёзы**. Die Diminutivformen sind **слёзка** oder **слезинка**.

⑧ **смаковать** "genießen" (uv.) wird wie andere Verben auf **-ова** konjugiert: **смакую**, **смакуешь**, **смакуют**.

20 Я бы сказал, его творчество отражает суть современной российской мысли.

21 Он пишет о чувствах и разных мелочах, из которых и состоит наша жизнь, но всё так в точку.

22 – Слушай, сделай одолжение: давай ты пойдёшь со мной в книжный, и, под твоим чутким руководством, мы там вместе навыбираем мне кучу книг!

Первое задание: Вы понимаете эти предложения?

❶ Опять классику читаешь, неужели ещё не начиталась? – Я уж лучше классику буду читать, чем твою глупую фантастику. ❷ Этот автор не только страшно продуктивен – он выпускает по книге в год –, но ещё и преподаёт в университете. ❸ О чём этот роман? – О чувствах, о жизни, о мелочах, из которых она состоит. ❹ Хочешь, посоветую тебе какой-нибудь детектив? – Ой, нет, спасибо. Это совсем не моё. ❺ Творчество этого автора отражает суть современной российской мысли; книги его полны примеров из жизни.

Второе задание: Вставьте пропущенные слова!

❶ Heute (Jetzt) liest in der U-Bahn jeder Kriminalromane. Du wirst keine einzige Person finden, die einen klassischen Roman in den Händen hält.

Сейчас в ______ все ______ ______. Ни одного ______ с ______ романом в ______ не ______.

20 Ich würde sagen, dass sein Werk das Wesen des zeitgenössischen russischen Denkens widerspiegelt.

21 Er schreibt über Gefühle und die kleinen Dinge (verschiedenen Kleinigkeiten), die unser Leben ausmachen, aber es ist alles so treffend (in Punkt).

22 – Hör mal, tu mir einen Gefallen: Komm doch mit mir in die Buchhandlung und wir suchen gemeinsam unter deiner fachmännischen Anleitung (unter deiner einfühlsamen Leitung) eine Menge Bücher für mich aus!

Решение первого задания: Вы поняли?

❶ Du liest [schon] wieder die Klassiker, hast du noch nicht genug [davon] gelesen? – Ich lese lieber die Klassiker als deine alberne [Science-]Fiction. ❷ Dieser Autor ist nicht nur ungeheuer produktiv – er veröffentlicht ein Buch pro Jahr – sondern er lehrt auch an der Universität. ❸ Worum geht es in diesem Roman? – Es geht um Gefühle, um das Leben, um die kleinen Dinge, die es ausmachen. ❹ Soll ich dir einen Kriminalroman empfehlen? – Oh, nein, danke. Das ist nicht mein Ding. ❺ Das Werk dieses Autors spiegelt das Wesen des modernen russischen Denkens wider; seine Bücher sind voll von Beispielen aus dem Leben.

❷ Er beschloss, ein Buch auf Spanisch zu lesen und legte sein Wörterbuch nicht weg. – Respekt. Ich habe noch nie ein fremdsprachiges (ausländisches) Buch im Original gelesen.

Он …… …… книгу на ……, так со …… и не расставался. – …… . Я вот …… разу ещё иностранцев в …… не …… .

❸ Ihre Bücher sind sehr spezifisch, aber die Menschen, die sie lesen, halten sie für echte Literatur.

У неё очень ________ книги, но ____, которые их ______, ________, что это и есть ________ ________.

❹ Ich habe vor Kurzem das Buch einer zeitgenössischen Autorin gekauft – was für ein Grauen (stiller Horror): Darin stehen so viel Slang und obszöner Wortschatz!

______ недавно _____ ________ автора – _____ ужас: в ней столько ______ и ________ ______!

❺ Gib mir ein sentimentales Buch zum Lesen. – Hier hast du es. Es handelt vom harten Leben der Bergleute, ich garantiere dir Tränen.

Дай мне ________ какую-нибудь ________ _____. – Вот, _____. Она про ________ жизнь ________, слёзы ________.

68 Шестьдесят восьмой урок

In dieser Lektion haben wir die Anzahl der Anmerkungen erheblich reduziert, damit Sie sich auf das hier vorgestellte

Незнание закона не освобождает от ответственности

1 Российская Федерация – Россия есть демократическое федеративное правовое государство с республиканской формой правления.

Решение второго задания: Пропущенные слова.

❶ – метро – читают детективы – человека – классическим – руках – найдёшь ❷ – решил прочитать – испанском – словарём – Уважаю – ни – оригинале – читал ❸ – специфические – люди – читают, считают – настоящая литература ❹ Купила – книгу современного – тихий – сленга – нецензурной лексики ❺ – почитать – задушевную книгу – держи – сложную – шахтёров – гарантирую

68. Lektion

Vokabular konzentrieren können, das der Amtssprache bzw. dem Wortschatz der russischen Verfassung angehört.

Unkenntnis des Gesetzes entbindet nicht von Verantwortung

(Unkenntnis Gesetzes nicht befreit von Verantwortung)

1 Die Russische Föderation [bzw.] Russland ist ein demokratischer, föderaler Rechtsstaat mit einer republikanischen Regierungsform.

2 Государственная власть в РФ осуществляется на основе разделения на законодательную, исполнительную и судебную. ①

3 Органы законодательной, исполнительной и судебной власти самостоятельны.

4 Российская Федерация – светское государство, и никакая религия не может устанавливаться в качестве государственной или обязательной.

5 Президент РФ является главой государства и гарантом Конституции, прав и свобод человека и гражданина.

6 Он определяет основные направления внутренней и внешней политики государства в соответствии с Конституцией и федеральными законами.

7 Президент избирается сроком на шесть лет гражданами РФ на основе всеобщего равного и прямого избирательного права при тайном голосовании.

8 Президентом может быть избран гражданин РФ не моложе 35 лет, постоянно проживающий в Российской Федерации не менее 10 лет. ②

9 Одно и то же лицо не может занимать должность Президента более двух сроков подряд. ③ ④

ПРОИЗНОШЕНИЕ

[**8** … *ÍSBRrAN* …]

ПРИМЕЧАНИЕ

① **РФ** ist die Abkürzung von **Российской Федерации** "Russische Föderation", gesprochen [*RrÅßßÍÏßKÅJ FÍDÍRr***A***Tßİİ*].

2 Die Staatsgewalt in der Russischen Föderation wird auf der Grundlage der Aufteilung in Legislative, Exekutive und Judikative ausgeübt.

3 Die Organe Legislative, Exekutive und Judikative sind [jeweils] autark (Gewalten unabhängige).

4 Die Russische Föderation ist ein säkularer Staat, und keine Religion darf als Staatsreligion oder als obligatorisch festgelegt werden.

5 Der Präsident der Russischen Föderation ist das Staatsoberhaupt und der Garant der Verfassung sowie der Rechte und der Freiheit der Menschen und Bürger.

6 Er bestimmt die Grundzüge der Innen- und Außenpolitik des Staates in Übereinstimmung mit der Verfassung und den Bundesgesetzen.

7 Der Präsident wird von den Bürgern der Russischen Föderation in allgemeiner, gleicher und direkter Wahl (Wahlrecht) in geheimer Abstimmung für eine Amtszeit von sechs Jahren gewählt.

8 Zum Präsidenten kann ein Staatsangehöriger der Russischen Föderation gewählt werden, der nicht jünger als 35 Jahre ist und seit mindestens zehn Jahren seinen ständigen Wohnsitz in der Russischen Föderation hat.

9 Ein und dieselbe Person darf das Amt des Präsidenten nicht länger als zwei aufeinanderfolgende Amtszeiten innehaben.

② **избран** ist die Kurzform des Partizip Perfekts **избранный** des Verbs **избрать** "wählen, auswählen" (v.). Beachten Sie, dass es nur ein **н** am Ende gibt und sich die Betonung im Vergleich zum Infinitiv verschiebt.

③ Das Neutrum **лицо** "Gesicht" kann auch "Person" bedeuten.

④ Bei Drucklegung der Originalfassung dieses Kurses war noch nicht abzusehen, dass Präsident Wladimir Putin im April 2021 ein Gesetz erließ, durch das alle seine bisherigen Amtszeiten seit dem Jahr 2000 annulliert wurden und ihm theoretisch das Weiterregieren bis zum Jahr 2036 erlaubt wird. Nach der alten Verfassung von 1993 hätte der russische Präsident den Kreml 2024 verlassen müssen.

10 При вступлении в должность Президент приносит присягу народу в торжественной обстановке ⑤

11 в присутствии членов Совета Федерации, депутатов Государственной Думы и судей Конституционного Суда.

12 Федеральное Собрание – парламент Российской Федерации – является представительным и законодательным органом.

13 Оно состоит из двух палат – Совета Федерации и Государственной Думы.

14 В Совет Федерации входят по два представителя от каждого субъекта Федерации:

15 по одному от представительного и исполнительного органов государственной власти.

16 Государственная Дума состоит из 450 депутатов и избирается сроком на пять лет.

17 Члены Совета Федерации и депутаты Государственной Думы обладают неприкосновенностью в течение всего срока их полномочий.

18 Человек, его права и свободы являются высшей ценностью.

19 Признание, соблюдение и защита прав и свобод человека и гражданина – обязанность государства.

20 Носителем суверенитета и единственным источником власти в Российской Федерации является её многонациональный народ.

10 Bei seinem Amtsantritt leistet der Präsident in feierlicher Atmosphäre den Amtseid vor dem Volk,

11 in Anwesenheit der Mitglieder des Föderationsrates, der Abgeordneten der Staatsduma und der Richter des Verfassungsgerichts.

12 Die Bundesversammlung – das Parlament der Russischen Föderation – ist das repräsentative und gesetzgebende Organ.

13 Sie besteht aus zwei Kammern, dem Föderationsrat und der Staatsduma.

14 Der Föderationsrat besteht aus jeweils zwei Vertretern jeder Verwaltungseinheit der Föderation:

15 je ein Vertreter der repräsentativen und der exekutiven Organe der Staatsgewalt.

16 Die Staatsduma besteht aus 450 Abgeordneten und [diese] werden für eine Amtszeit von fünf Jahren gewählt.

17 Die Mitglieder des Föderationsrates und die Abgeordneten der Staatsduma genießen (besitzen) während der gesamten Dauer ihres Mandats Immunität (Unantastbarkeit).

18 Der Mensch, seine Rechte und Freiheiten stellen den höchsten Wert dar.

19 Die Anerkennung, die Wahrung und der Schutz der Menschen- und Bürgerrechte und -freiheiten sind die Pflicht des Staates.

20 Der Träger der Souveränität und die einzige Quelle der Macht in der Russischen Föderation ist ihr multinationales Volk.

ПРИМЕЧАНИЕ

⑤ Wie im Deutschen folgt nach **приносит присягу** "den (Amts-)eid leisten" der Dativ.

21 Высшим непосредственным выражением власти народа являются референдум и свободные выборы. ⑥

Первое задание: Вы понимаете эти предложения?

① Ну о чём вы говорите? Это светское государство, и никакая религия не может устанавливаться в качестве обязательной. ② Он не может быть избран президентом, так как ему ещё нет 35 лет, да и последние 6 лет он жил в Англии. ③ Что значит «я не знал»? Незнание закона не освобождает от ответственности… ④ Сколько депутатов в Государственной Думе? – 450. Они избираются сроком на пять лет. ⑤ Сегодня новый Президент приносит присягу народу в присутствии депутатов Думы и судей Конституционного Суда.

Второе задание: Вставьте пропущенные слова!

① Er wird nicht vor Gericht kommen, er hat ja Immunität während der gesamten Dauer seines Mandats.

В ___ он не ___, у него ведь ___ в ___ всего ___ его ___.

② Der Mensch, seine Rechte und Freiheiten sind der höchste Wert im Staat und der Präsident ist ihr Garant.

Человек, его ___ и ___ являются ___ ___ в ___, а Президент – их ___.

21 Oberster unmittelbarer Ausdruck der Macht des Volkes sind die Volksabstimmung und die freien Wahlen.

ПРИМЕЧАНИЕ

⑥ In dieser Lektion können Sie beobachten, dass in der Amtssprache das Subjekt oft am Satzende steht.

Решение первого задания: Вы поняли?

❶ Aber wovon reden Sie? Dies ist ein säkularer Staat, und keine Religion darf als obligatorisch festgelegt werden. ❷ Er kann nicht zum Präsidenten gewählt werden, da er noch nicht 35 Jahre alt ist, und er hat in den letzten sechs Jahren in England gelebt. ❸ Was heißt "Ich wusste es nicht"? Unkenntnis des Gesetzes entbindet nicht von Verantwortung … ❹ Wie viele Abgeordnete [gibt es] in der Staatsduma? – 450. Sie werden für eine Amtszeit von fünf Jahren gewählt. ❺ Heute legt der neue Präsident in Anwesenheit der Abgeordneten der Duma und der Richter des Verfassungsgerichts seinen Amtseid ab.

❸ Sie hat den Posten bereits für zwei aufeinanderfolgende Amtszeiten innegehabt, diese Bewerberin muss ersetzt werden. – Man müsste (muss), aber niemand will ihn …

Она уже ________ эту ________ два ________ ________, надо сменить ________. – Надо, но ________ не ________ …

❹ Die Bundesversammlung, soweit ich das [richtig] verstehe, ist das Parlament der Russischen Föderation – das repräsentative und gesetzgebende Organ.

Федеральное ___ , насколько я ___ , и есть ___ РФ – ___ и ___ ___ .

❺ Wenden Sie sich direkt an diesen Mann: Er ist der Garant für stabile Beziehungen in unserer Gesellschaft.

___ напрямую ___ этому ___ : он ___ ___ стабильности ___ в ___ компании.

69 Шестьдесят девятый урок

Гимн

1 После развала Советского Союза и разоблачения многих политических деятелей и партии

2 глубоко политизированный гимн не мог больше являться официальным текстом страны.

Решение второго задания: Пропущенные слова.

❶ – суд – пойдёт – неприкосновенность – течение – срока – полномочий ❷ – права – свободы – высшей ценностью – государстве – гарантом ❸ – занимала – должность – срока подряд – кандидата – никто – хочет ❹ – Собрание – понимаю – парламент – представительный законодательный орган ❺ Обратитесь – к – человеку – является гарантом – отношений – нашей –

Zur Auflockerung nach diesem sehr sachlichen Lektionstext hier zwei amüsante Erkenntnisse:

Бензин подорожал, водка – тоже. Квартплату и штрафы – повысили... Хорошо, что зарплата и пенсии без изменений. Хоть какая-то стабильность...
"Das Benzin ist teurer geworden, der Wodka auch. Die Miete und die Bußgelder sind gestiegen ... Das Gute ist, dass die Löhne und die Renten unverändert geblieben sind. Wenigstens gibt es [noch] eine gewisse Stabilität ..."

В Америке существуют дороги, которые построили, но забыли отметить на карте. В России есть дороги, которые отметили на карте, но забыли построить.
"In Amerika gibt es Straßen, die gebaut wurden, aber es wurde vergessen, sie auf der Landkarte zu markieren. In Russland gibt es Straßen, die auf der Landkarte eingezeichnet sind, aber man hat vergessen, sie zu bauen."

69. Lektion

Hymne

1 Nach dem Zusammenbruch der Sowjetunion und der Aufdeckung [der Wahrheit über] zahlreiche Politiker (politische Persönlichkeiten) und die Partei

2 konnte die stark (zutiefst) politisierte Hymne nicht mehr der offizielle Text des Landes sein.

LEKTION 69

3 В течение 10 лет гимном выступала «Патриотическая песня» великого композитора Михаила Глинки. ①

4 Но слов на эту песню так и не написали, а бессловесный гимн не нравился многим:

5 спортсмены, например, жаловались на невозможность петь его во время Олимпийских игр –

6 поэтому с 2001 года у россиян появился новый гимн.

7 На самом деле, музыку позаимствовали у Советского гимна, а вот новые слова написал тот же поэт, что и для бывшего…

8 Россия – священная наша держава,

9 Россия – любимая наша страна.

10 Могучая воля, великая слава –

11 Твоё достоянье на все времена!

12 Припев: Славься, Отечество наше свободное,

13 Братских народов союз вековой,

14 Предками данная мудрость народная! ②

15 Славься, страна! Мы гордимся тобой!

16 От южных морей до полярного края ③

17 Раскинулись наши леса и поля.

18 Одна ты на свете! Одна ты такая –

19 Хранимая Богом родная земля!

20 Припев

ПРИМЕЧАНИЕ

① **выступать** (uv.) hat die Bedeutungen "hervortreten, auftreten, halten". Zusammen mit dem Instrumental bedeutet es "dienen als".

3 Zehn Jahre lang diente das "Patriotische Lied" des großen Komponisten Michail Glinka als Hymne.

4 Aber ein Text für dieses Liedes wurde nie geschrieben, und die wortlose Hymne gefiel vielen nicht:

5 Die Athleten beispielsweise beklagten sich darüber, dass sie es bei den Olympischen Spielen nicht singen konnten –

6 aus diesem Grund haben die Russen seit 2001 eine neue Hymne.

7 Tatsächlich wurde die Musik der sowjetischen Hymne entlehnt, aber der neue Text (neue Wörter) wurde von demselben Dichter wie für die ehemalige geschrieben ...

8 Russland, unsere geheiligte Macht,

9 Russland, unser geliebtes Land.

10 Mächtiger Wille, großer Ruhm

11 Dein Vermächtnis für alle Zeiten!

12 Refrain: Glorreich seist du, unser freies Vaterland,

13 Der brüderlichen Völker jahrhundertealter Bund,

14 Von Vorfahren gegebene Weisheit des Volkes!

15 Gerühmt sei das Land! Wir sind stolz auf dich!

16 Von südlichen Meeren bis zum Polargebiet

17 Erstrecken sich unsere Wälder und Felder.

18 Einmalig bist du in der Welt! Einmalig bist du in der Welt –

19 Von Gott beschützte heimatliche Erde!

20 Refrain

② **Предки** "Vorfahren" hat in der modernen Sprache die Bedeutung "Eltern".

③ Anstelle von **полярный край** "Polargebiet" hört man auch häufig den Ausdruck **полярный круг** "Polarkreis".

21 Широкий простор для мечты и для жизни
22 Грядущие нам открывают года. ④
23 Нам силу даёт наша верность Отчизне.
24 Так было, так есть и так будет всегда!
25 Припев

Первое задание: Вы понимаете эти предложения?

❶ Обожаю эту патриотическую песню. Она рассказывает о революции и борьбе народа с несправедливостью. ❷ Я горжусь своей страной, могучей и великой державой! – Ты – настоящий гражданин своего Отечества. ❸ Грядущие года открывают нам новые перспективы для развития данной отрасли. ❹ После развала Советского Союза личности многих политических деятелей были разоблачены. ❺ Во время Олимпийских игр наши спортсмены пели гимн стоя, они держались за руки и плакали.

Второе задание: Вставьте пропущенные слова!

❶ Schau auf die Karte: Unser Land ist riesig! Auf seinem Gebiet gibt es Berge, Flüsse, Meere und Ozeane, von einer Seite zur anderen erstrecken sich Wälder und Felder.

… на карту: наша … … ! На её … есть …, реки, … и …, от края до края … … и … .

❷ Was für eine seltsame Truppe (Kommando): Niemand spricht mit dem anderen, sie haben keine Uniform und sogar ihre Hymne ist ohne Text (Wörter) …

Странная … : никто … с … не разговаривает, … у них …, и даже их … без … …

21 Einen weiten Raum für Träume und Leben

22 Eröffnen uns die künftigen Jahre.

23 Die Treue zu unserem Vaterland gibt uns Kraft.

24 So war es, so ist es, und so wird es immer sein!

25 Refrain

ПРИМЕЧАНИЕ

④ **Широкий простор для мечты и для жизни грядущие нам открывают года**: Damit Sie sich in diesem Satz nicht verlieren, bestimmen Sie zunächst das Subjekt. Es steht am Satzende, ist aber leicht mit dem Objekt zu verwechseln, da die Form des Nomens im Nominativ und im Akkusativ identisch ist. Das Objekt steht ganz am Anfang des Satzes ... Das Verb hilft Ihnen: Es steht im Plural und passt sich an das Subjekt an.

Решение первого задания: Вы поняли?

① Ich liebe dieses patriotische Lied. Es erzählt von der Revolution und vom Kampf des Volkes gegen die Ungerechtigkeit. ② Ich bin stolz auf mein Land, eine mächtige und große Macht! – Du bist ein echter Bürger deines Vaterlandes. ③ Die kommenden Jahre eröffnen uns neue Perspektiven für die Entwicklung dieser Branche. ④ Nach dem Zusammenbruch der Sowjetunion wurde die Identität (Persönlichkeiten) zahlreicher Politiker aufgedeckt. ⑤ Bei den Olympischen Spiele sangen unsere Athleten die Hymne im Stehen, hielten sich an den Händen und weinten.

❸ Sie kennen den großen russischen Komponisten Michail Glinka nicht? – Natürlich kennen wir [ihn] und wir lieben seine Opern!

Вы не ___ ___ русского ___ Михаила Глинку? – ___, конечно, и ___ его ___!

❹ In dieser Region leben nur hunderttausend Menschen, da sie sich in der Nähe des Polarkreises befindet.

В этом ___ ___ всего сто ___ человек, так как он ___ к ___ ___.

70 Семидесятый урок

Теперь – дело за вами

1 Дорогие друзья,

2 Последний урок этой книги подводит итог невероятной работе, которую вы проделали.

3 Вы покорили падежи и спряжение и без сомнений стали тонкими знатоками рода существительных! ①

4 Кириллица раскрыла вам все свои тайны, поэтому вы можете поражать непосвящённых обычным прочтением следующих букв из алфавита: У Ф Х Ц Ч Ш Щ.

ПРОИЗНОШЕНИЕ

[***3*** *… ßPRrÍĴ**E**NÍJE …* ***4*** *… U-EF-HA-TßE-TSCHJE-SCHE-SCHJE*]

❺ Warum haben sie [ihre] Hymne geändert? – Die ehemalige war stark politisiert und konnte nicht mehr als der offizielle Text des Landes dienen.

Почему они ... ... ? – ... был глубоко ... и не мог больше ... ... текстом ... .

Решение второго задания: Пропущенные слова.

❶ Посмотри – страна огромна – территории – горы – моря – океаны – раскинулись леса – поля ❷ – команда – друг – другом – формы – нет – гимн – слов ❸ – знаете великого – композитора – Знаем – обожаем – оперы ❹ – регионе проживает – тысяч – близок – полярному кругу ❺ – поменяли гимн – Бывший – политизирован – выступать официальным – страны

70. Lektion

Jetzt sind Sie gefragt!

1 Liebe Freunde,

2 die letzte Lektion dieses Buches fasst die unglaubliche Arbeit zusammen, die Sie geleistet haben.

3 Sie haben die Fälle und die Konjugation gemeistert (erobert) und sind zweifelsohne echte (feine) Kenner des Geschlechts von Substantiven geworden!

4 Das kyrillische [Alphabet] hat Ihnen alle seine Geheimnisse offenbart, so dass Sie die Uneingeweihten verblüffen können, indem Sie einfach (gewöhnlich) die folgenden Buchstaben des Alphabets lesen: У Ф Х Ц Ч Ш Щ.

ПРИМЕЧАНИЕ

① In diesen letzten Lektionen lernen Sie nun endlich auch die Bezeichnungen **падежи** "[grammatische] Fälle" und **спряжение** "Konjugation" kennen!

5 Должны признаться, что мы сами прибегаем к этому простому способу эпатажа аудиенции достаточно часто, и срабатывает он каждый раз…

6 Вы достигли определённого уровня владения языком, но не останавливайтесь на этом и не почивайте на лаврах!

7 Язык – дело тонкое, без заботы с вашей стороны он начинает совершенно неожиданно выкидывать колена: ②

8 то склонение забудется, то неправильный глагол не вспомнится…

9 Самое простое средство против этакой напасти – говорить на языке постоянно, приглашать в гости русских друзей и ходить к ним

10 (Минздрав предупреждает: чрезмерное употребление алкоголя вредит вашему здоровью).

11 У вас пока ещё нет русских друзей? Нашли из-за чего расстраиваться! Это в наш-то безумный век Интернета и социальных сетей?

12 Ну, а в ожидании оных, пожалуйте, будьте любезны, в кино, в театр, а если лень с дивана вставать, то соизвольте книжечку в рученьки! ③ ④

ПРИМЕЧАНИЕ

② **Язык – дело тонкое** ist eine Anspielung auf **Восток дело тонкое** "Der Osten ist eine delikate Sache" aus dem russischen Film **Белое солнце пустыни** "Weiße Sonne der Wüste".

5 [Wir] müssen zugeben, dass wir selbst oft genug zu diesem schlichten Mittel der Publikumsverblüffung (Provokation Publikum) greifen, und es funktioniert (führt-aus) jedes Mal ...

6 Sie haben ein gewisses Niveau der Sprachbeherrschung erreicht, aber bleiben Sie nicht auf diesem Niveau stehen und ruhen Sie sich nicht auf Ihren Lorbeeren aus!

7 Die Sprache ist eine delikate Sache; wenn Sie sorglos werden (ohne Sorge mit eurer Seite), kann sie Ihnen ganz unerwartet ein Schnippchen schlagen (beginnt vollkommen unerwartet wegwerfen Knie):

8 Mal werden Sie eine Beugung vergessen, mal werden Sie sich nicht an ein unregelmäßiges Verb erinnern ...

9 Die einfachste Lösung (Mittel) gegen ein solches Übel [ist es], die Sprache ständig zu sprechen, russische Freunde einzuladen und sie zu besuchen.

10 (Das Gesundheitsministerium warnt: Übermäßiger Alkoholkonsum schadet Ihrer Gesundheit.)

11 Sie haben noch keine russischen Freunde? Kein Grund, sich die Laune verderben zu lassen (Gefunden von-für was verstimmt-sein)! In diesem verrückten Zeitalter des Internets und der sozialen Netzwerke?

12 Nun, und in Erwartung dessen, seien Sie so nett und gehen (kommen) Sie ins Kino, ins Theater, und wenn Sie zu faul sind (Faulheit), vom Sofa aufzustehen, dann nehmen Sie ruhig (geruhen-Sie) ein Büchlein zur Hand!

③ **оный**, **оная**, **оное**, **оные** sind alte Pronominalformen, die heute verwendet werden, um in einem humorvollen Kontext auf etwas zu verweisen, das bereits erwähnt wurde, oder um zu betonen, dass von einer vergangenen Zeit die Rede ist. Das Pronomen passt sich in Genus und Numerus an das Bezugswort an.

④ **пожаловать** (v.) heißt "verleihen, vorlegen", aber auch "kommen" und "willkommen sein". Beispiel: **Пожалуйте!** "Seien Sie willkommen!"

13 А если серьёзно, книги – это лучший способ совершенно незаметно для себя развивать способность понимать и говорить.

14 Не пытайтесь переводить каждое слово, расслабьтесь и плывите по течению, вы поймёте главное и насладитесь чтением. ⑤

15 Самое важное – никогда не останавливаться на достигнутом, вперёд, за новыми приключениями!

16 А уж со всеми авторами и певцами, которых мы советовали вам на протяжении всех этих уроков,

17 вы обязательно найдёте, чем заняться долгими зимними вечерами или когда погода, что хороший хозяин и собаку на улицу не выпустит.

18 Россия ждёт вас с распростёртыми объятьями!

19 В добрый путь!

ПРИМЕЧАНИЕ

⑤ Bei der Konjugation des Verbs **расслабиться** "sich entspannen" ist das **л** nur in der 1. Person Singular enthalten: **расслаблюсь**, **расслабишься**, **расслабятся**.

Wir wollen diese letzte Lektion mit einem kleinen Zungenbrecher abschließen:
Карл у Клары украл кораллы, Клара у Карла украла кларнет
"Karl hat Klara Korallen gestohlen, Klara hat Karl eine Klarinette gestohlen."

13 Aber im Ernst: Bücher sind der beste Weg, um – ganz ohne es zu bemerken – Ihre Fähigkeit zu entwickeln, zu verstehen und zu sprechen.

14 Versuchen Sie nicht, jedes Wort zu übersetzen, entspannen Sie sich und [lassen Sie] sich treiben (schwimmen auf Strömung), Sie werden das Wesentliche verstehen und die Lektüre genießen.

15 Das Wichtigste ist, sich nie auf seinen Erfolgen auszuruhen (stehen-bleiben auf Erreichtem), [sondern] sich aufzumachen (vorwärts) zu neuen Abenteuern!

16 Und mit allen Autoren und Sängern, die wir Ihnen im Verlauf all dieser Lektionen empfohlen haben,

17 finden Sie sicher eine Beschäftigung für lange Winterabende oder wenn das Wetter so ist, dass ein guter Herr seinen Hund nicht auf die Straße lassen würde.

18 Russland wartet mit offenen Armen auf Sie!

19 Gute Reise!

Herzlichen Glückwunsch! Sie haben die letzte Lektion von „Russisch in der Praxis“ absolviert! Aber – wie die Lektion bereits sagt – das Erlernen einer Sprache ist nie komplett abgeschlossen. Nehmen Sie dieses Buch immer wieder einmal zur Hand, wiederholen Sie einzelne Lektionen und üben Sie, etwas komplexere Sätze und Strukturen vom Deutschen ins Russische zu übersetzen. Beschäftigen Sie sich auch ruhig weiter mit der Aussprache komplizierterer Wörter und vertiefen Sie noch einmal bestimmte grammatikalische Themen. Und an Lektüre und Wegen zur praktischen Anwendung der Sprache für einen fortgeschrittenen Lerner, wie Sie es sind, mangelt es auch nicht: Tandempartnerschaften im Internet, Brieffreundschaften, Literatur, Hörspiele, Filme, Musik, Radio, Zeitungen und Zeitschriften bieten Ihnen zahlreiche Möglichkeiten, intensiv mit der russischen Sprache in Kontakt zu kommen.

Wir wünschen Ihnen weiterhin viel Erfolg und Spaß dabei!

ANHANG A. GRAMMATIKALISCHER ANHANG

Inhalt

Dieser grammatikalische Anhang erläutert in komprimierter und systematischer Form alle in diesem Buch behandelten Grammatikthemen, so dass Sie bei Unklarheiten jederzeit auf die Schnelle die erforderlichen Informationen nachschlagen können.

1. Zusammengesetzte Wörter

Wörter, die aus zwei unabhängig voneinander existierenden Wörtern zusammengesetzt sind, haben ihre eigenen Schreibregeln. Man unterscheidet zwei Arten von zusammengesetzten Wörtern: solche, die mit einem Verbindungsvokal gebildet werden, und jene, die ohne einen Verbindungsvokal gebildet werden.

1.1 Zusammengesetzte Wörter mit Verbindungsvokal

- In Wörtern, deren Stamm auf einem harten Konsonanten endet, schreibt man **о**:
звукозапись "Tonaufnahme, Aufzeichnung";
домосед "Stubenhocker, Couch-Potato".

- Endet der Wortstamm auf einem weichen Konsonanten, einem Zischlaut (**ж**, **ш**) oder **ц**, lautet der Verbindungsvokal **е**:
землетрясение "Erdbeben";
птицелов "Vogelfänger".

- Endet der Stamm mit einem Weichheitszeichen, entfällt dieses in der Wortkombination und man schreibt ebenfalls **е**:
дождемер "Regenmesser" (von **дождь** "Regen").

- Der Stamm eines zusammengesetzten Wortes kann wiederum Teil eines weiteren zusammengesetzten Wortes sein:
паровоз "Lokomotive" → **паровозоремонтный завод** "Lokomotivreparaturwerk".

- Endet der erste Teil des zusammengesetzten Wortes mit einem Konsonanten und der zweite Teil beginnt mit **е** oder **я**, setzt man ein Härtezeichen, um die "getrennte" Aussprache zu markieren:
трёхъязычный "trilingual, dreisprachig".

1.2 Zusammengesetzte Wörter ohne Verbindungsvokal

Zusammengesetzte Wörter ohne Verbindungsvokal haben nur eine mögliche Betonung. Manchmal hört man jedoch einen schwachen Betonungsakzent im zweiten Teil des zusammengesetzten Wortes:
пылесос "Staubsauger" (nur eine Betonung am Ende des zusammengesetzten Wortes),
светло-синий "hellblau" (schwache Betonung auf dem ersten Wort, deutliche Betonung auf dem zweiten Wort).

Zusammengesetzte Wörter ohne Verbindungsvokal und ohne Bindestrich sind:

• solche, die die ursprüngliche Form des Wortes aus dem ersten Wortteil beibehalten:
времяисчисление "Kalender".

• einige Wörter aus der Sprache der Wissenschaft:
кислородсодержащий "sauerstoffhaltig".

• solche, die mit Kardinalzahlen beginnen, deren Stamm im Genitiv steht:
пятилетка "Fünfjahresplan" (**пять – пяти**).

Ausnahmen von dieser Regel sind die Kardinalzahlen **один** "eins"; **девяносто** "neunzig"; **сто** "hundert" und **тысяча** "tausend", die immer einen Verbindungsvokal behalten. Die Kardinalzahl "vierzig" wird auf zwei Arten verwendet:
сороконожка "Tausendfüßler" und
сорокалетний "vierzigjährig".

• diejenigen, die mit **авиа** (Kurzform von **авиационный** "Luft(fahrt)-") beginnen, behalten den Buchstaben **a** am Ende und werden in einem Wort geschrieben:
авиабаза "Luftstützpunkt".

• solche, die mit den Präfixen **анти-**, **архи-**, **верхне-**,**древне-**, **квази-**, **контр-**, **нижне-**, **обще-**, **пан-**, **псевдо-**, **средне-**, **супер-**, **ультра-** beginnen:
контрразведка "Spionageabwehr".

Beachten Sie außerdem, dass **пол** in zusammengesetzten Wörtern das Nomen **половина** "Hälfte" ersetzt. Es wird mit dem Folgewort zusammengeschrieben, wenn dieses mit einem Konsonanten beginnt (**полчаса** "(eine) halbe Stunde"). Es wird ein Bindestrich nach **пол** gesetzt, wenn das Folgewort mit einem Vokal beginnt (**пол-арбуза** "(eine) halbe Wassermelone") oder wenn es sich um einen Eigennamen handelt (**пол-Парижа** "(die) Hälfte von Paris"; **пол-Аргентины** "(die) Hälfte von Argentinien").

2. Nomen

2.1 Präpositiv (Lokativ)

Einige Nomen erfordern im Lokativ die Präposition **на**, weil sie Orte bezeichnen, bei denen es sich nicht um einen abgeschlossenen Raum handelt (ein Raum, bei dem die Präposition **в** erforderlich wäre). Dies ist oftmals nur aus dem historischen Zusammenhang heraus zu verstehen, wie z. B. bei **на почте** "auf der Post": Früher befanden sich die Poststationen, an denen Postkutschen und Pferde bereitstanden, im Freien.

Bei Nomen, die ein Fortbewegungsmittel bezeichnen, wird generell die Präposition **на** verwendet. Beachten Sie, dass diese Nomen auch mit **в** verwendet werden können, die Präposition, die die Idee von "im Inneren" vermittelt:
он приехал на машине / на метро "er ist mit dem Auto / der U-Bahn angekommen";
он сидит в машине / в метро "er sitzt im Auto / in der U-Bahn".

Bei Orten, an denen man lernt oder studiert, verwendet man die Präposition **в**:
в школе/университете "in der Schule/an der Universität".

Jedoch lautet die Präposition für z. B. die einzelnen Fakultäten oder Kurse **на**:
на юридическом факультете "an der juristischen Fakultät";
на первом курсе "im ersten Kurs/Jahr".

Allerdings sagt man **в аудитории/классе** "im Hörsaal/Klassenzimmer", da es sich um geschlossene Räume handelt.

Orte der Unterhaltung werden entweder mit der Präposition **в** verwendet, wenn man einen geschlossenen Raum, ein Gebäude etc. meint (**в кино** "im Kino"; **в опере** "in der Oper") oder mit **на**, wenn man über das Werk oder die Aufführung spricht (**на опере** "in der Oper(nvorstellung); **на концерте** "im Konzert").

2.2 Patronyme

Patronyme (oder "Vatersnamen") werden dekliniert. Die Bildung der Patronyme folgt dem hier beschriebenen Muster:

• Endet der Name des Vaters auf einem Konsonanten, wird für einen Mann die Endung **-ович** und für eine Frau die Endung **-овна** angehängt:
Виктор - **Викторович**, **Викторовна**.

• Endet der Name des Vaters auf **ь** oder **й**, fügt man für das Maskulinum **-евич** und für das Femininum **-евна** an:
Сергей - Сергеевич, **Сергеевна**;
Игорь - Игоревич, **Игоревна**.

Mitunter wird ein Weichheitszeichen ergänzt:
Юрий - Юрьевич, **Юрьевна**.

• Endet der Name des Vaters auf einem Vokal, fügt man für das Maskulinum **-ич** und für das Femininum **-ична** oder **-инична** an:
Никита - Никитич, **Никитична**; **Илья - Ильич**, **Ильинична**.

Schreibt man einen offiziellen Brief, so verwendet man oft die Initialen einer Person, z. B.
Начальнику отдела Н.В. Бубнову "an den Abteilungsleiter Nikolai Wladimirowitsch Bubnow".

3. Adjektiv

3.1 "Weiche" Adjektive (Adjektive mit weichem Stammende)

Sie kommen seltener vor als harte Adjektive und haben verschiedene Bedeutungen:

• **Räumliche Bedeutung:**
верхний "Ober-, oberer, -e, -es"
внешний "Außen-, äußerer, -e, -es"
внутренний "Innen-, innerer, -e, -es"
всесторонний "allseitig, umfassend"
домашний "Haus-, häuslich"
задний "Hinter-, hinterer, -e, -es, rückwärtig"
здешний "einheimisch, hiesig, lokal"
иногородний "auswärtig"
крайний "extrem, außerordentlich, letzter, -e, -es"
нижний "Unter-, unterer, -e, -es"
передний "Vorder-, vorderer, -e, -es"
последний "letzter, -e, -es"
посторонний "fremd"
соседний "Nachbars-, benachbart, angrenzend"
средний "Mittel-, Durchschnitts-, mittlerer, -e, -es"

Doch Vorsicht: **междугородный** "Fern-, Überland-".

• **Zeitliche Bedeutung:**
весенний "Frühlings-, frühlingshaft"
вечерний "Abend-, abendlich"
всегдашний "gewöhnlich, üblich, immerwährend"
вчерашний "gestrig"
давний "einstig"
завтрашний "morgig"
зимний "Winter-, winterlich"
летний "Sommer-, sommerlich"
недавний "letztmalig, neuerlich"
новогодний "Neujahrs-, des neuen Jahres"
нынешний "gegenwärtig, momentan"
поздний "spät, verspätet"
прежний "bisherig, ehemalig, früher"
прошлогодний "vorjährig"
сегодняшний "heutig"
субботний "Samstags-, samstäglich"
тогдашний "damalig"
утренний "Morgen-, morgendlich"

... sowie alle Formen, die auf -**летний** enden, z. B. **пятилетний** "fünfjährig".

• **Andere Bedeutungen:**
излишний "überflüssig, unnötig"
искренний "aufrichtig"
лишний "überflüssig, übrig, nutzlos"
порожний "leer"
синий "blau"
сыновний "Sohnes-".

3.2 Einschränkung bei der Bildung von kurzen Adjektiven

Kurze Adjektive können nur aus "harten" Adjektiven und solchen mit einer harten Endung nach einem Zischlaut gebildet werden. Es gibt jedoch einige Ausnahmen von dieser Regel:

• Das Adjektiv **большой** "groß" kennt keine Kurzform.

• Adjektive, die zu feststehenden Ausdrücken gehören:
больной вопрос "heikles Thema" (wörtl. Frage),
aber **болен**, **больна** "krank";
скорая помощь "Erste Hilfe", aber
скор, **скора** "schnell".

• Adjektive, deren Stamm auf den Suffixen -**ов**- oder -**ев**- endet:
боевой "Kampf-, kriegerisch";
деловой "Geschäfts-, geschäftlich";
передовой "fortschrittlich";
черновой "Roh-, Entwurfs-".

• Adjektive mit den Vorsilben **пре**-, **рас**-/**раз**-, die eine hohe Intensität oder ein Extrem ausdrücken:
премилый "extrem nett, superlieb";
прехорошенький "super süß, total niedlich".

Sind die Präfixe jedoch Bestandteil des Wortes und haben nicht die genannte Bedeutung, kann das Adjektiv eine Kurzform haben:
превосходный "exzellent" → **превосходен**;
разговорчивый "gesprächig, geschwätzig" → **разговорчив**;
разумный "vernünftig, sinnvoll" → **разумен**.

• Einige Farbadjektive:
кофейный "kaffeefarben";
коричневый "braun";
оранжевый "orange";
розовый "rosa";
сиреневый "lila";
фиолетовый "violett";
шоколадный "schokoladenfarben".

• Adjektive, die das Fell von Tieren beschreiben:
вороной "schwarz(haarig)";
гнедой "rotbraun";
пегий "scheckig";
саврасый "grau(haarig)".

3.3 Kurze Adjektive ohne Langform

Einige Adjektive kennen nur eine Kurzform, z. B. das Adjektiv **рад**, **рада**, **рады** "froh, erfreut";

Adjektive, die eine Langform mit unterschiedlicher Bedeutung besitzen:

Олег – видный мужчина "Oleg ist ein attraktiver/gut aussehender Mann", aber

Из моего окна видна Красная площадь "Von meinem Fenster aus kann man den Roten Platz sehen".

Adjektive, die Teil eines festen Ausdrucks sind:
будь здоров! "Gesundheit!";
ни жив ни мёртв "mehr tot als lebendig".

Einige Adjektive haben eine Langform, werden aber hauptsächlich oder ausschließlich mit ihrer Kurzform verwendet (außer in einigen gebräuchlichen Ausdrücken):
я должен "ich muss";
обязан "verpflichtet, schuldig".

4. Verb

4.1 Verbgruppen

Wir nennen Ihnen hier einige Tipps, die Ihnen dabei helfen festzustellen, zu welcher Konjugation ein Verb gehört. Hierzu sieht man sich die Infinitivendung des Verbs an. In der 1. Konjugation gibt es wesentlich mehr Verben als in der 2. Konjugation. Zur 2. Konjugation gehören:

• Verben mit der Infinitivendung -**ить**. Ausnahmen: Einige Verben auf -**ить**, nämlich die, die das **и** in der Konjugation verlieren, gehören zur 1. Konjugation:
пить "trinken" → **пью**, **пьёшь**;
брить "rasieren" → **брею**, **бреешь**, aber auch **бить** "schlagen";
вить "drehen, flechten, ein Nest bauen";
гнить "(ver)faulen";
лить "gießen, schütten";
шить "nähen".

• Verben auf -**ать** nach einem Zischlaut:
лежать "liegen" → **лежу**, **лежишь**, **лежит**, **лежат**.

• Zwei Verben auf -**ять** nach **о**: **стоять** "stehen" (und seine Ableitungen, z. B. **настоять** "bestehen (auf)") und **бояться** "sich fürchten":
стою, **стоишь**, **стоит**, **стоят**;
боюсь, **боишься**, **боится**, **боятся**.

Es gibt in der 2. Konjugation nur wenige Verben auf -**еть**, darunter auch einige, die das Erzeugen von Geräuschen beschreiben:
блестеть "glänzen"
болеть "krank sein, schmerzen, wehtun"
велеть "befehlen"
висеть "hängen"
галдеть "lärmen, krakeelen"
гореть "brennen"

греметь "dröhnen, rasseln"
гудеть "brummen"
звенеть "klingeln"
кипеть "kochen, sieden"
кишеть "wimmeln, kribbeln"
кряхтеть "krächzen"
лететь "fliegen"
пыхтеть "schnaufen, pusten"
свистеть "pfeifen"
сидеть "sitzen"
сипеть "krächzen, heiser sprechen"
скорбеть "beklagen, (be)trauern"
скрипеть "knacken, knarren"
сопеть "schnauben, schnaufen"
тарахтеть "poltern, klappern"
храпеть "schnarchen"
хрипеть "röcheln"
хрустеть "knirschen, knacken"
шелестеть "rauschen, rascheln"
шипеть "zischen, brutzeln"
шуметь "lärmen"

Diese Verben bereiten bei der Konjugation keine Probleme, da die Betonung auf die Endsilbe fällt:
гореть "brennen" → **гор**ю, **гор**ишь, **гор**ит, **гор**ят.

Im Gegensatz dazu gibt es elf Ausnahmeverben auf **-еть** und **-ать**, die zur 2. Konjugation gehören und deren Stammvokal **и** in den konjugierten Formen nicht betont wird. Die Aussprache ist dieselbe wie beim unbetonten **е** der 1. Konjugation. Merken Sie sie sich daher in der Reihenfolge, in der russische Kinder sie in der Schule lernen. Versuchen Sie, die folgende Liste wie ein kleines Gedicht zu lesen:
гнать "(ver)jagen, (ver)treiben"
дышать "atmen"
держать "halten"
зависеть "(von etwas) abhängen"
видеть "sehen"
слышать "hören"
и обидеть "beleidigen"
а ещё терпеть "ertragen"
вертеть "drehen"
ненавидеть "hassen"
и смотреть "(an)schauen"

Zwei Verben weisen eine gemischte Konjugation auf:
бежать "laufen, rennen"
(**бегу**, **бежишь**, **бежит**, **бежим**, **бежите**, **бегут**) und
хотеть "wollen, möchten"
(**хочу**, **хочешь**, **хочет**, **хотим**, **хотите**, **хотят**).

Einige Verben haben sowohl eine gemischte als auch eine unregelmäßige Konjugation:

- Das Verb **есть** "essen" und seine Ableitungen:
ем, **ешь**, **ест**, **едим**, **едите**, **едят**.
Auch das Perfekt dieses Verbs ist unregelmäßig:
ел, **ела**, **ели**.

- Das Verb **дать** "geben" und seine Ableitungen:
дам, **дашь**, **даст**, **дадим**, **дадите**, **дадут**.

Die Verben **быть**, **ехать**, **идти** und ihre Ableitungen ändern im Verlauf der Konjugation ihren Stamm. Sie folgen dem Muster der 1. Konjugation (**бы**- wird zu **бу**-; **ех**- wird zu **ед**-):

- **быть** "sein":
буду, **будешь**, **будет**, **будем**, **будете**, **будут**.

- Im Präsens verwendet man die Form **есть** nur im Sinne von "es gibt, da ist" und um ein Besitzverhältnis auszudrücken:
Кто там есть? "Wer ist dort?";
У тебя есть дети? "Hast du Kinder?"

- **ехать** "fahren, reisen":
еду, **едешь**, **едет**, **едем**, **едете**, **едут**.

- **идти** "gehen":
иду, **идёшь**, **идёт**, **идём**, **идёте**, **идут**.

Steht **идти** mit Präfixen, ändert sich der Stamm in **-йд-**: **уйду**, **уйдёшь**, **уйдут**. Sein Perfekt wird auf **ш** gebildet: **шёл**, **шла**, **шли**.

4.2 Verbaspekte

Die Bestimmung des Aspekts von Verben gilt als eine der größten Schwierigkeiten im Russischen. Versuchen Sie, sich die am häufigsten vorkommenden Aspektgruppen zu merken.

Beachten Sie auch, dass es neben den Aspektpaaren auch Verben gibt, die nur einen Aspekt haben, und andere, die beide Aspekte kombinieren.

4.2.1 Verben mit nur einem Aspekt

Einige Verben existieren nur im vollendeten oder nur im unvollendeten Aspekt.

• Unvollendete Verben

Verben, die nicht auf das Ergebnis einer Handlung ausgerichtet sind, besitzen keine vollendete Form (oder, falls es eine solche gibt, beinhaltet sie eine Bedeutungsänderung). Es handelt sich um Verben, die Folgendes ausdrücken:

• Besitz oder Vorhandensein:
быть "sein";
обладать "besitzen";
являться "sein, erscheinen";
находиться "sich befinden";

• eine Position oder einen Ort:
лежать "liegen";
сидеть "sitzen";
стоять "stehen";
граничить "grenzen (an)";
впадать "münden in (Fluss)";

• einen Zustand oder ein Gefühl:
бояться "sich fürchten, Angst haben",
любить "lieben",
ненавидеть "hassen",
радоваться "sich freuen";

• ein Gewicht / einen Wert:
весить "wiegen"; **стоить** "kosten";

• eine Tätigkeit:
работать "arbeiten";
учиться "lernen, studieren".

Zwar kann man durch Hinzufügen eines Präfixes eine vollendete Form kreieren, doch die Bedeutung wird dadurch leicht verändert.

• Vollendete Verben

Verben, die nicht auf das Ergebnis einer Handlung ausgerichtet sind, sondern eher eine zeitlich begrenzte Handlung oder momentane oder unerwartete Ergebnisse beschreiben, besitzen keine unvollendete Form. Es handelt sich um Verben, die Folgendes ausdrücken:

• ein unerwartetes Ergebnis:
заблудиться "sich verlaufen";
оступиться "stolpern";
очнуться "zu sich kommen, erwachen";

• den Beginn einer Handlung:
зааплодировать "(anfangen zu) applaudieren";
засмеяться "(anfangen zu) lachen";
полететь "abfliegen, losfliegen";

• die Begrenzung einer Handlung in zeitlicher oder quantitativer Hinsicht:
поесть немного "ein wenig essen";
проспать весь день "den ganzen Tag schlafen".

4.2.2 Verben mit nur einer Aspektform

Manche Verben vereinen beide Aspekte in einer einzigen Form; der Kontext bestimmt, welcher Aspekt jeweils passend ist. Es handelt sich um:

• Verben auf -**ировать**, -**изировать** und -**фицировать**:
констатировать "konstatieren, feststellen";
приватизировать "privatisieren";
унифицировать "vereinheitlichen";

• Verben auf -**овать**:
атаковать "angreifen, attackieren",
организовать "organisieren",
характеризовать "charakterisieren, kennzeichnen";

• einige Verben der 2. Konjugation ohne Präfix, die jedoch manchmal eine mit einem Präfix gebildete, vollendete Form haben können:
казнить "hinrichten";
обещать (mögliche vollendete Form **пообещать**)
"versprechen, zusagen";
ранить (mögliche vollendete Form **поранить**)
"verwunden, verletzen".

4.3 Verben der Bewegung

4.3.1 Verben der Bewegung ohne Präfix

Jedes dieser Verben beschreibt eine aktive oder passive Form der Fortbewegung. Sie sind alle unvollendet, werden aber in zwei Kategorien unterteilt: bestimmte und unbestimmte Verben. Sie bilden 14 Paare.

Bestimmte Verben kennzeichnen Fortbewegungen, die einmal oder mehrmals, jedoch nur in eine Richtung, ausgeführt werden:
Корабль плыл на юг "Das Schiff fuhr nach Süden";
Каждый день когда он вёл ребёнка в школу, она шла на работу "Jeden Tag, wenn er das Kind zur Schule brachte, ging sie zur Arbeit".

Unbestimmte Verben hingegen kennzeichnen Fortbewegungen, die einmal oder mehrmals in verschiedene Richtungen, mit Hin- und Rückweg oder ohne eine bestimmte Richtung, ausgeführt werden (es geht dann um die Fähigkeit, diese bestimmte Handlung auszuführen):

Он всегда здесь ездит по утрам
"Er fährt morgens immer hierher" (keine Informationen über das Ziel der Person, man weiß nur, dass die Fortbewegung mehrmals stattfindet);

Ты ходил вчера в кино?
"Bist du gestern ins Kino gegangen?" (die Richtung wird hier zwar angegeben, aber es geht um das Hin- und Zurückgehen: Da man mit der Person spricht, muss sie zurückgekommen sein);

Рыбы плавают, а птицы летают
"Fische schwimmen und Vögel fliegen" (hier wird von einer Fähigkeit gesprochen, die charakteristisch ist für eine Klasse von Tieren, ohne dass ein Ziel oder eine Information über die Häufigkeit der Handlung angegeben wird).

Bestimmte Verben	Unbestimmte Verben	Übersetzung
бежать	**бегать**	laufen, rennen / hin- und herlaufen
брести	**бродить**	schlendern / umherlaufen, wandeln
везти	**возить**	jmdn./etw. bringen/fahren / mit etw. / über etw. fahren
вести	**водить**	führen, lenken / jndn. führen/ fahren

GRAMMATIKALISCHER ANHANG

Bestimmte Verben	Unbestimmte Verben	Übersetzung
гнать	**гонять**	(ver)jagen, (ver)treiben / hetzen
ехать	**ездить**	fahren
идти	**ходить**	gehen / gehen, besuchen
катить	**катать**	rollen, wälzen
лезть	**лазить**	klettern
лететь	**летать**	fliegen
нести	**носить**	tragen
ползти	**ползать**	kriechen, rutschen
плыть	**плавать**	schwimmen
тащить	**таскать**	schleppen, schleifen

4.3.2 Verben der Bewegung mit Präfix

Verben der Bewegung können mithilfe von Präfixen weitere Verben der Bewegung bilden:

- Aspektpaare bestimmter Bewegungsverben

Sechs Verben bilden mithilfe von Präfixen Aspektpaare:
везти, **вести**, **гнать**, **идти**, **лететь** und **нести**:

ввезти / ввозить	**ввести / вводить**
пригнать / пригонять	**войти / входить**
влететь / влетать	**внести / вносить**

Die anderen Bewegungsverben ohne Präfix bilden ihre Aspektpaare mithilfe der Suffixe **-а-** und **-ива-/-ыва-**. Beachten Sie die Betonung (hier grau markiert):
вбежать / вбегать (бегать)
вкатить / вкатывать (катать)
влезть / влезать (лазить)
вползать / вползывать (sehr selten) (**ползать**)
втащить / втаскивать (таскать)
въехать / въезжать (**ездить**)
приплыть / приплывать (плавать)

- Das Verb **брести / бродить** ist nicht sehr verbreitet und steht nur mit wenigen Präfixen. Hier sind die gebräuchlichsten: **добрести**, **забрести**, **набрести**, **побродить**.

Präfixe mit räumlicher Bedeutung und das Präfix **по**, das den Beginn einer Handlung bezeichnet, werden Bewegungsverben ohne Präfix hinzugefügt, um den vollendeten bzw. unvollendeten Aspekt zu bilden (vollendet nur mit **по**). Beachten Sie, dass nur bestimmte Verben mit diesen Präfixen kombiniert werden können. Meistens folgen auf diese Verben Präpositionen. Hier sind die am häufigsten vorkommenden:

Präfix	Beispiele	Übersetzung (Bewegungsrichtung)
в-, **во-** (**в** + Akkusativ)	**войти / входить в комнату**	in das Zimmer gehen (in das Innere von etwas)
вз-, **взо-**, **вс-**	**взлететь / взлетать выше дома**	höher als das Haus fliegen (nach oben)
вы- (**из**, **с** + Genitiv)	**выехать / выезжать из города**	aus der Stadt fahren (nach außen)
до- (**до** + Genitiv)	**доехать / доезжать до города**	bis zur Stadt fahren (bis zu einer Grenze)
за- (**к** + Dativ, **в** + Akkusativ)	**зайти / заходить к друзьям**	bei Freunden vorbeischauen (Umweg oder kurzer Aufenthalt an einem Ort)
за- (**за** + Akkusativ)	**зайти / заходить за дом**	hinter das Haus gehen (hinter einen Ort)
за- (**на** + Akkusativ)	**залезть / залазить на шкаф**	auf den Schrank steigen (auf etwas)
за- (**в** + Akkusativ)	**завезти / завозить далеко в лес**	in den tiefen Wald bringen (weit in das Innere von etwas)
на- (**на** + Akkusativ)	**наехать / наезжать навелосипед**	mit einem Fahrrad zusammenstoßen (in Richtung auf ein Objekt bzw. Zusammentreffen mit etwas)
о-, **об-**, **обо-** (+ Akkusativ)	**обойти / обходить дерево**	dem Baum ausweichen (Vermeidung bzw. Umgehung von etwas)
	объехать / объезжать весь мир; **обойти / обходить все магазины**	um die Welt reisen; durch alle Läden gehen

Präfix	Beispiele	Übersetzung (Bewegungsrichtung)
пере- (**через** + Akkusativ)	**перейти / переходить через дорогу**	die Straße überqueren (Wechsel von einer Seite zur anderen)
от-, **ото-** (**от** + Genitiv)	**отойти / отходить от двери**	sich von der Tür entfernen (sich von etwas entfernen)
пере-	**перевести / переводить текст**	einen Text übersetzen (Umwandlung von einem Zustand in einen anderen)
	переехать / переезжать	umziehen (Wechsel von einem Ort zum anderen)
под-, **подо-** (**к** +Dativ)	**подползти / подползать к тигру**	sich dem Tiger kriechend nähern (Annäherung an ein Objekt)
при- (**в** + Akkusativ)	**приехать / приезжать в лес**	im Wald ankommen (Ankunft)
про- (**сквозь** + Akkusativ)	**пройти / проходить сквозь стену**	über die Mauer steigen (Bewegung über oder durch etwas)
про-	**пройти / проходить нужный дом**	das richtige Gebäude passieren (Bewegung des Vorbeikommens)
	проехать / проезжать тысячи километров	Tausende von Kilometern zurücklegen (Überwindung einer Distanz)
раз, **разо**, **рас** (+Suffix **ся**)	**разбежаться / разбегаться по углам**	in mehrere Richtungen auseinanderlaufen (Verteilung auf mehrere Orte)
с, **со** (+ Suffix **ся**)	**съехаться / съезжаться на встречу**	zu einem Treffen zusammenkommen (Versammlung)
у	**угнать / угонять машину**	ein Auto stehlen (Wegnahme)
	уйти / уходить	abreisen, wegfahren (Aufbruch)

Durch Hinzufügen der folgenden Präfixe bilden die unbestimmten Bewegungsverben die vollendeten Formen:

Präfix	Verb + Beispiel	Bedeutung
за-	**бегать**: **видишь, как забегал?** "Siehst du, wie [er] losgerannt ist?"	Beginn einer Handlung
по-	**плавать**: **поплавал часик** "[er] ist ein Stündchen geschwommen"	kurzzeitige, zeitlich begrenzte Handlung
про-	**ездить**: **проездил весь день** "[er] ist den ganzen Tag gefahren"	länger andauernde, zeitlich begrenzte Handlung
раз- (mit Suffix **ся**)	**летать**: **птицы разлетались под окнами!** "[Wie] die Vögel unter [unseren] Fenstern umherflogen!"	Handlung von hoher Intensität
с-	**ходить**: **сходил в магазин, всё купил** "[ich] ging in den Laden [und] kaufte alles"	Handlung, die eine Hin- und Zurückbewegung beschreibt, um etwas zu erreichen oder zu beschaffen
	ездить: **были бы деньги, съездили бы в Мескику**, "wenn [wir] Geld hätten, würden [wir] nach Mexiko fahren"	Handlung, die eine Hin- und Zurückbewegung mit dem Ziel eines Aufenthalts beschreibt

5. Partizipien

5.1 Verbspezifische und adjektivspezifische Merkmale von Partizipien

Folgende Merkmale übernehmen Partizipien von Verben:
Sie können transitiv oder intransitiv sein (**найденная папой книга** "[das] von Papa gefundene Buch" / **убегающий мальчик** "[der] flüchtende Junge"), rückbezüglich (**раздевающийся ребёнок** "[das] sich entkleidende Kind"), unvollendet oder vollendet (**решавший** (uv.)/**решивший** (v.)), aktiv oder passiv (**читающий** (aktiv)/**читаемый** (passiv)) und sie unterscheiden zwischen Präsens und Perfekt (**читающий** (Präsens)/ **читавший**, (Perfekt)).

Folgende Merkmale übernehmen Partizipien von Adjektiven:
Sie verfügen über ein Genus / grammatisches Geschlecht (**делающий** (m.), **делающая** (f.), **делающее** (n.)) sowie einen Numerus (**бегущий** (Sg.), **бегущие** (Pl.)), sie gleichen sich an den Kasus / grammatischen Fall des Bezugswortes an (**бегущий человек** (Nominativ), **вижу бегущего человека** (Akkusativ)) und sie verfügen über eine Lang- und eine Kurzform (**решённая задача** (lang), **вопрос решён** (kurz)).

5.2 Partizip Präsens

Das Partizip Präsens wird auf der Basis der 3. Person Plural des Verbs im Präsens gebildet (d. h. auf der Basis unvollendeter Verben).

5.2.1 Partizip Präsens Aktiv

Es wird mithilfe der Suffixe **-ущ-** bzw. **-ющ-** (für die 1. Konjugation) und **-ащ-** bzw. **-ящ-** (für die 2. Konjugation) gebildet:
решающий "beschließend"; **ведущий** "führend";
говорящий "sprechend".

Manche Verben haben zwei Formen des Partizip Präsens Aktiv. Hier sind einige Beispiele zu den gängigsten Verben der 1. Konjugation:
брызгать "(be)spritzen" – **брызгающий** und **брызжущий**
внимать "zuhören" – **внемлющий** und **внимающий**
двигать "bewegen" – **движущий** und **двигающий**
капать "(ab)tropfen" – **каплющий** und **капающий**
махать "winken" – **машущий** und **махающий**

мурлыкать "schnurren, miauen" – **мурлычущий** und **мурлыкающий**
плескать "plätschern" – **плещущий** und **плескающий**
полоскать "ausspülen, gurgeln" – **полощущий** und **полоскающий**
хныкать "jammern, flennen" – **хнычущий** und **хныкающий**

... und eines der 2. Konjugation
(**мучить** "quälen, foltern" – **мучащий** und **мучающий**).

Sonderfälle sind **лазить** "klettern" (und seine Variante **лазать**), das das Partizip **лазающий** hat, und **чтить** "(ver)ehren" mit den Partizipien **чтущий** und **чтящий**.

5.2.2. Partizip Präsens Passiv

Es wird mithilfe der Suffixe **-ем-** bzw. **-ом-** (für die 1. Konjugation) und **-им-** (für die 2. Konjugation) gebildet:
решаемый "(gerade) beschlossen";
ведомый "geführt"; **говоримый** "gesprochen".

Das Partizip Präsens Passiv wird vor allem in der wissenschaftlichen und der literarischen Sprache verwendet, doch nur sehr selten im gesprochenen Russisch. So bilden viele Verben der Umgangssprache kein Partizip Präsens Passiv, darunter **бить** "schlagen"; **рыть** "graben", etc. Die Formen des Partizip Präsens Passiv lassen sich in den allermeisten Fällen am besten auf der Grundlage unvollendeter Verben auf **-ать/-ять** mit Präfixen bilden:
управлять "lenken, regieren"
(→ **управляемый** "gelenkt, regiert") oder
осуществлять "realisieren"
(→ **осуществляемый** "realisiert").

5.3 Partizip Perfekt

Das Partizip Perfekt wird auf der Grundlage des Infinitivs gebildet (mit Ausnahme der Formen des Partizip Perfekt Passiv auf **-енн-**, die auf der Grundlage des Verbs im Präsens gebildet werden).

5.3.1 Partizip Perfekt Aktiv

Es wird auf der Basis des Verbstamms des Infinitivs mit den Suffixen **-вш-** (nach vokalischem Stammauslaut) bzw. **-ш-** (nach konsonantischem Stammauslaut) + die üblichen Adjektivendungen gebildet:

решать "entscheiden" → **решавший**;
говорить "sprechen" → **говоривший**;
нести "tragen" → **нёсший**.

Einige Ausnahmen:

- Bei Verben auf -**сть** entfällt diese Endung:
клясть "verfluchen" → **клявший**;

- Bei reflexiven Verben wird die Partikel -**ся** am Ende nach den Endungen angehängt:
жениться "heiraten" → **женившийся**;

- Verben, die in ihrer Konjugation im Präsens ein **д** oder **т** haben und deren Infinitiv auf -**сти** endet, bilden das Partizip Perfekt mit dem Suffix **ш** auf der Grundlage der 3. Person Plural Präsens:
привести "bringen", **приведут** → **приведший**;
расцвести "aufgehen, aufblühen", **расцветут** → **расцветший**;

- Verben auf -**ну**- haben oft beide Varianten, aber die Variante ohne -**ну**- ist gebräuchlicher:
зависнуть "pflanzen", **завис** → **зависший** (oder **зависнувший**);

- Das Partizip Perfekt Aktiv des Verbs **идти** ist unregelmäßig: **шедший**.

5.3.2 Partizip Perfekt Passiv

Es wird mithilfe der folgenden Suffixe gebildet:

- -**нн**-

– für vollendete Verben auf -**ать** oder -**ять**:
прочитать "lesen" → **прочитанный** "gelesen";
потерять "verlieren" → **потерянный** "verloren".

Ausnahmen sind **взять** "nehmen"; **жать** "drücken, pressen"; **мять** "quetschen, (zer)knittern"; **начать** "beginnen"; **распять** "kreuzigen", die das Partizip Perfekt Passiv mit -**т** bilden:
мять → **мятый** "gequetscht, zerknittert".

- -**т**-

– für Verben auf -**нуть** oder -**оть**:
кинуть "werfen, schmeißen" → **кинутый** "geworfen, geschmissen";
молоть "mahlen" → **молотый** "gemahlen"

– für Verben auf -**ереть**:
запереть "einsperren" → **запертый**;
тереть "reiben" → **тёртый**

– für das (im Stamm) einsilbige Verb
обуть "Schuhe anziehen" → **обутый**

(und auch für die einsilbigen Verben
вить "drehen, flechten";
дуть "wehen, blasen";
лить "gießen, schütten";
мыть "waschen";
рыть "schaufeln, ausheben";
шить "nähen")

– für Verben auf -**быть**:
забыть "vergessen" → **забытый**

– für das Verb
проклясть "verfluchen" → **проклятый**
(diese Form wird auf der Grundlage des Verbs im Präsens gebildet)

• **-енн-**
– für Verben, deren Infinitiv auf -**еть** und -**ить** endet, mit der Betonung auf dem Wortstamm im Futur (also ohne Endbetonung). Eine Veränderung der Endkonsonanten ist möglich; um bei der Konjugation sicher zu sein, setzen Sie das Verb in die 1. Person Singular Futur:
заметить "bemerken", **замечу** → **замеченный**;
добавить, "ergänzen, hinzufügen", **добавлю** → **добавленный**

• **-ённ-**
– für Verben, deren Infinitiv auf -**ить** (mit Schlussbetonung im Futur) endet. Setzen Sie auch hier das Verb in die 1. Person Singular Futur, um herauszufinden, ob sich der Endkonsonant verändert:
изменить "(ver)ändern", **изменю** → **изменённый**,

– und für die Verben auf -**сти**, -**зти**, -**чь** und -**честь**:
привести "mitbringen", **приведу** → **приведённый**;
напрячь "anstrengen, anspannen", **напрягу** → **напряжённый**
(Achtung: Palatalisierung im Stamm);
прочесть "lesen", **прочту** → **прочтённый**).

5.4 Deklination der Partizipien

Das Partizip Präsens Aktiv und das Partizip Perfekt Aktiv haben dieselbe Deklination wie das Adjektiv **хороший** "gut". Was das Partizip Präsens Passiv und das Partizip Perfekt Passiv betrifft, so folgt ihre Deklination der der harten Adjektive, z. B. **гениальный** "genial".

5.5 Kurzform der Partizipien

Das Partizip Perfekt Passiv hat eine Kurzform. Beispiel: **прочитанный**, **-ая**, **-ое**, **-ые** → **прочитан**, **-а**, **-о**, **-ы**.

Die Kurzformen haben dieselben Genus- und Numerusformen wie kurze Adjektive, weshalb sie oft verwechselt werden.

6. Adverbialpartizipien

6.1 Unveränderliche Adverbialform

Diese Form besitzt sowohl die Eigenschaften eines Verbs als auch die eines Adverbs. So können Adverbialpartizipien wie Verben vollendet oder unvollendet sein
(**решать** "entscheiden" (uv.) → **решая** "entscheidend";
решить "entscheiden" (v.) → **решив** "entschieden habend"),

transitiv oder intransitiv
(**найдя книгу** (transitiv) – **убегая** (intransitiv)),

und sie können durch Adverbien definiert sein
(**быстро решать** "schnell entscheiden" → **быстро решая** "schnell entscheidend").

Außerdem sind Adverbialpartizipien wie Adverbien unveränderlich; sie beziehen sich nicht auf einen absoluten Zeitpunkt, können aber die Gleichzeitigkeit oder Vorzeitigkeit einer Handlung in Bezug auf das Hauptverb ausdrücken; sie haben in diesem Fall dasselbe Subjekt wie das Hauptverb.

6.2 Adverbialpartizipien im Präsens

Man bildet sie ausgehend vom Präsensstamm des unvollendeten Verbs, an den man das Suffix -**а** (-**я**) oder im Falle eines rückbezüglichen Verbs -**ась** (-**ясь**) anhängt:
делать "machen", **делают** → **дела**я;
кричать "schreien", **кричат** → **крич**а;
возвращаться "zurückkommen", **возвращаются** → **возвраща**ясь.

Endet der Infinitivstamm auf -**ва**, wird das Adverbialpartizip auf dieser Basis gebildet (дава**ть** "geben" → дава**я**). Das Verb **быть** "sein" bildet das Adverbialpartizip mit dem Suffix -**удучи**: **будучи**.

Viele Verben haben kein Adverbialpartizip im Präsens (oder dieses wird nur sehr selten verwendet):

• unvollendete Verben mit einem Zischlaut im Präsensstamm oder Kombinationen aus bestimmten Konsonanten und **л**:
писать "schreiben" → **пишут**;
резать "schneiden" → **режут**;
сыпать "gießen" → **сыплют**,

• unvollendete Verben auf **-чь**:
беречь "schützen";
жечь "(ver)brennen";
мочь "können",

• einsilbige unvollendete Verben, die keinen Vokal im Präsensstamm haben:
бить "schlagen" → **бьют**;
врать "lügen" → **врут**;
ждать "warten" → **ждут**;
лить "gießen" → **льют**;
рвать "zerreißen" → **рвут**;
пить "trinken" → **пьют**,

• unvollendete Verben auf **-ну**:
дрыхнуть "pennen";
гаснуть "erlöschen, verlöschen",

• das Verb **петь** "singen".

6.3 Adverbialpartizipien im Perfekt

Adverbialpartizipien im Perfekt werden gebildet:

• auf der Basis des Infinitivs der vollendeten Verben, die auf einem Vokal + Suffix **-в** enden:
закричать "schreien" → **закричав**;

• auf der Basis des Infinitivs von vollendeten Verben, die auf einem Konsonanten + Suffix **-ши** enden:
унести "mitnehmen, wegbringen"→ **унесши**;

• auf der Basis des Infinitivs von vollendeten rückbezüglichen Verben, die auf einem Vokal + Suffix **-вши** enden:
жениться "heiraten" → **женившись**;

• auf der Basis der Verben auf **-идти** + Suffix **-а** (**-я**):
найти "finden", **найдут** → **найдя**;
прийти "zu Fuß ankommen" → **придя**.

Einige nicht-rückbezügliche Verben haben zwei Formen des Adverbialpartizips mit derselben Bedeutung (rückbezügliche Verben haben nur eine Form:
засмеяться → **засмеявшись**; **нагнуться** → **нагнувшись**).

Meistens sind die auf -**а** (-**я**) gebildeten Adverbialpartizipien Varianten derer, die mit den Suffixen -**в** oder -**ши** gebildet werden:
заметить "bemerken" → **заметив** und **заметя**;
услышать "hören" → **услышав** und **услыша**;
унести "mitnehmen, wegbringen" → **унесши** und **унеся**.

Bei den meisten Verben der 1. Konjugation ist die Form auf -**а** (-**я**) in der Alltagssprache weiter verbreitet.

Außerdem können Adverbialpartizipien des Perfekts mit vokalisch auslautendem Stamm mit den Suffixen -**в** bzw. -**вши** gebildet werden:
зарыть "begraben" → **зарыв** und **зарывши**;
нагнуть "biegen, neigen, beugen" → **нагнув** und **нагнувши**;
написать "schreiben" → **написав** und **написавши**.

In den meisten Fällen wird das Suffix -**в** (da kürzer und leichter auszusprechen) verwendet. Die Betonung des Adverbialpartizips im Perfekt ist identisch mit der des Infinitivs.

7. Numeralien

	Grundzahlen		Ordnungszahlen
0	**ноль/нуль** (männlich)		
1	**один**, **одна**, **одно**	1.	**первый**, -**ая**, -**ое**, -**ые**
2	**два** (männlich, sächlich), **две** (weiblich)	2.	**второй**, -**ая**, -**ое**, -**ые**
3	**три**	3.	**третий**, -**ья**, -**ье**, -**ьи**
4	**четыре**	4.	**четвёртый**, -**ая**, -**ое**, -**ые**
5	**пять**	5.	**пятый**, -**ая**, -**ое**, -**ые**
6	**шесть**	6.	**шестой**, -**ая**, -**ое**, -**ые**
7	**семь**	7.	**седьмой**, -**ая**, -**ое**, -**ые**
8	**восемь**	8.	**восьмой**, -**ая**, -**ое**, -**ые**
9	**девять**	9.	**девятый**, -**ая**, -**ое**, -**ые**
10	**десять**	10.	**десятый**, -**ая**, -**ое**, -**ые**
11	**одиннадцать**	11.	**одиннадцатый**
12	**двенадцать**	12.	**двенадцатый**
13	**тринадцать**	13.	**тринадцатый**

14	**четырнадцать**	14.	**четырнадцатый**
15	**пятнадцать**	15.	**пятнадцатый**
16	**шестнадцать**	16.	**шестнадцатый**
17	**семнадцать**	17.	**семнадцатый**
18	**восемнадцать**	18.	**восемнадцатый**
19	**девятнадцать**	19.	**девятнадцатый**
20	**двадцать**	20.	**двадцатый**
21	**двадцать один**	21.	**двадцать первый**
22	**двадцать два**	22.	**двадцать второй**
30	**тридцать**	30.	**тридцатый**
40	**сорок**	40.	**сороковой**
50	**пятьдесят**	50.	**пятидесятый**
60	**шестьдесят**	60.	**шестидесятый**
70	**семьдесят**	70.	**семидесятый**
80	**восемьдесят**	80.	**восьмидесятый**
90	**девяносто**	90.	**девяностый**
100	**сто**	100.	**сотый**
101	**сто один**	101.	**сто первый**
150	**сто пятьдесят** oder **полтораста**	150.	**сто пятидесятый**
200	**двести**	200.	**двухсотый**
300	**триста**	300.	**трёхсотый**
400	**четыреста**	400.	**четырёхсотый**
500	**пятьсот**	500.	**пятисотый**
600	**шестьсот**	600.	**шестисотый**
700	**семьсот**	700.	**семисотый**
800	**восемьсот**	800.	**восьмисотый**
900	**девятьсот**	900.	**девятисотый**
1.000	**тысяча**	1.000.	**тысячный**
1.100	**тысяча сто**	1.100.	**тысяча сотый**
2.000	**две тысячи**	2.000.	**двухтысячный**
5.000	**пять тысяч**	5.000.	**пятитысячный**
10.000	**десять тысяч**	10.000.	**десятитысячный**
100.000	**сто тысяч**	100.000.	**стотысячный**
1.000.000	**миллион**	1.000.000.	**миллионный**

7.1 Deklination der Grundzahlwörter

1. Die Zahlen **один** (männlich), **одна** (weiblich), **одно** (sächlich), **одни** (Plural) "ein, eine, ein, eine" werden wie das Demonstrativpronomen **этот** (männlich), **эта** (weiblich), **это** (sächlich), **эти** (Plural) "dieser, diese, dieses, diese" dekliniert.

2. Neben der Zahl **два** (männlich, sächlich), **две** (weiblich) "2, zwei" existiert auch **оба** (männlich, sächlich), **обе** (weiblich) "beide", die eine ähnliche Deklination aufweisen:

	männlich/sächlich		weiblich	
Nom.	**два**	**оба**	**две**	**обе**
Gen.	**двух**	**обоих**	**двух**	**обеих**
Dativ	**двум**	**обоим**	**двум**	**обеим**
Akk.	**двух, два**	**обоих, оба**	**двух, две**	**обеих, обе**
Instr.	**двумя**	**обоими**	**двумя**	**обеими**
Präp.	**о двух**	**об обоих**	**о двух**	**об обеих**

3. Die Zahlen **три** "3, drei" und **четыре** "4, vier" haben eine spezielle Deklination:

Nom.	**три**	**четыре**
Gen.	**трёх**	**четырёх**
Dativ	**трём**	**четырём**
Akk.	**три, трёх**	**четыре, четырёх**
Instr.	**тремя**	**четырьмя**
Präp.	**о трёх**	**о четырёх**

4. Die Deklination der Zahlen **пять** "5, fünf" bis **двадцать** "20, zwanzig" und **тридцать** "30, dreißig" erfolgt nach dem Muster der weichen weiblichen Substantive mit der Endung **-ь**. Vorsicht bei der Zahl **восемь** "8, acht":

Nom.	**пять**	**восемь**
Gen.	**пяти**	**восьми**
Dativ	**пяти**	**восьми**
Akk.	**пять**	**восемь**
Instr.	**пятью**	**восемью/восьмью**
Präp.	**о пяти**	**о восьми**

5. Die Zahlen **пятьдесят** "50, fünfzig", **шестьдесят** "60, sechzig", **семьдесят** "70, siebzig" und **восемьдесят** "80, achtzig" werden auch wie die weichen weiblichen Substantive mit der Endung **-ь** dekliniert, nur mit der Besonderheit, dass sie in zwei

Teile geteilt werden und jede Hälfte für sich dekliniert wird, jedoch werden die Teile zusammen geschrieben:

Nom.	**пятьдесят**
Gen.	**пятидесяти**
Dativ	**пятидесяти**
Akk.	**пятьдесят**
Instr.	**пятьюдесятью**
Präp.	**о пятидесяти**

6. Die zusammengesetzten Zahlen ab "20" werden einzeln geschrieben und einzeln dekliniert:

Nom.	**двадцать один**
Gen.	**двадцати одного**
Dativ	**двадцати одному**
Akk.	**двадцать один**
Instr.	**двадцатью одним**
Präp.	**двадцати одном**

7. Die Zahlen **сорок** "40, vierzig", **девяносто** "90, neunzig" und **сто** "100, hundert" haben in allen Fällen außer im Nominativ und im Akkusativ die Endung **-а**: **сорока**, **девяноста**, **ста**.

8. **тысяча** "1.000" wird wie ein weibliches weiches Nomen dekliniert. Im Instrumental lautet die Form **тысячью**. **миллион** "1.000.000" ist ein hartes männliches Substantiv.

9. Die Hunderterzahlen **двести** "200", **триста** "300", **четыреста** "400" bis **девятьсот** "900" werden in zwei Teilen dekliniert, aber zusammen geschrieben:

Nom. = Akk.	**двести**
Gen.	**двухсот**
Dativ	**двумстам**
Instr.	**двумястами**
Präp.	**о двухстах**

10. Bei der Verbindung einer Zahl mit einem Substantiv (im Nominativ oder Akkusativ) steht das Substantiv nach der Zahl "1" im Nominativ Singular:
Здесь стоит один дом. "Hier steht ein Haus."
Я вижу один дом. "Ich sehe ein Haus."

Nach den Zahlen "2", "3" und "4" steht das Substantiv im Genitiv Singular:
Я вижу два дома, три девочки. "Ich sehe zwei Häuser, drei Mädchen."

Nach den Zahlen ab "5" steht das Substantiv im Genitiv Plural:
Я вижу пять домов и шесть девочек. "Ich sehe fünf Häuser und sechs Mädchen."

Bei zusammengesetzten Zahlen ist die letzte Zahl maßgebend für den verwendeten Kasus:
двадцать два дома "22 Häuser";
сорок три мальчика "43 Jungen".

Wenn das Substantiv in anderen Kasusformen (außer Nominativ und Akkusativ) steht, verhält sich die Zahl wie ein Adjektiv, d. h. sie wird im Genus und Numerus an das Substantiv angepasst:
Я разговариваю с двумя мальчиками. "Ich spreche mit zwei Jungen."
Я думаю о четырёх сёстрах, о двадцати домах. "Ich denke an vier Schwestern, an zwanzig Häuser."

Один "1" ist wie ein Adjektiv zu behandeln. Es passt sich dem Substantiv an.

7.2 Deklination der Ordnungszahlwörter

Die Ordnungszahlen werden wie eine Langform des harten Adjektivs dekliniert. Die einzige Ausnahme ist **третий**, **-ья**, **-ье**, **-ьи** "3.". Die Deklination folgt dem Possessivadjektiv **птичий** "dem Vogel gehörend".

In zusammengesetzten Ordnungszahlwörtern wird nur die letzte Ziffer durch das Ordnungszahlwort ausgedrückt und dekliniert: "357": **триста пятьдесят седьмой**, **-ая**, **-ое**, **-ые**.

7.3 Deklination der kollektiven Zahlwörter

Zu diesen Zahlwörtern gehören: **двое**, **трое**, **четверо**, **пятеро**, **шестеро**, **семеро**, **восьмеро**, **девятеро**, **десятеро**. Sie werden wie die Zahl **оба** "beide" dekliniert:

Nom.	**двое**	**пятеро**
Gen.	**двоих**	**пятерых**
Dativ	**двоим**	**пятерым**
Akk.	**двоих**, **двое**	**пятерых**, **пятеро**
Instr.	**двоими**	**пятерыми**
Präp.	**о двоих**	**о пятерых**

7.4 Andere Zahlwörter

1. **половина** "Hälfte", **четверть** "Viertel" dekliniert man wie ein Nomen.

2. **полтора** "eineinhalb, anderthalb" ist der Nominativ und Akkusativ, in allen anderen Fällen gibt es nur die Form **полутора**. Ähnlich: **полтораста** "150" im Nominativ und Akkusativ, sonst: **полутораста**.

3. Wie ein Substantiv werden folgende Zahlen dekliniert:
ноль/нуль (männlich) "0",

alle anderen sind weiblich:
единица "die Eins (als Schulnote oder Nummer einer Bus- oder Straßenbahnlinie)",
двойка "die Zwei",
тройка "die Drei",
четвёрка, **пятёрка** ...

4. Bei der Jahresangabe wird nur die letzte Ziffer durch das Ordnungszahlwort ausgedrückt und dekliniert:
"1972": **тысяча девятьсот семьдесят второй год**.

5. Bei der Datumsangabe auf die Frage **когда?** "wann?" stehen der Tag und der Monat im Genitiv: **тридцатого марта**. Aber auf die Frage **Какое сегодня число?** "Den Wievielten haben wir heute?" steht die Ordnungszahl in der sächlichen Form im Nominativ und der Monatsname im Genitiv: **Сегодня восьмое апреля.** "Heute ist der 8. April."

ANHANG B. GRAMMATIKALISCHER INDEX

Anhand dieses grammatikalischen Indexes können Sie – über die im grammatikalischen Anhang enthaltenen Informationen hinaus – auf weitere Erklärungen und vor allem Beispiele zu ausgewählten grammatikalischen Themen in den Wiederholungslektionen von "Russisch in der Praxis" zugreifen.

A

B

R

S

U

V

Z

ANHANG C. LITERATURHINWEISE

Für Sie als fortgeschrittener Lerner, der seine Russischkenntnisse über diesen Sprachkurs hinaus erweitern und festigen möchte, versuchen wir hier, eine Auswahl an anspruchsvoller und an Ihr hohes sprachliches Niveau angepasster Literatur zu präsentieren. Diese kleine Liste stellt selbstverständlich angesichts der ungeheuren Fülle sowohl klassischer als auch moderner russischsprachiger Lektüre keinerlei Anspruch auf Vollständigkeit. Je nach Geschmack werden Sie sich vielleicht auch selbst auf die Suche nach passendem Lesestoff begeben wollen. Eventuell möchten Sie sich auch an Werke der in einigen Lektionen dieses Kurses erwähnten Schriftsteller heranwagen? Betrachten Sie die folgenden Empfehlungen einfach als kleine Anregung.

Grammatiken und Nachschlagewerke

- Minakova-Boblest, **Elena: Russische Grammatik. Regeln, Übungen, Sprachgebrauch: Eine systematische Lern- und Übungsgrammatik**. ASBUKA, München 2019. ISBN 9783000645396.

Eine umfassende, systematische Grammatik zum Nachschlagen und Üben mit Aufgaben für die praktische Anwendung. Das Lehrwerk deckt die meisten grundlegenden Phänomene der russischen Formen- und Satzlehre unter dem Aspekt der kommunikativen Relevanz ab und ist sowohl zum Selbstlernen als auch für den Unterricht geeignet. Der Anhang enthält eine Grammatikübersicht in tabellarischer Form sowie den Übungsschlüssel zur Selbstkontrolle. Das Buch richtet sich an eine breite Zielgruppe (Niveau A1–C1) und ist somit eine gute Wahl für Anfänger, Wiedereinsteiger und Fortgeschrittene.

- Chawronina, Serafima A.: **Russkij jazyk v upraznenijach. Russisch in Übungen**. KNIZHNIK Internationale Buchhandlung (Hrsg.) 2015. ISBN 9785883371935.

Übersichtlich aufgebautes Grammatiklehrwerk mit zahlreichen alltagstauglichen Begriffen und Bildern zum leichteren Einprägen sowie zahlreichen Übungen mit Lösungsschlüssel, das sich an Lerner mit Vorkenntnissen ab Niveau A2 richtet. Es wird sowohl die kyrillische Druck- als auch die Schreibschrift verwendet.

• Knauf, Holger: **Russisch Slang – das andere Russisch**. Reise Know-How Verlag Bielefeld 2015.
ISBN: 9783831764327.

In der russischen Umgangssprache stolpert man immer wieder über Ausdrücke, die in keinem Wörterbuch stehen. So rauschen viele witzige Details im Alltag an einem vorbei, weil man sie nicht versteht. Und wenn man dann beginnt, seinen Wortschatz um auf der Straße gehörte Ausdrücke zu erweitern, kann es schnell sein, dass man ganz kräftig ins Fettnäpfchen tritt, weil nicht alles, was einem auf Russisch um die Ohren fliegt, auch stubenrein ist. Dieses Büchlein erklärt systematisch und praxisnah ca. 1000 Stichworte für den alltäglichen Gebrauch. Ausgewählte Wörter, Sätze und Redewendungen aus dem Buch können über QR-Codes oder den Link auf der Buchrückseite kostenlos angehört werden.

• Hellenbucher, Helena: **Russisch lesen für Fortgeschrittene – schneller Wortschatzaufbau, intuitiv Grammatik lernen, gesprochene Sprache verstehen**. Im Selbstverlag 2020.
ISBN 979-8602394412.

Das 170 Seiten umfassende Lehrwerk für Lerner, die bereits über Russischkenntnisse verfügen, arbeitet nach der Birkenbihl-Methode. Es enthält kurzweilige Texte, die gelesen und parallel dank herunterladbarer MP3-Dateien angehört werden können. Das Lernen vollzieht sich nach dem Prinzip des muttersprachlichen Spracherwerbs: intuitiv und ohne Auswendiglernen von Strukturen oder Vokabeln. So kann der Lerner entspannt und mit Spaß seinen Wortschatz erweitern, sein Hörverständnis verbessern und lernen, Automatismen für die Anwendung von Grammatikregeln zu entwickeln.

Weitere Lektüre

Der dtv Verlag bietet in seiner Reihe *dtv zweisprachig* ca. 130 Titel mit fremdsprachiger Lektüre auf drei Sprachniveaus – Einsteiger, Fortgeschrittene und Könner – auch für Russisch! Landeskunde, Kulturgeschichte und Redewendungen, zeitgenössische und klassische Texte in unterschiedlichen Formen und Genres – von der Kurzgeschichte bis zum Krimi – für jeden Lesegeschmack ist etwas dabei. Einzigartig ist die konsequente Zeilengleichheit zwischen Originaltext und Übersetzung, damit man vom ersten bis zum letzten Wort in zwei Sprachwelten zu Hause ist.

Hier nur einige Anregungen, die Sie interessieren könnten:

• Körner, Christiane (Hrsg.): **Russische Volksmärchen aus der Sammlung von A. N. Afanasjew**. dtv zweisprachig für Fortgeschrittene – Russisch 2002. ISBN 9783423094139.

Ein Dutzend Volksmärchen: von Prinzessinnen und Hexen, dummen und klugen Bauernbuben, Riesen und Gespenstern, dunklen Wäldern und heimeligen Hütten, Verzauberungen und Rettungen. Viele Stoffe, auch viele einzelne Motive sind uns vertraut, stammen aus dem gemeinsamen europäischen (oder indogermanischen) Märchen-Grundbestand. Aber das Brummen der Bären, die raue Herzlichkeit der Großmütter, das laute Lachen der Popen, das Klirren des Frostes – solche spezifischen Töne und eine sehr spezifische Erzählweise machen die russischen Märchen für uns zum prachtvoll exotischen Lese-Erlebnis.

• Senft, Kristina: Junge russische Literatur: **Kurze Erzählungen, Kurzgeschichten und Miniaturen**. dtv zweisprachig für Könner – Russisch 2012. ISBN 9783423095037.

Mit dem politischen Umbruch hat sich in Russland in den vergangenen zwei Jahrzehnten auch ein gesellschaftlicher Wandel vollzogen: Einst starre Formen sind aufgebrochen, das persönliche und kulturelle Leben ist vielfältiger geworden, womit sich auch die Bedingungen für Literatur grundlegend verändert haben. Neu wie die Themen ist die Sprache, derer sich junge Autoren heute bedienen. Die ausgewählten Texte sind in den letzten zehn Jahren erschienen und zeichnen sich durch ihre Kürze und eine konzentrierte, teilweise fragmentarische Handlung aus. Sie reflektieren, facettenreich und bunt, thematisch das neue Russland, aber auch die lange Erzähltradition des Landes.

• **Klassische russische Erzählungen** – Dostojewskij, Gogol, Ljesskow, Puschkin, Tolstoj, Tschechow, Turgenjew.
dtv zweisprachig für Könner – Russisch. Deutsche Erstausgabe 1997. Übersetzt von Helmut Dehio und Margret Fieseler.
ISBN 978-3423093613

Sieben Erzählungen großer Russen des 19. Jahrhunderts – ein russisches Weltliteraturlesebuch von hohem Rang.

Sprachkurse aus dem Assimil-Verlag

Der **Assimil**-Verlag bietet Sprachkurse u. a. auch für weitere slawische Sprachen wie Polnisch, Bulgarisch, Kroatisch und Tschechisch an. Die Grundkurse umfassen in einem Band die Niveaustufen A1 bis B2 des Europäischen Referenzrahmens für Sprachen. Nach der bewährten **Assimil**-Methode führen die Kurse in die moderne Umgangssprache des Landes ein und vermitteln einen Wortschatz von ca. 2.000–3.000 Wörtern.

Zu allen Sprachkursen sind neben dem jeweiligen Lehrbuch auch Tonaufnahmen auf Audio-CDs und/oder einer MP3-CD sowie zu Polnisch und Tschechisch auch eine Sprachlernsoftware erhältlich.

Weitere Informationen finden Sie auf **www.assimilwelt.com**.

Wörterverzeichnis zu "Russisch in der Praxis"

Zu diesem Lehrwerk existiert ein russisch-deutsches Wörterverzeichnis, in dem Sie alle Wörter wiederfinden, die Sie in den Lektionen, Anmerkungen und Übungen von "Russisch in der Praxis" kennengelernt haben.

Mithilfe des hier abgebildeten QR-Codes oder unter **www.assimilwelt.com/russisch/russisch-für-fortgeschrittene** gelangen Sie direkt zu der Internetseite, auf der Sie die PDF-Datei mit dem Wörterverzeichnis kostenlos herunterladen können.

Persönliche Notizen.

Persönliche Notizen.

Persönliche Notizen

Persönliche Notizen.

TABELLE DER LAUTE DES RUSSISCHEN

Groß-/Klein-buchstabe	Laut-schrift	Aussprachebeschreibung
А / а А а	[*A*]	Wie *a* in „Apfel“
Б / б Б б	[*B*]	Wie *b* in „Ball“
В / в В в	[*W*]/[*F*]	Vor Vokal und **d** bzw. **g** wie *w* in „Wasser“, vor Konsonant wie *f* in „Fell“
Г / г Г г	[*G*]/[*W*]/[*K*]	Am Wortanfang wie *g* in „gut“, in grammatischen Endungen wie *w* in „was“, am Wortende wie *k* in „Kirche“
Д / д Д д	[*D*]/[*T*]	Wie *d* in „Durst“, am Wortende wie *t*
Е / е Е е	[*JE*]/[*E*]/[*Ie*]	Wie *je* in „jetzt“, betont *e*; unbetont ein Laut zwischen *i* und *e*
Ё / ё Ё ё	[*JO*]	Wie *jo*, immer betont wie in „jodeln“
Ж / ж Ж ж	[*J*]/[*SCH*]	Am Wortanfang und in der Wortmitte wie stimmhaftes *sch* in „Etage“, am Wortende wie stimmloses *sch* in „Schule“
З / з З з	[*S*]	Wie stimmhaftes *s* in „Rose“
И / и И и	[*I*]	Wie *ie* in „sie“
Й / й Й й	[*J*]	Wie *j* in „Jan“
К / к К к	[*K*]	Wie *k* in „kalt“, jedoch nicht behaucht
Л / л Л л	[*L*]	Wie *l* in „Lampe“
М / м М м	[*M*]	Wie *m* in „Mann“
Н / н Н н	[*N*]	Wie *n* in „nach“
О / о О о	[*O*]/[*A*]	In betonten Silben wie *o* in „oder“, unbetont ein Laut zwischen *a* und *o*

П / п	П п	[*P*]	Wie *p* in „Papa“, jedoch nicht behaucht
Р / р	Р р	[*Rr*]	Ein mit der Zungenspitze gerolltes *r* (*) wie in ital. „Roma“
С / с	С с	[*ß*]	Wie *ß* in „Maß“
Т / т	Т т	[*T*]	Wie *t* in „Tante“, jedoch nicht behaucht
У / у	У у	[*U*]	Wie *u* in „Hut“
Ф / ф	Ф ф	[*F*]	Wie *f* in „Ferse“
Х / х	Х х	[*CH*]	Wie *ch* (ach-Laut) in „Kachel, noch“ (*)
Ц / ц	Ц ц	[*Tß*]	Wie *tß* in „Katze“
Ч / ч	Ч ч	[*TSCH*]	Wie *tsch* in „Peitsche“
Ш / ш	Ш ш	[*SCH*]	Wie *sch* in „schon“
Щ / щ	Щ щ	[*SCHTSCH*]	Wie ein weiches *sch* mit weichem kurzem *tsch* (*)
Ъ	ъ		„hartes“ Zeichen, wird nicht gesprochen (*)
Ы	ы	[*I*]	Ein Laut zwischen *ü* und *i*, der weit hinten im Rachen gesprochen wird, etwa wie in „Wirt“ oder „irgendeiner“ (*)
Ь	ь	[*j*]	„weiches“ Zeichen (*)
Э / э	Э э	[*Ä*]	Wie *ä* in „säen“ bzw. offenes *e* in „Welt“
Ю / ю	Ю ю	[*JU*]	Wie *ju* in „Juli“
Я / я	Я я	[*JA*]/[*JE*]/ [*J/e*]	In betonten Silben wie *ja* in „jagen, unbetont *je* wie in „jedoch“ oder Laut zwischen *i* und *e*